5·18 광주 커뮤니타스

항쟁, 공동체 그리고 사회드라마

본문에 수록된 도판들은 5·18기념재단과 국가기록원의 협조를 받았습니다.
해당 크레디트는 책 후면에 구체적으로 밝혀 두었습니다.

5·18 광주 커뮤니타스

항쟁, 공동체 그리고 사회드라마

광주를 거대한 우산처럼 감싸고 있었던 커뮤니타스

사람의무늬

■

40년 전 5월

그 뜨거웠던

현장에 계셨던

모든 분들께

이 책을 바친다

■

머리말

김준태 시인은 1980년 5월의 광주 학살극을 "6·25 이후 가장 참혹한 민족사의 비극"으로 묘사한 적이 있다. 민주주의를 향한 한국 현대사의 상처투성이 역정歷程에서, 이 학살극은 가장 격렬했던 민중항쟁 사건이기도 했다. 하여 그 "학살과 항쟁과 해방의 10일"은 "민족사의 분수령"(서중석)이 되었다. 필자는 1980년 당시 '서울의 봄'에 흠뻑 빠져든 대학 신입생이었다. 휴교령 며칠 후 광주의 비극을 처음 접했을 때 걷잡을 수 없이 밀려왔던 격렬한 충격과 분노의 느낌이 지금도 생생하다.

2020년은 5·18 광주항쟁이 40주년을 맞는 뜻깊은 해이다. 이를 계기로 광주항쟁에 대한 학계 안팎의 관심도 더욱 커지고, 항쟁 연구에서도 의미 있는 전환을 모색하는 움직임이 활성화되리라 기대한다. 책을 쓰기 위해 기존 연구들을 섭렵하다가, 학문적 통과의례가 아닌가 싶을 정도로 쟁쟁한 사회과학자 대부분이 한번쯤은 진지하게 파고들었던 주제가 바로 광주항쟁임을 새삼 깨닫게 되었다. 30년 넘게 주로 종교를 연구해온 사회학자인 내가 무엇을 더 보탤 수 있을까? 그러다 인류학자들이 처음 제시한 후 세계 사회과학계가 널리 공유해온 몇몇 개념들을 광주항쟁 연구에 적용해보면 어떨까 하는 생각이 떠올랐다. 그렇게 주목하게 된 게 리미널리티, 커뮤니타스, 사회극 개념이다.

광주항쟁에 관한 필자의 첫 연구는 2012~2013년에 출간한 '한국
종교정치 5부작' 중 세 번째 책인 『저항과 투항』(2013)이었다. 그 책
에는 "광주항쟁과 종교인들"이라는 장章이 포함되어 있었다. 그렇
지만 항쟁에 대한 종교인들의 기여를 주로 다룬 글이었으므로, 거
기선 리미널리티, 커뮤니타스, 사회극 같은 개념들이 전혀 등장하
지 않았다.

필자가 이 문화인류학적 개념들의 유용성에 주목하기 시작한 시
기는 3년 전쯤이었다. 당시 필자는 '한국 시민종교 3부작'을 집필 중
이었다. 광주항쟁과 4·19혁명이 한국 시민종교civil religion에 미친
영향을 탐구하던 중 세 개념을 활용하면 흥미롭겠다고 처음 착안하
게 되었다. 그래서 2019년 초 출간한 시민종교 3부작 중 『경합하는
시민종교들』과 『시민종교의 탄생』에 이 개념들이 조금씩 들어갔
다. 3부작을 거의 마무리할 즈음인 2018년 3월 초에 마침 광주인권
평화재단의 광주항쟁 연례 심포지엄에서 논문을 발표해달라는 부
탁을 받았다. 재단과 협의하여 발표 주제를 "5월 광주의 커뮤니타
스와 변혁의 리미널리티: 사회극의 일부로서의 5·18"로 잡았다. 그
해 9월 말 개최된 심포지엄에서 필자는 같은 제목으로 상당히 긴 글
을 발표했다. 그 논문에서 이 책의 골격이 거의 잡혔다. 개인적으로
는 이번 책이 기존의 시민종교 3부작을 4부작으로 확장하는 의미도
있다고 생각한다.

커뮤니타스, 리미널리티, 사회극 개념을 본격적으로 발전시킨
빅터 터너는 1983년에 작고했다. 터너의 반려자로서 커뮤니타스 개
념을 함께 발전시킨 에디스 터너는 2016년에 작고했다. 이 책은 터
너 부부에게 무한한 빚을 지고 있다. 필자는 또한 광주항쟁의 문화

적 측면과 공동체적 측면에 주목한 연구들로부터 많은 도움을 받았다. '사회운동의 감정사회학'을 집대성한 『열정적 정치Passionate Politics』의 공동 저자들도 이 책의 숨은 은인이다.

이 책의 구성도 세 핵심 개념에 따랐다. 순서에 따라 광주항쟁의 리미널리티와 관련된 것이 앞쪽의 2개 장, 광주 커뮤니타스를 분석한 것이 중간의 4개 장, 광주 사회극을 다룬 것이 뒤쪽의 3개 장을 각각 차지한다. 2장과 12장에서는 리미널리티·커뮤니타스·사회극 개념이 동시에 동원되는데, 2장이 이론의 정립에 해당한다면 12장은 4·19혁명과의 비교연구이다.

책에 수록된 내용 중 일부는 학술지 논문 형식으로 미리 발표된 바 있다. "사회극의 시각에서 본 광주항쟁"(『기억과 전망』 40호, 2019)과 "변혁의 리미널리티와 해방의 커뮤니타스: 광주항쟁에 대한 새로운 접근"(『신학전망』 205호, 2019)이 그것이다. 앞서 발표한 논문들을 대폭 확장하고 수정한 내용이 이 책에 실려 있다.

책의 기본 구상을 정립하는 작업에 착수할 수 있도록 심포지엄에 초대해준 광주인권평화재단에 감사드린다. 5·18 당시 소중한 현장 사진 자료들을 제공해준 5·18기념재단과 관계자 여러분께 감사드린다. 이번에도 먼저 출간을 제의해주었을 뿐더러 표제와 부제의 선택, 사진 수집과 설명, 교정, 색인어 작업 등 책의 완성도를 높이는 데 큰 도움을 준 성균관대학교출판부의 현상철 편집자께도 감사드린다. 40년 전 5월 그 뜨거웠던 현장에 계셨던 분들께 이 책이 위로가 되면 좋겠다. 그분들께 이 책을 바친다.

5월 18일 이후 광주의 도시경관이 낯설게 변했다

그것은 전시 폐허를 방불케 하는 경관이었다

차량의 잔해와 짜그러진 바리케이드

아스팔트 위에 우박처럼 널린

보도블록 조각들, 화염병 파편

땅바닥 곳곳에서

찐득하게 굳어가는 핏자국…

아직도 타다 남은 건물에서는

검은 연기가 피어오르고 있었다

목차

1장

서론: 광주항쟁에
어떻게 접근할 것인가

광주항쟁은 이미 많은 연구성과가 축적된 주제이다. 2007년 당시 5·18기념재단이 『5·18민중항쟁과 정치·역사·사회』라는 이름으로 5권 분량의 논문 선집을 편찬하기 위해 광주항쟁에 관한 연구물들을 수집해보니 국내 문헌만 200여 편에 이르렀다고 한다.[1] 그 후로도 방대한 양의 연구물들이 더 추가되었다. 이런 상황에서 광주항쟁 연구에 의미 있는 기여를 하려면 뭔가 '새로운 접근방법'을 시도해보는 쪽이 바람직하리라는 판단이 들었다.

이 책은 아놀드 방주네프[2]가 통과의례의 중간 단계로써 처음 제시한 이래 빅터 터너가 적용 대상을 확대하고 더욱 세련되게 발전시킨 리미널리티liminality 개념, 역시 터너가 제안한 커뮤니타스communitas와 사회극social drama 개념을 통해 5·18 광주항쟁을 분석해보려는 시도이다. 커뮤니타스 개념은 빅터 터너 사후死後 그의 부인인 에디스 터너에 의해 더욱 풍요롭게 재탄생했다.[3] 방주네프와 터너 부부 모두 문화인류학자라는 공통점을 갖고 있기도 하다.

필자는 몇 년 전부터 이 개념들이 정치적·사회적 변동과 사회운동, 혁명운동 등을 연구하는 데 유용하게 쓰일 수 있다고 생각해왔지만, 막상 국내는 물론이고 국제적으로 보더라도 그런 사례를 발견하기는 쉽지 않다. 필자는 한국 현대사의 가장 극적인 사건 중 하나인 광주항쟁을 새롭게 조명해볼 도구로써 이 개념들을 최대한 활용해보려 한다. 이 책은 5·18에 대한 공동체적, 의례적, 드라마적 분석을 지향한다고 말할 수 있겠다. 필자의 이번 시도는 이제까지 알려지지 않은 역사적 사실들을 추가하기보다는, 기존에 시도되지 않은 접근방법을 적용하여 새로운 해석과 통찰들을 도출해내는 데 일차적인 목적을 두고 있다.

필자가 아는 한 리미널리티 개념을 '본격적으로' 이용하여 5·18을 분석한 연구는 없다. 다만 학계에 '절대공동체' 개념을 유행시킨 최정운은 『오월의 사회과학』에서 시민군 중 '복면부대'를 가리켜 "문턱threshold에 자신들을 잠시 위치시켰던 리미널한 존재liminal entity"라고 규정한 바 있다. 그는 이 구절에 대한 각주에서 이렇게 덧붙였다. "'리미널리티(Liminality, 역치성)' 개념은 빅터 터너Victor Turner가 종교적 의식儀式 과정을 인류학적으로 분석하며 논의하고 있는 개념이지만 5·18의 상황에서도 제한적으로 적용될 수 있을지 모른다. 절대공동체의 상황은 시민들의 일상생활과 일상의 사회구조가 완전히 정지된 또 하나의 현실, 흡사 어떤 의식이나 드라마 같은 가상현실과 유사한 또 하나의 독자적 현실을 이루었던 상태였기 때문이다."[4] 최정운의 이런 언명은 수많은 광주항쟁 연구들 중 리미널리티 개념을 사용한 유일한 사례인 것 같다. 이처럼 리미널리티 개념의 '제한적 적용 가능성'을 인정했지만, 최정운은 실제 연구에서 이 개념을 주요 분석수단으로 쓰지는 않았다.

커뮤니타스 개념을 활용하여 5·18을 분석한 연구도 희귀하기는 마찬가지이다. 정근식이 2005년 발표한 논문의 서두와 맺음말에서 한 차례씩 간략히 언급한 바 있을 뿐이다. 그는 먼저 1990년 이후 매년 전남도청 앞에서 열린 5·18 전야제를 논하는 맥락에서, 5·18 책임자 처벌이 이루어진 이후 이 행사 기획의 초점은 "지난 시기에 만들어진 코뮤니타스로서의 시민공동체를 어떻게 유지하고 보존하는가"에 맞춰졌다고 말했다. 같은 글의 맺음말에서도 5월행사의 충실한 기획이 "코뮤니타스로서의 공동체 재생산에 기여"한다고 기술했다.[5] 이런 용례를 통해 정근식이 커뮤니타스를 공동체나 시민공동체와 동의어로 사용하고 있음을 알 수 있다.

한편 커뮤니타스 개념 대신에 '공동체론'의 시각에서 5·18에 접근해보려는 시도는 여럿 있었다. 김성국이 일별한 바 있듯이, 광주항쟁 기간 형성된 공동체를 두고 절대공동체(최정운), 역사공동체(정근식), 체험공동체-기억공동체(정일준), 시민공동체(김성국)와 같은 다양한 명명命名이 여러 학자들에 의해 시도된 바 있다.[6] 신진욱은 광주항쟁과 관련된 공동체론들을 절대공동체론, 민중적 공동체론, 초계급적 공동체론의 세 가지로, 정근식은 대동세상론, 코뮌론, 절대공동체론의 세 가지로 각각 분류했다.[7] 김영택은 1988년에는 '광주공화국'이라는 용어를, 후에는 '시민공동체'라는 명칭을 사용했다.[8] 나의갑도 '광주공화국'이라는 용어를 사용한 바 있다.[9] 광주항쟁 과정에서 형성된 공동체를 '코뮌' 혹은 '코뮌주의' 개념으로 설명해보려는 시도들도 있었다.[10] 조지 카치아피카스는 광주항쟁이 창출한 공동체에 대해 '사랑의 공동체'라는 해석을 제시하기도 했다.[11]

항쟁 단계에 따라 다양한 공동체 유형들이 출현했음을 강조하는 연구들도 있다. 예컨대 정근식은 광주항쟁을 세 국면으로 구분하여 초기 국면에는 '절대공동체'가, 중간 국면에는 '해방광주'가, 마지막 도청 사수 국면에서는 '역사적 공동체(역사공동체)'가 지배적이었다고 보았다. 정일준은 '항쟁 이후'로까지 대상 기간을 늘려 '체험공동체(피해자)', '기억공동체(항쟁 이후의 5월운동)', '역사공동체(미래의 기획)'를 구분한 바 있다.[12] 여기서 정일준의 역사공동체 개념은 '항쟁 이후'에 초점을 둔 개념인 반면에, 정근식의 역사공동체는 '항쟁 당시'에, 더 정확히는 '항쟁 마지막 국면에서 투쟁 주체의 선택과 상황 판단'에 초점을 둔 개념이다. 김희송은 항쟁 당시 형성된 '광주공동체'를 '놀람·분노·연대의 공동체(저항 시기)'와 '협력·나눔·살림의 공동체(해방광주 시기)'로 구분하여 제시했다.[13]

그렇지만 커뮤니타스와 리미널리티의 다양하고 복합적인 특징들, 나아가 탈脫일상적이고 반反구조적인 양상들을 포착하고 설명하는 데 공동체론으로는 역부족이라는 게 필자의 생각이다. 공동체론은 리미널리티와 커뮤니타스 속에서 형성되는 대안적인 인간관계 양식들, 거기에 참여한 이들 간의 평등주의적이고 전인적인 상호작용을 파악하는 데는 유용하다. 그렇지만 여러 공동체론들은 두 가지 한계를 공유하고 있는 것으로 보인다. 우선, 공동체 개념으로는 리미널리티와 커뮤니타스를 이해하는 데 결정적으로 중요한 양상이나 특징들을 제대로 다루기 어렵다는 것이다. 예컨대 기존 체제의 억압이나 구속으로부터 해방되거나 자유로워지는 것, 기존 권위를 더 이상 당연하거나 자연스럽게 여기지 않을 뿐 아니라 그 권위에 고분고분 순응하지 않게 되는 것, 지배질서의 효력과 작동이 일시적으로 중지되는 것, 일상생활의 속박에서 마치 초월한 듯한 행동이 속출하는 것, 일상생활을 지배하던 과거의 아비투스와 불현듯 결별하는 것, 집합의례의 분위기 속에서 참여자들이 정체성의 심대한 변화를 겪는 재생적 경험, 기존 정치·사회질서에 대한 성찰과 비판의 활성화, 유토피아적 상상력과 창조성의 만개, 행위와 인식이 융합되는 경험, 무아경적인 몰입을 통해 느끼는 집합적 기쁨과 행복감—이런 현상들을 공동체라는 용어가 제대로 설명할 수 있을까?

두 번째로, 리미널리티-커뮤니타스의 속성들 중 상당수는 '공동체' 혹은 '공동체주의'가 빠져들기 쉬운 함정들, 특히 집단주의적 압력이나 전체주의화 위험과 모순 관계를 형성하기 쉽다. 물론 커뮤니타스가 해방/자유로의 경향과 억압/통제로의 경향 모두를 함축하고 있는 것이 사실일지라도 말이다.

기존의 광주 공동체론들 중 가장 영향력이 큰 최정운의 '절대공동체' 개념과 관련해서도 두 가지를 지적하고 싶다. 첫째, '절대'라는 강한 표현이 광주항쟁에 대해 일종의 '유일무이성'을 부여하는 것처럼 보인다는 것이다. 다시 말해 이 표현으로 인해 광주항쟁은 다른 사례와의 비교연구, 그것을 통한 이론적 일반화·보편화조차 시도하기 어려운 '유일의 독특한 사례'로 끌어올려지는 듯한 느낌을 받게 된다. 둘째, '절대'라는 형용사가 (마치 '절대반지'의 그 '절대'처럼) 만병통치적 확장성을 제공하는, 다분히 마법적인 키워드로 사용되고 있는 것이 아닌가 하는 의문이다. 성찰성, 비판성, 창조성, 해방·자유, 초월성, 신비성, 의례성, 융합성, 몰입 등 공동체라는 용어로는 쉽사리 포착·해석하기 어려운 여러 현상들을 다룰 수 있는 무제한의 권한을 '절대'라는 형용사가 편리하게 부여하는 것처럼 보인다는 것이다.

필자는 리미널리티와 커뮤니타스 개념을 활용할 경우 항쟁의 초일상적이고 변혁적인 성격, 그리고 항쟁공동체 형성의 과정·조건·특징들을 한층 정확하게 이해할 수 있으리라 기대한다. 물론 광주항쟁을 섬세하게 포착하기 위해서는 리미널리티와 커뮤니타스 개념이 지칭하는 현상의 성격을 보다 정확히 규정해야 한다. 그런 면에서 필자는 터너가 이곳저곳에서 단편적으로 언급한 리미널리티와 커뮤니타스의 다양한 특징들을 명료하고 일목요연하게 정리할 필요를 느낀다. 이런 작업이 이뤄져야 두 개념의 자의적인 사용을 막을 수 있을뿐더러, 이 개념들을 다른 유사한 사건들에도 수미일관하고 체계적으로 적용할 수 있고, 나아가 그 사건들을 비교 평가해보는 작업까지 수행할 수 있게 될 것이다. 아울러 필자는 터너의 리미노이드 개념이 중요한 약점을 갖고 있다고 판단하며, 이를 극복하기 위해 리미널리티 유형론을 새로 개발할 필요가 있다고 생각한다. 터너 부부의 커뮤니타스 개념에 부족해 보이는 '민중의 자기 통치' 측면도 보강해야 한다고 생각한다. 이런 일련의 작업들을 다음 장에서 시도해볼 것이다.

한편 사회극 개념을 5·18 연구에 적용해보려는 시도도 이제껏 없었다. 그러나 해방정국이나 4·19혁명, 1979년의 부마항쟁, 1980년의 '서울의 봄'과 사북항쟁, 광주항쟁, 직선제 개헌을 쟁취해낸 1987년 6월항쟁, 2002년과 2008년의 촛불시위, 2009년 노무현 전 대통령의 죽음과 장례, 4·19에 이어 민중의 힘으로 다시금 정권을 전복시킨 2016~2017년의 촛불혁명에 이르기까지 한국 현대사의 다양한 국면들에 사회극의 분석틀을 적용하여 풍부한 학문적 성과들을 창출해낼 수 있다는 게 필자의 생각이다. 사회극 개념은 사회운동이나 정치적 갈등, 더 나아가 혁명적 사태 등을 분석하는 데 유용하다.

한국 역사나 사회를 사회극의 시각에서 분석한 연구들은 크게 두 범주로 나뉜다. 그 하나는 문화적·예술적·종교적 작품이나 의례 분석에 사회극 개념을 활용한 경우이고, 다른 하나는 사회운동이나 정치 갈등에 사회극 개념을 적용한 경우이다. 1999년에 개봉된 영화 〈쉬리〉나 2011년 개봉된 애니메이션 〈돼지의 왕〉을 사회극의 관점에서 접근한 연구, 대학가의 '마당극'이나 무교(무속)의 '굿' 혹은 '민속극'을 사회극 개념을 사용하여 분석한 연구들이 전자에 해당한다.[14] 최길성은 왕조의 변혁(역성혁명)에 따라 최영 장군의 죽음에 대한 평가와 신격화 정도가 변하는 과정을 사회극 개념을 동원해 설명한 바 있는데, 이 연구는 명확히 후자의 범주에 속한다 할 것이다.[15] 1970~1980년대 한국사회에서 정치적 죽음들이 '원혼冤魂'에서 '열사烈士'로 상승하는 과정을 연구한 마나베 유코는 한국의 저항적 정치·사회운동 과정을 사회극의 관점에서 접근할 수 있다고 보았다.[16] 사회운동에 대한 문화적 접근의 일환으로 최근 발표된 김명희의 논문도 주목할 만하다. 그는 세월호 유가족과 5·18 유가족 간의 감정공동체 형성, 감정동학을 통한 연대 형성을 탐구하면서 사회극과 커뮤니타스에 대해 언급한 바 있다. 그는 미나베 유코의 '루트 패러다임root paradigm'이라는 개념을 차용하면서 이 개념이 빅터 터너가 말한 사회극의 전개과정에서 발현되는 반구조anti-structure와 유사하다고 주장하며, 반구조가 생성해내는 다양한 대안적 사회 모델들을 설명하는 맥락에서 커뮤니타스 개념을 한 차례 사용한다. "유족과 사회는 '민주국민장'이라는 의례 시스템을 통해 일련의 커뮤니타스를 형성했다"는 것이다.[17] 그럼에도 마나베 유코의 책과 김명희의 논문에서 사회극이나 커뮤니타스는 연구를 시종 이끌어가는 중심 개념이 아니다. 2007년에 발생한 '신정아-변양균 사건'을 사회극의 관점에서 연구한 이기중과 김명준의 논문도 정치·사회 변동에 사회극 개념을 적용한 경우이다.[18] 조일동은 2008년 촛불시위에 주목하여 '사회극으로서의 촛불'이라는 해석을 제시한 바 있다.[19]

사회극 개념은 사회집단들 혹은 정치세력들 간의 갈등적이고 전략적인 상호작용을 상세히 관찰할 수 있는 이점을 제공한다. 아울러 사회극 개념은 단기간의 정치·사회적 격변 사태만이 아니라 그 전후까지, 특히 '격변 이후'까지 긴 호흡으로 조망할 넓은 시야를 제공해주는 장점도 있다. 사회극 개념은 누군가에 의해 미리 짜인 각본에 따라 정치·사회 과정이 정해진 경로에 따라 진행된다는 식의 음모론이나, 우리가 알 수 없고 통제할 수 없는 어떤 거대한 힘들이 사람들을 무대 위의 꼭두각시처럼 조종하여 사회를 움직여간다는 식의 구조결정론과는 아무 상관이 없다. 사회극은 오히려 그 반대에 가깝다. 사회극은 예측하기 어려운 극적인 사건 전개를 동반하면서 사회를 깊은 혼란에 빠뜨리기도 하고, 집단 간 상호작용의 흐름을 기대와 다른 엉뚱한 방향으로 이끌기도 하고, 사회를 급격한 개혁과 재구조화 쪽으로 몰아가기도 한다. 무엇보다 사회극 개념에서는 '일상의 초월' 혹은 '일상으로부터의 탈주脫走' 측면이 특별히 강조된다. 따라서 사회극 이론에서는 기존 지배 규범의 이완 내지 작동 중지, 탈脫일상과 탈脫구조, 일상생활과는 매우 다른 의식 및 감정의 흐름, 일상적 인간관계와는 전혀 다른 이타적이고 결속적인 인간관계의 형성, 기존 사회질서에 대한 비판적 성찰성과 새로운 사회질서를 상상하기 등이 무엇보다 중하게 여겨진다. 빅터 터너가 사회극 개념을 자주 리미널리티 및 커뮤니타스 개념과 연결시키는 이유도 바로 여기서 찾을 수 있다. 물론 '열린 구조'로서의 사회극 특성을 좀 더 명료히 부각시키고, '지배'의 맥락뿐 아니라 '저항'의 맥락에도 적용할 수 있도록 사회극 개념을 더욱 다듬는 작업은 필수적이라고 생각한다. 이 작업도 다음 장에서 이루어질 것이다.

　필자가 이 책에서 전개하는 논의가 민주화운동이나 민주혁명에 대한 새로운 시각과 접근방법을 제공할 수 있기를 기대한다. 넓은 의미에서 이번 연구는 민주화운동 혹은 민주혁명에 대한 '문화적·의례적' 접근에 속한다. 그런 면에서 이 연구는 5·18 광주항쟁의 의례, 기념, 상징, 기억투쟁, 의례투쟁 등에 주목하는 최근의 연구들과 상통한다고 말할 수 있다. 이번 연구는 '대한민국' 형성 및 재형성의 문화적 동학을 파고드는, '시민종교civil religion'에 대한 최근의 연구들과도 상통한다. 필자 역시 시민종교 연구의 일환으로 광주항쟁 연구를 시작했다.

필자는 몇 가지 인류학적 핵심 개념들 외에, '문화적·감정적 전환'과 관련된 사회운동의 이론과 개념들을 적극 활용하려 한다.[20] 사회운동 이론 중 지배적인 패러다임인 '정치과정 모델'은 (1) 정치적 기회(환경), (2) 동원구조(사회적 네트워크를 통한 충원 및 동원), (3) 집합행위 프레임 등을 핵심 구성요소 혹은 설명변수로 간주해왔다.[21] 이 가운데 네트워크와 프레이밍, 프레이밍에 기초한 정체성 형성과 정체성 정치 등으로 구성되는, '사회운동의 문화적 동학'에 주목할 필요가 있다는 게 필자의 생각이다. 아울러 "비용과 이익을 계산하는 합리적 행위자 모델들"[22]에 기초한 정치과정 모델을 극복할 대안적 모델로 등장한 '사회운동의 감정사회학'도 요긴하게 쓰일 수 있다고 생각한다. 정체성 정치와 프레이밍은 리미널리티 개념을 이해하는 데 유용하며, 사회극의 여러 단계들에서도 종종 등장한다. 사회운동의 감정동학에 관한 논의들 역시 리미널리티와 커뮤니타스 개념을 더 발전시킬 여지를 제공한다.

이 책에서 필자는 '광주항쟁' 혹은 '5·18'이라는 용어를 주로 사용할 것이다. 지난 세월 동안 광주항쟁을 두고 광주사태, 광주민주화운동, 광주민주항쟁, 광주의거, 광주시민항쟁, 광주민중항쟁, 5월민중항쟁, 광주민중무장봉기 등 다양한 명명들이 행해져왔다.[23] 광주항쟁 당시에는 '광주시민혁명'이라는 표현도 사용되었다.[24] 항쟁의 명칭 사용 문제가 결코 간단한 쟁점이 아님을 필자도 잘 알고 있다. 광주항쟁의 명명은 한편으로는 기억투쟁의 '대상'이었고, 다른 한편으로는 그 기억투쟁이 어떤 국면을 경과하고 있는가를 보여주는, 다시 말해 광주항쟁의 역사적 위상을 알려주는 가장 확실한 '지표'이기도 했다. 우선, 광주항쟁의 명칭은 그 자체가 치열한 기억투쟁의 대상이었다. 1990년에 발간된 『광주민중항쟁 연구』의 필자들은 항쟁을 바라보는 1980년대의 세 시각을 "지배계급, 중간계급, 그리고 기층민중이라는 각각의 사회계급적 존재조건을 반영하는 것"으로 간주하면서, 이를 (1) 지배계급의 논리('광주폭동사태'에서 '민주화운동의 일환'으로 전환), (2) 자유주의적 관점('광주의거' 또는 '광주시민항쟁'), (3) 사회변혁을 지향하는 진보적 관점('광주민중항쟁' 또는 '광주민중무장봉기')으로 나눈 바 있다.[25] 둘째, 광주항쟁의 명칭은 항쟁의 역사적 위상, 항쟁에 대한 공식 평가와 정통기억orthodox memory을 보여주는 지표이기도 했다. 1980년대의 비교적 성공적인 기억투쟁 덕분에 광주항쟁의 명칭은 국가적 공식기억 속에서 '광주사태'에서 '광주 학생과 시민의 민주화를 위한 노력의 일환'을 거쳐 '광주민주화운동'으로 격상되어갔다. 명칭 쟁점의 이런 복합성에 유념하면서도, 이 책에서는 편의상 '광주항쟁'이나 '5·18'로 간략히 줄여 쓰려 한다.[26]

2장

리미널리티, 커뮤니타스, 사회극

이번 장에서는 핵심 개념인 리미널리티, 커뮤니타스, 사회극에 대해 소개하려 한다. 아울러 기존 개념에서 불분명하거나 이론적 보완이 필요하다고 생각되는 점들에 대해 필자의 견해를 추가할 것이다.

1. 리미널리티

잘 알려져 있듯 '리미널리티'는 방주네프가 통과의례의 한 단계로 제시한 용어이다. 그는 통과의례가 분리separation, 전이transition, 통합incorporation의 세 국면 혹은 단계로 구성되어 있다고 보았다. 여기서 두 번째인 '전이' 단계를 특징짓는 용어가 바로 리미널리티였다. 방주네프는 분리 의례를 '전前리미널' 의례로, 전이 의례를 '리미널' 의례 혹은 '문지방threshold' 의례로, 통합 의례를 '후後리미널'로 명명했을 만큼 리미널리티의 중요성을 강조했다.[1]

리미널리티에 대한 보다 상세하고 다양한 정의를 제공해준 이는 빅터 터너였다. 동시에 그는 통과의례의 맥락을 뛰어넘어 리미널리티 개념의 적용 범위를 대폭 확장했다. 터너는 이 개념을 "일상생활 바깥 혹은 주변부의 모든 조건"을 가리키는 용어로 확장했다고 스스로 밝힌 바 있다.[2] 그에 의하면 리미널리티는 "사회적 행위의 정상적인 양식에서 벗어난 시간과 장소", 혹은 "구조적 지위를 점유한 이들의 공적인 삶을 지배하는 규범·가치로부터 행동과 상징이 일시적으로 해방되는 시간과 공간"이다.[3] 리미널리티에 대한 가장 간명한 정의는 '이도저도 아닌 존재상태'일 것이다.[4] 리미널한 시기 혹은 국면은 "통상적인 사회적 삶의 범주에 비추어 '이도저도 아닌' 상태"이다.[5] 한편 리미널리티는 "현실적·직설법적인 구조에 대해 반격하는 '가정법적인 시공간'"으로도 정의될 수 있다.[6] 이를 풀어쓰자면 다음과 같다.

> 리미널리티라는 말은, 글자 그대로 '문턱에 있음'을 나타내고, 통상의 일상적인 문화·사회의 상태와, 어떤 상태를 형성하고 시간을 경과시키고 법과 질서를 유지하고 구조적인 지위를 정하는 상태 사이의, '중간적인 상태'를 가리킨다. 이 <u>리미널한 시간</u> 곧 '전이적 시간'은 '시계의 시간'과는 다르며, 무엇인가가 일어날 수 있는, 아니 일어나야만 하는 '<u>마술적 시간</u>'인 것이다. 바꿔 말하면, 현실 사회의 구조적인 여러 활동들이 '직설법'이라 한다면, 문화적인 과정에 있어서의 '리미널리티'란 마치 '가정법'과 비슷하다. 이런 '리미널리티'는 가능성이나 잠재적인 힘으로 가득 차 있으며, 또 거기에는 '실험'과 '유희'가 넘쳐흐르고 있다.(원문의 강조임)[7]

여기서는 일상적인 사회공간과 '리미널한 공간'을 구별해보고 싶다. 공동체의 차원을 한 차원 넘어선 메타사회적 제의는 공동체의 리미널리티와 관련되며, 촌락이나 광장에서 여러 사람들이 지켜보는 가운데 행해지는 수가 많다. 이러한 제의는 이교異敎의 독화살을 피해서, 동굴이나 숲이나 오두막집 속에서 은밀히 행해지는 것과는 다르다. 제의는 일상적인 세계로부터 '분리된 공간'을 필요로 하는 것이긴 하지만, 이 메타사회적인 제의는 일상적 공간을 무대로 하고, 그것을 '리미널한 시간'으로 '정화'하는 것이다.[8]

터너는 리미널한 상태가 "'가정법성', 일상생활의 계층화로부터 탈피, 상징적인 수준에서의 변환, 심층 수준에서의 사회구조의 파괴" 등의 특질들을 드러낸다고 보았다.[9] 통과의례의 전이 단계 혹은 리미널한 상태에 놓인 사람들은 독특한 면모를 보이는 경향이 있다. "리미널한 인간liminal personae" 혹은 "문지방을 넘는 사람들"은 성별의 초월, 익명성, 지위의 부재, 무소유, 순종, 수용성, 겸손함, 침묵, 금욕, 가식 없음, 신성함 등의 특징을 보여준다.[10] 리미널리티 속의 사람들은 사회 바깥에 존재하며, 성스럽게 되고, 그럼으로써 접촉할 수도 없고 위험한 존재가 되어, 사회가 그들에 대해 통제력을 지니지 못한다.[11] 메리 더글러스에 의하면, 리미널한 상태에 놓인 사람들은 위험하지만 능력이 있다. 다시 말해 "주변적 상태에 있는 사람들"은 능력과 위험을 동시에 소유한다. "주변에 존재한다는 것은 위험과의 접촉 속에 존재하는 것이고 힘의 근원에 존재하는 것이다."[12] 리미널한 과정, 상태, 사람의 이런 특징들은 대개 통과의례에서 전형적으로 관찰된다. 그러나 리미널리티 현상이 반드시 통과의례 상황에서만 발생하는 것은 아니다. 그러므로 우리는 통과의례를 넘어 좀 더 넓은 사회적·문화적·정치적 맥락에서 접근할 필요가 있다. 이 경우 필자는 리미널리티가 몇 가지 보다 일반적이고 공통적인 특징들을 보여준다고 생각한다.

첫째, 리미널리티는 기존 사회질서로부터의 '분리'를 전제한다.

따라서 리미널리티는 기존 '구조'의 규제력·구속력이 약화되는 '탈脫구조' 혹은 '반反구조'의 특징, 일상적 생활양식 및 감정구조에서 벗어나는 '일상의 초월'이라는 특징을 보여준다. 위에서 "심층 수준에서의 사회구조의 파괴"라는 표현도 바로 이것을 가리킨다. 기존 구조로부터의 분리는 사람들이 구조의 억압과 속박으로부터 해방되고 자유로워짐을 뜻한다. 그것은 지배의 중단이자 효력중지일 수 있고, 지배자의 무력화를 의미할 수도 있다. 리미널한 시공간으로 진입하는 사람들에게는 어제까지의 정치·사회 질서와 일상세계, 그리고 거기에 부여된 권위나 가치·규범 등이 더 이상 자연스럽게 여겨지지 않으며, 더 이상 당연시되지도 않는다. 사람들은 기존 권위에 더 이상 고분고분하게 순응하지 않게 된다. 따라서 기존 사회질서로부터의 분리는 '자유'와 '탈권위주의'를 조장한다고 말할 수 있다.

둘째, 리미널리티는 '이도저도 아님', '모호성'과 '애매함'이라는 특징을 드러낸다. 전이 단계에 놓인 통과의례의 주체들은 "애매함의 시기와 영역, 이전의 혹은 사후의 세속적인 사회적 지위나 문화적 상태의 속성들을 거의 가지고 있지 않은 일종의 사회적 중간지대social limbo를 통과한다."[13] 리미널한 사람들의 경계적 지위는 이들을 성스럽게 만들기도 하며, 때로는 정반대로 호모 사케르와 다름없는 경멸과 차별의 대상으로 만들기도 한다.[14]

셋째, 리미널리티는 새로운 '지위'와 '정체성'의 산실産室이기도 하다. 모호성과 애매함의 시공간을 거치고 나면, 참가자들은 이전과 구별되는 새로운 개인적·집단적 정체성과 사회적 지위를 획득하게 된다. 리미널리티는 이처럼 '재생' 혹은 '재탄생'의 측면 또한 갖고 있다.

80년 5월 금남로, 호모 사케르

넷째, 리미널리티는 '집합적이고 공적인' 현상이다. 또 리미널리티는 '의례적' 성격을 띠는 경우가 많으며, 종종 '집합의례'의 과정에서 발생한다. 동서고금을 막론하고 통과의례는 항상 집단적인 이벤트였다. 그러나 리미널한 경험의 주체가 반드시 사회집단에 한정될 필요는 없다. 다시 말해 리미널리티의 주체는 개인과 집단 모두가 될 수 있으며, 터너는 개인이 주체인 경우를 '리미노이드liminoid'로, 집단이 주체인 경우를 '리미널'로 구분했다. 아울러 참여 주체의 개인성·집단성을 불문하고 발휘되는 리미널리티의 공적인 영향력 측면을 강조하여, 터너는 '공적 리미널리티public liminality'라는 새로운 개념을 제안했다.

다섯째, 리미널리티는 참여자들의 '평등성'과 '연대성'이라는 특성을 보여준다. 리미널리티가 수반하는 지위 전도顚倒에 의해 평등성이 창출된다. 리미널한 상황에서는 신분과 지위의 소멸 나아가 전도·역전 현상이 흔히 일어나며, 그 결과 참여자들이 평등화되는 효과가 뚜렷이 나타난다. 위에서 언급한 "성별의 초월, 익명성, 지위의 부재, 무소유, 금욕, 겸손함, 가식 없음"이나 "일상생활의 계층화로부터 탈피" 등은 모두 통과의례 참여자들의 평등성을 보여주는 지표들이다. 평등화된 참여자들 사이에는 강한 유대, 동료애, 우애 등이 형성되는 경향이 있다.

여섯째, 리미널리티는 기존 구조에 대해 비판적이고 집단적인 '성찰'의 기회를 제공한다. 불투명하기만 했던 기존 사회구조와 일상세계의 본질이 비교적 '투명하게' 드러나는 예외적인 시공간이 바로 리미널리티이므로, 그것은 사람들에게 "구조를 관찰하는 새로운 시각"을 제공해준다.[15] 리미널리티는 "문화의 중심적인 가치들과 원리들을 찬찬히 들여다볼 수 있는 시기"이다.[16] 공적 리미널리티는 "사회 상태가 건강한지 그렇지 않은지를 그 사회 스스로가 검증하는 눈이나 눈초리"이다.[17] 이처럼 "사회가 사회 자체에 대해 말하고 비판"하며 "사회가 그 사회 전체를 바라보는" 기회를 제공해주기 때문에, 리미널리티는 참여자들에게 "메타사회적 비판"을 제공한다고 말할 수 있게 된다. 같은 이유로 통과의례는 "메타사회적 의례"가 된다. 집단적 리미널리티는 "공동체가 반성을 하는 마당場"이다.[18] 이런 투명화와 성찰을 통해 교정과 개선이 필요한 사회 내적 취약성들이 가시적으로 드러난다.

일곱째, 리미널리티 안에서는 '저항적 에너지와 감정'이 자유롭게 분출된다. 기존 구조에 대한 성찰 과정마저 열띠고 흥분된 감정 상태에서 이루어지는 경우가 많다. 이는 뒤르케임이 말한 '집합적 흥분/열광collective effervescence' 개념과 상통한다. 리미널리티는 일상적인 감정 표현과는 다른, '새로운 유형의 감정'이 출현하고 표현될 수 있는 기회를 제공하기도 한다. 사회운동 연구자인 크레이그 칼훈이 리미널리티와 관련된 '감정 분출' 및 '새 유형의 감정 출현'이라는 측면들을 적절히 강조하고 있다. "일상적인 구조적 과정 바깥의 단계들을 포함하기 때문에, 사회운동은 진정으로 감정을 더 두드러지게 만든다. 이것이 빅터 터너의 리미널리티 관념의 핵심 주장 중 하나이다. 그러나 이것을 집합행위의 '붕괴' 이론들이 지닌 문제로만 바라보는 것은 오류일 것이다. 우선, 여기서 주장되는 바는 집합행위가 규범적 질서의 붕괴 때문에 발생하는 것이 아니고, 비非일상적 행위가 감정이 안정적으로 자리 잡고 있는 몇몇 일상적 사회관계를 제거함으로써 다른 감정들 혹은 감정 출현의 다른 패턴들이 작동할 여지를 제공한다는 것이다. 둘째로, 터너가 강조하듯이, 감정은 의례를 통해 조직화될 수도 있다. 감정은 단순히 관습적인 억압이 제거될 때 발생하여 미친 듯 날뛰는 게 아니다. 리미널리티를 낳는 의례화된 행사 속에서 표현되는 것은 종종 관습적 규범의 전도인 것이다."[19]

　여덟째, '성찰' 기능과 직접 연계된 것이 리미널리티의 '비판'과 '대안적-유토피아적 질서 제시' 기능이다. 리미널리티에 내장된 '창조성'과 '변혁성'이 이 대목에서 가장 명료히 드러난다. 필자는 리미널리티의 성찰, 비판, 대안 기능을 한데 묶어 '리미널리티의 반구조 기능anti-structural function'이라고 부를 수 있다고 본다. 이런 반구조 기능은 리미널리티뿐 아니라 커뮤니타스에서도 명확히 나타난다. 리미널리티 속에서 사회적 약자들은 기존 권력을 거침없이 비판할 수 있으며, 권력을 마음껏 조롱하고 비웃을 수도 있다. 리미널리티에서 구현되는 '지위의 전도'는 해당 사회가 "이상적인 사회에서 얼마나 멀어져 버렸는가, 어떻게 일탈해 버렸는가"를 보여준다. 예컨대 축제는 리미널리티를 촉발함으로써 "사회 문화 및 정치적 변화의 매개"로 기능할 수 있다.[20] 해체되거나 일시적으로 무력화된 기존 구조의 공백을 채우는 새로운 가능성, 잠재적인 능력과 창조성이 리미널리티 속에서 출현한다. 아직 도래하지는 않았지만, 새로운 질서와 사회관계의 지평이 열린다. 리미널리티는 가능성의 공간이자 가능성의 열림이다. 통과의례의 리미널리티를 거치면서 참여자 개개인이 새로운 정체성과 지위로 이동하는 것과 유사하게, 특정 집단은 리미널리티를 거치면서 새로운 세상의 열림, 새로운 세상으로의 진입을 체감한다. 리미널리티 속에서 대안적인 도덕성과 다른 유형의 정서가 출현한다.[21]

　아홉째, 리미널리티의 비판과 대안 기능은 당연히 기존 질서의 수호자들에게 위기의식을 불러일으키며, 따라서 리미널리티 자체가 기존 구조에 의해 '위험시'된다. 사람들이 기존 구조와 일상의 속박에서 해방되면 순식간에 엄청난 저항적 에너지와 열기, 흥분된 감정이 분출되고 결집될 수 있다. 따라서 권력자들에게 리미널리티는 "단순한 카타르시스나 분풀이" 이상의 무엇이며, "무엇이라도 할 수 있는 가능성이 있는 무서운 영역"으로 간주된다.[22] 빅터 터너는 이렇게 설명한다. "혹자는 이렇게 질문할 수도 있을 것이다. 왜 거의 모든 곳에서 리미널한 상황과 역할들에는 마법적-종교적 속성들이 부여되는 것일까? 혹은 왜 그토록 자주 리미널한 상황과 역할들은 리미널한 맥락 안에 의례적으로 통합되지 못한 사람·사물·사건·관계들에게 위험하고 불길한 것으로, 혹은 그것들을 오염시키는 것으로 간주되는 것일까? 간략히 내 견해를 밝히자면, '구조'의 유지에 관심이 있는 이들의 관점에서 볼 때 커뮤니타스의 모든 지속적인 표상들은 틀림없이 위험하고 무정부적인 것처럼 비쳐질 것이고, 따라서 명령과 금지조치와 조건들로 차단되어야만 한다. 메리 더글러스가 최근 주장했듯이, 전통적인 분류 기준으로 명확히 분류될 수 없거나 분류상의 애매한 경계선에 놓여 있는 것은 거의 모든 곳에서 '오염시키는 것', '위험한 것'으로 간주된다."[23]

열째, 리미널리티는 '단기적인' 현상이다. 전이적인 상황을 제도화함으로써 영속화하려는 시도가 아예 없었던 것은 아니다. 일례로 성 프란치스코와 그의 제자들은 "영속적인 리미널리티permanent liminality"를 추구했다.[24] 빅터 터너의 '규범적 커뮤니타스'와 '이데올로기적 커뮤니타스' 개념 역시 리미널리티와 커뮤니타스의 일시성을 정복해보려는 다양한 시도들을 가리킨다. 그럼에도 리미널리티는 기본적으로 짧은 기간만 존속한다. 그것은 "순수한 잠재력의 순간"일 따름이다.[25] 랜달 콜린스는 '절정의 감정동원peak emotional mobilization'이라는 맥락에서 유사한 관찰을 제공한 바 있다. 그는 극적 사건에서 발생한 '공유된 절정의 감정'은 길어도 며칠 동안만 유지될 수 있지만, 어떤 경우에는 (중간에 몇 주 혹은 몇 달간 중단되기도 하면서) 절정의 감정동원이 2~3년 동안 상당히 길게 존속될 수도 있다고 추정했다. 그는 1989~1991년의 동유럽과 소비에트 혁명 당시 절정의 감정 분출이 3일 정도 유지되다가 몇 주 안에 사라질 것으로 추정하기도 했다.[26]

간략히 살펴본 것처럼, 리미널리티의 특징을 (1) 반구조와 초월성(일상성의 초월), 그로 인한 자유와 탈권위주의, (2) 모호성과 애매함, (3) (모호함과 애매함의 시공간을 통과한 후의) 정체성과 지위 변화, (4) 집합적이고 공적인 성격, 집합의례의 성격, (5) 평등성과 연대성, (6) 사회의 일시적 투명화와 그에 대한 성찰성, (7) 저항적 에너지·감정의 분출과 새 유형의 감정 출현, (8) 비판과 대안적-유토피아적 질서의 제시(창조성·전복성), (9) 기성질서 대표자들에 의한 위험시, (10) 일시성 혹은 단기 지속 등의 열 가지로 추릴 수 있다. 필자가 보기에, 방주네프가 제시한 리미널리티 개념에서 가장 논란의 여지가 많은 대목은 리미널리티의 정치적·사회적 기능 문제이다.

방주네프는 통과의례를 '사회의 재활성화regeneration' 필요성이라는 관점에서 이해했다. "(생물학적, 사회적 활동에서—인용자) 에너지가 고갈되면 다소간 촘촘한 간격을 두고 재활성화되어야만 한다. 통과의례는 궁극적으로 이러한 근본적인 필요성에 대응하는 것이다."[27] 그러나 이야말로 철저히 기성질서의 관점이다. 리미널리티가 무한한 가능성을 갖고 있고 그래서 기성 권력에 의해 위험시됨에도 불구하고, 방주네프는 리미널리티의 변혁적 힘을 끝까지 파고들지 않았다. 그 대신 모든 통과의례는 항상 지배질서의 강화를 수반하는

'(재)통합'으로 귀결된다. 통과의례는 일시적인 '의례적 반란'을 제압한 의례 주최 측(즉 권력 측)의 승리로 끝나도록 항상 미리 예정되어 있다. 신분과 역할의 의례적 역전을 포함하는 전도성조차 궁극적으로 기성질서에 기여한다. 성찰·비판·대안 등 리미널리티의 반구조 기능은 일시적이고 미리 조율된 '의례적 일탈'을 통해 기성질서의 문제와 약점들을 발견해내고 해결함으로써 사회를 더욱 효율적으로 작동하도록 만들고, 피지배자들의 자발적인 동의를 이끌어냄으로써 사회적 통합을 더욱 공고화하는 기능을 수행할 따름이다. 통과의례는 '리미널리티의 변혁적 힘 때문에, 혹은 리미널리티의 변혁적 힘이 강하면 강할수록, 기성 정치·사회 질서는 도리어 더욱 공고해진다'는, 역설적이고 닫힌 논리를 맴돌 뿐인 것이다. 이렇게 보면 통과의례의 맥락에서 처음 제안된 리미널리티 자체가 근본적으로 '보수적인' 개념이었던 셈이다. 따라서 리미널리티 개념을 통과의례의 맥락에서 벗어나도록 만듦으로써 방주네프의 리미널리티 개념에 내장된 정치적 보수성을 극복할 필요가 있는 것이다.

이 문제에 대한 빅터 터너의 처방은 두 가지였다. 그 하나는 이 개념을 종교적·세속적 의례의 맥락을 넘어 사회적·정치적 맥락으로 과감하게 확장하는 것이다. 터너는 리미널리티를 종교적·세속적 의례는 물론이고 연극, 음악, 스포츠, 나아가 천년왕국운동·혁명·전쟁 등을 포함하는 정치 영역에서도 발생하는 현상으로 보았다. 그는 이런 취지에서 혁명은 '총체화한 리미널 국면totalizing liminal phases'이라는 주장도 제기한 바 있다.[28] 다른 하나는 리미널리티라는 용어를 둘로 쪼개는 것, 즉 '리미널'과 '리미노이드'로 나누는 것이었다. 리미널과 리미노이드는 시대적 차이와 기능적 차이를 모두 내포한다. 리미널이 근대 이전 시대의 리미널리티를 가리킨다면, 리미노이드

는 현대 산업사회의 리미널리티를 가리킨다.[29] 또 리미널이 통과의
례처럼 기존질서를 강화한다면, 리미노이드는 기존질서의 문제들
을 드러낸다. 터너는 리미노이드 개념으로 방주네프의 리미널리티
개념과 통과의례 이론이 지닌 뿌리 깊은 보수성을 돌파하려 시도한
것이다. 아울러 이를 통해 리미널리티(특히 공적 리미널리티) 개념을 '지
배'와 '저항'의 맥락 모두에 적용할 수 있는 용어로 재정립했다.

　그런데 터너의 리미널-리미노이드 구분은 전근대-근대, 종교-세
속, 의례-연극(그리고 예술·스포츠), 지배-저항의 차이뿐 아니라, 집단-
개인의 차이도 포함하고 있다. 터너는 집단이 리미널리티의 주체인
경우를 리미널로, 개인이 주체인 경우를 리미노이드로 구분했다.
필자가 보기엔 바로 여기에 리미노이드 개념의 약점이 존재한다. 리
미노이드는 '저항적'이기는 하나 '개인주의적'이다. 따라서 리미노
이드 개념에는 본질적으로 '사회운동·정치운동'의 성격이 약할 수
밖에 없다. 그렇다면 저항적·변혁적이면서도 '집단적인' 성격을 띤
리미널리티는 존재하지 않는가? 존재한다면 그것을 어떻게 포착할
것인가?

　필자는 이 문제를 해결하기 위해 '변혁·해방의 리미널리티liminality of transformation and liberation'와 '질서·충성의 리미널리티liminality of order and loyalty'라는 두 유형의 리미널리티를 구분하자고 제안한
다. 변혁의 리미널리티는 기존 체제에 대한 저항을 촉진하고, 나아
가 구체제를 타파할 새로운 유토피아적 비전과 희망을 만들어낸다.
반면에 질서의 리미널리티는 순응적 주체들을 주조하고, 사람들을
기존 체제의 충성스런 참신자true believer로 거듭나도록 하며, 그럼
으로써 기존 체제를 보강한다.

　이 경우 방주네프가 분석한 대부분의 통과의례 사례들은 전형적

으로 질서 리미널리티의 기능을 수행한다고 말할 수 있을 것이다. 아울러 유신시대에 성행했던 정치적-이데올로기적 통과의례들, 특히 성인식으로서의 남녀 청년·청소년들의 국토 행군, 국토순례, 병영체험, 화랑연수원·충무연수원·사임당교육원 입소교육, 며칠 동안 장·차관과 농어민이 한데 어울렸던 새마을연수원의 합숙교육 등은 '질서의 리미널리티' 체험을 제공할 수 있다. 젊은 층 사이에 종종 행해지곤 했던 이른바 '야자타임'이란 것도 통과의례의 리미널리티 단계에서 나타나는, 일시적인 상징적·의례적 지위 전도를 희화적으로 압축한 역할극이자 놀이였다. 기존 권위 질서와 구조의 효력이 일시 정지된다는 점에서 리미널하지만, 짧고 유쾌한 전도의 시간이 지나가면 기존 선배-후배, 상사-부하 관계가 금세 회복된다. 그것은 놀이 참여자들이 기존 권위 구조를 가시적으로 재확인하는 경험이며, 기존질서를 공고화하는 결과로 이어진다. 반면에 지위 역전 및 기존질서의 상징적 전복을 위한 장치로서의 1970~1980년대 대학가의 탈춤(가면극)이나 마당극은 참여자나 관객에게 '변혁의 리미널리티'를 체험하도록 만들 수 있다. 1980년대를 여는 광주항쟁이야말로 변혁 리미널리티의 가장 생생한 사례일 것이다. 이처럼 '질서·충성의 리미널리티'와 '변혁·해방의 리미널리티'라는 두 유형을 구분함으로써, 우리는 리미널리티 개념을 지배(기존질서의 재생산)와 저항(기존질서의 전복)이라는 사회정치적 맥락 모두에 적용할 수 있게 된다.[30]

2. 커뮤니타스

빅터 터너는 리미널리티의 특징 중 평등성과 연대성의 측면을 부각시켜 커뮤니타스 개념을 제시했다. 그의 표현대로 "리미널 현상의 흥미로운 점은 이 현상이 제공하는 겸손함lowliness, 성스러움, 동질성, 동지의식의 혼합이다."[31] 필자는 앞에서 리미널리티의 특징을 반구조와 자유, 애매함, 정체성·지위 변화, 공적-집합적 성격, 평등성, 성찰성, 감정 분출, 대안적 질서의 비전, 기성질서 측의 위험시, 일시성 등으로 제시한 바 있다. 이 가운데 반구조-자유, 공적-집합적 성격, 평등성, 감정 분출, 대안, 위험시, 일시성은 커뮤니타스의 특징이기도 하다. 이를 통해서도 리미널리티와 커뮤니타스가 상당히 유사한 현상임을 확인할 수 있다. 필자는 여기에 '의도치 않은 결과'라는 공통점을 추가할 수 있다고 본다. 바꿔 말하면 참여자 입장에서 볼 때 리미널리티와 마찬가지로 커뮤니타스도 사전에 의도하지 않은, 미리 예상치 못한 상황이자 경험인 것이다. 터너는 그럼에도 양자를 구분하는 게 중요하다고 강조한 바 있다.

우선, 커뮤니타스가 출현하는 것은 리미널리티 '안에서'이며, 커뮤니타스는 리미널리티 속에서 가장 존재가 뚜렷하다.[32] 커뮤니타스는 '리미널한 지위 전도' 속에서 출현한다.[33] 이처럼 양자 간에는 시간적 선후관계가 명확하다. 요컨대 리미널리티는 커뮤니타스라는 생명체가 탄생하는 산실인 셈이다. 리미널리티 없이는 커뮤니타스도 있을 수 없다. 그렇다면 커뮤니타스는 구조 및 일상생활과의 '분리 이후'의 현상이자, '일상성의 초월 속에서만' 등장하는 현상일 수밖에 없다. 이미 언급했듯이 리미널리티와 커뮤니타스 모두가 기존 구조가 해체되면서 힘·위력·권위를 상실하는 '반구조'에 해당한다. 커뮤니타스는 "행위자들에 의해 거의 항상 무시간적인 상황, 영원한 현재, '시간 속에 있으면서도 시간을 벗어난 순간', 시간에 대한 구조적 관점이 적용될 수 없는 상태로 간주"된다.[34]

두 번째로, 앞에서 보았듯이 터너는 리미널리티를 특정한 '존재 상태'나 조건·상황, 특정한 시공간을 가리키는 용어로 사용한다. 반면에 커뮤니타스는 통상 특정한 유형의 '사회관계', 보다 정확히는 '사회적 상호관련성의 양식'을 가리킨다.[35] 터너에 의하면 "내가 리미널리티라고 부르는 것은 커뮤니타스와 정확히 같은 게 아니다. 리미널리티는 사회적 양식social modality이라기보다, 행위나 사고의 영역이기 때문이다."[36]

세 번째로, 필자는 이 두 번째 차이와 관련된 또 하나의 중요한 차이, 그러나 빅터 터너 자신도 충분히 강조하지 못했던 차이에 주목해야 한다고 본다. 이는 '행위 주체'의 차원과 주로 관련된다. 리미널리티가 특정한 '상황'이나 '시공간'을 가리킨다면, 커뮤니타스는 여기에 (리미널한 상황·시공간에 대한) '주체의 능동적인 참여와 투신' 차원, 그런 참여·투신에 수반되는 '공동의 체험과 감정'이라는 차원을 추가할 때 비로소 완성된다. 주체들이 리미널한 상황에 자발적으로, 나아가 종종 열정적으로 개입할 때 커뮤니타스가 뚜렷하게 출현한다. 커뮤니타스는 주체들이 더 이상 관찰자나 구경꾼의 역할에 머물지 않는 것, 리미널리티라는 비일상적인 시공간 속으로 기꺼이 '뛰어드는' 것이다. 커뮤니타스는 기존질서로부터 일상인들을 분리시킬 뿐 아니라 기존질서를 뒤엎고 해체시키는 리미널리티의 놀라운 해방 능력과 전복 능력을 주체들이 경이롭게 발견하는 것이며, 그런 놀라움의 감정을 숨김없이 표출하는 것이며, 그런 예기치 못한 경험을 기쁘게 수용하고 즐기는 것이다.

분수대 앞 광장, 민주의 커뮤니타스

필자가 보기에 커뮤니타스는 기존 구조와의 '리미널한 단절'을 통해 '진리'가 생성되면서 빛을 발하는 순간, 그 진리를 믿고 헌신하는 '주체'가 등장하는 순간이기도 하다. 알랭 바디우는 『존재와 사건』의 영어판 서문에서 이렇게 말했다. "진리는 단지 자신을 뒷받침하는 질서와의 단절로 구축되는 것이지, 결코 그러한 질서의 결과가 아니다. 나는 진리들을 개시하는 그러한 유형의 단절을 '사건'이라고 불러왔다.……주체란 진리의 사건에 대한 적극적인 충실성에 다름 아니다. 이것은 주체는 진리의 투사임을 의미한다.……진리의 투사는 인류 전체의 해방을 위해 노력하는 정치적 투사일 뿐만 아니라 또한 예술가-창조자, 새로운 이론적 장을 여는 과학자 그리고 그의 세계가 마법에 걸린 연인이기도 하다."[37]

마지막으로, 커뮤니타스에서 발견되는 이런 '자발성'이야말로 커뮤니타스 참여를 리미널리티 참여와 구분 짓는 결정적인 차이임이 강조되어야 한다는 게 필자의 생각이다. 통과의례들이 종종 그렇듯이, 리미널리티에 참여하는 행위는 많은 경우 비자발적이거나 소극적인, 때로는 어쩔 수 없거나 강제적인 선택이다. 뒤에서 자세히 보겠지만, 광주 시민들에게 '광주 리미널리티'에의 참여는 대체로 원치 않았던 선택이었고, 도리어 강제된 선택에 가까웠다. 반면에 커뮤니타스에 참여하는 행위는 대개 지극히 자발적인 선택이다. 비록 처음에는 외부 압력에 떠밀려 우연히 혹은 마지못해 리미널리티에 끼어들었을지라도, 그 이후 태도를 바꿔 리미널한 상황에 주체들이 능동적이고 자발적으로 참여할 경우 얼마든지 커뮤니타스가 활짝 피어날 수 있는 것이다.

요컨대 커뮤니타스는 리미널리티의 해방력解放力과 전복성에 대한 주체들의 자발적인 참여에 의해 발생한다. 그리고 이런 초超일상적이고 탈脫일상적인 리미널한 시공간과 상황 속에 놓인 주체들, 다시 말해 리미널한 전이 상태liminal transition[38]에 놓인 사람들 사이의 사회관계와 상호작용을 특징짓는 양식이 바로 커뮤니타스라고 말할 수 있다. 그 양식 안으로 문득 들어섰을 때 펼쳐지는 놀라운 일들, 특히 참여자들 사이에 일어나는 무언가 역동적이고 심지어 신비스런 변화들을 포착하려는 개념이 바로 커뮤니타스인 것이다.

리미널 단계에 있는 사람들의 반구조적-커뮤니타스적 사회관계 양식은 일상생활을 지배하는 구조적인 사회관계 양식과 다를 수밖에 없다. 이런 맥락에서 터너는 "인간 상호관계의 두 가지 모델"을 대비시켰다. "하나는 병렬적인 관계이고juxtaposed, 다른 하나는 순환적으로 지위를 맞바꾸는 관계이다alternating. 전자는 사람들을 더 가진 이들과 덜 가진 이들로 갈라놓는 다양한 평가 유형들을 보유한, 구조화되고 차별화되고 종종 위계적인 정치적-법적-경제적인 지위체계로서의 사회에 해당한다. 후자는 리미널한 시기에 가시적으로 출현하는 것으로서, 비非구조화되거나 최소한으로만 구조화되어 있고 상대적으로 비非차별적인 코미타투스comitatus와 공동체 community, 심지어 의례 선임자의 일반적 권위에 복종하는 평등한 개인들의 공동체적 친교communion로서의 사회에 해당한다."[39]

커뮤니타스의 탈구조적, 탈일상적 성격에 대해서는 이미 앞에서 언급했다. 이제 커뮤니타스로 지칭되는 사회적 상호관련성 양식 혹은 인간 상호관계 모델의 다른 여러 특징에 대해 살펴보기로 하자. 이 특징들을 커뮤니타스의 존재 여부, 혹은 '진정한 커뮤니타스'와 '사이비 커뮤니타스false communitas'[40]를 판별하는 지표로 간주해도 무방할 것이다.

첫째, 인간관계의 '평등성'이다. 평등성은 리미널리티 단계에서 나타나는 기존 지위의 전도, 기존 지위 지우기의 직접적인 결과이다. 리미널리티 속의 사람들 사이에서는 "강렬한 동지의식과 평등주의가 발달"하며, "서열과 지위의 세속적인 구분은 사라지거나 동질화된다."[41] 지위 소멸 및 전도는 겸손함, 자기를 낮춤과 연결된다. 통과의례를 비롯한 다양한 의례들의 리미널 국면에서, "커뮤니타스는 의례적 모욕侮辱, 리미널 국면 이전 지위의 상징·표식을 제거하기, 의례적 평등화, 다양한 종류의 시련과 테스트 등에 의해 발생한다."[42]

둘째, 커뮤니타스는 '우애'와 '연대성', 나아가 최대한 확장된 '인류애'로 특징지어지는 사회관계이기도 하다. 커뮤니타스는 무엇보다 "영감에 찬 동료의식"이다.[43] 사람들은 리미널 현상 속에서 "아무리 일시적일지라도, 때때로 언어로도 표현이 불가능할 정도로 상징적인 것일지라도, 어떤 보편화된 사회적 유대에 대한 인정", 혹은 "그것 없이는 어떤 사회도 존재할 수 없는 본질적이고 포괄적인 인간적 유대에 대한 인정"을 체험한다.[44] "사람들 사이에 포괄적인 유대가 존재한다는 관념, 그와 관련된 '인류성humankindness'이라는 감정"이 커뮤니타스의 중요한 특징이다.[45] 어느 사회나 인종·종족·계급·신분·연령·젠더 등에 기초한 '사회심리적 거리감·이질감의 체계'가 존재하게 마련인데, 이 체계의 작동이 심하게 교란되거나 중단되어 경계들을 교차하는intersectional 동질감과 친밀감이 급속히 확산되는 게 커뮤니타스의 특징인 것이다.

셋째, 커뮤니타스 안에서는 가식·권위·편견이 없는 '인격적이고, 직접적이고, 전인적·통전적인 만남'이 이루어진다. 커뮤니타스란 무엇보다 "어떤 사람이 지니는 역할이나 지위의 특성을 지워버리고, '있는 그대로의' 상태에서 인간이 서로 마주하는 그런 상태"를 말한다.[46] "커뮤니타스는 구체적이고 역사적이며 개성적인 개인들의 관계"이며, "직접적이고 즉각적이고 총체적인 인간 정체성들과의 대면"이다.[47] 커뮤니타스의 연대성은 비차별적이고 평등할 뿐아니라 직접적이고, 비합리적irrational이라기보다는 합리성을 초월한nonrational '나-너I-Thou' 관계 혹은 '본질적 우리Essential We'의 관계이다.[48] 이것은 "총체적 인간들total persons"의 커뮤니타스이다.[49]

넷째, 커뮤니타스적 인간관계는 이기적이지 않거나, 보다 직접적으로 '이타적'이다. 에디스 터너에 의하면, "커뮤니타스 속에서는 에고의 상실이 나타난다. 자기 자신에 대한 자만심은 부적절해진다.……커뮤니타스의 이득은 상대방에 대한 즉각적인 이해, 용이한 상호부조, 타인들과의 장기적인 유대이다."[50] '구조적 질서의 전복' 그리고 '지위와 취득의 포기'라는 커뮤니타스의 핵심 원리로 인해, 커뮤니타스를 이용하여 이윤을 추구하려는 모든 시도는 궁극적으로 실패할 수밖에 없다.[51] 합리성의 초월이라는 커뮤니타스의 특징도 (그것의 정서적-감정적 측면과 함께) 이기심과 이윤 동기의 부재 때문이라고 말할 수 있다.

랜달 콜린스는 집합적 열광/흥분 속에서 '도덕감정feelings of morality'이 탄생하는 과정을 비교적 상세히 제시한 바 있다. 그는 뒤르케임이 집합적 열광/흥분을 낳는 '도덕적 밀도moral density'라고 불렀던 것을 '고도의례밀도high ritual density'로 다시 명명하면서, 그 구성요소를 사람들의 물리적 결집, 관심의 초점을 공유하기, 관심의 초점이 상호적인 관심의 초점이 되기 등 세 가지로 제시했다. 여기서 '공유된 관심의 초점'은 전통으로 자리 잡은 정형화된 행위로 인해, 혹은 처음 만난 사람들이 어떤 이유로 공동행위를 하게 될 때 자연발생적으로 생길 수 있다. 또한 '관심의 초점이 상호적 관심 초점이 되기'는 서로에게 초점을 맞추는 공유된 집단 감각으로서, 인지적-도덕적 일체감을 융합하는 집합의식을 창출하므로 결정적으로 중요한 과정이다. 고도의례밀도의 이런 구성요소들이 충분히 존재할 경우 그것이 산출해내는 효과들은 집합적 연대의 감정, 감정에너지, (집단적 참여 기억을 요약해주는) 집단상징, 도덕감정으로 요약될 수 있다. 구성원들이 열광과 자신감으로 고양될 때 생성되는 '감정에너지'는 연대감을 만들어내고 개인으로 하여금 집단의 성원일 때 더욱 강해진다고 느끼도록 하는 감정을 가리킨다.[52] 콜린스는 '도덕감정'을 다음과 같이 설명한다. "감정적으로 연대한 집단은 그 나름의 옳고 그름의 기준을 산출한다. 최고의 선善은 집단에 대한 헌신, 그리고 집단을 위해 개인의 이기심을 희생하는 것이다. 집단 외부에 있는 사람들, 또는 더 나쁘게 집단에 반대하는 사람들에게는 무가치한, 사악한, 비인간적이라는 도덕적 낙인이 부여된다."[53]

다섯째, 커뮤니타스적 인간관계는 '고양된 감정'과 '집단적 기쁨 collective joy'을 제공한다. 커뮤니타스는 참여자들에게 "황홀한 경험"을 선물한다.[54] 커뮤니타스가 등장하기 위한 조건인 '평등화'와 '지위 박탈' 혹은 '지위 지우기' 과정은 종종 참여자들을 감정으로 가득 차게 만든다.[55] 빅터 터너도 커뮤니타스와 관련된 체험·감정·느낌·정서의 측면을 언급했지만, 이를 집중적으로 부각시킨 것은 에디스 터너의 공헌이다. 그녀는 『커뮤니타스Communitas』의 부제를 "집단적 기쁨의 인류학"으로 달았다. "커뮤니타스가 출현할 때, 사람들은 그것을 느낀다. 그것은 모든 이들의 체험에 관한 사실이다." 커뮤니타스는 삶의 "충만한 의미"와 관련되며, "내 생애 최고의 시간"이라고 할 수 있을 만큼 기대치 못한, 예외적인 시간의 체험이다.[56] 에디스 터너는 커뮤니타스라는 특정한 형태의 사회관계가 제공하는 기쁨과 즐거움, 때로는 눈물과 울음으로 표현되는 감격과 감동을 강조한다. 이런 관점은 에디스 터너의 커뮤니타스 정의에서도 잘 드러난다. "동료 인간과 공통의 경험을 함께하는 데서 오는 한 집단의 즐거움"(p. 2), "그들의 함께하는 삶이 충만한 의미를 획득할 때 일군의 사람들이 체감하는 느낌"(p. 1), "다른 사람과의 공감적이고 동정적인 얽힘"(p. 84) 등이 그런 사례들이다.

커뮤니타스가 제공하는 고양된 감정과 기쁨에는 자유나 해방, 나아가 성스러움이나 신비로운 합일 체험도 포함될 수 있다. 빅터 터너는 "커뮤니타스의 해방된 경험", 그리고 "자유롭고 평등한 동지들의 커뮤니타스"에 대해 말했다.[57] 커뮤니타스는 기존 구조의 강제·법·제한과 대비되거나 그 구속으로부터 벗어난 "자발성 및 자유"와 직결된다.[58] "커뮤니타스는 거의 모든 곳에서 성스럽게 여겨진다. 아마도 커뮤니타스가 구조화되고 제도화된 관계들을 지배하는 규범들을 초월하거나 해체시키기 때문이며, 또 커뮤니타스에는 전례 없는 잠재력의 경험이 수반되기 때문일 것이다."[59] 커뮤니타스는 "집단적인 깨달음 혹은 신비적 합일a collective satori or unio mystica"의 체험이기도 하다.[60] 해방과 혁명에 대해 논하면서 에디스 터너는 "순박한 사람들의 성스러움", 그리고 "그들이 품은 자유의 희망을 구현한 비전 가득한 순간들"에 관해 언급했다. "모든 개개의 혁명―보통사람들에 의한 매번의 파리Paris 권력 접수―에는 성인들의 신비적 합일, 성인들의 지복至福 직관直觀과 매우 가까운 천상의 인식이 깃들어 있다. 이런 체험이 신비가의 고립된 비전이 아니었다는 것, 그 체험이 넘치도록 '사회적이었고' 전체 도시를 관통하여 공유되었다는 것―따라서 그런 일이 벌어질 때마다 즉각적인 커뮤니타스 현

아놀드 방주네프와 빅터 터너

상이 발생했다는 점이 반드시 언급되어야 한다."[61]

여섯째, 커뮤니타스에서는 '행위와 인식의 융합'이 이루어진다. 빅터 터너는 커뮤니타스 체험이 미하이 칙센트미하이Mihaly Csik-szentmihalyi가 제시한 '흐름 혹은 몰입flow' 체험과 유사함을 어려 차례 강조한 바 있다. 무아경적인 몰입/흐름은 "우리 측의 아무런 의식적인 매개를 필요로 하지 않는 것처럼 보이는 내적 논리에 의해서, 행동이 다음에서 다음으로 이어져가는 것"이다.[62] 에디스 터너에 따르면 "구체적인 상황에서, 커뮤니타스는 사람들이 완전히 몰입하여 집합적 과업에 참여할 때 발견될 수 있다.……이때 사람들은 자신들이 '흐름 속에' 있음을 발견할 수 있다. 즉 그들은 행위와 인식의 완전한 융합을 체험할 수 있는데, 이것이야말로 즐거움의 결정적인 요소이다. 일단 흐름 속에 들면, 참여자 측의 의식적인 개입은 필요치 않게 된다."[63] 의례 일반의 특징이기도 한 행위-인식 융합 현상은 참여자들에게 집합적 흥분을 포함한 강렬한 감동을 가져다줄 뿐 아니라, 일상생활을 지배하는 소소한 의심과 고민을 손쉽게 제거하고, 자기 행위의 정당성과 타당성·진실성에 대한 강한 확신을 제공한다.

간략히 살펴보았듯이, 커뮤니타스적 사회관계의 특징은 (1) 평등성과 겸손함, (2) 우애, 연대성, 인류애, (3) 인격적·직접적·전인적 만남, (4) 에고의 상실과 이타성, (5) 집단적 기쁨, 그리고 자유·해방·성스러움·신비체험을 포함하는 고양된 감정들, (6) 행위와 인식의 융합 등으로 압축된다. 이것들은 어디까지나 '커뮤니타스적 사회관계'의 특징들일 뿐, 커뮤니타스 자체는 (앞서 언급했듯이) 반구조-자유, 공적-집합적 성격, 일시성, 대안적 질서의 제시, 기성질서 측의 위험시, 비非의도성 같은 특징들을 갖고 있기도 하다.

빅터 터너는 커뮤니타스 개념을 의례의 맥락을 넘어 사회, 문화, 예술, 정치 등 매우 다양한 맥락에 적용될 수 있는 것으로 제시했다. 에디스 터너는 거의 모든 삶의 영역들에 적용할 수 있도록 커뮤니타스 개념의 범위를 최대한 확장했다. 그녀는 축제, 음악, 스포츠, 통과의례에서 발견되는 커뮤니타스에 대해 설명할 뿐 아니라 일(노동)의 커뮤니타스, 재난의 커뮤니타스, 혁명과 해방의 커뮤니타스, 비폭력 저항의 커뮤니타스, 자연의 커뮤니타스 등 새로운 커뮤니타스 유형과 범주들을 제시했다. 그녀는 대홍수·허리케인에 의한 파괴적인 재난들을 함께 견디고 수습하는 과정에서, 심지어 죽음을 목전에 둔 호스피스병동의 말기 암 환자들 사이에서도 커뮤니타스(재난의 커뮤니타스)가 출현할 수 있다고 본다.[64] 필자는 1980년 '광주 커뮤니타스'를 이해하는 데 '혁명과 해방의 커뮤니타스'와 '재난의 커뮤니타스', 그리고 '비폭력 저항의 커뮤니타스' 개념이 유용하다고 판단한다.

커뮤니타스가 이처럼 다양한 상황에서 관찰되는 현상이라면, 그것의 사회적·정치적 기능이 무엇인지가 중요한 쟁점으로 대두될 수밖에 없다. 결론부터 말하자면, (리미널리티가 지배와 저항의 가능성 모두를 갖는 것과 마찬가지로) 커뮤니타스는 (1) 기존 지배질서의 공고화, (2) 저항과 변혁, (3) 전체주의로의 왜곡 등 세 가지 가능성을 갖고 있다. 빅터 터너는 구조-반구조(커뮤니타스) 사이의 변증법적인 진자운동이 사회의 정상적인 작동에 필수적이라고 주장함으로써, 커뮤니타스가 기존질서의 공고화에 기여할 수 있음을 인정했다. "여기에 하나의 변증법이 존재한다. 구조로부터 해방되어 커뮤니타스 안으로 들어간 사람들이 자신들의 커뮤니타스 경험에 의해 재활성화된 구조로 되돌아갈 뿐인 통과의례의 경우처럼, 커뮤니타스의 직접성은 구조의 매개성에 자리를 내주기 때문이다. 분명한 사실은 그 어떤 사회도 이 변증법 없이는 적절히 기능할 수 없다는 것이다." 커뮤니타스가 전체주의적 질서로 왜곡될 가능성을 터너가 경고하는 대목도 이때 등장한다. "평등화 유형의 어떤 종교적 혹은 정치적 운동들에서, 커뮤니타스에 대한 과장은 얼마 못 가 전제주의, 과잉관료화, 혹은 다른 모델의 구조적 경직화로 귀착될 수 있다. 왜냐하면……커뮤니타스 속에서 살아가는 사람들은 조만간에 절대적 권위를 요구하는 것처럼 보이기 때문이다. 그것이 종교적 계율이든, 신적인 계시를 받은 지도자든, 독재자든 말이다."[65]

우리의 논의 맥락에서 가장 중요한 것은 커뮤니타스의 저항적·변혁적 잠재력이다. 앞서 인용했듯이 커뮤니타스에는 "전례 없는 잠재력의 경험"이 수반된다. 커뮤니타스는 그것을 체험하는 이들에게 대안적-유토피아적 세계의 비전을 제공한다. 그것은 아직 분명치 않고 손에 잡히지 않지만 그럼에도 매우 현실적인 체험이며 강렬한 열망과 감동, 확신을 수반한다. "커뮤니타스가 문화적으로 나타날 때는 종종 에덴동산, 파라다이스, 유토피아, 천년왕국과 같은 모습을 띤다. 물론 이를 실제로 성취하기 위해서는 개인 혹은 집단의 종교적·정치적 행위가 투입되어야만 한다. 이때 사회는 자유롭고 평등한 동지들, 곧 총체적 인간들의 커뮤니타스로 그려진다."[66] 따라서 기성질서의 수호자들에게 커뮤니타스가 "실질적인 위험"으로 간주될 것임에는 의문의 여지가 없다.[67] 커뮤니타스가 발생하기 쉬운 곳은 바로 주변성 내지 구조적 열위성이다.[68] 사회적 약자, 소수자, 주변인들이 커뮤니타스의 최우선적인 주체가 될 가능성이 높다는 사실에서 비롯되는 이런 '전복성'이야말로 권력자들이 커뮤니타스를 끝없이 위험시, 불온시하는 근본적인 이유일 것이다.

빅터 터너는 '커뮤니타스 이후' 혹은 '포스트 커뮤니타스' 문제에 대해서도 숙고했다. 이 문제는 커뮤니타스의 일시성, 그것의 단기 지속성 때문에 중요하다. 커뮤니타스는 종종 기성질서의 재활성화 역할을 수행하고 사라지며, 때로는 '전체주의로의 퇴행'으로 귀결되기도 한다. 그러나 어떤 이들은 시간의 퇴락시키는 힘을 거슬러 커뮤니타스의 이상과 가치들을 보존하는 데 전력을 기울인다. "(짧게 지속될 뿐인—인용자) 집합적 흥분의 시간의 결실을 정규적으로 재생산하는 경축에 의해서 추억을 생생하게 유지할 필요"에 부응하여 그리고 "프랑스대혁명이 고취시킨 원리들을 영원한 젊음의 상태로 유지시키기 위해서" 사회가 축제를 발전시킨다는 뒤르케임의 주장과 유사하게,[69] 빅터 터너 역시 커뮤니타스의 이상과 가치들에 지속적인 생명력을 불어넣으려는 역사적 시도들에 주목했다. 이런 맥락에서 터너는 커뮤니타스의 유형론을 발전시켰다. 그는 '지금 여기' 현재진행형의 커뮤니타스를 '자발적 혹은 실존적 커뮤니타스 spontaneous or existential communitas'라고 불렀다. 또한 커뮤니타스를 영속화하거나 지속력 있게 제도화하려는 '커뮤니타스 이후의 커뮤니타스'를 '이데올로기적 커뮤니타스ideological communitas'와 '규범적 커뮤니타스normative communitas'로 구분했다. 이 중 '이데올로기적 커뮤니타스'는 자발적 커뮤니타스에 기초한 유토피아적 사회모델을 발전시키려는 일련의 노력과 관련되며, '규범적 커뮤니타스'는 자발적 커뮤니타스의 평등주의적·인간주의적 사회관계를 영속적인 제도와 조직으로 구현하려는 하위문화 내지 하위집단들과 관련된다.[70] 필자는 '이데올로기적 커뮤니타스' 개념이 '광주 커뮤니타스 이후' 문제를 숙고하는 데 도움이 되며, 특히 이른바 '광주정신'의 구체화 노력을 설명하는 데 유용하리라고 본다.

3. 사회극

사회극social drama 개념을 발전시킨 이도 빅터 터너였다. "사회생활의 연극적 잠재력"에 주목하는 것,[71] 다시 말해 사회적-정치적 과정이 연극과 여러모로 유사하다는 발상이 그 저변에 깔려 있음은 물론이다. 터너는 사회극을 "객관적으로 따로 구분해낼 수 있는, 갈등적이고 경쟁적인 혹은 호전적인 유형의 사회적 상호작용의 연속체"로 정의했다.[72] 그는 다른 곳에서 사회극을 "갈등적인 상황에서 발생하는 무조화적이거나aharmonic 부조화적인disharmonic 과정의 단위들"로 정의하기도 했다.[73] 터너는 가족에서 국가에 이르기까지 사회생활의 거의 모든 수준에 사회극 개념을 폭넓게 적용할 수 있으며, 전통사회와 현대사회를 포함하여 사실상 모든 사회에 적용할 수 있다고 보았다. 아울러 터너는 사회극 개념이 정치 과정이나 정치 상황의 분석에 특히 유용하다고 주장하면서, 몸소 이 개념을 '혁명적 상황(1810년의 멕시코독립혁명)'에 적용해보기도 했다.[74]

보다 구체적으로, 터너는 사회극이 네 단계, 즉 (1) 위반breach, (2) 위기crisis, (3) 교정redress 혹은 치유remedy, (4) 재통합reintegration 혹은 분열의 인정recognition of schism으로 구성된다고 보았다. 기존 구조·규범·규칙을 심각하게 침해하는 행위나 사건이 '위반'이라면, 위반 행위가 확산되는 가운데 다양한 세력들 사이의 갈등이 공공연히 벌어지면 '위기' 단계가 시작된다. 얼마 후 위기를 진정시키기 위한 '교정' 시도들이 등장한다. 위기 극복을 위해 동원되는 교정 기구·기제나 구체적인 교정 조치·수단은 다양할 수 있다. 그것은 전쟁이나 혁명까지 포함하는 '정치적-군사적' 과정, 중재나 조정·재판 등의 '사법적' 과정, 그리고 여러 형태의 '의례적' 과정을 포함한다.

교정이 성공적일 경우 갈등하는 양측 사이에 화해나 합의가 이루어져 혼란에 빠진 사회집단들의 '재통합'이 이루어진다. 반면에 경쟁하는 세력들 사이에 돌이킬 수 없는 '분열'을 사회적으로 인정하는 상황이 나타날 수도 있다. 이 경우 대립하는 세력 간에 (때로는 공간적 분리까지 포함하는) 영구적인 균열이 생겨날 수 있다. 터너에 의하면 2단계(위기)와 3단계(교정)에서 리미널리티와 커뮤니타스 현상이 자주 발생하며, 3단계와 4단계(재통합 혹은 분열)에서 성찰성 및 그에 기초한 사회개혁과 같은 사회-정치적 기능이 주로 나타난다.[75] 터너는 아시아와 아메리카(원주민) 사회극들의 공통된 특징이 교정 단계에서 두드러진다고 주장한 바 있다. 이 지역들에서는 교정이 법적-정치적 혹은 군사적 과정보다는 '의례적-제의적' 과정에 더욱 의존한다는 것이다.[76]

터너가 제시한 4단계론을 따르더라도, 기존의 사회극 개념에서 일정한 이론적-방법론적 혁신이 필요하다고 필자는 생각한다. 물론 이는 사회극 개념을 한국 및 광주항쟁의 맥락에서 보다 정확하고도 효과적으로 사용하기 위함이다. 이런 견지에서 다음 몇 가지를 특별히 강조할 필요가 있다고 생각한다.

첫째, 사회극의 2~3단계는 왕복과 순환, 역진이 모두 가능한 지극히 '유동적인' 과정임에 유의해야 한다. 무엇보다 3단계 교정에서 2단계인 위기 단계로 퇴보 내지 후진할 가능성을 들 수 있다. 터너도 말한 바 있듯이, "교정이 실패하면 통상 위기로의 회귀regression to crisis 현상이 나타난다. 이때는 전쟁, 혁명, 간헐적 폭력, 억압, 반란 등 다양한 형태로 직접적인 힘이 행사된다."[77] 교정의 실패로 위기가 재발하거나 고착되는 '교정-위기의 반복' 사태는 위기의 장기화, 나아가 재통합이 아닌 분열 가능성의 증대로 귀착된다.

둘째, 사회극의 결말은 항시 '열린' 상태임에 유념해야 한다. 사회극은 통과의례처럼 예외 없이 통합으로 끝나도록 예정돼 있는 '닫힌 구조'가 아니다. 사회극은 어떤 시나리오도 가능하고 허용되는 '열린 구조'이다. 터너가 사회극의 마지막 단계에서의 '분열'에 대해 자세히 언급하지는 않았지만, 사회극이 ('통합'이 아닌) '분열'로 종결되는 상황은 충분히 가능하다. 사회극은 장기 지속하는 심각한 사회적 적대나 혁명적 사태를 매개로, 전혀 새로운 사회질서의 수립으로 이어질 수도 있는 것이다.

셋째, 우리는 사회극의 4단계를 구성하는 두 가지 역사적 경로인 재통합과 균열의 경계가 선명하고도 배타적인 방식으로 형성되지 못할 가능성도 인정해야 한다. 때로는 '재통합-균열의 이분법' 자체를 넘어설 필요가 있다는 말이다. 예컨대 균열 측면이 내포된 재통합, 또 반대로 재통합 측면이 내포된 균열이 있을 수 있음을 인정해야 한다. 한국 현대사에서도 5·16쿠데타로 종결된 '4·19 사회극'은 겉으로는 재통합으로 종결되는 것처럼 보이지만, 실상은 '균열의 불씨를 품은 재통합'에 가까운 것이었다고 필자는 생각한다.

넷째, 1단계의 '위반'은 항상 아래(불만에 찬 대중)로부터 오는 게 아니라는 점, 그리고 3단계 '교정'은 항상 위(지배세력)로부터 오는 게 아니라는 점 또한 강조해야 한다. 혁명을 정치적 교정 조치의 하나로 인정하는 데서도 보듯이, 터너가 이런 가능성들을 부정하는 것은 아니다. 터너는 한곳에서 "대규모 복합사회의 어떤 역사적 국면에서는, 만약 사회적인 가치 합의가 붕괴하고 전례 없는 새로운 역할·관계·계급이 출현할 경우, 봉기 혹은 심지어 혁명을 통해 교정이 이루어질 수도 있다"고 적었다.[78] 그럼에도 필자는 전체적으로 터너가 이 측면을 소홀히 취급했다고 생각한다. 다시 말해 터너는 위반을 아래로부터의 현상처럼, 교정을 위로부터의 현상처럼 다루려는 경향이 강하다. 그러나 필자는 지배층의 일부에 의한 쿠데타, 국제적 법질서에 반하는 국가폭력, 중대한 국가범죄도 얼마든지 사회극을 촉발할 수 있는 '위반'으로 인정되어야 한다고 본다. 위로부터의 위반 행동 혹은 사건은 기존 사법질서의 테두리 안의 것일 수도 있고 불법적인 것일 수도 있다. 이처럼 '위반과 교정의 주체' 자체가 논쟁거리라면, 사회극에서 '최초의 위반'이 위에서 오는가 아니면 아래에서 오는가 하는 것 자체가 흥미진진한 질문이 아닐 수 없다. 이 모두가 구체적인 역사적 사례에 따라 '경험적으로' 판단되어야 할 쟁점들이다. 필자는 한국 현대사의 대표적인 민주화운동인 4·19 항쟁과 광주항쟁 모두 지배층의 위반에서 비롯된 사회극, 특히 '불법적 위반'으로 시작된 사회극에 해당한다고 생각한다. 4·19 사회극의 경우 위반은 민주주의를 위협하는 대규모 선거부정으로, 5·18 사회극의 경우 헌정질서 자체를 전격적으로 중단시키는 군사쿠데타로 나타났다. 사회극의 1단계와 관련된 이런 새로운 발견은 또 다른 중요한 이론적 성찰들로 이어질 수 있다.

다섯째, 지배층의 일탈적 위반 행동에 의해 사회극이 개시되는 경우 지배층의 위반에 대해 피지배층이 저항할 뿐 아니라, 그 저항이 끈질기게 지속되거나 확산된다면 사회극은 '위기' 단계로 진입한다. 통상적인 사례들에서는 기존 구조에 대한 피지배층의 저항이 사회극의 1단계(위반)에 해당하지만, 이와 대조적으로 위로부터의 위반으로 촉발되는 사회극에서는 아래로부터의 저항이 2단계(위기)로 진입하는 계기가 된다.

여섯째, 최초의 위반이 아래가 아닌 위로부터 오는 경우에는 사회극 '교정' 단계의 양상도 달라지는 경우가 많다. 위반 사건이 지배층에 의해 발생할 때 사회극의 1단계가 3단계에도 중대한 영향을 미치게 된다. 그중 하나가 피지배층의 저항으로 초래된 위기를 해결하기 위해 지배층이 동원하는 교정 조치들 자체가 '위법적이거나 초법적인' 수단들일 가능성이 커진다는 것이다. 이승만 정권이 서울의 대학생 시위에 정치깡패들을 동원했던 것이나, 신군부 세력이 광주의 학생·시민 저항을 진압하기 위해 특수부대를 파견했던 것처럼 말이다. 사회극을 촉발시키는 첫 번째 위반(제1차 위반)과 구분지어, 이를 '제2차 위반'이라고 부를 수도 있을 것이다. 아래로부터의 강력한 저항 때문에 궁지에 몰린 지배층이 또 다른 무리수를 두는 게 제2차 위반으로서의 교정 조치인 것이다. '교정 단계의 위반' 혹은 '위반의 성격이 강한 교정 조치'는 다양한 형태로 나타날 수 있다. 가장 비극적인 형태는 대량살상이나 제노사이드, 민간인학살일 것이다. 2차 위반으로서의 교정 조치는 체계적인 사실 조작, 정보 왜곡, 진실의 은폐, 언론통제에 기초한 흑색선전, 가짜뉴스의 조직적인 생산·유포라는 형태를 취할 수도 있다. 광주항쟁 당시에도 독침 사건 조작을 비롯하여 남파 간첩이 분쟁에 개입했다거나, 광주시민들이 비이성적인 지역감정에 휘둘리고 있다는 등의 흑색선전과 가짜뉴스들이 난무했다. 어쨌든 불법적·초법적 수단에 의한 '교정' 시도는 그 자체가 또 다른 '위반'이 되어 사회극을 첫 단계로 회귀시키며, 이에 대한 더욱 거세진 저항, 그로 인해 더욱 심각해진 위기, 이를 해결하기 위한 더욱 강화된 교정 조치로 이어지기 쉽다. 이처럼 교정 단계와 위반 단계가 서로 수렴될 경우, '교정=위반 → 저항에 의한 위기 → 또 다른 교정 조치 → 더 큰 위기'라는 퇴행적 악순환으로 귀착되는 경향이 강하다.

일곱째, 최초 위반이 지배 측으로부터 올 때 발생할 가능성이 높은 또 다른 현상은 '교정 주체의 이원화'와 그에 따른 '교정 조치들의 상호 충돌'이다. 위로부터의 위반에 의해 개시된 사회극에서는 전통적 교정 '주체'인 지배층뿐만 아니라 전통적 교정 '대상'이던 피지배층도 교정 주체로 등장하는 경향이 있다. 지배층과 피지배층 모두가 교정 주체가 되는 것이다. 이에 따라 지배층의 교정 조치들과 피지배층의 교정 조치들이 갈등적으로 공존하게 된다. 이런 상황은 '혁명적 사태'로 발전하기 쉽다는 특징을 보이기도 한다. 두 교정 주체들 사이에 충돌이 격화되면 상황은 걷잡을 수 없는 혁명적 양상을 보이면서, 사회극의 마지막 단계 역시 재통합이 아닌 '분열'로 종결될 가능성이 커진다. 반면에 교정 주체들 사이에 화해가 성립하면, 사회극은 구질서로의 회귀, 곧 재통합으로 종결될 것이다.

여덟째, 피지배층의 교정 조치들이 일탈적인 지배층을 제압하는 데 성공한다면, 다시 말해 피지배층의 교정 조치가 최고 지배자를 퇴진시키고 지배층을 권력구조에서 축출하는 데 성공한다면, 그것은 시민혁명이나 민중혁명으로 규정될 것이다. 중요한 점은 '성공한 혁명'에서는 사회극의 교정 단계가 '혁명 이후' 시기까지 연장된다는 것이다. 이와 같은 '다단계 교정' 현상 및 '교정 단계의 장기화' 현상과 더불어, 혁명 성공에 따른 '주도적 교정 주체의 역전' 현상도 발생한다. 혁명 이전에는 지배층이 주도적 교정 주체였지만, 혁명 이후에는 종전의 피지배층이 주도적 교정 주체 지위로 올라선다는 것이다. 여기서 '혁명 이후의 교정'은 대부분 구체제 청산 혹은 과거 청산이라는 형태를 취하게 된다. 구체제 희생자들과 혁명 공로자들에 대한 명예회복·현양顯揚·기념, 그리고 구체제를 대신하는 새로운 정치·사회·도덕 질서의 건설이 순조로울 경우, 혁명 이후의 사회극은 교정 단계를 넘어 신체제로의 통합으로 마무리될 것이다.

3장
구조로부터의 분리와
리미널리티 진입

조희연은 광주항쟁을 세 시기로 구분한 바 있다. ① "광주에 계엄군이 투입되고 낮은 수준의 민중적 저항이 시작되는 초기"(5월 18~19일), ② "신군부 세력의 폭력성이 민중의 저항에 대항해 준전시적인 학살 폭력으로 발전되어갔고 이에 대응하는 민중의 자위 투쟁이 전개되어 계엄군이 광주 외곽으로 퇴각하게 되는 중기"(20~21일), ③ "계엄군이 퇴각한 후 일종의 '해방광주'가 실현된 1주일간의 후기"(22~27일)가 그것이다.[1] 한편 나간채는 항쟁 과정을 ① "대학생 중심의 시내 시위"(5월 18일 아침~19일 낮), ② "시민 참여와 공세적 대응"(19일 오후~21일 오전), ③ "시민의 무장봉기와 계엄군 퇴각"(21일 오후), ④ "해방광주와 시민자치"(21일 밤~26일 밤), ⑤ "계엄군의 공격과 시민군의 결사항전"(27일 새벽~아침)으로 보다 세분했다.[2]

저마다 구분 기준을 달리할지라도 광주항쟁 기간을 5월 18일 아침부터 같은 달 27일 아침까지의 10일 동안으로 설정하는 것은 모든 이들이 마찬가지이다. 리미널리티와 커뮤니타스 개념을 적용할 수 있는 시기도 이와 정확히 일치한다. 따라서 '광주 리미널리티'가 출현한 시점 역시 1980년 5월 18일이라고 말할 수 있다.

1. 강요된 분리

분리-전이(리미널리티)-통합으로 구성되는 통과의례의 3단계 도식에서 첫 번째의 '분리' 단계는 구체제와 동의어인 '구조'로부터의 해방, 그로 인한 기존 일상생활의 중단 및 초월을 가리킨다. 분리는 리미널리티 단계로 진입하기 위한 필수 조건이다. 다시 말해 기존 구조와의 단절은 리미널리티라는 용어에 함축된 모든 놀랍고 새로운 일들과 사건들, 일상생활 속에서라면 도저히 꿈꾸기 어려웠을 행위들이 발생하기 위한 불가결의 전제조건이다. 이것이야말로 통과의례 연구에서 방주네프가 그토록 강조했던 바이기도 하다.

통과의례에서 분리는 지위·계급·신분·성별 표식의 제거를 포함한 특정 형태의 '분리의례'를 거행하거나, 특별히 준비된 (대개 성스럽다고 간주되는) 장소로 '이동'함으로써 달성된다. 그러나 1980년 5월 광주에서는 대체로 자발적인 성격을 띠는 '의례적 분리'가 아닌, 외부로부터의 강압에 의한 '군사적-정치적 분리'가 이뤄졌다. 동시에 광주에서는 특정한 장소로 이동함으로써가 아니라 이동할 수 없도록 강제됨으로써, 즉 특정 장소에 고립되고 갇힘으로써 분리가 이뤄졌다. 광주에서의 분리는 삼중적이었다. 광주는 첫째, '광주 바깥 세상'과 분리되었고, 둘째, 1980년 5월 당시 한국사회를 지배하던 '구조'와 분리되었고, 셋째, 5월 17일까지 광주 사람들에게 친숙했던 '일상세계'와도 분리되었다. 분리 과정은 5월 18일부터 21일에 걸쳐 진행되었다. 이 시기에 구조와의 단절을 촉진한 요인들, 그리고 구조와 단절되었음을 보여주는 지표들이 다양하게 나타났다.

무엇보다 '계엄령'이라는 주권자(절대권력자)의 예외조치가 사람들을 구조 및 일상세계와 분리시켰다. 1980년 5월 17일 자정을 기해 기존 계엄령을 전국으로 확대함으로써 전국적 차원에서 리미널한 상황이 조성되었다. 그때까지 '계엄령 외부'의 공간에 위치한 탓에 기존 일상세계가 유지되던 광주 일원도 '계엄령 내부' 공간으로 포섭·장악되었고, 따라서 광주에서도 5월 18일 새벽부터 리미널한 상황이 조성되었다. 무엇보다 계엄령 선포는 기존의 구조·규범이 강제로 작동 정지됨으로써 일상적 경관·리듬의 파괴가 진행되는 가운데, 군대식 질서와 명령체계가 일상 속으로 일거에 침투해 들어옴을 뜻한다. 군인들이 일상적 삶의 현장에 진주進駐하고, 통행금지 시간은 밤 9시로 앞당겨졌다. 군인의 공간이 늘어날수록 시민의 공간은 작아졌고, 군인의 시간이 길어질수록 시민의 시간은 짧아졌다. 5월 18일 이후 광주 시민들은 훨씬 길어진 불면의 밤 시간 동안 낮에 목격한 계엄군의 잔혹한 만행을 공포와 분노가 복합된 감정으로 오래도록 곱씹어야 했다.

전국적으로 구축된 계엄 질서의 와중에도 유독 광주에 독특했던 점은 5월 18~21일에 걸친 계엄군, 특히 '인간사냥'에 나선 공수부대원들의 '상상을 초월한' 행동이었다. 군인들의 기이하고 엽기적인 만행으로 광주라는 소우주는 순식간에 공포영화에 나올 법한 생지옥으로 변해버렸다. 시민들은 불현듯 이전의 구조 및 일상생활로부터 분리된 채 낯선 세계로 내던져졌다. 시민의 공복公僕이기는커녕 살인마처럼 행동하는 군인들의 존재는 '구조'에 대한 시민들의 신뢰와 기성관념을 뒤흔들었다. 그들은 시민들의 육체를 파괴함으로써 시민들의 일상을 파괴했다. 5월 19일자 '광주시민 민주투쟁회'의 호소문이 그랬듯 이 상황 자체가 '날벼락'으로 감지되었다. "이것이 웬말입니까? 웬 날벼락이란 말입니까? 죄 없는 학생들을 총칼로 찔러죽이고 몽둥이로 두들겨 트럭으로 실어가며, 부녀자를 발가벗

공수부대에 붙잡힌 시민

겨 총칼로 찌르는 놈들이 이 누구란 말입니까?"[3]

　기존 구조의 해체를 증거하거나 촉진하는 현상들이 뒤따랐다. 5월 19일부터 많은 학교들이 휴교했고 직장들도 대부분 문을 닫았다. 5월 19일 오전부터 시내 여러 고등학교들에서 시위가 발생한 가운데, 그날 오후에는 대부분 고등학교에 휴교령이 내려졌다. 전남교육위원회는 광주 시내 고등학교에 한해 5월 20일 하루 동안 휴교조치를 취했지만, 실제로는 광주항쟁이 끝나는 5월 27일까지 휴교 상황이 계속되었다.[4] 자발적 파업 혹은 태업 등 노동자들의 생산 활동 중단도 나타났다.[5] 휴교와 직장 폐쇄, 휴업 등은 구조의 미작동과 일상생활 단절을 입증하는 중요한 지표들이다.

　시외버스와 열차의 운행도 중단되었다.[6] 5월 20일 밤부터 KBS 라디오를 제외한 방송도 모두 끊어졌다. "MBC 텔레비전은 밤 8시 25분, KBS 텔레비전은 밤 10시 5분에 방영이 중단됐고, 라디오는 광주기독교방송 밤 8시 30분, MBC 라디오 밤 9시 25분, 전일방송 밤 11시 9분에 각각 전원 스위치가 꺼졌다. 다만 KBS 라디오만 방송을 계속했는데, 21일 새벽 시위 군중의 방화로 새벽 5시 40분경 중단됐다가 곧바로 아침 7시 28분부터 송신소에서 방송을 재개했다."[7] 다음은 5월 21일 아침의 상황이다. "시민들은 라디오 방송밖에 들을 수 없었기 때문에 스스로 유인물을 발행하면서 소식을 알렸다. KBS, MBC는 지난밤 불타버렸고, 「전남일보」와 「전남매일신문」의 편집은 중단되었다. 외부에서 광주 상황이 어떻게 알려지는지 모두들 궁금했지만 확인할 방법이 없었다. 외부의 정보로부터 차단된 광주는 육지 속의 섬처럼 완전히 고립됐다."[8]

　5월 19일부터 시민들에 의해 일부 파출소가 불타고, 20~21일에 걸쳐 세무서와 언론사(MBC, KBS)도 불에 탔다. 특히 5월 20일 밤부터 광주세무서, 광주 시내 16개 파출소, MBC 방송국, KBS 방송국, 노동청, 검찰 청사, 법원 청사, 전남도청 차고 등이 연이어 불타거나 파괴되었고, 광주역사가 점거되었다.[9] 악정惡政에 분노하면서 집단적 저항을 통해 상당한 자신감마저 얻은 4·19 군중이 기존 구조의 탁월한 상징, 구악舊惡의 원천이자 우두머리였던 이승만의 동상을 먼저 끌어내렸던 것처럼 아마도 광주 시민들 역시 지배체제를 상징하는 기념조형물이 가까이 있었더라면 그것부터 파괴했을 것이다. 기존 지배체제(구조)를 실질적·상징적으로 대표하는 기관·상징물들에 대한 방화와 파괴는 시민들이 구조를 직접 해체시킴으로써 스스로를 구조로부터 분리시키는, 희귀한 '자발적' 행동이었다. 다음 인용문들은 시민들이 왜 이런 행동에 나섰는지를 설명해준다.

밤 8시가 되자 시민들이 MBC 방송국으로 몰려갔다. MBC 7시 뉴스에서 광주시민을 '광주 폭도'로 방송하는 데 화가 났던 것이다.……이 뉴스가 나오자마자 온 동네 집집마다 "와아" 하는 야유가 쏟아졌다.[10]

새벽 1시 시민들은 무리를 지어 세무서로 갔고, 집기를 부수고 불을 질렀다. 이유는 국민의 생명과 복지를 위해 사용돼야 할 세금이 국민을 구타하고 죽이는 군대와 무기 생산에 사용됐다는 것이었다.[11]

5월 18일 이후 광주의 도시경관이 낯설게 변했다. 그것은 전시 폐허를 방불케 하는 경관이었다. 21일 아침이 되자 "시내 중심가 도로는 폐허처럼 변했다. 차량의 잔해와 짜그러진 바리케이드, 아스

팔트 위에 우박처럼 널린 보도블록 조각들, 화염병 파편, 땅바닥 곳곳에서 찐득하게 굳어가는 핏자국…. 아직도 타다 남은 건물에서는 검은 연기가 피어오르고 있었다.……경찰서와 파출소까지도 텅 비었다."[12]

주로 자신과 이웃의 방어를 위한, 또 야만적이고 잔인한 가해자를 저지하고 응징하기 위한 것이긴 했지만, 지극히 평범한 사람들이 스스로 무장에 나선 일도 5월 21일 이전의 일상적 삶에서는 상상할 수조차 없는 일이었다. 일상생활은 물론이고 삶 자체와의 결별을 각오하는 행위들, 예컨대 가족들에게 자신의 비장한 심경을 메모나 편지·일기 등에 남기는 행위, 최후일지도 모른다는 생각에 가족과 비통한 이별 인사를 나누는 행위, 미리 유서를 써두는 행위 등도 기존 구조와의 단절을 극적으로 보여준다. 5월 21일 밤부터 광주가 저항 시민들의 통치 아래 들어가게 되는데, 이런 '해방구' 상황은 그 자체가 '탈구조'이자 '반구조'의 탁월한 사례이기도 했다.

광주 시민들을 공간적·심리적으로 철저히 고립시킴으로써 구조·일상으로부터 분리시킨 일등공신은 다름 아닌 국가 자신(특히 계엄군)이었다. 5월 18일부터 광주의 실상을 외부로 알리는 보도는 철저히 차단된 반면, 21일부터 광주에 관한 왜곡된 언론 보도들이 역으로, 곧 '외부로부터 광주로' 쏟아져 들어왔다. 21일 새벽부터 시외전화도 두절되었다. 그날 저녁부터 광주 진입-진출이 계엄군에 의해 엄격히 통제되었다.[13]

시간이 지날수록 더욱 강화된 광주 고립화 기도는 '군사적 봉쇄'뿐 아니라, 언론매체들을 동원한 '정치적·이데올로기적 봉쇄'까지 포함하는 전방위적인 것이었다. 지배층은 광주항쟁을 "고정간첩과 깡패, 불순분자, 김대중의 잔당들이 계획적으로 조직적으로 지역감정을 자극하는 유언비어로 선량한 시민들을 선동해서 일으킨 폭력 난동"으로 매도했다.[14] 당시 정부와 신군부는 정치적·이데올로기적 봉쇄의 일환으로 광주항쟁을 북한의 남침계획과 관련된 것 혹은 고정간첩의 암약에 의한 것으로 몰고 갔다. 5월 18일 최규하 대통령은 특별성명에서 비상계엄 전국 확대 조치를 '북한의 위협'으로 정당화했다. 21일 이희성 계엄사령관은 담화문을 통해 "타 지역 불순 인물 및 고첩(고정간첩)들"의 지역감정 자극과 선동·난동행위로 항쟁이 발생했다고 주장했다. 22일 박충훈 국무총리가 광주 시찰 후 발표한 대국민호소문에서도 "북괴"가 거론되었다. 23일 계엄사령관은 "소요는 고정간첩, 불순분자, 깡패에 의해 조종되고 있다"고 주장했다. 24일경 문화공보부가 광주에 살포한 유인물에도 "간첩 침투" 주장이 담겼다.[15] 신문과 방송은 이런 주장들을 확대재생산했다.[16] 실제로 간첩사건까지 동원되거나 조작되었다. 이창용 간첩 사건과 독침사건이 대표적이었다. 이 사건들이 광주와 그 바깥 세상을 이데올로기적-심리적으로 차단하여 광주를 더욱 고립시키고, 광주항쟁 주체들과 광주 일반 시민들을 분리시키기 위한 것임은 분명했다.[17]

이처럼 "계엄군에 의한 광주 외곽의 군사적 봉쇄와 심리전, 그리고 커뮤니케이션 수단의 단절과 외부 지원의 완전 차단"은 "광주 시민들의 절대적 고독"을 필연적이고도 자연스런 결과로 만들어 놓았다.[18] 그리하여 1980년 5월 하순의 광주는 "이 세계에서 가장 멀리 버려진 도시"가 되었다.[19] 강인한 시인은 당시 광주를 "내려갈 길도, 빠져나갈 길도 흔적 없이 사라진 뒤 소문에 갇힌 섬"으로, 김준태 시인은 "피울음의 절해고도"로 묘사했다.[20] 철저히 고립된 광주 시민들이 느꼈을, 외부와의 소통에 대한 갈증은 1980년 5월 24일의 광주 풍경을 보여주는 다음 인용문에도 잘 드러난다. "전남여고 옆 광주전신전화국 앞을 지나갈 때, 나는 무장을 한 젊은이 몇을 보았다.……'전화는 광주 시민들의 생명선이어요'라고 그들은, 지나가는 사람들에게 말하기도 했다."[21]

이처럼 광주를 포위하고 고립시킨 채 무조건적 투항만 요구함으로써, 계엄군은 광주 시민들을 기존 구조로부터 분리시키고 리미널리티 속으로 들어가도록 강요했다. 조정환에 의하면 "무조건적인 투항을 요구함으로써 더 이상 낡은 방식으로 사는 것을 허용하지 않았던 것은 계엄군이었다. 전두환의 계엄군은 지금과는 다르게 생각하고 또 지금과는 다르게 행동하지 않을 수 없도록 모든 사람들을 강제했다."[22]

2. 전이: 리미널리티 안으로

1980년 5월 광주에서 리미널리티로의 진입을 위한 필수 조건인 일상성과의 결별, 기존 구조와의 단절은 대체로 삼중적인 사건이었다. 공간적으로 볼 때 구조로부터의 단절은 광주 '외부'와 '내부' 모두에서 발생했다. 우선, 광주 외부에서의 단절은 신군부 계엄군의 광주 고립화 전략에 따른 결과였다. 다음으로, 광주 내부에서 단절은 '위로부터' 온 것이기도 했고 '아래로부터' 온 것이기도 했다. 위로부터의 단절은 광주 시민들의 저항을 분쇄하기 위해 투입된 계엄군들의 '초일상적, 비정상적' 행동에 의해 발생했다. 아래로부터의 단절은 시민들의 파출소·세무서·방송사 등 공공건물 파괴·방화 행위와 무장, 휴업·휴학처럼 일상적인 업무의 자발적인 포기에 의해 발생했다. 5월 20일 검열과 보도통제에 항의하여 신문 발간을 스스로 중단한 전남매일신문사 기자들도 이 범주에 당연히 포함된다.

　리미널리티로 진입하는 방식도 다양했다. 그것은 '개인적인' 현상일 수도 있고, '집단적인' 현상일 수도 있었다. 항쟁 당시 방송 요원으로 맹활약한 전옥주가 전자의 대표적인 사례였다. 당시 31세이던 그는 대한무궁화중앙회라는 단체의 지회 결성을 위해 마산, 강릉, 서울을 거쳐 공교롭게도 1980년 5월 19일 밤 9시 기차 편으로 송정리역에 도착했다가 시위에 합류하게 되었다.[23] 외지인이 일시적으로 광주를 방문했다가 학살극을 목격하고 분노하여 항쟁에 참여한 경우도 일부 있었을 것이다. 집단적 리미널리티 진입의 경우 광주 시내에서 교육을 받던 가톨릭노동청년회JOC 회원들, 행사에 참여하러 광주를 방문한 가톨릭농민회 회원들이 좋은 예이다. 5월 18일 당시 광주YWCA에서는 삼양제사·일신방직·전남제사·전남방직 등에서 일하는 JOC 회원 90여 명이 노동교육을 받고 있었고, 살레시오고등학교 안의 수도원에서는 호남전기·삼양제사 등 주로 여성 노동자 70여 명을 대상으로 JOC가 주관하는 강연회가 열리고 있었다. 이들은 계엄군의 무차별 진압을 목격하고 항쟁에 합류했다.[24] 김양래에 의하면 "1980년 5월 19일에 북동성당에서는 '함평고구마 사건 2주년 기념미사'가 예정되어 가톨릭농민회에서 대규모 집회를 준비 중이었다. 그러나 하루 전날 계엄령이 전국으로 확산되고 계엄군들이 광주 시내로 진입해 시민들을 잔악하게 진압하는 모습을 목격한 가톨릭농민회 집행부는 긴급 연락망을 통해 집회를 진행하기 어렵게 되었음을 알렸다. 그럼에도 대회 참가를 위해 광주에 왔던 전남 지역 회원들은 버스터미널 인근에서 벌어지는 참혹한 상황을 목격하거나 무차별 폭력의 희생자가 되었다."[25] 항쟁 직후인

1980년 5월 30일 "동포에게 드리는 글"이라는 유인물을 살포하고 서울의 기독교회관에서 투신한 서강대생 김의기도 그중 하나였다. 김의기는 광주항쟁 당시 기독교대한감리회청년회전국연합회 농촌 분과위원장이자 한국기독청년협의회EYCK 농촌분과위원장이었다.[26] "그는 1980년 5월, '함평고구마투쟁 승리기념식'에 참석하려고 광주에 갔다가 계엄군의 학살을 목격했다."[27]

리미널리티 진입은 '강제적인' 것일 수도 있고, '자발적인' 선택일 수도 있다. 계엄군 만행과 시민항쟁 소식을 듣고 전라남도 각지에서 광주로 일부러 찾아온 이들이나, 항쟁 초기에 일단 피신했다가 광주로 되돌아와 항쟁에 합류한 이들, 취재나 사실 확인 차원에서 광주를 방문한 이들이 '자발적인' 리미널리티 진입의 주요 사례들일 것이다. 그러나 대부분의 광주 시민들은 계엄군의 과잉폭력과 고립화 작전에 의해 '비자발적으로' 리미널리티 안으로 떠밀려 들어갔다.

1980년 5월 18일부터 광주 사람들은 구조 및 일상세계로부터 '분리'되었고, 따라서 어쩔 수 없이 리미널한 시공간으로 '진입'했다. 그럼으로써 그들은 기존 구조의 규제력과 구속력으로부터도 상당 부분 '해방'되었다. 이런 상황에서 앞 장에서 소개한 리미널리티의 여러 특징들이 광주에서도 나타나게 되었다.

광주의 리미널리티는 불과 열흘 정도만 지속되었던 지극히 '단기적인' 현상이었다. 또 (이미 살펴보았듯이) 당시 광주에서는 '분리'와 '탈구조', '일상성 초월'의 양상이 여러 부면에서 나타났다. 특히 군대가 물러간 5월 21일 저녁 이후에는 '생사람을 때려잡던' 공수부대원들을 비롯한 '군대·경찰의 부재'만으로도 시민들은 탈구조, '다른 구조'를 실감할 수 있게 되었다. 해방된 광주는 그 자체가 '거대한

반反구조'로 변모했다. 더 이상 군대와 경찰이 없는 세상, 그것은 어제까지와는 완전히 다른 세상이었다. 이때부터 철저히 고립되고 차단된 광주시의 경계가 리미널 공간의 안과 밖을 가르는 경계가 되었다. 경계의 안쪽은 리미널리티의 공간, 바깥쪽은 구조와 일상성의 공간이 되었다. 2017년 개봉된 영화 〈택시운전사〉가 극적으로 보여주었듯이, 그리고 1980년 5월 23일 발생한 주남마을 학살사건에서 확인할 수 있듯이, 광주시 경계는 삶과 죽음의 경계이기도 했다. 어느 방향으로든 그 경계를 넘어서려면 죽음이나 투옥, 추방을 각오해야 했다. 삼엄한 감시를 뚫고 광주 내부로 잠입하는 행위는 리미널한 시공간으로 들어감을 의미했다. 다음 두 인용문은 21일 오후와 밤 광주시를 빠져나간 이들의 사연이다.

> 그는 필름을 독일 함부르크에 있는 본사에 보내기 위해 21일 오후 광주에서 서울을 경유하여 비행기로 일본 토오꾜오(도쿄)까지 직접 가지고 갔다. 검문을 뚫고 가는 데 무려 22시간이나 걸렸다. (독일 공영방송 NDR 소속 힌츠페터 기자의 경우)[28]

> 우리 동네의 많은 학생들이 시민군에 참여했지만 나는 아들들을 보낼 수가 없었다. 두 아들을 화순의 친정집에 보내기로 마음먹었다. 5월 21일, 나는 길 안내만 해주고 돌아올 예정으로 산을 넘고 있었다. 우리 주위에는 보따리를 싸들고 안전지대로 피신하는 시민들의 행렬이 줄을 잇고 있었다. 외곽지대로 밀린 공수부대는 들어오는 사람들을 차단했지만 걸어서 광주를 빠져나가는 사람들은 그냥 내버려두었다. (5월 21일 밤 공수부대 총탄에 실명한 강해중 주부의 경우)[29]

반대로 다음 인용문은 5월 21일 이후 광부 바깥에서 광주 안쪽으로 들어가는 게 얼마나 어렵고도 위험한 일이 되어버렸는지를 잘 보여준다. 항쟁 초기에 서울로 피신했다 5월 24일 광주로 되돌아온 전남대 교수들(이방기, 노희관, 김성기)의 긴박했던 광주 '잠입기潛入記'의 일부이다.

> [광주가] 완전 차단되어 있다는 것을 전화가 불통인 것으로 확인하고 우리는 그 다음날 정읍까지 왔어. 그래갖고 정읍서 하룻밤 자고 광주를 가는데 길이 막혀 있어. 우선 택시를 잡았지. 광주 갑시다, 내장산 거쳐서 백양사로 갑시다. 그러니까 안 됩니다 그러드라고. 내장산 입구에 군인들이 딱 막고 있다고 그러더라고.……버스도 안 다녀. 그래 보곡면 가니까 벌써 경찰들이 딱 지키고 있드만.……마을 뺑 돌아가지고 쌍치로 빠졌어. 근디 쌍치로 가기 전에 담양으로 빠지는 옛날 길이 있어요.……그래갖고 담양까지 와서 택시비 주고 조심히 가라 그러고……거기서 또 택시를 타가지고 광주 갑시다 긍께는 못 갑니다 그래. 어째서 그러냐 긍께 교도소 입구에서 딱 막고 있다 그래. 됐소 거까지만 태워다주쇼.……광주 태생이라 광주 골목길을 쭉 알고 있으니까 그렇게 해서 교대 앞에까지 와버렸지.[30]

리미널리티에 특징적인 이도저도 아님, 모호성, 애매함도 나타났다. 갑작스럽게 사람들은 어제까지의 일상생활과는 전혀 다른 공간으로 내던져져, 닥쳐오는 수많은 예기치 못한 체험들에 노출되었고, 낯설고 종잡을 수 없는 감정에 휩싸였다. 1980년 5월 18~21일의 광주는 물론이고, 5월 22일 이후의 '해방광주' 역시 결코 동질적인

공간이 아니었다. 그것은 이질성이 공존하는, '이도저도 아닌 공간'
이었다. 광주 사람들은 '문턱' 혹은 '경계' 영역에 놓여 있었다. 국가
폭력의 광풍이 한 차례 휩쓸고 지나간 18일 밤부터 19일 아침까지
광주 시민들은 복잡다단한 감정 속으로 빠져들었다. 가공할 일이
벌어져 일상적 리듬은 이미 다 깨져버렸고, 분노와 두려움이 격렬
하게 뒤섞이는 낯선 감정에 사로잡힌 채, 이 상황을 어떻게 해석하
고 어떻게 대처해야 할지 갈피를 잡지 못하면서 갈팡질팡하고 어쩔
줄 몰라 하는 모습이 역연했다.

　　18일 오후를 겪은 시민들은 집에 들어와 자기 가족들이 온전하게
　　모여 있는지 확인해야 했다. 밤새 기다려도 자식들이 들어오지
　　않은 집에서는 온 식구들이 잠 한숨도 이룰 수가 없었다. 피투성
　　이가 되어 트럭에 실려 연행된 수많은 젊은이들 틈에 내 자식 내
　　남편이 끼어 있지 않을까 하는 걱정이 태산 같았기 때문이다. 내
　　자식이 어디 갔을까, 내 남편이 어디에 있을까, 다른 사람들처럼
　　붙들려 가지는 않았을까, 혹은 친구 집에라도 숨어 있지 않을까,
　　걱정이 이만저만이 아니었다. 다행히 가족이 온전한 집안에서도
　　이날 벌어졌던 참혹한 광경에 치를 떨었다.[31]

　'광주 리미널리티' 안에는 구조와 반구조가 공존했으며, 구조를
대표하고 지지하는 이들과 반구조를 지지하는 이들이 뒤섞이고 갈
등적으로 공존했다. 5월 18~21일 사이에 모든 시위·집회가 불허되
는 계엄 상황임에도 일부 시민들의 용감한 게릴라적 시위행동은 곧
국지적 '반구조'라는 균열 지점들을 창출해냈다. 18~19일에 구조 쪽
이 우세했다면, 20~21일을 지나면서 반구조의 우위로 급속히 역전

되었다. 항쟁 초기에 대다수 광주 사람들은 국가와 저항 세력 사이에, 계엄군과 시위대 '사이에' 끼어 있었다. 계엄군-시위대 간 충돌에 대해 반쯤은 참여자, 반쯤은 구경꾼인 애매한 위치를 갖고 있었다. 계엄군의 거친 만행이 계속되는 데 분개하면서도, 다른 한편으로는 불안과 공포에 사로잡혀 고민하고 혼란스러워했다. 앞서 말했듯이 해방광주는 그 자체가 '거대한 반구조'였다. 그러나 여기에도 '반구조 안의 구조', 즉 반구조 내부에 잔존한 구조의 요소들이 끈질기게 작용했다. 해방광주 안에서조차 '광주 커뮤니타스 바깥'에 있던 이들이 상당수였다. 수습대책위원회에 참여한 이들도 다양한 부류의 사람들이었고, 수습대책위원회 자체가 여러 종류였다. 심지어 시민군 내에서조차 이질성이 상당했다.[32] 이런 이유로 항쟁 기간 내내 상충하는 입장들 간의 갈등이 그치질 않았다. 뿐만 아니라 한편에는 가공할 국가폭력과 죽음에 대한 불안·공포가, 다른 한편에는 승리와 해방의 환희·기쁨이 계속 공존했다.

참여자들의 '평등성'과 '연대성'이라는 리미널리티의 특성도 나타났다. 앞서 지적했듯이 리미널리티가 수반하는 지위 전도에 의해 평등성이 창출되며, 이런 평등성에 기초하여 참여자들 사이에 연대의식과 동료의식이 확산된다. 대학교수의 권위에 대한 하층 계급 출신 시민군 대원의 거침없는 도전, 지역 권력자·유지들로 구성된 수습대책위원회의 결정을 무명의 시민들이 집회 현장에서 탄핵하고 뒤집는 일, 시민집회 현장에서 일개 대학생이 지역 권력자의 발언권을 박탈한 일, 시민군 지도자가 수습대책위원회의 도청사 회의장으로 뛰어들어 결정을 뒤엎는 일, 구체제와 권력의 상징인 공공시설들을 파괴하는 것 등 여러 리미널한 행동들에서 우리는 지위 전도를 통한 평등화 현상을 발견하게 된다. 리미널리티 참여자들 사이의 평등성과 연대성은 항쟁 과정과 시민궐기대회에서 특히 두드러졌는데, 이것은 5~7장에서 상세히 논할 주제이다.

리미널리티 속에서 사회가 상대적으로 투명하게 가시화되고 성찰성이 강화되는 현상도 나타났다. 구조와 지배체제의 실체가 낱낱이 드러나면서 구조-지배체제의 구속력과 규제력이 약화되었다. 군대와 경찰의 실체에 대한 충격적인 재발견, 비보도 혹은 왜곡보도를 통해 드러난 언론의 진면목을 우선 지적할 수 있을 것이다. 광주·전남 지역의 지배엘리트들로 구성된 최초 수습대책위원회의 실체가 시민궐기대회 현장에서 여지없이 폭로되기도 했다. 이와는 대조적으로, 해체된 혹은 일시적으로 무력화된 기존 구조의 공백을 채우는 새로운 가능성, 잠재력, 창조성이 부각되기도 했다. 이런 현상은 해방광주와 관련하여 나중에 논의할 '자기통치의 커뮤니타스'에서 가장 화려하고도 선명하게 나타났다.

리미널리티가 기존 체제에 의해 '위험시'되는 양상도 나타났다. 신군부 세력은 광주항쟁 주역들을 폭도나 불순분자로, 광주의 저항을 폭동으로 낙인찍었다. 국무총리는 해방광주를 '치안 부재상태'로 묘사했다. 항쟁 당시 계엄군 측의 낙인 담론으로 ① '폭도론', ② "고정간첩과 불순분자" 혹은 "김대중 추종집단"을 포함하는 '불순 정치집단론', ③ 공수부대 만행을 은폐하고 광주 시민들의 지역감정을 탓하는 '유언비어론' 등이 활용되었다.[33] 현장의 진압군으로 투입된 계엄군들도 "공산당 놈의 새끼들, 빨갱이 새끼들" 같은 표현을 거침없이 사용했다.[34]

1980년 5월 광주 시민들은 거대한 통과의례를 거쳐 갔다. 이 통과의례는 리미널리티 속에서 정체성과 지위의 급격한 변화를 수반했다. 지배세력의 오명汚名 부여stigmatization와 이에 반발한 광주 시민들의 적극적인 대응이 맞물리면서 '정체성 정치identity politics'가 활성화되었다. 광주 시민들의 대응은 두 차원으로 진행되었다. 하나는 정체성 정치의 소극적 측면인데, 지배 측에 의해 부과된 오명을 부정하는 것이다. 다른 하나는 정체성 정치의 적극적 측면으로, 오명 거부를 넘어 새로운 정체성을 주장하는 것이다. 전자가 기존 정체성의 재확인 성격이 강하다면, 후자는 대안적인 정체성 획득이라는 성격이 강하다.

우선, 광주 시민들은 지배세력이 덧씌운 폭도나 불순분자 낙인을 단호히 거부했다. 최영태에 의하면 "광주 시민들은 정반대로 가해자들이 쳐놓은 색깔 공세와 함정에 빠져들지 않기 위해 무진 애를 썼"다. 심지어 시민들이 수상하다고 여겨 항쟁 동료를 '간첩'으로 신고한 사건도 몇 차례 발생했다.[35] 공공기관 및 방송사 파괴·방화 행위는 부당한 낙인에 대한 강렬한 분노의 표현이기도 했다. 5월 19일 오후 공용터미널 위쪽 소방서 사거리에서 확성기를 든 한 중년 여성은 이렇게 외쳤다. "나는 공산당도 아닙니다. 난동자도 아닙니다. 단지 선량한 광주 시민의 한 사람일 뿐입니다. 아무 죄 없이 우리 학생, 시민들이 죽어가는 것을 더 이상 바라보고 있을 수만은 없습니다. 우리 모두 나섭시다."[36] 다음은 5월 23일 도청 앞 광장에서 시민궐기대회가 열린 직후 계엄군 측 헬기가 전단을 살포했을 때의 모습이다.

전단에는 '경고문'이라는 붉은 글씨와 함께 '소요는 고정간첩, 불순분자, 깡패의 소행이고, 총기와 탄약과 폭발물을 탈취한 폭도들의 행패는 계속 가열되고 있으므로 계엄 당국은 곧 소탕하겠다'는 계엄사령관의 엄포가 적혀 있었다. 전단을 주워 읽은 시민들은 이를 갈기갈기 찢어서 버리고는 그도 시원치 않았는지 발로 짓뭉개버렸다. "우리 모두가 간첩이고 불순분자란 말이냐"라는 울분에 찬 거친 목소리가 곳곳에서 터져 나왔다.[37]

5월 26일 열린 외신 기자회견에서 항쟁지도부인 민주시민투쟁위원회 대변인 윤상원은 이렇게 토로했다. "우리는 빨갱이가 아니다. 우리는 매일 '반공 구호'를 외친다. 그렇게 몰고 가지 마라. 억울하다."[38]

다른 한편으로, 모호성과 혼란의 영역을 통과한 후 광주 시민들은 새로운 정체성을 획득해나갔고, 서로를 향해 대안적인 호명 interpellation을 사용하기 시작했다. 평범한 시민들, 심지어 버스터미널의 구두닦이나 '술집 아가씨'처럼 평소 사람들로부터 멸시받던 이들이 '투사'로, '민주시민'으로, '애국시민'으로, '시민군'으로 정체성의 변화를 겪었다. "애국시민, 애국국민" 표현은 "민주시민"과 더불어 항쟁 기간 중 가장 빈번히 등장한 호칭이었다.[39] 시위에 나선 택시기사들은 "민주 기사들"로 칭송받았고, 소식지에는 '투사회보' 혹은 '민주시민회보'라는 명칭이 붙었다. 도청 인근 건물에는 '민주시민 강령'이 게시되었다.[40] 나아가 광주 시민들은 폭동이라는 지배 측의 낙인에 대항하여 항쟁 자체를 새롭게 명명했다. 당시 광주 시민들은 "광주의거"라는 용어를 발명해냈고, 목포 시민들은 "광주시민혁명"이라는 용어를 창안했다.[41] 시민들이 제작한 한 팸플릿에서는 광주항쟁을 "민주의거"로 부르기도 했다.[42]

광주항쟁의 리미널리티에서는 정체성과 지위의 변화뿐 아니라, 개인적 수준의 깊은 '감정변환', 집단적 수준의 '감정문화 변화'도 함께 진행되었던 것으로 보인다. 영에 의하면, 사회운동 이론의 지배적 패러다임인 정치과정 이론은 '저항의 사회심리학'을 전반적으로 무시하는 약점을 드러내왔으며, "도덕적 저항은 아마도 이러한 약점을 가장 잘 폭로하는 운동 유형"이다. 다시 말해 '도덕적 저항'에서는 '조직화된, 합리적으로 계산된 이해관계'보다는 저항운동 참여를 위한 '감정적 전환 혹은 회심'이 대단히 중요하다. 영은 이런 감정 전환을 "영혼의 혁명" 혹은 "도덕혁명"이라고 부르기도 한다.[43]

권력을 장악한 타자에 의해 덧씌워진 부정적 낙인과 호명에 직면하여, 광주시민들은 '수치심'을 느끼기보다는 오히려 '도덕적 분노'를 느꼈고, 더 나아가 새로운 정체성을 통해 '자존감'을 획득했다. 광주 시민들의 정체성 전환에는 근본적인 회심conversion과 재생rebirth, 곧 신념체계의 깊은 변화와 새 사람으로 거듭나기의 차원이 분명 존재했다. 항쟁 당시 부상자들을 위한 헌혈 대열에 합류한 한 성매매 여성은 스스로 "과거에 '비천하고 더럽다'고 여겨졌기 때문에 '부활한' 것처럼 느꼈다."[44] 광주 사람들은 투쟁하는 시민들의 공동체 안에서 '존엄한 인간'으로 다시 태어났다.[45] 미셸 푸코의 표현을 빌리면, 그들은 르네상스적 의미에서의 타자, 곧 '이 세상에 존재하고 있지만 이 세상에 속하지 않는 사람들', '다른 세계, 어떤 유토피아적 세계의 비밀을 말하는 사람들'이 되었다.[46] 우리는 광주 커뮤니타스를 다룰 때 항쟁 참여자들에게서 나타났던 회심과 재생 체험으로 되돌아올 것이다. 한편 광주 리미널리티의 성격이 '질서의 리미널리티'였는지 혹은 '변혁의 리미널리티'였는지가 중요한데, 이 문제는 이어지는 4장에서 자세히 논할 예정이다.

4장

변혁의
리미널리티

■

구조가 일시적으로 붕괴되고 기존 권력이 갑작스레 힘을 잃으면서 갑자기 등장하는 리미널 시공간에서는 불온하고 전복적인 목소리들, 상상들이 넘쳐나게 마련이다. 그러나 이런 상황이 항상 기존 구조의 균열이나 해체, 재구성으로 이어지는 것은 아니다. 오히려 그 반대인 경우가 훨씬 빈번하다. 바로 이런 취지에서 필자는 앞에서 기존질서의 해체·재구성을 추구하는 '변혁의 리미널리티'와 기존 질서의 유지·보강을 추구하는 '질서의 리미널리티'를 구분했다. 변혁 리미널리티가 기존 체제에 대한 저항을 촉진하거나 대안적인 유토피아적 비전을 만들어낸다면, 질서 리미널리티는 사람들을 순응적 주체로 주조하거나 충성스런 지지자로 거듭나게 함으로써 기존 체제를 보강하고 개선한다.

1980년 5월 광주에서 출현한 리미널리티는 궁극적으로 질서의 리미널리티였는가, 아니면 변혁의 리미널리티였는가? 이 질문은 광주항쟁이 무엇을 지향하고 목표 삼았는지, 그리고 명시적이고 공식적인 목적으로 추구하지는 않았을지라도 실질적으로 성취한 바가 무엇인지와 관련된 문제이다. 이 문제를 항쟁의 '과정', 항쟁의 '종결 방식', 항쟁 '이후의 과정'을 구분해서 접근해볼 수도 있다. 광주항쟁이 유신체제로 집약되는 구체제를 변혁하려는 것이었음은 항쟁 과정에서 명확히 확인된다. 그러나 항쟁 주체들의 '변혁적인 의도'에도 불구하고, 그 항쟁이 실제로는 구체제(구조)를 더욱 강화시켜주는 의도치 않은 결과로 귀착될 수도 있다. 이를 따져보기 위해선 항쟁의 과정은 물론이고, 항쟁의 종결 방식과 이후 시기까지 함께 살펴볼 필요가 있다.

광주항쟁이 무엇을 지향했고 목표 삼았는지에 관한 논의는 '광주정신', '5월정신', '5·18정신' 담론에 집약되어 있다. 광주시가 설립한 '5·18기념사업추진협의회(5추협)'의 '정신사 정리소위원회'가 제시한 '4대 정신'은 반독재 민권·민주 투쟁정신, 애국·애민·애향 정신, 반외세 민족자주 남북통일 정신, 지역차별 극복과 삶의 공동체 정신이었다. '5월 성역화를 위한 시민연대모임'이 1994년에 주장한 '3대 정신'은 반독재 민주화, 반외세 자주화, 시민공동체의식이었다.[1] 정근식은 광주정신의 정의를 둘러싼 핵심 담론을 자치와 나눔을 강조하는 대동정신론/꼬뮌론, 국가폭력과 인간존엄성을 강조하는 평화/인권론, "1980년 5월의 국가폭력의 배후에서 드리워진 미국의 책임을 강조하는" 민족자주론의 세 가지로 제시한 바 있다.[2] 김홍길에 의하면 '광주정신'이 무엇인가를 둘러싸고 해방광주를 표현한 '대동세상', 민주화를 향한 거대한 출발점으로서의 '민주화의 성지', 국가폭력과 인간존엄성을 강조했던 '인권평화론' 등이 제기되고 있다. 1999년에 광주시는 광주정신으로 민주, 인권, 평화의 세 개념을 제시하기도 했다.[3] 이와 유사한 취지에서 정근식은 "5월 축제는 광주민중항쟁에서 보여주었던 높은 도덕성과 시민적 자발성, 그리고 공동체적 연대의식을 확대재생산할 수 있는 제도적 장치를 갖춤으로써, 대안적 사회상을 구상하는 수준으로까지 승화될 필요"가 있으며, "'인권'은 이제 광주정신의 현재적 계승과 국제화의 핵

심 고리"가 되었다고 했다.[4] 그는 다른 글에서 광주항쟁에서 시민
적 덕목, 자유, 참여, 인정(승인)을 중심으로 한 '시민적 공화주의'가
집약적으로 나타났다고 보았다.[5] 신진욱은 항쟁 기간 중에 민주공
화주의적 가치 지향과 애국주의적 정체성이 결합된 '애국적 민주공
화주의'의 이상理想이 표출되었다고 주장했다.

광주정신이든, 시민적 공화주의 혹은 애국적 민주공화주의이든
그 모두가 기존 체제(구조)에 대해 상당히 급진적이거나, 최소한 개
혁적이라는 공통점을 갖고 있음은 분명하다. 광주정신 안에는 다양
한 가치와 목표들이 혼합되어 있다는 점, 또 이들 사이에 변혁성의
심도深度·강도·수준 등에서 의미 있는 차이가 발견된다는 점도 비
교적 분명하다. 이런 다양한 가치와 목표들 모두가 항쟁 종결 이후
'5월운동'으로 흡수되었다. 필자는 이런 다양한 가치와 목표들을 두
범주로 단순화하려 한다. 즉 필자는 '최소/최대 강령'이라는 용어를
약간 변형하여 '최소 목표'와 '최대 목표'로 명명하려 한다. 최소 목
표가 구체제의 부분적 개선을 추구하는 '개혁적인' 목표들을 담고
있다면, 최대 목표는 구체제의 보다 근본적인 재구성을 추구하는
'혁명적인' 목표들을 포함한다.

1. 최소 목표: 민주화와 항쟁 정당화

항쟁의 원인과 결과뿐 아니라 항쟁의 과정도 중시하는 시각을 취한
다면, 광주항쟁의 최소 목표를 다시 둘로 나누는 게 타당하다고 생
각한다. '민주화'와 '항쟁 정당화'가 바로 그것이다.

첫째, 항쟁의 처음부터 끝까지 광주 시민들은 줄기차게 민주화

를 요구했다. 계엄령 해제, 전두환과 신군부 퇴진, 유신 옹호세력 축출, 민주정부 수립, 김대중 석방 등이 시민들의 요구였다. 그 시기 민주화는 신군부 및 유신잔재 세력이 퇴진한 가운데 중립적 거국내각 혹은 과도정부가 수립되고 그것이 주도하는 민주화 이행 및 민주정부 수립을 통한 군사독재체제의 종식에 이르는 길로 이해되었다. 민주화는 나중에 항쟁지도부가 된 민주시민투쟁위원회를 포함한 항쟁 주도세력의 일차적 관심사였다. 항쟁 당시 광주 시민들은 군사독재체제를 거부했지만, 이를 떠받친 반공·친미 분단체제 자체를 거부했던 것은 아니었다. 반공주의·친미주의에 대한 근본적인 도전이 없었던 것은 물론이고 도리어 그 반대, 즉 반공주의·친미주의에 대한 직접적인 옹호 행위가 빈번히 나타났다.

둘째, 항쟁 정당화는 항쟁 과정 자체가 만들어낸 실천적 쟁점들과 관련된다. 과잉·폭력진압의 과오 인정 및 사과, 연행자 석방, 부상자 치료, 사망자 예우와 장례·안장, 사망자와 부상자에 대한 배상·보상, 부당한 오명 부여 및 낙인찍기 중단, 항쟁 주도자에 대한 사후처벌 금지 등이 구체적인 요구사항들로 제시되었다. 항쟁 정당화는 일차적으로 '항쟁의 정당성과 불가피성에 대한 인정투쟁'이었지만, '갈등의 평화적인 해결과 사후보복 금지' 문제까지 포함하고 있었다. 항쟁 정당화 역시 항쟁 주체들의 강렬한 관심사였다. 항쟁 주체로 보기 어려운 '시민수습대책위원회'도 이와 관련된 일부 쟁점들에 매달렸지만, 관변官邊 수습대책위원 중 상당수는 항쟁의 정당성 자체를 부정했던 것도 사실이었다. 투쟁 상대가 중앙정부였고 따라서 정치적 성격이 강했던 민주화 요구와 비교할 때, 항쟁 정당화의 경우(특히 이 쟁점을 관변 수습대책위원회가 주도했을 경우) 주된 협상·투쟁 상대가 '지역 계엄당국'과 '지방정부(주로 전라남도)'로 설정되는 경향이 강했고 따라서 정치적 성격도 상대적으로 약한 편이었다.

이 두 가지 최소 목표들은 주로 시민궐기대회라는 장場을 매개로 광주 항쟁공동체 안에서 하나로 합류했다. 그런 면에서 두 최소 목표들은 서로 모순되지 않는다. 그러나 정근식이 강조하듯이 국면에 따라서는 둘 사이에 '질적인 차이'가 나타날 수도 있고, 두 목표를 최우선으로 추구하는 세력들 사이에 긴장 혹은 대립이 발생할 수도 있었다. 그에 의하면, 해방광주 초기인 5월 22일 즈음 "시민공동체의 잠재적 최대 요구와 수습위의 명시적 최저 요구는 양적인 차이가 아니라 질적인 차이를 가진 것이었다." 이 때문에 22일 밤부터 수습위원들 간에, 또 수습위원회와 시민군 간에 의견 대립이 표면화하기 시작했다. 정근식은 "계엄 해제, 김대중 석방, 구속자 석방, 전두환 자폭" 등을 '시민공동체의 잠재적 최대 요구' 사례로, "사태 수습 전 군 투입 금지, 연행자 석방, 과잉진압 인정, 사후보복 금지, 책임 면제, 사망자 보상" 등을 '수습위의 명시적 최저 요구' 사례로 제시한다.[6]

항쟁 정당화 문제가 항쟁 당시에는 '최저 요구'에 가까웠을지 몰라도, 항쟁 이후에는 가장 치열한 '기억투쟁'의 대상으로 부각되었다. 항쟁 진압 후 이 문제가 5월운동 세력에 의해 "국가폭력에 대한 심판과 정의의 회복"이라는 요구로 발전되었던 것이다.[7] 국가폭력에 대한 성찰성, 나아가 국가와 군대의 존재이유라는 관점에서 접근할 경우, 항쟁 정당화 쟁점은 상당한 급진성과 변혁성을 함축하고 있다는 게 필자의 판단이다.

국가폭력의 범죄적 남용에 대한 시민들의 분노와 항의 목소리는 항쟁 초기부터 거세게 터져 나왔다. 항쟁 및 그 주체들에 대한 정권 측의 부정적 낙인찍기가 횡행하는 가운데 5월 21일까지 이미 다수의 사상자가 발생했고 수많은 시민들이 체포되었으므로, 이에 대응하는 움직임도 자연스럽게 항쟁의 불가결한 일부로 포함되었다. 항쟁의 조기 진화라는 신군부의 목표와는 정반대로 점점 많은 시민들이 저항의 필요성과 불가피성을 자각하면서 항쟁이 급속히 확산되고 급기야 무장투쟁으로 발전했던 데서도 과잉 국가폭력 문제는 결정적으로 중요한 요인이었다.

5월 21일에 이르러 국가폭력과 관련된 보다 정제된 형태의 시민 측 문제제기가 '기존 체제 대표와의 협상' 노력으로 구체화되기 시작했다. 광주가 계엄군의 야만적 폭력으로부터 해방된 5월 22일부터는 무력 대치 사태의 평화적 해결 문제가 대두하면서 수습대책위원회를 중심으로 협상 노력이 본격화되었다. 갈등의 평화적 종식을 위한 협상 시도는 해방광주 출현 직후부터 시작되어 항쟁 마지막까지 끈질기게 이어졌다. 그러나 시간의 흐름에 따라, 특히 수습대책위원회의 인적 재편이 거듭되면서, 수습대책위원회가 합의한 협상안案의 내용은 의미 있는 변화를 보였다. 협상이 점점 '항쟁 정당성 인정투쟁'의 모습을 강화해갔던 점이 가장 주목할 만한 변화였다. 수습대책위원회의 초기 협상안은 항쟁의 정당성 문제를 괄호 안에 둔 채 이미 벌어진 폭력사태의 조속한 종결만을 추구하는 경향이 강했다. 그러나 항쟁의 정당성은 군사쿠데타의 탈정당화와 직결되는 쟁점이었으므로, 이 쟁점이 부각됨에 따라 협상안의 정치적 성격이 더욱 강해질 수밖에 없었다. 그럴수록 협상 상대도 광주 일원 계엄군 지휘부가 아니라 신군부 실세 및 중앙정부 쪽으로 변해갔다. 협상에 대한 신군부 측의 소극성이 점점 명확해짐에 따라, 항쟁지도부 내에서 '협상 분위기 조성을 위한 선제적 무장해제'라는 유화적 노선을 제치고, '협상 지렛대로서의 시민무장 유지'라는 투쟁적 노선이 우세해졌다. 그런 가운데 신군부 측이 무조건 투항 요구와 무력진압 입장을 고수하자, 한편으로는 '비폭력 저항' 노선이, 다른 한편으로는 협상 노선의 전면 포기를 의미하는 '결사항쟁' 노선이 득세하게 되었다. 항쟁 당시의 상세한 협상 과정에 대해서는 8장에서 다시 논의할 것이다.

이번에는 '민주화' 요구 측면에 다시 주목해보자. 광주항쟁은 1979년의 10·26사태 이후 '민주화운동'의 연장선 위에 있었다. 그런 면에서 광주항쟁은 무엇보다 민주화운동이었다. 주지하듯이 부마항쟁에 이은 박정희 대통령의 갑작스런 죽음으로 유신체제는 격심하게 동요했다. 이를 계기로 유신체제 해체와 민주화 이행 문제를 둘러싸고 신군부-유신 세력과 민주화운동 세력 간의 대립구도가 형성되었다. 박정희 사망 직후 구舊 지배세력은 최규하 대통령 권한대행 체제를 출범시키면서 비상계엄을 발령했다. 당시 군부와 야당의 지도자들은 '유신헌법 폐지와 개헌을 통한 민간정부 수립'의 경로에 공감했지만, 12·12쿠데타를 통해 국가권력 중심부를 장악한 신군부는 이런 역사적 경로를 무력화했다. 12·12 이후 신군부 중심의 기득권 세력에 맞서 재야·학생운동과 야당은 대체로 민주주의 (입헌주의) 회복, 계엄 해제, 유신세력 퇴진, 대통령직선제 재도입을 포함한 개헌과 민주정부 수립을 추구했다.[8]

이처럼 부마항쟁, 박정희 대통령 사망, 비상계엄 발령, 최규하 대통령 권한대행 체제 출범, 유신헌법에 의한 최규하 대통령 선출, 12·12쿠데타 등을 거치는 과정에서 수구적 구체제 세력(신군부와 유신세력)과 민주화를 추구하는 저항세력(야당과 재야, 학생운동) 사이의 대립이 점차 고조되었다. 이 대립은 1980년 5월에 한층 격화했다. 이른바 '서울의 봄'은 서울역 집회를 포함하는 5월 14~16일의 전국적인 대학생 가두시위에서 절정에 달했다. 광주에서도 대학생들은 14~16일에 걸쳐 도청 광장과 그 주변 거리를 무대로 횃불시위와 거리행진을 포함하는 '민족·민주화성회聖會'를 개최했다. 이때 학생뿐 아니라 교수들도 거리시위에 참여했다는 점에서, 그리고 무엇보다도 민족·민주화성회라는 이름의 대규모 집회에 일반 시민들도 폭넓게 참여했다는 점에서, '광주의 봄'은 전국 어느 곳보다 선구적이었다.

이처럼 1980년 5월 중순 광주의 민주화운동은 강력했다. 계엄령의 전국 확대 실시로 이미 전국화한 민주화운동을 제압하고 신군부 중심의 구체제를 수호하려던 시도에 대한 직접적인 저항이 바로 5·18이었다. 계엄 확대 조치에 대한 즉각적인 저항은 다른 곳에선 모두 실패했지만, 광주에서는 시민들의 적극적인 동참 덕분에 저항을 이어갈 수 있었다. 최정운은 그 비결을 14~16일의 (횃불시위를 포함한) 민족·민주화성회에서 찾았다. 5월 18일의 저항운동에 "시민들이 참여한 것은, 시민들이 적극 학생들 시위에 호응했던 5월 16일의 횃불시위의 여파였다고 판단되며, 따라서 16일까지의 학생 시위 특히 16일 저녁의 횃불시위는 5·18의 중요한 배경 요인으로 지목되어야 한다"는 것이다.[9]

이런 상황 전개를 전제할 때, 1980년 5월 18일 오전 광주에서 처음 시위를 시작했던 대학생들의 가장 화급한 최소 목표는 '쿠데타 이전 질서로의 회귀', 즉 계엄령 해제를 통해 쿠데타 이전 질서로 돌아가 최대한 신속하게 민주화 이행 과정을 계속 추진하는 것일 수밖에 없었다. 5·18 자체가 5·17쿠데타에 대한 직접적인 항거였던 만큼, 쿠데타 이전 질서로의 회귀가 자동적으로 최소 목표가 되었던 것이다. 5월 21일 광주 시민들이 외친, "전두환이 반란을 일으켰다"[10]는 구호에 이런 요구가 잘 표현되어 있다.

몇몇 문헌을 참조하여 광주항쟁 기간 중 시민들이 어떤 주장들을 내세웠는지 시간의 흐름에 따라 정리해보자. 5월 18일 등장한 구호는 휴교령 철회, 비상계엄 해제, 전두환 퇴진, 계엄군 철수, 김대중 석방 등이었다. 5월 20일에는 기존 주장 외에, '내 자식 살려내라', '연행 학생 석방하라'는 구호가 추가되었고, 계엄군의 발포 이후에는 '도청으로 가자', '전두환을 찢어죽이자'는 구호가 등장했다. 이날 밤에는 '계엄 철폐'와 '전두환 퇴진' 구호가 지배적이었다. 5월 21일 오전에는 가톨릭센터 벽면에 '때려잡자 전두환', '물러가라 최규하', '사라져라 신현확', '비상계엄 해제하라', '칼부림이 웬말이냐', '전남인은 궐기하라' 등의 구호가 적혔다. 이날 시위에서는 '전두환이 반란을 일으켰다', '광주 시민의 피를 보상하라', '노동3권 보장하라', '우리는 죽음으로 광주를 사수한다'는 구호가 등장했다. 이날 오후 집단발포 후 목포에 도착한 시위대는 '김대중 석방하라'는 구호를 외쳤다. 5월 22일 아침에는 복면한 청년들이 차량에 '계엄 철폐', '전두환 처단'이라 쓴 현수막을 붙이고 노래와 구호를 외치며 시가지를 질주했다. 이날 시민궐기대회에서는 '계엄 해제', '김대중 석방', '구속자 석방', '전두환 자폭' 등의 구호가 나왔다. 5월 23일 극단 광대 회원들은 '민주시민 만세', '살인마 전두환을 죽여라', '비상계엄 해제하라', '유신잔당 물러가라', '김대중을 석방하라', '죽을 때까지 싸운다', '승리의 그날까지' 등의 구호를 적은 현수막을 제작해 시민궐기대회가 열리는 도청 광장과 상무관, 경찰서 차고 등에 내걸었다. 5월 26일 오전의 시민궐기대회에서는 7개 항으로 구성된 "80만 광주 시민의 결의"가 발표되었는데, 그 내용은 다음과 같다. "① 이번 사태의 모든 책임은 과도정부에 있다. 과도정부는 모든 피해를 보상하고 즉각 물러나라. ② 무력탄압만 계속하는 명분 없는 계엄령은 즉각 해제하라. ③ 민족의 이름으로 울부짖는다. 살인마 전두환을 공개 처단하라. ④ 구속 중인 민주인사를 즉각 석방하고, 민주인사들로 구국 과도정부를 수립하라. ⑤ 정부와 언론은 이번 광주의거를 허위 조작, 왜곡보도 하지 말라. ⑥ 우리가 요구하는 것은 피해보상과 연행자 석방만이 아니다. 우리는 진정한 민주정부 수립을 요구한다. ⑦ 이상의 요구가 관철될 때까지, 최후의 일각까지, 최후의 일인까지 우리 80만 시민 일동은 투쟁할 것을 온 민족 앞에 선언한다." 이날 궐기대회를 마친 후 시민들은 가두행진에 들어가 '계엄군 물러가라', '광주를 지키자', '우리는 최후까지 싸운다', '우리는 싸움을 포기할 수 없다', '무기 반납은 절대로 안 된다', '살인마 전두환을 찢어죽이자'는 구호들을 외쳤다고 한다.[11]

　　필자가 보기에 26일 오전 궐기대회에서 발표된 성명서는 민주화라는 목표에 충실하면서도, '민주화'와 '항쟁 정당화'라는 양대 최소 목표를 탁월하게 종합하고 있다. 7개 항은 군대의 위법행위 사과 요구나 불처벌 요구를 훨씬 뛰어넘는 요구였고, 계엄령을 철회시키고 민주주의를 수립하려는 봉기의 원래 목표를 반영한 것이었다. 황석영 등의 평가에 따르면 "이 성명서는 '수습'에만 초점이 맞춰진 이전 것들과 달리 항쟁의 대의명분을 '민주화'로 분명히 했다. '구국 과도정부 수립'과 '민주정부 수립' 요구가 실현될 가능성은 거의 없었지만, 항쟁의 성격을 '과잉진압에 대한 저항'을 넘어서 '군사쿠데타를 거부하는 민주화운동'으로 규정한 것이다."[12] 이런 요구사항이나 투쟁 목표는 광주항쟁의 기본 성격이 민주화운동이었음을 극명하게 보여준다. 5월 23일부터 26일까지 다섯 차례 열린 범시민궐기대회에서 발표된 선언문, 결의문, 성명서의 주제도 (무장투쟁의 정당성 주장 정도를 제외한다면) 민주화운동의 범주 안에 있었다.

2. 최대 목표

지금까지 보았듯이 광주항쟁의 '최소 목표'는 군부독재체제의 종식을 뜻하는 민주화, 그리고 항쟁의 정당화였다. 그런데 광주항쟁에는 이를 훨씬 뛰어넘는 무언가가 있었다. 불과 열흘 정도의 짧은 기간 동안 광주에서는 구체제를 뿌리부터 뒤흔들고 균열시키고 전복하며 변혁할 위력을 내장한 일들이 꼬리를 물고 일어났다. '최대 목표'와 관련하여 필자는 광주항쟁의 변혁적 잠재력을 여섯 차원들로 나눠 고찰할 수 있다고 본다. (1) 반구조의 제도화 차원, (2) 유토피아적 차원, (3) 폭력에 대한 성찰 차원, (4) 급진적 행동 차원, (5) 지배 담론·상징 뒤집기 차원, (6) 결과적 차원이 그것이다.

(1) 반구조의 제도화 차원: 단절·적대와 변혁성의 상관관계

필자는 '구체제로부터의 단절' 정도와 변혁성의 상관관계에 주목할 필요가 있다고 생각한다. 리미널리티로의 진입은 그 자체가 기존 구조와 단절되는 과정, 구체제와 분리되어 멀어지는 과정이다. 필자는 이로부터 "구조와의 단절 정도가 심할수록 리미널리티의 변혁성은 더욱 강해지는 경향이 있다"는 명제를 이끌어낼 수 있다고 본다. 광주항쟁은 구체제의 거의 완벽한 기능 정지 상태인 해방구와 대안권력을 만들어내고 민중의 자기통치를 직접 실행함으로써 구체제에 대해 최고 수준의 단절을 과시했다. 해방구는 구체제·구질서의 위세가 여지없이 추락하고 그 지배력이 미치지 못하는 공간인데, 시민들이 일주일 가까이 광주 전체를 해방구로 만들었을 뿐 아니라 신체제(대안권력)를 건설하여 직접 통치했던 것이다. 더구나 구체제 인사들로 구성된 시민수습대책위원회를 무력화하면서 등장한 광주의 신체제는 이전의 군부독재체제와는 극명하게 대비되는, 인민주권과 민주주의가 만개하는 이상적 질서로 특징지어졌다. 군부독재체제에 대해, 그것은 명백히 대안적인 민주주의이자 정치질서였다.

조정환은 해방광주의 존재 자체가 기존 주권("다중의 생명을 짓밟는 주권")에 대한 거부와 무효 선언이었다고 평가했다.[13] 그것은 한국 현대사 최초이자 유일의 대안적인 "민중자치질서" 사례로서, "역사 주체로서의 민중의 전면적 등장"을 보여준다.[14] 신진욱에 따르면, 해방광주의 정치질서는 주권재민主權在民 이념에 상응하는 '좋은 정부'의 이상을 구현한, "대한민국을 민주화하기 위한 참호"로서의 자치공화국이었다.[15]

> '해방광주' 시기가 시작되는 5월 22일부터는 시민적 자치 조직과 기능적 분업체계가 조직되었는데, 그것은 자연발생적인 것이 아니라 항쟁 주체들이 추진했던 일종의 '공화국'의 기획의 산물이기도 했다. 23일에 이르면 보다 구체화된 '공화국'의 상像이 집단적 가치의 중심에 들어온다.……시민의 국가, 시민의 정치, 시민 공동체의 호혜에 터한 공화국의 이상이다. 즉 단지 정치 민주화가 아니라, 경제·치안·방위 기능을 갖춘, 그러나 시민적 자율과 참여에 토대를 둔 일종의 자치공화국을 구성할 기획이 전면에 등장한다.[16]

아울러, 우리는 '구체제에 대한 적대敵對'의 정도와 변혁성의 상관관계에도 주목할 필요가 있다. 모든 리미널리티는 구체제와의 일정한 단절, 구체제에 대한 비판적 성찰과 대립의 계기를 제공한다. 하지만 구체제와의 '단절' 그리고 그에 대한 '적대'가 항상 동일한 차원인 것은 아니라는 데 유념해야 한다. 우선, 리미널리티가 제공하는 비판적 성찰성이 항상 구체제에 대한 '적대'를 내포하는 것은 아니다. 다음으로, 구조적 변화의 정도는 미미할 뿐인 '역성易姓혁명'이 종종 잔혹한 전쟁이나 피의 보복을 수반하는 사례들에서 보듯이, 어떤 전환기적 리미널리티가 '적대성'을 드러낸다 하더라도 그것이 반드시 '변혁적인' 것은 아니다. 마지막으로, 논의를 '변혁적 리미널리티'로 제한하더라도, 그것이 동반하는 구체제와의 대립 강도는 역사적으로 다양할 수 있다.

　필자는 광주항쟁 당시 적대의 강도와 변혁성이 높은 상관관계를 보였다고 판단한다. 특히 시민들의 자발적 무장에 이은 계엄군과의 교전 행위에서 구체제에 대한 광주 리미널리티의 적대성이 극명하게 드러났다. 그것도 산발적이고 개인적인 무장 저항이 아닌, 시민군이라는 형태의 조직적·집단적 무장 저항이었다. 직접 무기를 든 광주 시민들은 압도적인 화력과 조직력을 갖춘 최정예 공수부대와의 유혈적인 정면대결을 불사했을 뿐 아니라, 그들을 사실상 제압했으며, 군대를 광주 바깥으로, 자신들의 고향이자 삶의 공간 바깥으로 축출해냈다. 광주의 지극히 평범한 시민들은 군부독재의 일상적 통치무기인 경찰을 무력화했을 뿐 아니라, 군부독재의 '최종병기'이자 가장 중요한 통치 무기인 군대마저 일시적으로나마 무력화했던 것이다.

(2) 유토피아적 차원

광주항쟁은 그 전개과정에서 유토피아적 차원을 짧지만 선명하게 드러냈다. 김인국 신부는 1980년 5월 광주에서 형성된 '절대공동체'를 "가장 온전한 나라이며 가장 완전한 민주주의의 구현인 하느님 나라를 계시해준 사건"이라고 높이 평가한 바 있다.[17] 황지우 시인은 〈화엄광주〉를 통해 광주항쟁의 유토피아, 곧 광주항쟁의 이상이 구현된 세계질서를 '화엄세상'에 비유하기도 했다.[18] 필자가 보기에 광주항쟁은 두 가지 의미에서 유토피아적 차원을 보여주었다. 그 하나는 '유토피아적 질서의 선취先取'였고, 다른 하나는 '유토피아적 비전 및 가치의 제시'였다. 각각을 어떻게 명명하는가는 중요치 않다. 어느 것이든 한국사회, 나아가 인류사회가 지향해야 할 방향을 예시豫示해주었다는 점에서 광주 리미널리티는 대단히 변혁적이었다.

"저놈들이 정말 인간이야?"라며 망연자실 자문할 수밖에 없는 상황에 직면하여 정의로운 분노를 표출하면서 그들을 단호히 "짐승 같은 놈들"이라고 규정하게 만드는 휴머니즘, 인간다움, 인간의 도리, 인간의 품격·품위에 대한 감각과 자성이 거대한 저항운동을 촉발했다. 그 저항운동 과정에서 인간적 존엄함으로 평등하게 된 이들의 연대가 형성되었다. 최정운은 광주 시민들이 보여준 초인적인 항쟁의 동인動因을 '인간과 생명의 존엄성'에서 찾았다. "시민들의 목숨을 건 싸움은 인간의 존엄성이라는 몫을 위해서였다.······인간 존엄성의 직관적 본질은 ······자신의 생명보다 더욱 큰 가치를 인정하고 그것을 위해 자신의 몸과 생명을 바치는 행위에서 발견되는 것이다. 그 가치는 조국일 수도 있고, 신일 수도 있다. 광주 시민들의 경우는 공동체와 동료 시민들의 생명과 존엄성이었다."[19]

광주에서는 해방의 커뮤니타스에서 구현되었던, 단지 백일몽이 아니라 엄연한 '실제 현실'로 나타났던 대안적 세상, 유토피아적인 질서가 존재했다. 지위와 계급의 구별이 사라지고, 인간 존엄성이 무엇보다 귀하게 여겨지고, 사람들이 깊은 상호적 신뢰와 존중에 기초하여 인간애·연대감·공감능력을 갖고 동료 시민들과 인격적이고 전인적인 만남을 갖는 그런 세상 말이다. 그곳은 평등주의와 형제애·박애주의가 지배하는 차별 없는 세상이자, 모두가 참여하고 주권자가 되는 민주적이고 공화적인 세상이었다. 그곳은 누구나 지도자가 될 수 있고 누구나 자유롭게 발언할 수 있는 세상이었다. 그곳은 사람들이 공동선을 위해 자기 재물을 기꺼이 내놓을 뿐 아니라, 타인과 대의를 위해 자기 목숨까지 바칠 수 있는 이타적 세상이었다. 그곳에는 행복감과 기쁨, 자부심, 강렬한 깨달음의 느낌, 자신들의 정당함에 대한 확신이 넘쳐흘렀다. 이런 세상은 어떤 전위적 지도조직이 없어도, 사회변혁을 위한 정교한 플랜이 없어도, 무엇보다 대안적인 이상사회의 면밀한 디자인이 없어도 급작스럽게 현실화될 수 있다. 예기치 못하게 불현듯 지상에 도래한 천국天國을 맞보게 되는 것이다.

다시 최정운에 의하면 "절대공동체에는 인권도 있었고 자유, 평등, 국가, 민주주의 등 모든 이상이 있었다.……절대공동체에는 그러한 이상들이 모두 얼크러져 하나의 이름 모를 느낌으로 존재했다." 거기에는 '새 세상' 곧 "잊을 수 없는, 죽음을 넘어선 이들만이 살갗으로 느꼈던 그 새로운 세상"의 느낌과 희망이 넘쳤다. 그것은 '유토피아'이기도 했다. "그곳(절대공동체─인용자)은 지옥의 불길에서 수많은 희생을 치르고 다다른 곳이며 문자 그대로 '유토피아', 없는 곳, 다시 갈 수 없는 곳이었다."[20]

생명의 공동체 광주

(3) 폭력에 대한 성찰 차원: 국가폭력 문제와 '폭력-반폭력의 변증법'

광주 리미널리티는 국가폭력state violence에 대한 성찰성 문제를 제기한다는 점에서도 급진적이다. 국가폭력은 지배세력이 국가권력을 활용하여 자행하는 폭력이다. 김동춘은 "폭력이 국가의 공식 정책과 방침, 제도와 법, 이데올로기에 의해 저질러질 때" 이를 국가폭력으로 규정할 수 있다고 보았다.[21] 군대라는 최대 폭력기구가 비상계엄 전국 확대를 매개로 국가권력 전체를 장악하려는 것을 시민들이 막고 나섰기 때문에, 또한 시민 저항 진압을 위해 처음부터 동원된 수단이 '특수부대'인 공수부대였기에, 또한 공수부대원들의 폭력 행사 방법과 행태가 상상을 초월할 정도로 엽기적이었으므로, 스스로를 보호하고 시민 희생을 조금이라도 줄이려면 무장 저항이 거의 유일한 가용수단으로 떠오를 정도였다. 5월 18일부터 21일 사이에 광주 시민들이 목격한 국가는 조희연이 말한 '순수 폭력으로서의 국가', 즉 "국가가 폭력 그 자체가 되는 순간"이었을 것이다.[22] 김홍길의 표현대로, 1980년 5월 광주 시민들에게 투영된 국가 이미지는 압도적으로 "폭력과 학살의 이미지"였다.[23]

바로 이 때문에 항쟁 기간 내내 공수부대의 불법·과잉 폭력에 대한 인정, 사과, 처벌, 보상 문제가 강력히 부상할 수밖에 없었다. 그러나 이런 표면적 쟁점화의 저변에서 광주 리미널리티의 성찰성은 보다 근본적인 질문들을 향하고 있었다. 국가의 본질과 존재이유는 무엇인가, 국가는 무엇을 하는 조직인가, 군대의 본성과 목적은 무엇인가, 국가가 독점한 폭력 사용의 정당성·합법성은 어디에 있으며 그 한계는 어떻게 설정되어야 하는가 등의 의문들 말이다.

필자는 국가폭력에 대한 광주 시민들의 가장 급진적인 비판을 5월

21일 오전 세무서 방화 사건에서 발견한다. 이날 광주 시민들은 "국민의 생명과 복지를 위해 사용돼야 할 세금이 국민을 구타하고 죽이는 군대와 무기 생산에 사용됐다"는 이유로, "세금 걷어 국민 잡는 공수부대를 키웠으니 세무서도 나쁜 놈들"이라는 이유로 세무서를 파괴했다.[24] "항차 우리 국민의 생명과 재산을 수호하라는 임무를 주어 우리의 피땀 어린 세금으로 무장해놓은 군인이 싸우라는 공산당은 놔두고 주민을 향해 이럴 수가 있단 말입니까?"[25]라는 탄식도 같은 맥락에 있다. 이야말로 '군부독재'라는 지배체제의 본질적 실체를 정면으로 폭로한 행동이자, 불의한 국가폭력을 위해 시민 세금이 사용되어선 안 된다는 급진적이고 혁명적인 발상이었다.[26]

김동춘은 한국 국가폭력의 유형을 직접 폭력, 구조적 폭력, 문화적 폭력의 세 가지로 구분했다.[27] 1980년 광주에서 자행된 군대의 민간인학살이 '직접 폭력'이었다면 광주 시민들을 상대로 한 오명 부여와 부정적 낙인찍기는 '문화적 폭력'에 해당한다. 이런 문화적 폭력을 한상진은 '상징적 폭력'으로 명명했다. "광주 시민을 짐승처럼 학대하고 비하시킨 야만적인 행동"이 '물리적 폭력'이라면, "민주화운동을 빨갱이의 소행으로 낙인찍은 것"과 "광주 시민을 무법천지의 폭도로 규정한 것"은 상징적 폭력이라는 것이다.[28] 필자는 공영 방송사에 대한 광주 시민들의 방화·파괴 행위 역시 국가폭력에 대한 항의 표시로 해석할 필요가 있다고 본다. 당시 이 방송사들은 국가권력의 직접적 통제 아래서 '문화적 폭력' 혹은 '상징적 폭력'의 수행기관 역할을 담당했기 때문이다. 시민들의 방송사 파괴 행위는 단순한 언론자유 문제를 넘어, (모름지기 언론은 '권력의 편'이 아니라 '시민의 편'에 서서 '진실'을 보도해야 한다는) 언론의 존재이유와 본질적 사명을 되묻고 있으며, 더 나아가 국가폭력 수행기관으로 기능하는 언론사에 대한 응징의 의지를 담고 있었다.

필자는 국가 측 폭력(국가폭력)과 시민 측 반폭력 사이의 변증법적 상호작용에도 주목해야 한다고 본다. 지배 측의 폭력에 대응하는 저항적 리미널리티는 다양한 형태를 취할 수 있다. 우선, 5·18 때 독재정권이 동원한 가공할 '폭력violence'에 대한 저항세력의 대응을 '반폭력anti-violence'으로 통칭할 수 있을 것이다. 이 경우 반폭력은 크게 '대항폭력counter-violence'과 '비폭력non-violence'의 두 가지로 구성된다. 지배 측의 불의한 선제적 폭력에 대응한다는 점에서 둘 모두 '정당방위' 범주를 벗어나지 않는다. 광주항쟁 당시 시민들은 지배체제의 상징물들을 다수 파괴하는 대항폭력을 행사했을 뿐 아니라, 스스로 무장하여 무력투쟁을 전개했다. 해방광주 단계에서 시민 측 대항폭력은 '시민군'이라는 형태로 더욱 조직화되었다. 그러나 광주항쟁 때 시민들의 저항 행동은 대항폭력뿐 아니라 비폭력 대응 형태들도 포함하고 있었다.

1980년 광주의 저항세력은 (무기 '반납' 여부와 절차에는 이견이 있었을지라도) 총기 남용을 막기 위해 필수적인 분량을 제외한 무기들을 '회수'하는 데는 대부분 동의했다. 협상과 대화를 통해 폭력 사태를 평화적으로 해결하려는 기조도 항쟁 기간 내내 유지되었다. 해방광주에서는 평화적인 대규모 대중집회와 가두행진이 이어졌다. 전라남도 부지사와 고위공무원 등 구체제 대표자들조차 도청에서 보호받았다. 21일까지 자주 발생했던 공공건물에 대한 파괴 행위도 해방광주 시기에는 갑작스레 멈췄을 뿐 아니라, 공공건물들은 시민군의 보호를 받았다. 이른바 '죽음의 행진'은 '비폭력 저항nonviolent resistance'의 최고 경지를 보여주었다. 이 밖에도 발포하는 군대 앞에서 맨몸으로 태극기를 들고 달려들었던 청년들, 계엄군 병사들이 시민군에 의해 체포될 때마다 고문이나 상해·살해 등 보복행위 없이 소속 부대로 되돌려 보냈던 일 등도 비폭력 대응의 중요한 사례들이었다.

광주항쟁에서는 무장투쟁으로 대표되는 '대항폭력'과 다양한 방식의 '비폭력' 대응이 비교적 균형 있게 결합된 편이었다고 필자는 생각한다. 공공기관 파괴와 무장투쟁으로 표출된 대항폭력이 강렬한 급진성을 내포하고 있음은 더 말할 필요가 없을 것이다. 여기서 중요한 점은 비폭력 저항 역시 급진적 함의를 넉넉히 담을 잠재력이 있다는 것이다. 비폭력 저항 노선은 압도적인 중무장(신군부-계엄군) 대對 완전한 비무장(시민)이라는, 폭력의 극단적 비대칭성을 선명하게 부각시킨다. 그럼으로써 한편으로는 신군부 측의 일방적이고 과도한 폭력 사용을 탈정당화하고, 다른 한편으로는 신군부 측의 폭력 그 자체를 무력화하는 효과를 불러왔다.

(4) 급진적 행동 차원

광주항쟁 과정에서는 시민들이 행동을 통해 급진성을 표출하는 일이 자주 발생했다. 조직화된 대안적 이념체계에 기초하여 기존 계층질서 자체를 정면으로 뒤엎으려 시도했던 것은 아니라 할지라도, 이런 급진적 행동은 정치·사회적 엘리트층에 대한 거침없는 공격과 비판, 기존 지배체제와 위계서열에 대한 불인정과 불복종, 구체제 지배자들의 결정에 수동적으로 따르지 않기, 심지어 그 결정을 뒤집기 등으로 표출되었다. 여기서는 단편적인 몇 가지 사례만 소개하려 한다.

5월 22일 도청에서는 대학교수와 대학생에 대한 하층 계급 출신 시민군의 거침없는 도전 행동이 나타나는가 하면, 도청 앞 시민집회에서 한 대학생이 구체제 대표자들의 발언권을 박탈하고 그들을 단상 아래로 밀어내는 행동도 등장했다. 앞의 인용문은 항쟁 당시 전남대학교 교수였던 김동원의 증언이고, 뒤의 인용문은 항쟁 당시 조선대학교 학생으로 나중에 항쟁지도부의 일원이 되는 김종배의 증언이다.

송기숙 씨가 이제 조직을 해줬어요. "니가 위원장을 하고 통제를 해라."……그런데 인제 쉽게 말하면 구두 닦고, 고아원에서 온 애들, 불만이 많어.……목욕탕 때 미는 이런 애들이 딱 들어와 가지고 얼굴에 완전히 독기가 [가득해]. 총 딱 갖고, [내가 그 사람들이 한 말을] 그대로 표현해잉. "야, 이 새끼야. 잘 처먹구 잘 배우고 여기 와서도 지금 그 자랑하냐. 수류탄을 터뜨려버려!"**29**

정시채 부지사가 장휴동 씨와 같이 분수대 위에 올라와 "총기를 무조건 반납하고 투항하지 않으면 모두 죽는다"고 학생 시민들을 설득했다. 나는 분수대 위로 뛰어올라 마이크를 빼앗아 들고 울부짖었다. "사람들이 이렇게 많이 죽었는데, 무조건 무기를 버리고 투항하면 어쩌란 말이냐. 시민들이 흘린 피는 생각지 않느냐. 우리가 뭘 잘못했단 말인가." 또 정시채 부지사와 수습대책위원이란 사람들을 향해 소리쳤다. "야, 이 광주 시민들의 피를 팔아 출세하려는 놈들아, 너희들은 필요 없다. 다 꺼져라." 그들은 쫓겨 내려가고 도청 앞 광장은 성토장으로 변했다. 여기저기서 공포를 쏘며 환호하는 시민들도 있었다.**30**

다음 인용문은 5월 23일 시민궐기대회의 한 장면이다.

작업복을 입은 노동자가 동료들의 피에 대한 보상이 있을 때까지 싸워야 한다며 울음을 터뜨렸고 '총만 있다면 공수들을 한 사람도 남기지 않고 다 쏴 죽여버리겠다'며 이를 갈았다. 그 말이 끝나기가 무섭게 박수소리가 해일처럼 밀려들었다. 시민들의 요구에 의해 수습위원장 이종기가 계엄군과의 협상 내용을 발표했다. 무기를 회수하는 대신 군은 진주하지 않고 연행자를 당국의 주장대로 선별 석방하고 제발 사후보복만은 하지 말라는 거지 동냥하는 식의 내용이었다. "집어 치워라." "죽여 버려라." 먹이를 뺏긴 맹수처럼 시민들은 으르렁거렸다. 수습위원들은 시민들의 함성에 등 떠밀려 궐기대회에서 쫓겨났다.[31]

5월 24일과 26일에는 시민군의 리더였던 박남선이 의자를 던지거나 권총으로 위협하는 등 일련의 거친 행동들로 기존 권위에 도전하거나 기존 결정을 뒤집으려는 행동을 보였다. 먼저 24일 밤 도청 회의에서 학생수습대책위원회 위원 다수가 무기 반납 쪽으로 기울자 이를 저지하기 위해 박남선이 의자를 던지면서 폭파 위협까지 했다.[32] 26일 시민궐기대회가 끝난 후 도청에서 열린 시민수습대책위원회 회의 당시 20여 명의 시민군을 대동한 박남선이 문을 박차고 회의장에 들어와 권총으로 위협하면서 무기 반납을 선동하는 수습위원들을 도청에서 몰아냈을 정도로 민중-엘리트 관계가 적대적으로 치달았다.[33]

(5) 지배 담론·상징 뒤집기 차원

때때로 리미널리티의 변혁성은 보수적 지배 담론과 상징의 진보적 재구성을 통해서도 생산되는데, 광주항쟁 과정에서 이런 일들이 실제로 자주 발생했다. 이는 '지배 담론 뒤집기'와 '지배 상징에 대한 급진적 재해석'을 통해 변혁성을 창출하는 것으로, 그 결과 지배의 이데올로기와 상징마저 변혁적 함의를 갖게 된다. 이런 뒤집기와 재해석은 화려한 '수사'와 군색한 '현실'의 틈새를 파고듦으로써, 지배 담론·상징의 모순과 허구성을 폭로함으로써, 당연시되던 기존 의미·기호체계를 의문시함으로써 가능해진다. 이를 통해 공화국이란 과연 무엇이며 민주주의의 본질은 무엇인가와 같은 근본적인 질문들이 자연스레 수면 위로 떠오르게 된다.

신진욱과 정근식이 이런 일이 실제로 발생했음을 입증해보인 바 있다. 신진욱은 반공주의를 둘러싼 담론투쟁과 "정체성의 혁명"에, 정근식은 태극기를 둘러싼 정체성투쟁과 상징전유투쟁에 초점을 맞췄다. 광주항쟁 과정에서 반공 담론과 태극기 상징을 둘러싼 갈등이 어떻게 기존 체제를 균열시키고 변혁적인 메시지를 생산해냈는가?

우선, 신진욱은 몇몇 사건과 언술을 근거로 광주항쟁 참여자들이 반공반북주의를 극복하지 못했다고 주장하는 것은 "무척 단순한 인식"이라면서, "오히려 항쟁 초기부터……시민들이 전두환과 신군부, 진압군을 '공산당', '인민군'에 비유하거나, 보다 빈번하게는 그보다 더 잔혹한 존재로 묘사하고 있다는 점"에 주목해야 한다고 말한다.[34]

광주항쟁에서 지배이데올로기로서의 반공반북주의는 결정적인 균열을 일으키게 됐다. '반공반북을 위해' 현존하는 지배질서에 순종하는 것은 더 이상 가능하지 않게 되었다는 뜻이다. 이러한 균열은 또한 단지 지배 담론의 붕괴를 의미할 뿐만 아니라 새로운 정체성의 부상을 내포하기도 했다.……"미친 이리떼는 미친 이리떼이니 그렇다고 합시다. 항차 우리 국민의 생명과 재산을 수호하라는 임무를 주어 우리의 피땀 어린 세금으로 무장해놓은 군인이 싸우라는 공산당은 놔두고 주민을 향해 이럴 수가 있단 말입니까?" 여기서 "이리떼는 이리떼이니"라는 표현은 예사롭지 않다. 폭력 그 자체보다 더 충격적이었던 사실이 있음을 의미하기 때문이다. "국민"이 "피땀 어린 세금으로" "임무"를 위임한 군이 "공산당은 놔두고" 위임자를 향해 총을 쐈다는 사실이 그것이다. 여기서 우리는 단지 부정적 의미에서 반공반북 이데올로기의 균열만이 아니라, 그 균열선을 찢고 분출한 정체성의 혁명을 보게 된다. 그 혁명의 이념적 핵심은 바로 민주-공화주의다.[35]

광주 시민들의 새로운 각성과 '정체성 혁명'은 "민주주의, 국민의 주권, 국민의 명령, 공화共和의 나라, 함께 사는 대한민국, 국민의 머슴과 그 머슴의 반란, 권력자와 가진 자들에 의한 국가의 사유화"에 대한 비판적 성찰로, 나아가 권력자와 가진 자들에 의한 국가 사유화에 반대하는 '공적 국가'의 요청으로 이어진다.[36] 이를 집약하는 말이 '민주-공화주의'인데, 그 핵심은 '주권재민' 이념과 그에 상응하는 '좋은 정부'의 구상이다.

"국민이 가슴을 두드리며 통곡할 비극"은 바로 "신성한 <u>국토방위의 의무를 국민들로부터 위임받은 군인</u>이…양민학살을 자행하고 있"다는 현실이었다. 여기서 핵심어는 '위임'이다.……민주주의의 근본이념이 주권자의 '자기통치self-rule of demos'에 있다면, 공화주의 이념에서 그에 못지않게 중요한 것은 '내 나라'라는 정치공동체에의 애착과 헌신, 그리고 공화국 정체政體의 보전과 주권자 시민들의 보편적 자유를 보장해줄 '좋은 정부'의 이상이다. 그렇기 때문에 국가가 사유화되어 자의적 권력의 수단이 되는 것은 용납되지 않는다. "군대는 <u>국민의 군대</u> 아닙니까? 몇 사람의 절대적 <u>권력자의 사병</u>이 결코 아닌 것입니다. 그런데 불행하게도…군인이 <u>국민의 군인</u>이 아니라 몇 사람의 절대적 <u>권력자의 사병</u>으로 전락해버렸습니다." 여기서 '사유화된 자의적 권력'과 '위임된 공공적 권력'의 대비가 중심에 놓인다. 군대와 정부의 원천 역시 국민이다. "<u>납입한 피와 땀</u>(세금)으로 페퍼포그·최루탄 및 총기를 수입하여 국민의 배를 가르고 가슴에 총을 쏘아 죽일 수 있단 말인가."(원저자의 강조)[37]

한편 정근식은 광주 시민들이 '태극기를 활용한 주검의 상징화'를 통해 희생자들의 죽음을 '공적인 죽음으로 전환'했던 데 주목했다. 이 단계에서부터 계엄군은 논리적으로 궁지에 몰리기 시작했다.

가장 주목을 끄는 것은 이들이 죽음을 다루는 방식이다. 이들은 희생자들의 주검을 발견하자……수레에 실어 사람들의 중심적 저항공간인 도청 앞으로 옮겨왔으며, 더 중요한 것은 이들이 희생자들을 태극기를 덮어 감쌌다는 사실이다.……개인적 죽음은 공적인 죽음으로 전환된다. '여성 투사'들은 이 시신을 계엄군 지휘관(중령)에게 보여주면서 진압군의 잔인한 진압에 대해 항의하였고, 그 지휘관은 "우리들이 죽인 것이 아닙니다. 간첩이 나타나서 그럽니다"라고 대답하였다고 한다. 태극기를 통한 주검의 상징화는 진압군의 논리를 매우 취약한 것으로 만들었음에 틀림없다.[38]

항쟁 시기 광주 시민들은 "희생자들을 모두 태극기로 감쌌고, 안치된 희생자들 앞에서 애국가를 부르고 묵념을 하였다." 이런 의례적 행위는 (기존의 '타락한 국가'를 대신하는) 대안적 정치공동체의 죽음의 례를 구축하는 일이기도 했다. 정근식은 희생자들에 대한 애도 표현이 "시민적 덕목 또는 의무"로 간주되는 모습에서 시민적 공화주의의 단초를 발견한다.[39]

항쟁 과정에서 시민들은 태극기를 부당한 국가폭력에 대한 저항의 상징, 국가폭력이 없는 자율공간의 상징, 국가폭력에 의해 희생된 무고한 애국시민의 상징으로 활용했다. 계엄군 입장에서 볼 때 이것은 "국군으로서의 자신들의 진압 행위가 부정당하는 경험"이었다. "국군이 국기를 흔드는 시민들에게 발포해야 하는 곤혹스러운 상황이 발생"한 가운데, 시민과 계엄군 중 누가 애국자이고 누가 폭도냐를 둘러싸고 "정체성투쟁", 곧 "누가 진짜 태극기를 소지할 자격이 있는가를 둘러싼 국가권력과 시민들 간의 투쟁"이 벌어졌다.[40] 그런데 "누가 진짜 태극기를 소지할 자격이 있는가"라는 질문은 '누가 진정한 주권자인가'라는 질문과 상통한다. 여기서 태극기의 상징성은 새로운 차원으로 도약한다. 그것은 "시민적 공화주의"의 상징, 곧 "국민주권의 원리를 확립하려는 욕구의 표현"이자 "시민적 연대의 상징"이 되는 것이다.[41]

(6) 결과적 차원

최대 목표의 '결과적' 차원과 관련해 숙고할 주제는 두 가지이다. 그 하나는 광주항쟁이 (단순히 군사독재체제를 넘어) 친미·반공 냉전분단체제 전체를 결정적으로 동요시켰다는 점이고, 다른 하나는 항쟁의 비타협적이고 비극적인 최후에 내장된 변혁성과 급진성이다. 둘 모두 항쟁의 '패배'와 직결되어 있다. 광주 시민들의 간절한 기대가 배반되는 고통스런 체험을 통해, 그리고 최후 항쟁의 처절한 짓밟힘을 통해, 광주항쟁이 살아남은 이들과 후대의 사람들에게 전해준 변혁적 메시지가 여기서 중요하다. 그 변혁적 메시지에 대한 응답이 항쟁 이후 시기의 반체제 투쟁으로 곧바로 연결되었다는 점, 또 항쟁 과정보다는 항쟁 이후에 비로소 변혁적 메시지가 힘을 발휘했다는 이중적인 의미에서, 필자는 이를 최대 목표의 '결과적 차원'으로 명명하고 있다. 여기선 냉전분단체제에 대한 비판적 성찰성 문제만 우선 다루고, '항쟁 종결 방식'에 해당하는 쟁점, 즉 비극적 최후의 변혁성 문제는 절을 달리하여 고찰할 것이다.

　　바로 앞에서 우리는 광주항쟁 과정에서 반공주의에 균열이 생겨났음을 확인했다. 우리는 아울러 광주항쟁 직후부터 저항세력을 중심으로 반미주의가 급속히 확산되었다는 사실에도 주목할 필요가 있다.[42] 지배이데올로기 측면에서 볼 때 광주항쟁을 계기로 진행된 가장 중요한 변화는 한반도의 냉전분단체제를 구축하고 지탱해온 핵심 주역인 미국에 대한 인식의 극적인 전환이었다. 말하자면 그것은 친미주의라는 사고의 속박으로부터 벗어나는 '인식론적 해방'이었다. 이 현상은 광주항쟁을 통한 뼈저린 깨달음과 불가분의 관계에 있다.

　　1980년 5월 당시 광주 시민들과 항쟁지도부는 미국에 대한 기대를 끝까지 버리지 않았다. 그들은 시민군과 단합된 시민 여론의 힘으로 계엄군의 광주 재진입을 저지하면서 며칠만 더 버티면 미국의 정의로운 개입으로 신군부의 탐욕이 제어되고 폭력 사태가 평화롭게, 시민들에게 보다 유리하게 해결될 수 있으리라 소망했다. 그러나 광주항쟁이 끝난 후 한국군에 대한 작전지휘권을 갖고서도 미국이 처참한 유혈사태를 묵인·방조했음은 물론 진압군 파견을 승인했다는 사실이 밝혀지면서, 사상 처음으로 미국에 대한 분노가 들끓게 되었다. 미국은 필요에 따라 언제든 민주주의 가치를 외면하는 나라라는 사실, 자국 이익에 따라 얼마든지 독재정권이나 군사쿠데타를 지지하는 나라라는 사실을 피투성이 경험을 통해 뼈저리게 깨닫게 되었다. 진보적 시민사회는 민족주의 의식 고양과 결합된 반미주의로 치달았고, 대중 역시 미국에 대한 교조적이고 경직된 사고에서 벗어나 보다 유연하고 현실적인 사고로 전환하게 되었다. 뿌리 깊은 '미국 신화', 반미주의라는 오랜 이데올로기적 금기禁忌가 여지없이 깨져나가면서 냉전분단체제를 지탱해주던 중요한 기둥 중 하나에 크나큰 균열이 생겨났다.

3. 비극적 최후의 급진성과 변혁성

5월 21일부터 시작되어 26일까지 이어진 몇 차례의 협상 노력은 모두 실패했다. 희생자들과 저항 시민들의 명예를 지키면서 평화적인 방법에 의해 갈등 사태를 해결할 전망은 사라졌다. 신군부 측이 협상을 거부한 채 무조건적인 투항만을 요구하자 시민 측으로선 공포에 의한 순응이냐, 저항의 지속이냐라는 양자택일만이 가능하게 되었다. 항쟁지도부는 후자를 선택했다. 협상 실패에도 불구하고 그들은 굴복하지도 타협하지도 않았다. 결국 그들은 5월 27일 새벽 계엄군 군화에 비참하게 짓밟혔다. 항쟁은 그렇게 비극적으로 끝났다. 이런 비극적 결말이 의미하는 바는 무엇인가? 필자가 보기에 그 하나는 신군부 세력을 향한 '오명과 낙인'이었고, 다른 하나는 살아남은 자들과 후대를 향한 '메시지와 울림'이었다.

우선, 5월 26일 밤 항전파 인사들이 내린 최종 결정은 압도적 우위에 있는 불의한 적敵과 직면하여 명백한 패배가 예상됨에도 불구하고, 자신들의 신념과 가치를 지키기 위해 적(박해자)과 타협하거나 적에게 굴복하지 않으려는 자발적인 죽음, 일종의 '집단적 순교 collective martyrdom'에 가까운 선택이었다.[43] 김성국이 말했듯이, "집단적 죽음이 예고된 무장투쟁"은 "극한적인 상황에서 다른 대안이 없을 경우 불가피하게 최후의 자위수단으로 선택될 뿐 아니라, 대부분 죽음을 각오하고 시도되는 비장한 자기희생의 헌신"이었고, "자기가 꿈꾸고 갈구하던 사회에 대한 헌신적 통합이 요구한 이타적 자살"이었다.[44]

그곳에 남은 사람들은 "각자 '살고 싶은 사람은 집에 가라'는 권고를, 광주 시민의 이름으로 또는 우리나라 민주주의의 이름으로, 거부하고 스스로 죽음의 길을 택했다." 나아가 "그들은 적들이 진실을 영원히 파괴하지 못하도록, 모든 광주 시민들을 '폭도'로 생매장하지 못하도록 하기 위해서 명정한 정신으로 그 자리에 남았을 것이다. 그리고 투쟁의 진실을 깊은 땅속으로 감추어 자신들의 몸과 함께 언젠가는 우리 앞에 진실로서 부활할 수 있도록 화석으로 만들고 싶었을 것이다."[45] 27일 새벽 시민군 구성원들은 민주주의의 박해자들이 마음껏 자신의 신체를 유린하도록 스스로를 희생제물로 바쳤다. 그들은 자신들의 목숨을 담보로 이전 희생자들의 명예, 그들의 죽음에 함축된 고결한 가치들을 지키고자 했다. 항쟁 마지막

날의 비극은 한국 현대사에 깊이 각인된 거대한 생채기가 되었다. 항쟁 초기부터 신군부에게 부여되었던 '학살자' 오명은 1980년 5월 27일 새벽 영원히 지워지지 않을 낙인으로 바뀌었다.

광주항쟁의 비극적 결말에 담긴 또 다른 의미는 살아남은 자들과 후대에 주는 절절하면서도 단호한 '메시지', 그리고 깊고도 강렬한 '감정의 울림'이었다. 5월 27일 새벽의 비극적이지만 자발적인 죽음을 통해 항쟁파들이 남긴 메시지는 이중적인 것이었다. 우선, 항쟁지도부는 몇 차례에 걸쳐 무장한 중·고등학생들로부터 무기를 회수하여 집으로 돌려보냈다. 5월 26일 밤 도청과 YWCA 건물에 남아 있던 여성들도 귀가를 종용받았다. 더 많은 이들은 다음날 새벽 애처로운 가두방송을 들으면서도 두려워하며 집에 머물렀다. 떠나보낸 이들을 향해 최후 희생자들은 광주 바깥세상 사람들과 후세대에게 '나를 증거하라'고 말한 셈이었다. 다시 말해 그들로 하여금 '역사의 증인/증언자'가 되도록 명령하거나 호소한 셈이었다. 둘째, 죽은 이들은 '그때 너는 어디 있었느냐'는 메시지를 남겼다. '내가 죽을 때, 내가 고난을 당할 때, 내가 가장 고통스럽고 두려운 결단을 내릴 때, 당신은 어디에 있었는가' 하는 메시지 말이다.

고립된 광주 시민들은 여러 차례의 궐기대회를 통해, 그리고 수많은 성명서와 호소문을 통해 간절한 심정으로 피붙이인 민족·동포에게, 전국의 종교인·대학생·언론인들에게 거듭 촉구했었다. 그들은 "전 민족의 궐기를 촉구"하거나(5월 24일), "전국 종교인과 대학생들의 궐기를 촉구"하거나(5월 25일), "언론인의 진실 보도를 촉구"했다(5월 26일). 27일의 비극적인 집단적 죽음은 이런 한 맺힌 '촉구'의 목소리를 더욱 증폭시켜놓았다. 죽음을 맞는 광주의 막막한 고독을 임철우는 다음과 같이 묘사한 바 있다.

그 도시 사람들이 그러하듯, 나 또한 아직도 생생히 기억한다. 수만 명 대한민국 국군의 총과 탱크에 포위된 채 분노와 죽음의 공포에 치떨며, 그 버려진 도시에서 그들만의 힘으로 홀로 견뎌내야 했던 그해 봄날 열흘의 낮과 밤을. "우리는 죽어가고 있는데, 서울! 서울은 무얼 하고 있는가! 부산은, 인천은 왜 이리도 잠잠한가!" 하고 외치며, 방송마저 중단된 먹통 라디오 채널을 애타게 돌려대던 순간들을. 밀려오는 탱크의 굉음에 쫓기며 구원의 손길을 목이 터져라 외치던, 그 마지막 날 신새벽의 애끓는 절규를… 그리고 끝끝내 어느 누구도 그 도시를 위해 달려와 주지 않은 채, 언제나처럼 밝아오던 그 눈부신 27일의 아침을.[46]

그러나 광주항쟁은 그토록 비극적이고 고독한 최후를 통해, 한국 현대사의 물줄기를 크게 바꿔놓을 정도의 엄청난 변혁적 에너지를 끝없이 생산해냈다. 이것이 광주항쟁의 가장 큰 미스터리이자 역설이기도 하다. 남은 이들에게 흡수된 변혁적 에너지는 '5월운동'과 '5월공동체'로 곧 현실화되었다.

'변혁의 리미널리티' 본연의 모습, 특히 광주항쟁의 '최고/최대 목표들'은 항쟁 기간 동안 다양한 때 다양한 형태로 출현했던 커뮤니타스들에서 가장 선명하게 드러난다는 게 필자의 생각이다. 리미널리티의 변혁성은 항쟁 초기 항쟁-재난의 커뮤니타스에서부터 뚜렷하게 나타나기 시작하여, 민중에 의한 자기통치의 커뮤니타스에서 절정에 이르렀고, 최후항전의 커뮤니타스를 통해 영원히 지워지지 않도록 자신의 존재를 역사 속에 각인해 놓았다. 이는 5~8장에서 심층적으로 다루어질 주제이다.

5장

항쟁-재난의
커뮤니타스

■

1. 광주 커뮤니타스

최정운은 그가 '절대공동체'라고 이름붙인 리미널한 질서가 1980년
5월 20일 오후부터 21일 오후까지 지속되었으며, 시민들이 무장을
하고 해방광주의 새 질서가 도래하면서 절대공동체의 균열과 해체
가 진행되었다고 보고 있다. "이른바 해방광주는 한마디로 일단 적
이 눈앞에서 사라진 상황에서 어쩔 수 없이 맞이해야 했던, 절대공
동체의 취기에서 깨어나 서서히 현실로 돌아오는 괴로운 시간"이
었다는 것이다.[1] 왜 이런 일이 발생했을까? 최 교수는 계급 및 권력
차별, 가족주의, 개인주의(죽음에 대한 공포) 등을 중시하는 것 같다. 그
에 따르면 "기존의 공동체가 복구되고 절대공동체가 분열되는 과
정에는 여러 논리와 감정들이 작용했다. 첫째, 개인의 정체와 계급
문제가 등장했다. 둘째, 기존 공동체의 핵심 제도인 가족의 감정과
의무감이 되살아났다. 마지막으로 생명의 소중함이 개인의 재등장
과 함께 다시 부각되었다."[2] 그는 시민 무장과 시민군 등장도 절대
공동체 해체를 촉진한 요인으로 본다. "시민들이 총을 잡고 시민군
이 탄생하고 '일반 시민'들과 시민군이 구별되고, 다시 시민군들은
군대처럼 조직되자 절대공동체는 서서히 그 마력을 잃어가게 되었

다"는 것이다.[3] 그러나 필자는 최정운이 절대공동체의 형성·존속 기간으로 보았던 시기에 독특한 유형의 '광주 커뮤니타스'가 형성되었으며, 그것은 5월 22일 이후에도 분해되거나 소멸하지 않았다고 본다. 대신 다양한 유형의 커뮤니타스들이 성격과 형태를 달리해가면서 5월 27일까지 연이어 출현했다고 본다.

김희송은 '광주공동체'라고 명명한 공동체적 질서와 관련하여 자치, 직접민주주의, 저항폭력과 비폭력, 평화, 호혜의 나눔, 평등, 대동세상, 자유, 다름의 연대, 생사를 초월한 연대 등 대단히 다채로운 모습과 특성들을 기술한 바 있다.[4] 이는 항쟁 기간 동안 광주에서 다양한 유형의 커뮤니타스들이 존재했음을 강력히 시사한다. 여러 학자들이 제각기 다른 광주 공동체 유형론을 주장하는 것도 동일한 사실을 반영하는 것은 아닐까. 필자는 광주의 커뮤니타스들이 동시에 출현한 것이 아니라 일정한 시차를 두고, 때로는 서로 겹치기도 하면서 여러 유형으로 나타났음을 강조하려 한다.

앞서 소개한 에디스 터너의 커뮤니타스 유형론은 광주항쟁을 분석하는 데도 매우 유용하다는 게 필자의 판단이다. 광주항쟁과 관련해서는 '혁명과 해방의 커뮤니타스communitas of revolution and liberation'와 '재난의 커뮤니타스communitas of disaster' 유형이 특히 중요해 보인다. 1980년 5월의 광주에서 재난의 커뮤니타스는 '국가폭력에 의한 대규모 민간인 학살'이라는 사회적 재난을 둘러싸고 형성되었다. 여기에는 시신 관리와 신원 확인, 장례와 추도 문제뿐 아니라, 항쟁 기간 중의 부상자 돕기와 헌혈도 포함된다. 재난의 커뮤니타스는 계엄군의 공격이 임박한 1980년 5월 26일 아침의 '죽음의 행진', 집단적 죽음을 목전에 둔 26일 밤 전남도청 시민군의 비장했던 상황과도 관련된다. 아울러 죽음의 행진은 '비폭력 커뮤니타스

communitas of nonviolence'의 중요한 사례로도 볼 수 있다.

　필자는 사건의 경과에 따라 '광주 커뮤니타스'를 크게 두 국면으로 구분할 필요가 있다고 생각한다. 치열한 갈등과 충돌, 가공할 과시적 폭력과 학살극이 전개되던 5월 18일부터 21일까지, 그리고 계엄군이 도시 밖으로 퇴각함으로써 상대적으로 평온을 유지하다가 계엄군이 다시 무력 탈환 작전에 나선 5월 22일부터 27일 새벽까지를 나누는 것이다. 우선, 5월 18~21일에는 계엄군의 비인도적 만행에 항거하는 과정에서 형성된 '항쟁의 커뮤니타스', 이와 동시에 '죽음의 대량생산 사태'[5]에 대응하는 과정에서 형성되는 '재난의 커뮤니타스'가 두드러졌다. 이때 항쟁의 커뮤니타스는 에디스 터너가 말하는 '혁명·해방의 커뮤니타스'와 유사하다. 두 번째로, 5월 22일부터 27일 새벽까지는 '자치의 커뮤니타스'가 형성된 가운데 희생자 추모와 시민궐기대회를 중심으로 하는 '의례-연극의 커뮤니타스'가 전면으로 부상했다. 22일 이후 꾸준히 이어진 희생자 추도의례와 부상자 치료 과정에서는 '재난 커뮤니타스'의 심화 내지 성숙이라는 현상도 나타났다. 26일 이후에는 계엄군과의 최종 결전을 준비하는 '항쟁-재난의 커뮤니타스'가 다시 출현했고, '비폭력 저항의 커뮤니타스'도 잠시 등장했다.

　이렇게 두 국면을 구분하더라도 '항쟁 커뮤니타스'와 '재난 커뮤니타스'는 항쟁 기간 전체를 관통하는 공통의 요소였다고 말할 수 있다. 치열한 공방전이 벌어지던 5월 18~21일 동안과 27일 새벽은 말할 것도 없고, 해방광주 기간에도 계엄군의 공격에 대비한 시민군의 삼엄한 경계와 순찰, 시 외곽에서의 산발적인 전투는 계속되었다.[6] 해방광주 기간에 항쟁지도부는 '항전과 협상을 병행하는' 양면 대응전략을 취했다. 그러나 계엄군의 원색적 폭력에 맞서는 5월

21일까지의 항쟁 커뮤니타스는 해방구를 방어하면서 도시 경계를 중심으로 간헐적인 전투를 벌이는 시기의 항쟁 커뮤니타스, 재진입하는 계엄군과 최후의 결전을 치르는 항쟁 커뮤니타스와 성격이 다를 수밖에 없다. 마찬가지로 재난 커뮤니타스도 공수부대에 의한 유혈극이 발생했을 때부터 태동하여, 그것이 다시 대량 학살극으로 발전하면서 더욱 성숙한 형태로 발전하는 등 항쟁 기간 내내 유지되었다. 그러나 해방광주 이전의 재난 커뮤니타스는 (사망자를 위한) 장례-추모공동체와 (부상자를 위한) 치유공동체의 색채가 강했던 해방광주 시기의 재난 커뮤니타스, 그리고 시민군 자신들의 대규모 죽음이라는 '임박한 또 하나의 재난'이 예견되는 상황의 재난 커뮤니타스와는 여러모로 다를 수밖에 없다. 이와 대조적으로 일회적으로만 나타났던 커뮤니타스 유형도 있었다. 예컨대 '자치의 커뮤니타스'와 '의례-연극의 커뮤니타스'는 오직 해방광주 시기에만 나타났던 커뮤니타스였다. 죽음의 행진으로 대표되는 '비폭력 저항의 커뮤니타스' 역시 항쟁 마지막 단계에서만 나타났다.

커뮤니타스 참여의 패턴에 주목하면, 대부분의 보통 시민들은 '축차적逐次的 참여'라는 과정을 거쳤던 것 같다. 그들은 대개 5월 22일 이전의 어떤 시점부터—주로 19일 오후부터 21일 집단발포 직후까지—시위에 가담하여, 22일 이후에는 자치 커뮤니타스에 뛰어들었다가, 그중 일부는 다시 최후항전의 커뮤니타스에까지 동참하게 되는 식인 것이다. 말하자면, 이전의 강렬한 커뮤니타스 체험이 다음 국면의 또 다른 커뮤니타스에 참여하게끔 동기화하는 방식으로 작용했던 셈이다. 5월 26일 밤 도청이나 YWCA 건물을 지켰던 시민군 구성원 대부분이 그런 과정을 거쳤을 것이다. 결국 26일 밤 대부분 도청과 YWCA를 떠나긴 했지만, 여성들이 주역이었던 '음식 나눔의 커뮤니타스'는 22일 직전부터 이미 나타났지만, 22일 이후에도 지속되었을 뿐 아니라 오히려 더욱 조직화되었다. 이렇게 보면 항쟁 참여와 도피를 거듭하면서 커뮤니타스 경계 안팎을 수시로 드나들었던 사회운동 출신 인사나 교수·재야인사들은 커뮤니타스 참여 패턴 면에서 오히려 예외적인 경우였다. 사회운동가 출신이면서도 시종 광주 커뮤니타스 안에 머물렀던 윤상원이나 윤강옥 같은 사례는 극소수에 지나지 않았다.

광주항쟁 과정에서 출현했던 이런 다양한 커뮤니타스 유형들을 아우를 가장 적절한 표현은 아마도 '해방의 커뮤니타스'일 것이다. 그 해방은 미시적으로는 '자신으로부터의 해방'이었고, 거시적으로는 '억압적 지배체제, 가공할 국가폭력으로부터의 해방'이었다. 자신으로부터의 해방은 '공포·불안과 수치심으로부터의 해방'이자, '구조와 일상적 삶이 강요하는 고정관념·속박·욕망으로부터의 해방'을 뜻했다. 광주 시민들이 죽음의 공포를 극복하고 '절대공동체'를 형성하여 공수부대를 물리쳤던 과정을 최정운은 해방과 구원의 경험으로 요약했다. "이 과정의 경험은 공포를 이성으로 극복하고 인간이 되기 위해 나섰던 각각의 시민들이 다수의 동료들을 만나 하나로 융합되고 그곳에서 새로운 자신, 인간의 존엄성에 의혹이 없는 자신을 발견하는 변화의 과정이었고 이는 해방을 의미했다.…… 죽음의 공포를 절대공동체로 극복하는 경험은 모든 세속적 감각과 번뇌로부터의 해방이었다."[7] 일상적 속박과 욕망·번뇌를 초월하는 이런 해방 경험은 "인간 존엄성이 모두에게 풍요롭게 주어지는 과정이었고 공포에 떨던 모든 광주 시민들의 구원이었다."[8] 뿐만 아니라 절대공동체의 경험은 "사회적 경제적 윤리적 원칙, 언어의 속박으로부터 몸, 생명의 해방"이자, "각종 사회적 역할과 분류의 굴레와 억압을 벗어난 순수한 인간됨이었고 그런 의미에서 모든 억압으로부터의 절대 해방이었고 이는 '혁명적 순간"이기도 했다.[9]

2. 재난의 커뮤니타스, 항쟁의 커뮤니타스

1980년 5월 광주에서는 '재난의 커뮤니타스'와 '항쟁의 커뮤니타스'가 중첩된 독특한 유형의 커뮤니타스가 출현했다. 엄격히 말하자면 재난 커뮤니타스가 먼저, 항쟁 커뮤니타스가 나중에 나타났다고 말할 수 있겠지만, 실제로는 두 커뮤니타스 유형이 거의 동시에 등장했고 곧 하나로 수렴되었다.

5월 18~19일 사이 광주에서 '재난공동체'가 형성되었다. 우선, 재난공동체는 자국 군대에 의한 민간인 학살극이라는 '정치-군사적 재난', 스스로 '날벼락'으로 표현할 수밖에 없었던 '재난적 사태'에 직면한 광주 사람들이 재난의 고통과 슬픔을 함께 겪고 나누면서 형성되었다. 계엄군이 자행한 유혈극에 함께 분노하고, 참극을 당한 이들과 그 가족들을 위해 함께 눈물 흘리면서 슬픔을 공유하고, 서로 위로해주고 기대면서 힘을 모아 재난을 견뎌내고 극복해나가는 가운데 재난공동체가 자연스럽게 만들어졌다. 사람들이 '개인적' 해결책 대신 '집단적' 해결책을 모색하기 시작하면서 재난공동체는 본격적으로 발전되었다. 당면한 재난으로부터 자신과 자기 가족을 보호하기 위해 도피시키는 등 개인적인 해결책에만 매달리다가는 재난적 사태가 해결되지 못할 것이라는 절망적인 현실인식, '이러다간 다 죽겠다'는 극도의 위기의식, 단지 '학생·청년의 죽음'에 그치지 않고 '광주 사람 전체의 죽음'으로 확대될 것 같다는 증폭된 위기의식이 재난공동체를 단단하게 만들었다.

　광주에서는 재난공동체가 항쟁에 본격적으로 뛰어들어 가해세력과의 정면대결을 선택했을 때, 나아가 속수무책의 상황을 시민들의 단합된 힘으로 계엄군과의 교착적 대치 상황으로 바꿔내는 데 성공했을 때, 비로소 커뮤니타스의 요소들이 뚜렷하게 나타났다. 이를 통해 '재난 커뮤니타스'가 '재난-항쟁 커뮤니타스'로 전화되었다. 이처럼 자국 군대에 의한 '정치-군사적 재난'에 대응하는 과정에서, 계엄군의 야만적인 살육 행위에 맞서는 가운데 등장한 것이었다는 점에서, '항쟁의 커뮤니타스'는 곧 '재난의 커뮤니타스'이기도 했다. 양자는 불가분하게 결합되어 있었다. 계엄군이 집단발포에 나선 '피의 수요일(5월 21일)'이라는 또 다른 재난을 거치면서 커뮤니타스는 한층 성숙되었다.

　결국 항쟁-재난 커뮤니타스의 생성을 위해선 서로 연관된 두 전제조건이 충족되어야 했다. 그 하나는 시민들이 보다 적극적으로 항쟁에 참여해야 한다는 것이고, 다른 하나는 시민들의 항쟁 참여를 방해하지 않을 수준에서 '공포의 관리'가 가능해져야 한다는 것이다.

　우선, 단순한 학생 시위 단계를 넘어 일반 시민들의 광범위한 항쟁 참여가 필요했다. 3장에서 언급했듯이, 5월 18일 낮의 참극을 목격하거나 전해들은 광주 시민들은 통행금지가 앞당겨진 상태에서 분노와 당혹과 번민의 기나긴 밤을 보냈고, 19일 아침까지도 어찌할지를 모르고 있었다. 그러나 거의 모든 광주 사람들이 이미 '사건의 목격자'이자 '사건의 증인'이 되었음도 분명한 사실이었다. 공수부대의 만행에 자극받은 일부 시민들은 좀 더 일찍부터 시위에 동참했다.

집에까지 걸어가면서 별별 생각이 다 들었다.……머릿속에는 계
속 전날 공원에서 보았던, 할아버지가 공수부대원한테 맞고 끌려
가는 모습이 떠올랐다. 군인은 나라를 지키고 시민을 보호해주
는 것으로 알고 있었는데, 도리어 그 군인이 시민을 해치고 있었
다. 나는 공수부대의 만행을 보고 나도 시민들과 합세하여 공수
부대와 맞서 싸우리라 생각했다.[10]

공수부대 두 명이 양복점 안까지 쫓아가는 것이었다. 공수들은
그 학생의 멱살을 잡더니 다짜고짜 일하고 있는 사람에게서 다리
미를 빼앗아들고 사정없이 내리쳤다.……젊은 사람들은 말도 못
하고 서 있고, 나이 많은 어르신들은 "죽일 놈들아! 이놈들아!"
하면서 안타까워할 뿐이었다. "…일이고 뭣이고 다 던져버리고
우리도 나가서 싸웁시다." 그리하여 함께 일하던 동료들과 금남
로로 걸어 나왔다.[11]

5·18 당시 화순버스터미널에서 구두닦이와 매표소 일을 겸하고
있던 박래풍은 친구와 함께 5월 19일 광주로 가서 항쟁에 합류한 특
이한 사례였다.

그 후 화순버스터미널에서 구두닦이를 하면서 매표소 일도 했
다.……당시 터미널에 있었기 때문에 비교적 빨리 광주에서 데모
하고 있다는 소식을 들었다. 광주에서 온 사람들이 학생과 시민
들이 데모를 하는데 경찰이 최루탄을 뿌리고 학생들을 다 잡아간
다고 했다.……'데모 조금 한다고 같은 민족을 실신을 하도록 때
리고 잡아갈 수가 있어서야!' 하는 생각이 들자 분해서 그냥 있을

수가 없었다. 그길로 화순에서 농사짓고 있던 친구 용호와 함께 광주로 갔다.[12]

시민들의 가세로 이미 5월 19일 오전부터 시위대의 주축이 학생에서 일반 시민으로 옮겨갔다.[13] 그러나 이때만 해도 시민들의 본격적인 항쟁 참여라고 말하기에는 여전히 부족한 상태였다.

두 번째로, 대다수 시민들이 '공포문화culture of fear'에서 벗어나고 시민들의 공포심이 항쟁 참여를 방해하지 않을 수준까지 낮아지는 것, 말하자면 '공포관리'가 가능해져야 한다. 광주항쟁도 당연히 포함될 '고위험 사회운동high-risk social movement'에의 참여는 통상적인 사회운동에 비해 훨씬 더 큰 공포심을 유발한다. 따라서 광주항쟁 당시 참여한 시민들이 공포와 불안을 느끼는 것은 지극히 자연스럽고 불가피한 현상이었을 뿐 아니라 완전히 사라질 수도 없는 현상이었다. 굿윈과 파프에 의하면 "저항이 극히 위험할 때 공포는 집합행위를 방해할 수 있다. 따라서 집합행위가 발생하기 위해서는……공포가 억제되거나 최소한 완화되어야만 한다.……따라서 운동의 활동가와 참여자들 스스로……공포를 제거하는 게 아니라 관리해야만 할 수도 있다."[14] 완전히 '제거'될 수 없고 오직 일정한 수준에서 '관리'될 수 있을 뿐인 공포심은 광주항쟁의 처음부터 끝까지 대중 감정의 중요한 일부를 이루고 있었다.

감히 국가권력에 대항할 엄두조차 못 내도록 만드는 유신체제의 뿌리 깊은 공포문화는 패배의식·무력감·체념 그리고 그 결과인 순응과 같은, "극단적 억압 시기에 경험한 불가항력과 타성의 감각"[15]을 조장한다. 필자는 광주항쟁 직전에 벌어졌던 일, 즉 전국적인 '5월의 봄' 물결 속에 5월 14일부터 16일까지 시민들까지 참여한 가운데 도청 광장 일대에서 전개되었던 '민족·민주화성회', 거리행진과 횃불시위까지 포함하는 그 자유와 해방의 체험이 '유신체제의 공포 문화'를 깨뜨리는 데 크게 기여했다고 생각한다. 물론 5월 18~19일 에 자행된 공수부대의 가공할 폭력과 적나라한 야만은 전혀 다른 차원의 극단적 공포를 창출했지만 말이다.

시민 참여의 급격한 확대와 공포관리는 서로 밀접하게 관련될 수밖에 없다. 두 현상이 겹치는 시점이 바로 5월 19일 오후였다. 학생들의 저항에 일반 시민들이 몇몇 가담하는 차원을 넘어 시민 참여 범위가 눈덩이처럼 급속히 확대되고, 시민들이 이전의 공포심에서 비교적 자유롭게 해방되는 '티핑 포인트tipping point'가 5월 19일 오후였다는 것이다. 우리는 티핑 포인트를 전후한 운동의 동학이 '합리적 이해관계'보다는 '집합감정의 흐름/몰입 flow'에 결정적으로 좌우된다는 데 유념해야 한다. "개인들은 비용과 이익의 계산(이것은 극단적 불확실성의 상황에서는 불가능하다)에 의해서라기보다는 집합적인 감정적 흐름/몰입에 의해서 반란 연합과 현상유지 연합 중 어느 편에 지지를 보낼지를 '결정한다.'"[16]

도피나 외면 혹은 이도저도 아닌 상태에서 과감히 벗어나 '항쟁 참여로의 대전환'이 이뤄지기까지 광주 시민들은 두려움과 불안, 화와 분노, 수치심과 부채감이 뒤섞인 복합적인 감정에 빠져 있었다. 그러나 19일을 거치면서 그들의 감정은 "공수부대의 가공할 폭력 앞에 모두들 기가 막혀버린 상태"(공포감)에서, "전부 몰살당할 것 같다는 극도의 위기감"을 거쳐, "어떠한 희생을 치르더라도 저들을 광주에서 몰아내야 우리가 살아남을 수 있다는 결의"로 발전했다. "5월항쟁은 진행 과정에서 몇 번의 계기를 넘기면서 고양되어갔다. 바로 이날(19일—인용자) 오후가 그 질적 비약의 첫 번째 계기이다.……이 순간 누구도 믿을 수 없는 상황이 펼쳐졌다."[17] "내 이웃이고 광주 시민이 다친다는 생각에 마음이 아팠다"는 한 시민의 말처럼,[18] 항쟁 참여에는 국가폭력에 무참히 희생당한 이웃에 대한 연민과 공감의 감정 또한 크게 작용했다. 사람들 사이의 연대의식은 '우리 동네 이웃', 그리고 '익명의 광주 시민' 전체로까지 확대되고 있었다. 5월 19일 오후에 이르러 "장갑차도 두렵지 않게" 되었을 정도로 광주 시민들은 공포감에서도 빠르게 벗어나고 있었다. 이런 상황에서 계엄군의 최초 발포가 이루어졌다.[19] 5월 20일 초저녁 대규모 차량시위는 "항쟁의 결정적인 비약이 이루어지는 두 번째 계기"였다.[20] 시민들이 공포심을 딛고 똘똘 뭉치자 "이제 몽둥이, 개머리판, 군홧발이나 대검으로도 시민들의 의지를 꺾기란 불가능"해졌다.[21] 그리하여 5월 21일 오전에 이르면 일부 시민이 아니라 광주 시민 전체가 항쟁에 동참함으로써 갈등의 형세가 급변하고, 부당한 국가폭력에 맞서 광주시 전체가 봉기하는 극히 이례적인 역사적 사건이 현실화되었다.

저항정치에서 감정은 참여로의 동기화뿐 아니라, 연대의식의 형성, 행동에로의 투신 모두에 매우 중요하다고 주장되어왔다.[22] 뿐만 아니라 저항에의 참여 자체가 다양한 (물질적 이익이 아닌) '감정이익들emotional benefits'을 산출한다. 감정이익은 저항 행위에 참여하는 사람들에 의해서만 경험되며, 참여 그 자체에서 체험되는 긍정적인 감정이다. 저항운동 참여를 통해 얻을 수 있는 감정이익은 억눌린 인간 존엄성의 주장, (정당성과 의로움의 확신에 기초한) 도덕적 분노의 표현, 자부심, 자신감, 기쁨, 행복감, 새로운 긍정적 정체성 등을 포함한다. 감정이익은 위험과 불확실성에도 불구하고 저항 참여를 지속하도록 만드는 동기가 된다.[23]

필자는 공포와 불안 감정을 대신하는 다양한 감정이익들이 참여자들 사이에 활발하게 산출되고 공유되는 현상이야말로 커뮤니타스가 형성되고 실재하고 작동함을 입증하는 가장 유력한 지표라고 생각한다. 광주항쟁에서 공포심이 일정하게 관리되는 가운데 감정이익이 본격적으로 발생하는 시점이 바로 항쟁-재난 커뮤니타스의 출현 시점인 것이다. 사람들은 공포심을 이미 극복했기에 항쟁에 참여하는 게 아니다. 사람들은 항쟁에 참여함으로써, 항쟁의 과정에서, 항쟁의 커뮤니타스 안에서 공포심을 이겨내고 관리하는 것이다. 바로 이것이 커뮤니타스의 놀라운 힘이기도 하다. 일단 커뮤니타스가 형성되고 나면, 사람들을 항쟁 안에 머물러 있게 하는 것도, 새로운 성원들을 항쟁 안으로 끌어들이는 것도 한결 용이하게 된다. 이를 통해 커뮤니타스의 경계도 빠르게 확장되어나간다.

신군부와 언론은 저항하는 광주 시민들을 폭도나 불순분자로 낙인찍었지만, 시민들은 수치심을 느끼기는커녕 도리어 강렬한 도덕적 분노를 표출했다. 나아가 불법적인 국가폭력에 맞서 정당방위에 나선 자신들이야말로 '진정한 애국자'라고 확신했다. 예컨대 "공수부대의 무자비한 학살행위를 보곤 며칠씩 식음을 전폐"하던 고등학생 전영진은 항쟁이 광주 시민 전체로 확대된 5월 21일 아침 집을 나섰고, 그날 트럭에 올라 구호를 외치다 계엄군 발포 때 머리 관통상을 입고 사망했다. 집을 나서면서 그는 부모에게 이런 말을 남겼다. "어머니, 조국이 우리를 부릅니다", "아빠, 공수부대들의 무자비한 학살행위를 더 이상 보고 있을 수만은 없어요. 저도 형·누나들과 함께 민주화를 위해 싸우겠습니다."[24] 커뮤니타스가 형성되면서 항쟁 참여는 이미 '숭고한 애국 행위'로 간주되고 있었다. 전날인 5월 20일 전남매일신문사 기자들은 단체로 사직서를 제출했다.

간결한 사직서는 그들의 '의로운 수치심'을 웅변하고 있다. "우리는 보았다. 사람이 개 끌리듯 끌려가 죽어가는 것을 두 눈으로 똑똑히 보았다. 그러나 신문에는 단 한 줄도 쓰지 못했다. 이에 우리는 부끄러워 붓을 놓는다."[25]

일단 항쟁-재난의 커뮤니타스가 형성되자 5월 21일의 집단발포조차 공포심 증폭은커녕 외려 시민들의 분노를 폭발시켜 더 치열한 항거를 불러왔다. 21일 사망한 양인섭도 그중 하나였다. "시내에서 당구장을 운영하던 우리 부부는 점심식사를 마치고 잠시 외출을 했었죠. 갑자기 우리 부부 앞에서 학생 하나가 뒤통수를 얻어맞아 피를 흘리며 쓰러지는 거예요. 남편은 그 모습을 보자마자 곧바로 도청 앞 시민의 대열 속으로 들어갔습니다."[26] 다음 인용문은 나중에 항쟁지도부의 일원이 되는 김종배의 참여 과정을 보여준다.

> 당시 군에서 제대, 복학(조선대 농대)한 지 얼마 되지 않았고 학생운동에 큰 관심도 없었다.……21일 오후 도청 앞에서 계엄군이 일제히 발포를 시작했을 때 나는 가톨릭센터 부근에 있었다.…… "이럴 수가 있는가. 군인들이 시민들을 향해 조준사격을 하다니." 나는 경악했다.……우선 부상자들을 병원으로 옮겨야만 했다.……부상자를 홍안과에 내려놓은 뒤 현관에서 바깥 상황을 살폈다. 여고생 한 명이 위에는 교복을, 밑에는 흰 체육복을 입고 지나갔다. 그런데 갑자기 어디선가 날아온 총알을 맞고 여학생이 쓰러지는 게 아닌가.……나는 속으로 울었다. 이제는 도저히 참을 수가 없었다. 나는 그날 저녁 드디어 총을 들었다.[27]

이제부터는 1980년 5월 광주에서 항쟁-재난의 커뮤니타스가 형성되고 역동적으로 발전되어갔던 과정, 그리고 이 커뮤니타스의 특징들을 좀 더 상세히 살펴보도록 하자.

3. 항쟁-재난 커뮤니타스의 생성, 그리고 역동적인 변화

최정운은 5월 20일 오후부터 그가 '절대공동체'라고 부르는 광주 시민들의 독특한 공동체적 질서가 출현했다고 보았다.[28] 그러나 그 이전인 19일 오후부터 커뮤니타스 형성의 징후들이 비교적 명료하게 나타나고 있었다.

5월 18일 이후 경찰·계엄군과 맞선 학생과 시민 시위는 단속적斷續的인 양상을 보였다. 19일 오후부터는 공포로 도피했던 데 대한 수치심, 공동체에 대한 의무감 등이 교차하면서 많은 이들이 시위대열로 뛰어들었다. 이들 중 일부는 밤새도록 시위를 계속했다.[29] 임철우는 19일 오후 초엽 시위대 사이에 형성된 진한 연대의식과 신뢰감을 소설 『봄날』에서 다음과 같이 묘사한 바 있다. "울컥 목젖이 뜨거워짐을 느끼며, 그들은 저마다 등과 어깨를 마주하고 있는 주변의 낯선 얼굴들을 새삼스레 돌아보기도 했다. 그러자 이름도 얼굴도 모르는 타인들이 불현듯 형언하기 어려운 애정과 슬픔으로 다가왔다. 이 도시에 살고 있는 광주 사람이라는 것, 오직 맨주먹만으로 지금 이 자리에 자신과 함께 몸을 맞대고 서 있다는 것—바로 그 사실 하나만으로도 그들은 서로에게서 형언키 어려운 신뢰감과 동질감을 확인하는 느낌이었다."[30] "함께 몸을 맞대고 서는", "등과 어깨를 마주하는" 신체 접촉이 낯선 이들 사이에 급속도로 연대감을 확산시켰다. "시민들은 생면부지의 사람들과 어깨를 끼고 스크럼을 짜 같이 죽기로 하고 싸웠"는데, "각기 따로 시내로 나온 생면부지의 사람들이 스크럼을 짜고 시위하는 것은 이때 처음 있는 일이었다."[31]

시위 현장에서 신체 접촉을 포함하는 항쟁의 분업, 곧 돌 깨기, 깨진 돌이나 각목·파이프 나르기, 물수건이나 치약 건네기, 음료수 제공하기, 바리케이드 쌓기, 화염병 만들기, 부상자 돌보기 등을 통해서도 자연스레 항쟁의 커뮤니타스가 형성되었다. "시위 군중은 도로변의 대형 화분, 공중전화 박스, 교통 철책, 정류장 입간판 따위로 바리케이드를 치고, 계속해서 보도블록을 깨서 돌 부스러기를 만들었다. 보도블록을 깨는 작업은 시위대 후미나 중간쯤에 끼어 있던 아주머니와 아가씨들이 맡았다. 청년들은 직접 전투를 담당했다. 지하도 공사장에서 일하던 인부들도 무기가 될 만한 연장이나 각목, 철근, 파이프를 계속해서 시위 대열에 날라다 주었다."[32]

5월 19일의 치열한 투쟁 와중에 선전홍보 그룹이 형성되던 과정은 리미널리티의 창조성뿐 아니라 커뮤니타스의 주체성, 자발성·능동성, 저항 과업의 동지적同志的 분업과 협동에 이르기까지 여러 특성들이 두루 나타났던 대목이었다. 특히 항쟁에 필요한 업무나 기관을 즉석에서 신속히 만들어나가는 민중의 자발적 창조성, 아래로부터 불쑥불쑥 등장하는 무명의 지도자들, 서로 알지도 못하는 사람들이 순식간에 이심전심으로 힘을 합치는 강한 신뢰와 유대의식이 특히 이채롭다. 19일 오후 광주역 앞 사거리에서 시민들의 참여를 호소하던 중년 여성을 비롯하여 "계엄군의 잔혹한 진압에 대항해 스스로 마이크를 잡은 이들이 다수" 있었다.[33] 그날 밤이 되자 움직임은 좀 더 조직화되었다.

시위대의 학생들은 다급하게 "앰프가 필요하니 돈을 모금해 달라"고 방송을 하고 있는 중이었다. 순식간에 45만 원가량이 모금되었고 그것으로 마이크를 준비했으나 최루탄을 맞아 한 시간 남짓 만에 못쓰게 됐다. 순간 동사무소에 가면 마이크와 설비를 구할 수 있으리라는 생각에 학생들 몇몇과 함께 학운동사무소로 갔다. "학생들을 이해하지만 곤란하다"는 당직자의 말을 뒤로 하며 우린 옥상에 올라가 스피커와 앰프를 떼 냈고 곧바로 도청까지 걸으며 방송을 시작했다.……잠시 후 누군가의 소형트럭에 옮겨 타 방송을 시작했고 다시 서너 번 차를 옮겨 타며 그 밤 내내 방송을 했다.[34]

19일 처음 등장한 항쟁의 커뮤니타스는 강렬한 전우애로 특징지어지는 '전장戰場의 커뮤니타스'와도 유사할 것이다. 20일이 되자 일단 형성된 커뮤니타스는 예기치 못한 사건들까지 겹쳐지면서 더욱 역동적으로 진화해나갔다. 5월 20일 오후 들어 크게 불어난 성난 시위대에 밀려 공수부대가 이전의 '바둑판식 점령'을 포기하고 '주요 거점 방어' 전술로 전환하면서 광주 시내 곳곳에 '해방구들'이 생겨나자 시위 양상도 크게 변했다.[35] 연좌농성이 시작되었고 자연스레 대중집회로 발전했다. 즉흥연설, 합창, 노래 배우기, 구호 외치기, 유인물 낭독 등이 레퍼토리를 이룬 자연발생적 집회가 펼쳐졌다. 특히 다함께 〈아리랑〉을 부를 때는 울음바다를 이뤘다.

오후 3시가 지나자 시민들은 변두리에서 다시 금남로로 몰려들기 시작했다.……유치원에나 다닐 법한 어린 꼬마의 손을 잡고 나온 할머니로부터 술집 여자로 보이는 아가씨들, 점원, 학생, 봉투를 든 회사원, 가정주부, 요식업소의 종업원 등 전 계층, 전 시민이 거리로 쏟아져 나왔다.……군중들 숫자는 수만 명으로 불어나 인산인해가 되었다. 사람들의 숫자가 많아지자 청년·학생들이 중심이 되어 금남로와 중앙로의 교차로와 지하상가 공사장 부근에 주저앉아 농성을 시작했다.……시민들은 더 이상 피하거나 달아나려 하지 않았다. 길바닥에 주저앉아, "차라리 우리 모두를 죽여라!"고 절규하면서 태극기를 흔들었다. 지금까지 일방적인 우세를 보이던 공수부대가 점차 수세적인 입장으로 바뀌고 있었다.……몇몇의 학생들이 나와서 농성을 이끌었다. '우리는 왜 싸우는가'를 시위 군중에게 얘기했고, 유인물을 낭독했으며, 사이사이에 노래를 불렀다. 〈아리랑〉〈우리의 소원은 통일〉〈정의가〉〈투사의 노래〉 등이 계속 반복되었는데, 시민들은 처음에는 잘 부르지 못했으나 나중에는 모두들 따라 부르기 시작했다. 〈아리랑〉을 부를 때는 거의 울음바다가 되었다.[36]

이즈음 시민들은 죽음과 국가폭력에 대한 공포에서 사실상 해방되었고, 그러자 시위는 다소 들뜬 '축제'처럼 변했다.[37] "20일 오후 이후부터 시위대에서 간혹 터져 나오는 어린아이 같은 웃음소리들"도 들리게 되었다.[38] 이처럼 시민들의 정치적 축제에는 울음소리와 웃음소리, 슬픔의 감정과 기쁨의 감정이 한데 어우러졌다. 일시적일지언정 기존 지배구조의 완전한 해체, 완전한 작동 정지를 의미하는 '작은 해방구들'의 등장은 커뮤니타스 형성에 결정적으로 유리한 조건이었다. 역동적인 시위가 다소 정적인 축제 분위기의 의례·집회와 결합하면서 커뮤니타스의 기쁨과 즐거움, 감격과 감동이 더욱 자주 발생하게 되었다.

그 속에서 기존 구조에 대한 비판적 성찰이 이루어지고 대안적 질서가 상상되었다. 이 커뮤니타스는 해방과 사랑, 연대감, 인간 존엄과 휴머니즘, 시민 개개인의 재생再生과 "신명나는 자기창조"의 체험이기도 했다. "해방구들이 생기고 이 공간에서 시민들은 공포를 이성으로 극복한 인간으로서 해후하고 축하의 의식을 통해 연대감을 확인했다.……이러한 공동체가 등장하자 망설이던 시민들도 절대공동체의 축복을 받기 위해 너도나도 합류했다. 모든 시민들은 동시에 공포에서 해방되었다. 그들은 이곳에서 존엄한 인간으로 세례 받았고 그 값을 하기 위해 더욱 열심히 싸웠다. 시민들은 절대공동체에서 다시 태어났고 이 순간 투쟁은 신명나는 자기창조였다."[39]

그날 오후 평소 느껴보지 못한, 놀라운 친밀감과 강렬한 연대감이 사람들을 사로잡았다. "그 낯모르는 사람들 모두를 와락 끌어안고 싶은 충동마저 느꼈다. 뜨거운 애정 같기도 하고 연민 같기도 한, 아니 어쩌면 벅찬 그리움 같기도 한 참으로 기이한 감정. 그 알 수 없는 불덩어리로 가슴이 빽빽하게 차올랐다."[40] 사람들 사이에 "강력한 상호 인력과 접착력, 일체감과 지속성"을 갖는 새로운 관계가 생겨났다.[41] "외로움을 느꼈던 사람은 없었다. 모든 시민들은 죽마고우처럼 얘기하고 도와줬다."[42] 동지애로 똘똘 뭉친 군중 속에서 강렬한 상호작용과 감정의 전염이 발생했다. 커뮤니타스 속에서 사람들은 안도감과 자신감·용기를 느꼈을 뿐 아니라, 자신들의 정당성·의로움·진실성에 대한 확신을 동반하는 '인식과 감정과 행위의 융합'을 체험했다. 투쟁하는 시민들은 "자신들의 의사가 절대적으로 옳다는 확신을 느끼고……일상적 행위 기준을 벗어나는 행위들을 추호의 의문도 없는 정당한 것으로 확신했다."[43]

그들은 무엇보다 엄청나게 불어난 시위대, 그것도 여자들과 중, 고등학생들까지 섞인 엄청난 숫자에 연신 놀라고 있었다. 그 놀라움은 순식간에 굉장한 자신감을 불러일으켰고, 공수부대에 대한 두려움과 불안감을 현저하게 희석시켰다.……계엄군 숫자의 몇 배나 되는 군중들과 함께, 지금 그들은 한 공간에 모여 있는 것이다. 그 사실은 믿어지지 않을 만큼 그들 모두에게 안도감과 자신감을 안겨주었다.……'우리는 강하다. 우리는 이길 수 있다. 우리는 하나다.'……저마다의 내부 어딘가에 지금껏 감추어져 있던 어떤 미지의 힘과 용기의 돌연한 꿈틀거림에 문득문득 놀라고 또 감격하기도 했다.[44]

5월 20일 오후 4~6시경 농성하던 시민들은 계엄군을 향해 다시 전진했다. 그들은 이미 전날부터 익숙해진, 항거를 위한 분업과 협업을 손쉽게 조직해냈다. 항쟁 커뮤니타스가 형성되면서부터는 "이제 구경만 하거나 방관하는 시민은 거의 없었다." 아무런 두려움 없이 "도청을 향해 육탄돌격을 감행했다"가 다시 물러나 연좌농성을 하는가하면, 대형 태극기를 펼쳐든 여고생들이 시위행렬을 이끌기도 하는 등 방어하는 공수부대원들은 "도무지 이해할 수 없"는 광경이 펼쳐졌다.[45]

5월 20일 저녁으로 접어들 무렵 택시와 버스·트럭 기사들의 차량시위는 미리 운집해 있던 시민들에게 절정의 감정에 가까운, 폭발적인 집단적 환희를 촉발했다. 커뮤니타스에 속한 사람들의 놀라운, 그리고 어느 정도는 성스러운 변신의 순간이었다. 그 기적 같은 변화는 일상적인 감정으론 도저히 믿어지지 않을 일이었다. 임철우는 이 광경을 다음과 같이 묘사한다.

본격적인 지향

감격에 겨운 사람들은 차도로 뛰어 내려가 운전석에 앉은 기사들의 손을 움켜잡아 흔들기도 하고, 옆 사람을 아무나 부둥켜안고 펄쩍펄쩍 뛰는 시늉도 하고, 그러다가 엉엉 울음을 터뜨리기도 한다.……"이, 이럴 수가! 양마, 참말로, 참말로, 이것이 우리 시민들이냐?"……눈물이 줄줄 흘러내렸다. 눈앞에서 벌어지고 있는 광경이 도무지 믿어지지가 않았다.

'아아, 저들은 어디서 이렇게 기적처럼 나타났단 말인가. 저들이 정말 내가 지금껏 알고 있던, 세상일엔 그리도 무관심한 것처럼만 보이던 바로 그 시민들이란 말인가. 평소엔 그리도 거칠고 이기적으로만 보이던 사람들. 늘상 무질서하고 무지하며 무기력하게만 보이던 사람들. 하루하루의 생계에만 매달린 채 그저 평범하고 속되게만 살아간다고 여겨왔던, 그 이름 없는 사람들이 바로 저들이란 말인가…'[46]

이날 오후 7시경 헤드라이트를 켠 200여 대의 차량행렬이 무등경기장을 떠나 금남로 5가를 거쳐 1가까지 진출하자, 자신감에 차한결 고무된 모습의 수만 명 시민들은 차량시위대와 함께 전진하면서 "이기자, 이겨야 한다"고 외치며 박수와 환호로 서로 격려했다.[47] 운전기사들의 궐기는 "광주 시민들의 항거를 민중항쟁으로 승화시키는 결정적인 계기"가 되었다.[48] 한 시민의 증언처럼, 이 순간 모든 시민이 강렬한 "해방의 감정"에 사로잡혀 "피와 사랑의 투쟁"에 동참했다. 거기엔 남녀노소의 구분도 없었다.

참여해보지 않은 사람, 확고하게 단결한 시민들을 목격하지 못한 사람은 이 해방의 감정을 이해할 수 없다. 그들은 민주주의를 지키기 위해 자신을 바친 젊은 사람들의 얼굴에서 떨어지는 눈물을 보았다.……사랑하는 우리 이웃, 죄 없는 어린아이들, 심지어 가정주부까지 행진하는 차량 대오에 합류했다.……차에 올라탈 수 없는 사람들은 김밥과 음료수를 가져왔다.……한 노인은 모든 음식을 박스에 채워왔지만 들어 올릴 수 없었다.……음식물을 준비하지 못한 주부들은 양동이에 물을 담아와 사람들이 마실 수 있게 했고 얼굴을 씻겨줬다. 어떤 시민은 차량을 따라 달렸다.……삶을 다른 이들과 나누려는 피와 사랑의 투쟁이었다. 참여자의 등을 두들기며 격려한 남자, 의약품과 음료수를 가져온 약사, 박수치고 환호하면서 최선을 다한 군중들.[49]

도청을 향한 시민들의 거대한 행렬은 〈아리랑〉과 태극기의 거대한 물결과 어울려 하나의 거대한 커뮤니타스를 만들어냈다.

이날 저녁 수천 개의 태극기를 손에 든 시민들이 〈아리랑〉을 부르며 도청을 향해 나아갔다. 그때 상황을 「동아일보」 기자 김충근은 이렇게 전했다. "나는 우리 민요 〈아리랑〉의 그토록 피 끓는 전율을 광주에서 처음 느꼈다.……도청 앞 광장으로 태극기를 흔들며 모여드는 군중들이 부르는 〈아리랑〉 가락을 깜깜한 도청 옥상에서 혼자 들으며 바라보는 순간, 나는 내 핏속에서 무엇인가 격렬히 움직이는 것을 느끼며 얼마나 하염없이 눈물을 흘렸는지 모른다."[50]

그날 밤을 거치면서 광주 시민들은 이해타산을 따지던 과거의 이기적인 자신과 결별하고 "정의로운 민중", "역사 현장의 주인공"으로 다시 태어났다. 그들은 항쟁의 커뮤니타스 속에서 정체성의 신비로운 변화를 체험했다.

> 온 시가는 완전히 열기의 도가니가 되었다.……훤히 타오르는 불길과 스피커를 통해 흘러나오는 카랑카랑한 목소리, 수많은 민중의 함성과 매캐한 최루탄 가스는 범벅이 되어 광주 시가를 온통 들끓게 했다.……'시민'의 진정한 승리는 공수부대가 물러난 다음날인 21일 오후가 아니었다. 그것은 모든 시민들이 정치적 이념을 초월하고 각 계층이 이해타산을 따지는 이기주의에서 벗어나 오직 공수부대의 만행을 규탄하고, 정권 탈취를 위해 공수부대를 폭력화시킨 정치군인들의 음모를 분쇄하고야 말겠다는 다짐을 하며 '정의로운 민중'으로 탈바꿈해 한 덩어리가 되었던 20일 밤이었다. 광주 시민들은……역사 현장의 주인공으로 다시 태어나고 있었던 것이다.[51]

항쟁의 커뮤니타스 속에서 시민들은 "이 순간 '이젠 죽어도 좋다'는 극도의 환희"를 느꼈다.[52] 짧지만 너무도 강렬하고 현실적이었던 대안적 질서의 체험은 홍희담이 소설 「깃발」에서 방직회사 노동자인 순분을 통해 했던 말에 응축되어 있다. "이 며칠간 맛본 해방의 기쁨만으로도 일생 동안 어떤 험난한 일을 당하더라도 참아낼 수 있을 것 같아."[53] 광주 커뮤니타스는 불과 며칠 동안만 지속된 단기적인 현상이었지만, 그것은 마치 "백 년이 단 며칠 사이에 흘러가버리"는 것 같은 '두터운 시간'이었다.[54] 최정운은 커뮤니타스(절대공동체)의 일시성 및 초월성과 관련하여 이렇게 말했다. "절대공동체는 잠시밖에 존재할 수 없는, '일상생활'이 정지되어 순수한 인간

공동체로 존재했던, 한순간의 절대 해방이었고 곧 다시 억압된 현실로 내려올 수밖에 없는 비일상적 현실이었다."[55]

당시 광주 시민들은 "스스로의 싸움을 '거룩하다'고" 느꼈을 만큼 최상의 애국적인 행위로 여겼다. 그들은 "거룩한 절대공동체" 속에서 "성스러운 초자연적 체험"을 했다.[56] 시민들은 저항공동체와의 신비적인 하나 됨(합일)을 체험하기도 했다. 이진경과 조원광은 최정운의 절대공동체론에 동의를 표하면서, "공수부대에 의해 자행된 '인간 존엄성의 파괴'와 이에 대한 분노와 결단이, 어쩌면 '종교적 합일'의 느낌까지 느끼게 하는 '절대공동체'를 형성했다"고 말했다.[57] 이와 유사하게 시민들의 〈아리랑〉 합창도 "신비로운 힘을 발휘"했다. "아리랑의 감격은 모두가 인간으로 하나 됨의 느낌이었다.……아리랑 가락은 몸을 통해서 그리고 몸의 느린 움직임으로 신비스럽게 전 시민을 하나의 움직임으로 묶어나갔다."[58] 최정운은 커뮤니타스의 이런 황홀하고 신비스러운 체험을 종종 "취기醉氣"로 표현했다.

항쟁의 커뮤니타스 안에서는 동료 인간에 대한 전적인 신뢰, 애정, 유대감에 기초한 인격적이고도 전인적인 만남이 성사되었다. 사람들은 서로가 서로에게, 빅터 터너가 말한 '총체적 인간total person'이 되었다. 조정환은 광주 커뮤니타스를 '전인全人, 초인超人들의 공동체'로 간주했다. "존엄을 선언하는 투쟁에서 각자는 직업이나 신분을 벗어나며, 어떠한 이해관계에서도 자유로운 전인全人으로 다시 태어난다.……그 순간 각자는 법적 인간의 권리로서의 인권을 달성하는 데 머무르지 않고 초인을 달성한다. 이것은 만인의 만인에 대한 자기지배로서의 절대적 민주주의이자 초인들의 공동체이다."[59] 최정운은 광주의 절대공동체를 '위대한 인간들의 공동체'로 보았다. "시민들은 길거리에서 목숨을 걸고 용감하게 싸우는 위대한 동료 시민을 만나 서로 위대한 인간끼리의 절대공동체를 형성하게 되었다."[60] 김희수 시인은 인격적·전인적 인간관계를 가로막았던 모든 장애물들이 제거되고 뚫리고 트이는 싱그럽고도 뜨거운 '해방세상'으로 광주 커뮤니타스를 형상화했다.[61] 조대엽은 5월 20일 오후에 "방어적 생존공동체"가 "일상 공동체의 연속성을 넘어선 초월적 공동체"로 전환되었다고 평가했다.[62]

5월 21일 오전에도 커뮤니타스 상황이 또다시 펼쳐졌다. 아침부터 금남로 주변에 수십만 명의 군중이 운집했다. 나간채가 말했듯이 "그 당시 총인구 70여만 명의 광주시에서 20~30만 명이 시위에 참여했다는 사실은 어린이와 노약자 등 활동이 어려운 사람을 제외하면 거의 전 시민이 참여"한 셈이었다.[63] 21일 오전 금남로 주변에 모여든 "시민들의 표정 역시 이미 어제까지와는 판이했다.……공포와 불안 대신 극도의 분노와 증오심 그리고 승리에 대한 확신으로 시민들의 얼굴은 벌겋게 달아올라 있었다."[64] "한 도시 인구 전체가 거의 빠짐없이 시위에 참가한 동서고금의 유례없는 장관"이 펼쳐진 가운데 "시 외곽에는 축제 분위기로 가득 찼다."[65]

> 시위대는 아침부터 버스와 트럭을 이용해 시민들을 금남로로 실어 날랐다.……전 시민이 시위대를 성원하고 시위대와 일체가 됐다.……이세영은 이렇게 증언했다. "가는 곳마다 아주머니들이 힘내서 싸우라며 김밥과 주먹밥을 차에 올려주었다.……물수건으로 최루탄 가스에 뒤덮인 얼굴을 닦아주기도 했다. 시민들의 격려와 보살핌은 어느새 나의 두 눈에 눈물이 고이게 했다.…… 나는 자연스럽게 죽음마저도 각오했다.……이것이 바로 운명공

동체인지도 모른다."[66]

21일이 아침이 되자 주택가 여성들을 중심으로 "솥을 걸고 밥을 짓기 시작"하는 등 "광주 시민 모두는 한 가족처럼 공동체로 동화" 되어갔다. "길거리 상점마다 음료수를 박스째 시위 차량에 제공했고, 주유소에서는 무료로 기름을 넣어주었다. 운송회사나 차량 소유자들 가운데 상당수는 자발적으로 자신의 차를 시위용으로 내놓기도 하였다. 간혹 시위대가 차량을 강제로 징발하더라도 별다른 저항은 없었다."[67]

> 모든 시민들은 누구나 형제자매요, 혈연이 되어버렸고 서로를 걱정해주었다. 이날 아침 새벽부터 시내 어느 동네를 가든지 시위 군중과 청년들을 위해 먹을 것들이 길가에 준비되어 있었다.…… 전투가 치열했던 금남로에는 동별로 나온 수백 명의 가정주부들이 김밥을 함지에 담아 도로에 펼쳐놓고 시위대에게 나눠주었다.…… 술 따위는 흔적도 없었고 술을 마시는 젊은이도 없었다.……이와 같은 식사의 연대는 금남로의 시위 군중들을 새로운 전의에 불타도록 만들었다.[68]

놀랍게도 이 "식사의 연대"는 코앞에서 대치하던 군인들마저 포용했다. 항쟁 당시 중학생 외아들을 잃은 한 어머니(송영도)는 5월 21일 오전 도청 인근의 시위대가 즉석에서 모금한 돈으로 음식을 구입하여 시민들과 계엄군이 나눠먹었다고 증언한 바 있다.[69] 적대하는 이들과도 음식을 나누는 광주 시민들의 인간적 배려와 휴머니즘이 이 사례에서 잘 나타난다. 그러나 이 장면 직후 가공할 집단발포가 음식을 매개로 형성된 '시민-군인 연대'를 일거에 파괴했다.

항쟁-재난의 커뮤니타스는 5월 21일 오후 초엽 계엄군의 집단 발포와 2차 학살극으로 크게 동요되었다. 그러나 이미 커뮤니타스에 빠져든 시민들은 즉각 무기를 확보하고 무장투쟁에 나섰다. 발포 후 도리어 "적극적 민중"으로 전환한 시민들은 순응이냐 항거냐의 갈림길에서 과감하게 후자를 선택했다. 한 교사의 표현대로 "광주 시민들은 모두 한 덩어리가 되어 항쟁에 참여하게 되었으며, 시민들은 우리가 했던 일들에 대해 자랑스러워"했다.[70] 마침 석가탄신일이었던 그날 무등산 기슭 증심사의 승려와 불자들은 예정된 기념행사마저 취소한 채 준비한 음식을 시민들과 나누며 항쟁에 동참했다.[71]

집단발포로 무수한 부상자들이 발생하자 시민들은 즉각 부상자 구호팀을 조직했다. 5월 19일 선전홍보팀이 만들어졌던 과정과 유사하게 여기서도 창조성, 주체성, 자발성, 능동성, 헌신성, 동지적 분업이 두루 나타났다. 다음 인용문 중 앞의 것은 항쟁 당시 화엄사 승려이던 이광영이 21일 발포 직후 '민간인 적십자대'를 자발적으로 구성하여 부상자 구호 활동을 벌인 상황을, 뒤의 것은 21일 오후 4시경 총상을 입은 시민(김요한)을 경찰이 외면했지만 시민 구호팀이 신속히 구조했던 상황을 보여준다.

그때 어느 여학생이 총에 맞고 쓰러지는 것이 아닌가. 나는 생각조차 할 겨를 없이 우리 차에 싣고 가장 가까운 적십자병원으로 이송했다. 그때 나는 처음으로 병원 응급실 상황이 너무나 처참하고 수많은 부상자가 밀어닥쳐 미처 다 수용하지 못하고 있음을 알게 되었다.……나는 그때야 비로소 내가 해야 할 일을 찾았다 싶어 의료봉사 활동을 하기로 하고 적십자병원의 지원을 얻어 즉석에서 민간인 적십자대원을 구성했다. 하얀 가운을 입고 적십자 완장을 차고 또 차량에는 적십자기를 꽂고 정식으로 적십자정신에 입각하여 생명을 내놓고 인도적인 입장에서 일에 착수했다.[72]

"꼼짝도 못하고 그렇게 누워 있는데 순경 한 명이 다가와서 '어떻게 됐냐'고 묻더군요. '총을 맞은 것 같은데 나를 병원으로 옮겨 달라'고 했죠. 그때 경찰서 앞쪽에서 순경을 부르는 소리가 들렸습니다. 곧장 순경이 경찰서 마당으로 달려가고 호되게 뺨을 때리는 소리, 너 죽을라고 환장했냐며 고함치는 소리가 들리더군요. 그때가 오후 4시쯤 됐을 겁니다."……한참 후에 젊은 청년이 김씨를 깨워 살았음을 확인한 후 낮은 목소리로 누군가를 불렀다. 일행처럼 보이는 청년 3~4명이 들것을 들고 나타났고 그들은 곧 김씨를 부근의 K외과로 옮겼다.[73]

대규모 사상자가 발생하자 재난 커뮤니타스가 강화된 형태로 모습을 드러냈다. 사망자 시신을 수습할 여유가 전혀 없었으므로, 이 시기 재난 커뮤니타스는 부상자들을 위한 '치유와 살림의 공동체'라는 성격이 강했다. 피의 나눔, 의료기기의 나눔, 무료 치료 등 '나눔 공동체'의 성격도 분명했다. 시민들의 자발적인 부상자 구호 활동과 열정적인 헌혈, 의사와 간호사들의 헌신적이고 이타적인 치료 행위가 한데 어우러져 감동의 재난 커뮤니타스를 만들어냈다. 아울러 이 과정에서 재난 커뮤니타스와 항쟁 커뮤니타스가 화학적으로 융합되었다. 5월 21일 오후와 밤의 정경을 당시 기독병원 간호과장이던 정순자(첫 번째 인용문)와 광주기독병원 외과의사였던 김성봉(두 번째 인용문)은 다음과 같이 기술하고 있다.

조금 있으니까 트럭에도 싣고 오고, 또 무슨 봉고차 그런 것을 학생들이 빨간 잉크로 막 칠해 가지고는 환자들을 데리고 오는 거예요.……직원들이 전부 다 나와 가지고 사람들을 맞이하는데 인자 누일 자리도 없죠.……복도에다 침대를 내놓고 그리로 입원시키라고 그랬어요. 비상사태니까. 그전에 원장님이랑 우리 스태프 회의가 있어 가지곤……'첫째, 식량이 문제다. 식량을 준비해라. 그리고 약품을 준비해라, 뭐해라' 이런 오더가 났어요. 그리고 '오는 사람은 무조건 그냥 프리로 돈 안 받고 치료해 줘라.'……우리 병원은 다행히 옛날에 미군들이 야외에서 쓰는 담요 같은 것들도 갖다 놔서 그걸 복도에다가 다 깔고, 뭐 휴게실까지, 하여튼 어디 빈 데는 전부 다 갖다가 깔았어요.……제일로 많이 다친 사람부터 추려서 수술에 들어가고 밤샘하면서 그걸 다 처리를 했죠.[74]

그 와중에도 내 가슴을 뭉클하게 했던 일은 헌혈하겠다고 대기하는 시민들이 수백 명이나 줄을 서서 차례를 기다리고 있었으며 이제 피가 더 필요 없다고 되돌려 보내려 했는데도 대기자들이 내 피도 뽑아주고 싶다고 애원하던 모습이다. 그러나 해맑은 미소를 띠고 찾아와 조금 전에 헌혈하고 갔던 여고생이, 얼굴이 거의 없어져버린 피투성이 시체가 되어 다시 응급실로 실려 왔을 때는 보는 이 모두가 경악했으며 형용할 수 없는 슬픔은 이내 참을 수 없는 분노로 변했다.……금남로에서 대량으로 발생한 총상 환자들에 대한 광주 시민들의 구조 활동은 너무나 헌신적이며 능동적인 것이었다. 총에 맞고 쓰러진 시민들을 구조하러 들어갔다가 자신이 총에 맞은 시민도 많았으며, 그럼에도 불구하고 위험을 무릅쓰고 총에 맞은 시민들을 구출한 용기 있는 시민들과

신속히 차량으로 후송하던 시민들, 모두 위대한 '광주항쟁'의 주역들이었다.[75]

광주 시민들은 최정예부대와의 초인적인 전투 끝에 21일 저녁 마침내 계엄군을 도시 바깥으로 몰아내는 데 성공했다. 5월 20일 서울로 피신했다가 광주로 되돌아오던 전남대 교수 일행은 22일 새벽 "옷도 이상한 놈 입고, 경찰복은 싸가지고 가는 해산병들" 같은 초라한 행색의 경찰들, 조선대에서 황급히 철수하는 공수부대원들을 목격했다.[76]

시민 무장항쟁의 성공 덕분에 발포로 동요하던 광주 커뮤니타스는 신속히 복원되었다. 20일 오후의 국지적인 해방구들을 넘어 21일 밤에는 광주 전체가 해방구가 되었다. "오후 5시 30분까지 군대는 민주광장에서 후퇴를 완료했다. 광주공원에 집결했던 투사들이 몇 분 뒤 마침내 도청에 도착했을 때, 그들은 이미 군대가 철수한 것을 알고서 기쁨과 안도의 눈물을 흘렸다. 오후 8시, 무장한 시민들이 광주를 통제했다. 기쁨의 메아리가 모든 곳으로 퍼졌다."[77] 21일 저녁 광주에 도래한 것은 "피로 맺은 희망과 평등"[78]의 커뮤니타스였다. 1980년 5월 광주에서 "해방은 이렇게 피의 산을 넘고 불바다를 건너서 왔다."[79]

5월 22일 날이 밝자 광주 시민들은 저마다 해방의 감격을 가슴에 품고, 해방의 기쁨을 동료 시민들과 나누고자 금남로로 도청으로 몰려들었다. 마치 식민지에서 해방되던 날 조선 사람들이 그랬던 것처럼 말이다. "항쟁 5일째, 승리와 해방의 감격은 아침 햇살 퍼지듯 온 시내에 퍼져나갔다. 처음으로 만끽하는 해방감이었다. '폭도'라고 몰아붙이던 자들이 쫓겨나갔다. 생명을 빼앗던 자들이 감쪽같이 사라졌다. '도청으로, 도청으로 가자!' 이 골목 저 동네에서 몰려나온 사람들이 무리를 이루어 마치 봇물이 터진 것처럼 금남로를 향하여 쏟아져 들어갔다."[80] 다음 시편詩篇 역시 22일 아침 도청 광장에서 맞는 '해방된 광주'의 감격과 기쁨을 노래하고 있다. "가까이 가면 벌 받는다고 무서워하던 / 도청앞 분수대 / 가만히 만져보고 / 풀썩 앉아보고 / 부둥켜 안아보고 / 그대와 나 마주 보고 웃는 모양 얼마나 좋으냐."[81]

4. 커뮤니타스의 힘

지금까지 살펴본 것처럼 광주에서는 1980년 5월 19일부터 항쟁-재난의 커뮤니타스가 생성되었다. 사건들이 거듭되면서 그 커뮤니타스는 점점 더 단단해지고 익숙해지고 새로운 현실로 자리를 잡아갔다. 광주의 커뮤니타스는 앞서 제시한 커뮤니타스적 사회관계의 특징들, 즉 평등성, 연대성, 인류애, 인격적·전인적 만남, 이타성, 집단적 기쁨과 고양된 감정들, 행위-인식의 융합 현상을 두루 보여준다. 아울러 광주의 항쟁-재난 커뮤니타스는 반구조, 공적 성격, 일시성, 대안 질서 제시, 기성질서 측에 의한 위험시와 같은 커뮤니타스의 일반적인 특징들도 갖고 있었다.

무장군인에 쫓기는 대학생과 청년들을 제 자식처럼 보호하거나, 음식과 피를 나누는 등 시민들의 '이타적인' 행동도 빈번했다.[82] 잘 사는 동네 사람들이 재산 기부를 거부하기도 했지만,[83] 또 "당시 도청 뒤의 부자동네 사람들은 모두 어디론가 도망을 친 상태"였지만,[84] 대다수 시민들은 항쟁·부상자·사망자를 위한 모금운동에 기꺼이 응했고 음식을 비롯한 자신의 소유물을 아낌없이 나눴다. 물질적 이해관계 때문에 항쟁에 '참여하지 않는' 이들은 있었을지라도, 물질적 이해관계 때문에 '참여하는' 이는 없었다. 2장에서 언급했듯이, 도덕감정에서 "최고의 선善은 집단에 대한 헌신, 집단을 위해 개인의 이기심을 희생하는 것"이다. 무엇보다도 수많은 사람들이 가장 고귀한 자기 생명을 바쳤다. 많은 시민들이 죽음을 각오하고 계엄군의 가공할 폭력과 맞섰다. 시민군 중 일부는 자신이 죽을 경우 주검 확인에 대비해서 주머니에 인적사항을 적은 종이쪽지를 넣고 다녔고, '특수기동대'의 경우 "대원들은 모두 '죽기를 각오'하는 언약을 한 뒤 차에 탔다."[85] 투옥이나 추방, 심지어 죽음마저 각오하고 '광주의 진실'을 외부 세계에 알리려 애쓴 기자나 성직자도 여럿이었다.

항쟁-재난의 커뮤니타스에서는 평등화와 지위 전도 현상도 활발했다. '지위 지우기'에 따른 '낮은 자들의 부상浮上 및 주도성 발휘' 현상이 뚜렷했다. 커뮤니타스 속에선 누구나 항쟁의 지도자가 될 수 있었다. "18일 이후 형성된 저 흐름의 구성체는 지위나 이름에 따라 활동하고 작동하는 게 아니라 역으로 이름을 지우고 지위를 무효화시키는 방식으로 작동하고 있었다고 해야 한다.……이 무명의 혁명, 비인칭적 구성체에서는 투쟁을 이끌고자 하는 사람이 어떤 지위에 있는 인물인지, 어떤 경력을 갖고 있는 인물인지는 아무런 문제가 되지 않았다.……그렇기에 누구나 지도할 수 있었고 또 누구나 지도자였다!"[86] "지도자 없는 항거" 속에서 탁월한 연설자였던 평범한 여성 전옥주·차명숙이나 무장투쟁을 이끈 재수생 김원갑 같은 무명無名 지도자들이 속출했다.[87] 김영택에 따르면 "항쟁 초기의 가장 두드러진 특징은 바로 이러한 무조직·무지도자 상태로 '공수

부대 타도' 구호 이외 어떠한 외침도 없었다는 사실"이었고, "무조
직·무지도자 상태는 21일의 협상 과정이나 발포 후 시민들의 무장
상황까지 계속"되었다.[88]

　누구나 지도자가 될 수 있었다는 것은 항쟁을 누가 주도했느냐
의 차원을 넘어선다. 그것은 대안적인 질서와 세상의 출현, 즉 "서
로를 위해 자신이 가진 것을 내주고 함께 나누는 새로운 관계가, 새
로운 세계가 출현"함을,[89] 아울러 "절대적 평등과 '세상이 뒤집히
는' 상황"이 출현함을 뜻하기도 했다. "기존 사회에서 주변에 밀려
나 있던 계급들은 절대 평등의 상황에서 절대공동체의 중심을 차지
했고 기존 사회에서 스스로 지배자로 자처하던 계급은 절대공동체
의 주변으로 밀려나 점차 위협을 느끼게 되었다. 세상이 뒤바뀐 것
이다."[90] 낯모를 이들과 기꺼이 생사를 함께하는 동지가 됨으로써,
사람들은 항쟁 속에서 "그들이 꿈꾸던 세상"이자 "신명나는 세상"
곧 "높낮이 없는 세상"을 분명히 목격하고 체감했다. 김두식이 적
절하게 표현했듯이 "그들이 언제 한번 이렇게 박수 받고 환영받으
며 살아본 적이 있었던가?"[91]

　이런 상황에서 사람들이 "흡사 딴 세상에 와 있는 느낌"[92]을 갖
는 것은 어쩌면 당연한 일이었다. 구舊 지배층 인사들이 시민궐기대
회 석상에서 마이크를 빼앗기고 공박당하거나, 수습대책위원회의
회의장에서 공공연히 위협을 당하고, 급기야 수습대책위원회 자체
가 탄핵당해 해체되는 모습 등에서 잘 드러나듯이, 커뮤니타스의 평
등주의 역시 해방광주가 본격 등장한 22일 이후에도 대체로 유지되
었다.

　항쟁 과정에서 계급과 직업, 성, 연령의 차이를 초월한 단합이 성
사되었다. "연탄집게라도 들고 일어나지 않으면" 하고 의분을 토로

한 아주머니도 참여했고, 초등학교에 다니는 "철부지 어린이까지 봉기"했다.[93] 사망자, 부상자, 구속자의 계층별·직업별 분포도 다채로웠다.[94] 심지어 구조를 대표하는 구체제의 일원들까지도 시위대에 동정과 공감을 표현하거나, 사후보복을 각오하고 강경진압이나 발포를 거부하기도 하고, 도망자를 숨겨주기도 했다. 이런 '총체적·전면적 단합'은 그 구성원들이 "운명의 상호의존성"을 자각하는 "운명공동체적 집단의식"의 차원으로까지 발전했다.[95]

광주항쟁에서 여성의 적극적인 참여와 기여가 돋보였다는 사실이 다수의 연구들을 통해 차차 밝혀지고 있다. 여성들의 지속적인 참여가 없었더라면, 항쟁의 커뮤니타스는 아마도 (남성성으로 특정지어지는) '전우애'에 기초한 '전장의 커뮤니타스'를 넘어서지 못했을지도 모른다. 여성들은 장하진이 "보살핌의 관계적 윤리"라고 말한 것을 격렬한 투쟁 속으로 불어넣음으로써 시민연대를 촉진하고 항쟁의 커뮤니타스를 완성시켰다. 장하진에 의하면 "5·18은 운동의 형식은 가장 극단적인 무장투쟁의 형태로 표현되었지만 항쟁을 유지시킨 원동력과 정신은 서로에 대한 '보살핌'과 공동체 정신이었으며 그렇기 때문에 5·18에서의 여성의 역할은 더욱 중요한 의미를 지니게 된다.……계층, 남과 여, 세대간, 의식의 차이를 하나로 묶어 단단한 연대를 만들어 서로에 대한 신뢰로 공동체를 형성시킨 것은 총과 체계적 조직력이 아니라 서로에 대한 배려와 보살핌이었으며 그러한 역할의 핵심에 여성이 서 있었다."[96] 다음 인용문이 보여주듯이, 여성들의 배려와 보살핌은 항쟁에 참여한 시민들에게 용기와 자부심, 그리고 자신들의 선택이 옳다는 확신을 심어주었다. "군데군데서 아주머니들이 이렇게 도와주었는데 그 때문에 더욱 용기를 얻었고 이렇게 하는 것이 잘하는 것이라는 확신이 섰으며 한없이 자랑스러웠다. 이렇게 해서라도 세상이 좋게만 된다면 열심히 해야겠다는 생각이 들었다."[97] 5월 21일 아침부터 여성들이 길거리에 솥단지를 내걸고 시위대를 위해 밥을 지어줌으로써 '식사의 연대'가 구축되었음은 앞에서 본 바와 같지만, 이것은 저항에 나선 이들에게 단순히 먹거리를 제공하거나 허기를 채워줬다는 차원을 훨씬 넘어서는 효과를 냈다. 그 같은 '밥상 공유', '음식 나눔'의 행위는 항쟁 커뮤니타스에 대해서도 강한 '형성적 효과formative effects'를 발휘했다. 밥상을 공유하는 커뮤니타스 안에서 사람들은 어느새 '한 가족'이 되었다.

커뮤니타스 형성을 촉진하는 기호와 상징들도 항쟁 과정에서 등장했다. 특히 태극기와 〈애국가〉, 〈아리랑〉은 항쟁 기간 중 참여자들에게 가장 자주 활용된 상징과 노래들이었다. 19일 오전부터 시위 대중은 〈애국가〉, 〈정의가〉, 〈우리의 소원은 통일〉 등을 함께 불렀다. 태극기가 본격 등장한 것은 20일부터였다. 이날 오후 3시경 시민들은 더 이상 달아나지 않고 길바닥에 주저앉아 농성하면서 태극기를 흔들었고, 연설과 유인물 낭독 사이사이에 〈아리랑〉, 〈우리의 소원은 통일〉, 〈정의가〉, 〈투사의 노래〉 등을 반복해서 불렀다. 그날 오후 4~6시경에는 공용버스정류장에서 노동청 방향으로 여고생 6명이 대형 태극기를 펼쳐든 채 앞장서고 수백 명의 시민이 뒤따라 행진했다. 그날 저녁 차량시위가 벌어진 가운데 트럭 위, 버스 안과 위에서 다수의 청년들이 태극기를 흔들었다. 20일 심야 세무서 방화 때는 시민들이 "만세를 외치며 그 자리에서 애국가를 불렀다." 21일 새벽 "시위대는 3공수여단이 철수한 광주역 대합실을 향해 태극기를 휘두르며 진격했다." 21일 이른 아침 "밤새워 가두방송을 한 전옥주는 광주역에서 발견된 희생자 2명의 시신을 리어카에 옮겨 싣고 태극기로 덮은 다음 금남로에 있는 광주은행 본점 앞까지 1천여 명의 시위대와 함께 행진을 벌였다." 21일 오전 시민들은 도청 앞 광장에서 도지사를 기다리며 〈아리랑〉, 〈선구자〉 등을 함께 불렀다.[98]

항쟁 속에서 합창은 대단한 커뮤니타스 생성 효과를 발휘했다. 20일 오후 시내 곳곳에 해방구가 만들어지면서 자연발생적으로 열린 대중집회에서 함께 〈아리랑〉을 부를 때 "울음바다"가 되었던 일, 그날 저녁 태극기를 손에 든 시민들이 〈아리랑〉을 부르며 도청을 향해 나아갈 당시 김충근 기자가 느꼈던 "피 끓는 전율"에 대해선 이미 언급했다. 항쟁 과정에서 〈애국가〉 합창도 시민들에게 유사한 감정의 분출을 불러왔다. 『봄날』에 나오는 다음 광경 역시 20일 오후의 일이었다.

> 무궁화 삼천리 화려가앙산 대한사아람 대한으로……
> 누가 먼저 시작했는지, 군중 속에서 〈애국가〉가 흘러나오기 시작했다.
> 처음엔 한쪽에서 느린 곡조로 이어지던 그 노래는 점점 크고 힘차게 거리 전체로 울려 퍼졌다. 입을 달싹이며 따라 부르는 사람들의 얼굴. 엄숙하면서도 숙연한 감격이 파문처럼 번지고 있다. 그 노래는 그들로 하여금 자신들이 지금 이 순간 거리 한가운데서 그 혹심한 고통과 두려움을 참아내며 서성거려야만 하는 이유를 불현듯 깨닫게 만들었다. 그리고 그것은 새삼스레 북받치는 서러움과 울분, 증오와 아픔으로 저마다의 가슴을 찢어 내리기 시작했다.[99]

이 대목은 시위 현장에서 〈애국가〉나 〈아리랑〉을 합창하는 행위가 어떻게 커뮤니타스를 창출하고 확산시키는가를 잘 보여준다. 합창 목소리의 경계 확대는 커뮤니타스의 경계를 단 몇 초만에 수백 명에서 수만 명으로 급속히 확대시킨다. 자신도 함께 노래를 부름으로써, 합창 대열에 끼어듦으로써, 사람들은 커뮤니타스의 신비로운 공간과 아우라 속으로 들어간다. 홍희담은 소설 〈깃발〉에서 한 중국음식점 배달원을 통해 지배자가 강요하는 〈애국가〉와는 느낌이 전혀 다른, "애국가다운 애국가"에 대해 말했다. "머리털 나고 처음으로 애국가다운 애국가를 부른 듯한 느낌이 들었지요. 왜 다섯 시만 되면 애국가가 울려 퍼지잖아요. 길거리 가다가도 공연히 서서 들어야 하고, 극장에 가도 들어야 하잖아요. 애국은 이런 것이 아닌데, 하는 생각과 이럴 때의 애국은 마치 권력자들에게 아부하는 것 같아 기분도 안 좋지요. 그런데 그땐 그렇지가 않았어요. 정말 내가 애국자가 된 것 같아 눈물을 찔끔 흘렸지요."[100]

5월 21일 집단발포 즈음 태극기는 이제 목숨과도 맞바꿀 정도의 막중한 상징적·인지적·감정적 가치를 갖기에 이르렀다. 그날 계엄군의 발포가 본격적으로 시작된 직후 비무장 청년들은 오직 태극기를 들고 구호를 외치다 총에 맞아 쓰러지고, 다른 청년들이 피 묻은 태극기를 다시 들고 구호를 외치다 또 쓰러지기를 반복했다. 한 청년은 도청을 향해 달려가는 장갑차 위에서 대형 태극기를 머리 위에 망토처럼 흔들면서 "광주 만세!"를 외치다 총에 맞아 즉사했다.[101] 그 직후 태극기는 시민군의 상징이자 군기軍旗가 되었다. 21일 3시 이후 특공대가 조직되었는데 60명을 선발하여 10명씩 6개 조를 편성했고 조별로 자동차와 태극기, 무전기, 수류탄 1~2발을 지급했다는 것이다.[102]

5월 20일 오후의 커뮤니타스도, 집단발포로 잠시 흔들렸다가 21일 저녁에 복원된 커뮤니타스도 모두 참혹한 피바람이 휩쓸고 지나간 후의 일이었다. 이승만 대통령이 하야 성명을 발표한 1960년 4월 26일 아침에도 서울 시민들은 마치 해방구처럼 광화문 일대를 자유롭게 가득 채우고 있었다. 1960년 서울과 1980년 광주에서 모두 대량학살에 가까운 국가폭력이 자행된 이후 도리어 지배 권력이 약화되고, 잔인한 학살극 이후 해방공간이 열리는 역설을 공통적으로 보여주었다. 5월 18일부터 21일까지 불과 나흘 사이에 광주 시민들은 막강한 계엄군에 맞서 두 차례나 승리했다. 필자는 이런 예외적인 현상의 배경에 '커뮤니타스의 놀라운 힘'이 자리하고 있다고 생각한다. 필자는 항쟁 참여에서 비롯되는 다양한 감정이익들을 제공함으로써 사람들을 공포심에서 해방시키고 항쟁 안에 계속 머물게 만드는 커뮤니타스의 힘에 대해서도 앞에서 말한 바 있다.

조희연은 "국가가 순수 폭력으로 드러날 때 통상적인 상황은 그에 대응하는 묵종과 순응"임에도 불구하고 그 가공할 폭력에 대항해 "민중적 자위 투쟁을 전개"했던 "광주의 위대성"을 찬양했다.[103] 이런 위대성의 비결이 바로 '항쟁-재난의 커뮤니타스'가 아니었을까. 이진경과 조원광도 "참혹한 폭력에도 불구하고 공수부대와 싸워 승리한 광주항쟁의 '비밀', 그 거대한 힘의 비밀", "광주항쟁의 일차적 힘이고 놀라운 진행의 '비밀'"에 주목하면서, 그 비밀을 자신들이 "흐름의 구성체"라고 부른 것에서 찾았다. 이진경과 조원광에 의하면 '흐름의 구성체'는 '흐름'과 '집합적 신체'로 구성된다. "개별적인 특징이 소멸하면서 결합되고 이질적인 요소들이 끊임없이 더해지거나 이탈하면서 흘러가고 강력한 적을 만나면 흩어지지만 다른 흐름과 만나면 다시 거기에 흡수되며 끊임없이 새로운 형태로 변환된다는 점에서 흐름인 동시에, '공동체'라는 말을 떠올리게 만드는 강력한 결합력과 일체성을 갖는 집합적 신체"라는 것이다.[104] 필자는 반구조(혹은 구조의 해체)와 유동성, 일시성, 평등성(지위의 소멸), 연대성, 타자의 이질성을 기꺼이 포용하는 전인적 만남, 행위-인식 융합 등의 요소들을 두루 포함하는 '흐름의 구성체' 개념이 커뮤니타스 개념과 여러모로 상통한다고 생각한다.

6장

해방광주(1):
자기통치의 커뮤니타스

■

1980년 5월 21일 저녁 계엄군이 철수한 후 치열한 공방전이 벌어지던 전남도청마저 시위대에게 넘어가면서 '해방광주'가 도래했다. 해방광주는 5월 21일 오후 8시부터 27일 새벽~아침의 도청 전투까지 5.5일 정도 지속되었다. 기존 구조의 입장에서 보면 해방광주는 '무법천지'였다. 전남도지사가 계엄군과 함께 상무대(전투병과교육사령부, 전남북계엄분소)에 머무는 가운데 5월 18일부터 26일 저녁까지 계속 도청에 상주하면서 유일하게 살아남은 전화로 외부 세계와 소통하며 "대한민국 대표"이자 "대한민국 정부" 역할을 했던 정시채 전남부지사의 눈에 해방광주는 영락없이 "무법천지"였다.[1] 당시 정부 역시 "불순분자의 조종으로 광주가 무법천지가 되고 있다"고 공식 발표했다.[2] 1980년 6월 계엄사령부의 발표도 마찬가지였다. "22일 광주시는 무장폭도들의 지배하에 완전히 장악되어 치안 부재의 무법천지가 계속되는 가운데……무장폭도들의 난동은 극렬화된 채 시내 전역을 공포분위기로 몰아넣었던 것이다."[3]

그러나 실상은 정반대에 가까웠다. 김준태 시인의 관찰이 보여주듯이 금요일이던 5월 24일 해방광주의 풍경은 지극히 평온하고 정상적이었다. 거기에는 새로운 윤리, 곧 "'어디 나만 잘 먹고 잘 살겠소'의 윤리"가 지배하고 있었다.

광주, 해방의 빛으로

라디오는 광주를 난장판으로로만, 무법천지로만 몰고 있었다.……
아, 그럴까. 나는 채소류를 사러 나가는 아내를 따라 시장에 나가
보았다. 그러나 평상시처럼 물가는 거의가 그대로였다. 또 상점
주인들이나 물건을 벌여놓은 사람들은 그렇게 비싸게 말하지 않
았다. 서로 고생하는 처지에 "어디 나만 잘 먹고 잘 살겠소?"라
는 대답이었다. 그들의, 상인들의 얼굴에선 한결같이 광주를 염
려하고 있었다.[4]

해방광주 시기에도 항쟁-재난의 커뮤니타스는 계속 유지되었다.
하지만 주목할 만한 변화 또한 나타났다. 이 시기에 나타난 변화를
(1) 자치 커뮤니타스의 출현, (2) 장례·추도공동체의 성격을 띠는,
재난 커뮤니타스의 성숙, (3) 시민궐기대회를 중심으로 한 의례-연
극 커뮤니타스의 형성, (4) 평화적 해결의 길이 막힌 가운데 임박한
비극적 죽음을 앞두고 등장한 재난의 커뮤니타스와 비폭력 저항의
커뮤니타스 등 네 가지로 요약할 수 있을 것 같다.

1. 자치의 커뮤니타스

5월 22일 이후 광주 커뮤니타스에서 나타난 가장 큰 변화는 '민중의
자치, 자기통치, 자기지배' 측면이 부각된 점이다. 이른바 '해방광
주', '해방구', 혹은 '광주 코뮌'의 등장 때문에 생겨난 현상이었다.
해방광주는 "해방 이후 현대사에서 유일무이한 집합적 자치경험"
이었다.[5] 필자가 보기에 터너 부부의 커뮤니타스 개념에서 가장 약
한 부분이 바로 이 대목이다. 빅터 터너가 커뮤니타스의 '정치적' 측

면을 충분히 고려하고 있음에도 불구하고, 더욱이 에디스 터너는 명시적으로 '파리코뮌'을 언급함에도 불구하고, 그들은 커뮤니타스의 '민주주의' 측면, 특히 '커뮤니타스 안에서 구현되는, 평등성과 연대성에 기초한 민중의 자치·자기지배' 측면을 제대로 포착·강조하지 못했다.

조희연은 또 다른 "광주의 위대성"으로 바로 이 측면을 부각시켰다. 순수 폭력으로서의 국가가 물러간 자리를 '무정부주의적인 상황'이 채울 가능성이 있음에도, 광주 시민들은 "민중 스스로가 국가가 되는, 민중 스스로가 공적 규율의 주체가 되고 폭력의 기제가 필요 없는, 정치와 사회가 일체화된 상태를 실현"했다는 것이다. 이런 맥락에서 "광주는 국가·정치·사회의 관계에서 '정치의 사회화'의 유토피아적 모습을 구현한 사건"이었다고 조희연은 평가했다.[6] 광주 커뮤니타스는 이상적인 민주주의 상태, 곧 '정치의 사회화'가 거의 온전히 구현됨으로써 정치와 사회가 일체화되는 '순수 정치'의 상태였다는 것이다. "정치와 사회의 경계가 없어지면서 자연스럽게 사회의 집단적 의제를 민중 자신이 결정하는 상황, 민중 자신이 자기 규율의 주체가 되는 상황, 국가화된 정치가 소멸된 상황에서 사회 그 자체가 곧 정치가 되는 모습이 광주에서 나타났다."[7] 한상진 역시 "관공서 붕괴 상황에도 불구하고 왜 무정부상태가 초래되지 않았는가"를 광주항쟁의 세 가지 수수께끼 중 하나로 꼽았다. "법과 치안질서를 담당한 관공서들이 붕괴되었을 때, 사회는 무질서와 살인, 방화, 약탈과 같은 폭력적 범죄가 횡행하는 무정부사태가 된다는 일반적인 사회과학적 통설과는 달리 광주항쟁에서는 정반대의 모습을 보게 된다. 군부정권은 당시의 상황을 공식적으로 무정부상태라고 규정했지만 광주 시민들은 상호간의 협동과 연대를 이루어냈다."[8]

'무질서'가 아닌 '새로운 질서'가 도래했다. 다음 인용문들은 '새로운 질서'의 디테일들, 해방광주 기간인 5월 23일과 25일의 공동체적 정경을 보여준다.

> 23일 아침……시민들은 각 동별로 모여 여러 군데서 도청으로 행진해왔다. 새벽 6시부터 고등학생 7백여 명이 시내 곳곳을 청소했으며 시민들도 제각기 자기의 동네와 도로를 깨끗이 쓸어냈다. 시장 주변 길가에서는 아침 일찍 아주머니들이 솥을 걸고 밥을 지었다. 밤새 경계근무를 한 시민군들이 차를 타고 시내로 들어와 아무 곳에나 찾아가 주저앉아서 아침식사를 했다.……상가들도 띄엄띄엄 문을 열기 시작했다.[9]

> 해방 기간 나흘째로 접어든 25일……시장과 상점들이 문을 열었고, 경운기에 실려 온 채소가 시내에 공급되고 있었다. 슈퍼마켓이나 구멍가게에서는 사는 쪽이나 파는 쪽 모두가 사재기를 방지하려 노력했다. 담배도 한 갑씩밖에 팔지 않았다. 병원에서는 처음 며칠 동안 갑자기 밀려들어온 부상자들 때문에 피가 모자라서 곤란을 겪었지만, 이 사실이 알려지자 헌혈하려는 시민들이 몰려 피가 남아돌았다.……전기와 수도, 시내전화도 이상 없이 공급, 가동되었다. 금융기관 사고는 거의 발생하지 않았다.……325개 기업체들이 은행에 예치하지 않고 가지고 있는 돈도 상당 액수가 있었다. 도청 회계과 사무실 금고에는 직원들의 급여를 지급하기 위해 찾아둔 현금이 보관돼 있었다. 하지만 누구도 이 돈에 손대지 않았다.……광주 시민들은 생사를 넘나드는 상황에서도 금

융기관을 습격하거나 절도행위를 하지 않았다.……항쟁 기간 중 광주 시내 범죄발생률은 평상시 정부의 통제 아래 있을 때보다 훨씬 낮았다. 사소한 범죄라도 발생하면 도청에서 대기 중이던 기동순찰대가 즉각 출동해 관련자를 데려와서 도청 조사부로 넘겼다. 행정과 치안관청의 기능이 중지된 가운데서 시민들이 보여준 높은 도덕적 자율성은, 피로 찾은 자유와 해방을 지키려는 긍지에서 비롯된 것이었다. 외국 기자들은 질서정연한 광주 시민들의 생활을 목격하고 놀라워했다. 도청 수습위원회나 YWCA에 모인 청년·학생들에게 각 종교단체와 지역에서 성금이 계속 들어오고 있었다. 도청 안에 있는 시민군과 지도부 3백여 명과 지역방위대 4백여 명의 식사를 위해 시민들이 자발적으로 밥을 지어 나르다가, 항쟁이 장기화할 조짐을 보이자 여러 동네 단위로 식량을 거두어 보내거나 반찬거리를 보내기도 했다.[10]

정근식은 "시민들의 자발적 질서 회복, 헌혈 행렬, 낮은 범죄율, 밥 공동체" 등으로 특징지어졌던 5월 25일의 상황이 "이른바 대동세상으로 묘사된 모습의 전형"이었다고 평가했다.[11] 해방광주 시기에 치안 상황은 도리어 개선되었다. "해방광주의 공간에서 공식적 치안체계는 붕괴되었으나 시민들은 스스로 질서를 유지하려 함으로써 오히려 훨씬 더 강화된 치안체계를 유지"하는 "자율공동체"를 만들어냈다.[12]

이런 새로운 질서의 도래가 놀라운 것은, 또한 시민들의 '자발적인 나눔의 공동체적 실천'이 더욱 의미 있고 가치 있었던 것은, 해방광주의 도래와 광주 고립화 작전이 시기적으로 중첩됨으로써 생필품이 절대적으로 부족한 상태였기 때문이다. 해방과 고립은 동시적인 현상이었고, 고립으로 인한 결핍도 불가피했다. 시민들은 고립화와 생계의 어려움에도 불구하고 이를 이타적인 나눔으로 돌파했던 것이다. 다음은 김희송의 설명이다.

군의 광주시 고립작전이 장기화되면서 쌀, 연탄과 같은 기초 생필품의 공급 문제는 도시 구성원들의 생존과 직결되는 심각한 문제로 등장했다.……가까운 이웃끼리 나누고 서로 절약하고 도우면서 광주 시민들 스스로 해방광주가 직면한 난관을 극복하자는 호소에 광주 시민들은 이른바 '대동세상'으로 화답했다.……'주먹밥 공동체', '헌혈 공동체'로 명명되었던 수많은 실천들이 시민들의 자발적 참여로 이뤄진 것이다. 광주 시민들은 어떤 도시도 지금껏 경험하지 못한 새로운 공동체의 일상생활을 해방광주의 시기에 직접 만들어갔다.[13]

위 인용문에서 "주먹밥 공동체"로 지칭된 음식 나눔은 특히 유명하다. 항쟁-재난의 커뮤니타스 형성을 촉진했던 밥상공동체는 해방광주 기간 동안 더욱 확대된 형태로 지속되었다. 5월 21일 밤 8시를 기해 계엄군이 음식물이나 식사 제공 금지 조치를 내렸기에 음식 나눔의 공동체는 더욱 중요해졌다. 당시 계엄분소가 광주시에 보낸 "데모대 식사 제공 엄금" 공문은 "산하 기관·구·동 및 업체들에게 데모대에게 식사를 제공하지 말도록 하고", "제공자는 조사 보고할 것"을 지시하고 있다.[14] 그러나 22일 이후 고교생, 대학생, 주부 등 여성 수십 명이 도청에 머물던 이들에게 식사를 제공했다. "24시간 계속해서 밥을 지어야 했기 때문에 여성들은 2교대로 조를 편성하여 활동했다. 1조는 새벽부터 오후 5시까지, 2조는 오후 5시

밥상의 공동체

부터 밤 10시경까지였다. 식기가 부족했기 때문에 주먹밥을 많이 만들었다. 양동시장과 서방시장 아줌마들이 수시로 김치와 김밥을 광주리에 담아 리어카에 가득 실어 도청으로 가지고 왔다. 젊은 형제가 운영하던 유동 삼거리의 '형제빵집'에서는 거의 매일 새로 만든 빵을 상자에 담아 가져오기도 하였다."[15] 다음 인용문들은 대인시장·양동시장 등 시장 상인들이 만들어낸 밥상공동체, 그리고 그 공동체적 나눔이 초래한 긍정적인 감정들, 예컨대 감사와 연대, 행복감과 기쁨의 확산 등을 묘사하고 있다.

22일 오후쯤부터 나이 드신 분들 사이에 "저 애들은 얼마나 배가 고플까, 저 애들의 부모들은 자식들이 밥도 못 먹고 저러고 다니는 것을 알기나 할까" 하는 말들이 오고갔다.……몇 천 원 혹은 1만 원 정도씩의 돈을 걷어 10명의 동네 아주머니들이 '홍운식당' 안집에 모여 김밥을 말았다. 우리는 11시 30분쯤 시외버스공용터미널에 있던 시위대들에게 김밥과 음료수를 갖다 주었다. 시위대원들의 옷에 피가 묻어 있기도 했다. 그들은 우리에게 "고맙다"고 하면서 먹었다.[16]

도청에 있는 학생들이 배를 곯고 있다는 소식이 전해졌다.…… 양이 많아 식당에서 밥을 쪄내고 동네(양동시장)에서 아낙네들을 모아 김밥을 쌌다.……물건을 스스로 내주는 사람은 물론이고 누구나 일을 도와주었다. 그렇게 준비된 것을 물 두 통과 함께 리어카에 싣고 도청으로 달려갔다.……도청에 가자 학생들이 몹시 배가 고팠던지 쌀 한 가마니 분량의 김밥을 순식간에 먹어치웠다. 고마워하는 학생들을 뒤로하고 집으로 돌아오는데, 우리는 덩달아 기분이 좋아졌다."[17]

"양동시장도 한다는데, 대인시장이 이러면 되겠느냐" 그랬죠. 그래 갖고 장사하는 엄마들한테 가서 5천 원도 걸고, 3천 원도 걸고, 2천 원도 걸고 그랬어요.……가마솥에다 소금하고 참기름하고 섞어 갖고 막 주물러서 박스에 담아서 실어 보냈어요. 또 물통에다가 수돗물 받아서 실어 주고. 그때게는 말도 잘 들었어요.……내가 몇 번을 걸었네.……최고 많을 때는 세 가마니 쪘나?……그래 갖고 금방 실어 보내고, 실어 보내고 했지.[18]

해방광주 사람들은 담배도 나눠 피웠다. 다음은 송기숙 교수의 일화이다. "계림극장을 지나자 어떤 사람이 담배를 물고 셔터 문을 손보고 있었다. 이미 시내에 담배 공급이 끊겨 전날부터 담배를 못 피우고 있었다.……나는 염치 불구하고 그 사람에게 한 대 달라고 했다. 그는 담배갑을 꺼내 한 개비를 뽑더니 다시 한 개비를 더 뽑아 두 개비를 주었다. 갑을 보니 남은 담배도 두 개비나 세 개비밖에 안 될 것 같았다."[19]

광주항쟁을 몸소 겪었던 박몽구 시인은 이런 상황을 지탱한 시민들의 '내면' 풍경을 시로 묘사한 바 있다. "어쩌면 그렇게 따스한 가슴들이 있는지 / 치안이 사라진 거리에는 도둑이 하나도 없었다 / 해방구에는 총알을 늘어뜨린 경찰들이 없었지만 / 살벌한 패싸움 한 번 없었다 / 모두들 문을 활짝 열고 나그네를 맞아들이고 / 사람들은 동별 반별로 밥을 짓고 반찬을 장만해 / 시민군들로 하여금 광주의 뜨거운 자존심을 / 굳게 지켜주도록 부탁했다."[20] 또 "그럴수록 우리는 더욱 한 가족이 되어 있었다 / 모두들 한마음으로 궁핍을 나누며 살고 있었다 /……방범초소가 부서진 지 오래지만 도둑의 그림자는 머리카락도 보이지 않았다"고도 했다.[21] 김희송은 해방광주를 '호혜의 나눔' 정신이 지배하는 "나눔의 대동세상"으로 규정했다.[22]

한마디로 '새로운 질서'와 그에 조응하는 '새로운 규범'이 출현한 것이다. 해방광주의 새로운 질서는 일종의 형용모순인 '커뮤니타스적 초超일상 속의 일상'이었다. 이전과는 질적으로 다른 일상 질서, 곧 사랑·희생·나눔·평등의 가치가 지배하는 일상, 그런 가운데서도 방종이 아닌 절제와 규율이 지켜지는 일상의 질서가 출현했다.[23] 새로운 질서를 뒷받침한 새로운 윤리·규범을 한상진은 '상부상조와 보살핌care의 윤리', 그리고 개인과 공동체의 상생相生을 특징으로 하는 '공동체주의적 인권' 관념에서 찾았다.[24]

> 우리는 비록 광주 시민들의 명확한 의식은 없었지만 인권에 대한 공동체주의적 측면에 관심을 기울일 필요가 있다.……자유주의자들이 가정하듯이 시민들이 개인 위주의 취향으로 행동했던 것이 아니며 공동체의 안녕과 존엄성, 존경받는 공동체 건설에 깊은 관심을 가졌다는 것이다.……절대공동체의 가장 핵심적인 특징은 개인의 존엄성과 공동체적 안녕 사이의 공생적인 관계에 있다고 주장할 수 있다.[25]

카치아피카스는 해방광주에서 목격되는 '에로스 효과'에 대해 말했다. "공적 공간을 점거하는 수백 수천 민중이 갑작스럽게 출현하는 것, 저항이 한 도시에서 다른 도시로 그리고 나라 전체로 확산되는 것, 수많은 민중 각자가 서로를 본능적으로 동일시하고 자신들의 행동으로부터 비롯된 권력을 동시에 믿는 것, 지역주의, 경쟁적인 사업 행위, 범죄 행위, 물욕과 같은 정상적인 가치들을 금하는 것 등은 광주에서 나타난 '에로스 효과'의 차원들이다."[26]

엘살바도르의 농민항쟁에 대해 연구한 엘리자베스 우드는 농민들이 항쟁에서 체험한 감정이익이 항쟁 단계에 따라 달랐음을 발견했다. 항쟁 초기에는 '도덕적 분노'와 '존엄성'이, 해방구를 만들어내고 토지개혁을 수행한 항쟁 후기에는 세상을 변혁시키고 새로운 자치체제를 능히 관리한다는 '자부심'과 '행위의 기쁨'이 주로 나타났다는 것이다.[27] 필자가 보기에는 1980년 광주에서도 이와 유사한 일들이 발생했다. 초기의 항쟁-재난 커뮤니타스 단계에서는 도덕적 분노와 존엄성이, 자치 커뮤니타스 단계에서는 자부심과 기쁨이 주로 나타났다는 것이다. 공공시설을 대하는 시민들의 태도가 '파괴에서 보호로' 변화되었다는 사실이 이런 사회심리적 변화를 단적으로 보여준다. 당시 지배세력은 해방광주를 파괴적 폭도가 거리를 활보하는 무법천지로 묘사했지만, 정작 실제로 나타난 일은 5월 22일을 고비로 시민들(특히 시민군)은 공공시설에 대한 '파괴'에서 '보호'로 전환했다는 사실이다. 파괴 행위가 리미널리티 진입 및 항쟁 커뮤니타스와 관련된다면, 보호 행위는 자치 커뮤니타스와 직결된다. 이들 공공시설이 이제 '자신들의 기관'이 됐음을 이보다 명확히 보여주는 것은 없다. 이 기관들이 시민적 통치와 시민의 삶에 중요한 기구라면 마땅히 보호하면서 정상적 기능을 유지하도록 관리해야 한다는 생각이 바탕에 깔려 있는 것이다.

그리하여 "민중의, 민중에 의한, 민중을 위한 새로운 형태의 정부"[28]가 광주에서 탄생했다. 신진욱의 표현을 재차 빌리자면 그것은 주권재민 이념에 상응하는 좋은 정부인 '자치공화국'이었다. 이

공화국은 "시민의 국가, 시민의 정치, 시민공동체의 호혜에 터한 공화국", 즉 "단지 정치 민주화가 아니라, 경제·치안·방위 기능을 갖춘, 그러나 시민적 자율과 참여에 토대를 둔 자치공화국"이었다.[29] 다시 카치아피카스에 의하면, "군대를 도시 밖으로 몰아낸 후 시민들은 자발적으로 거리를 청소했고, 밥을 짓고, 상점에서 식사를 무료로 제공해주었으며, 다가올 반격에 대비해 지속적으로 경비를 섰다. 모든 사람들이 해방광주에서 자신의 자리를 찾아 일을 도왔다. 자발적으로 새로운 노동분업도 생겨났다. 게다가 대부분 밤을 새우며 활동했던 시민군 투사들은 책임성의 표본이 되었다.……그들은 차례로 사람들을 보호하고 보살폈다. 대중의 필요에 기반한 새로운 형태의 질서를 부과하는 것을 두려워하지 않았고, 중·고등학생의 무장을 해제했으며, 공무원이 자신의 일자리로 돌아가서 일하게 했다."[30] 유사한 맥락에서 카치아피카스는 '광주코뮌'과 '파리코뮌'의 공통점을 여섯 가지로 정리한 바 있다: "첫째, 민주적 의사결정을 하는 대중조직의 자발적 출현, 둘째, 아래로부터 무장된 저항의 출현, 셋째, 도시 범죄 행위의 감소, 넷째 시민들 간의 진정한 연대와 협력의 존재, 다섯째, 계급, 권력 그리고 지위와 같은 위계의 부재, 여섯째, 참여자들 간의 내적 역할 분담internal divisions의 등장."[31]

옛 지배체제는 완전히 해체되고 붕괴했다. 파출소, 세무서, 방송국 등 구 지배체제의 상징들이 파괴되었다. 해방광주에 잔존해 있던 구 지배층 인물들의 지배력 회복 시도는 그 어느 것도 성공하지 못했다. 구체제의 폐허 속에서 자치 커뮤니타스가 자라났다. 카치아피카스는 광주에서 구현된 자치 커뮤니타스의 중요성을 다음과 같이 설명한 바 있다.

광주에서 민중들이 보여준 용기와 과감성이 기념비적이었던 만큼, 그들의 자치 역량 또한 봉기의 결정적인 특징이었다. 내 견해로는, 그것이 봉기에서 가장 주목할 만한 측면이다. 수만 명이 참여한 매일의 집회에서 시민들이 직면한 주요 문제에 대해 논쟁을 벌였고 행동을 취했다. 처음에는 전투의 열기 속에서, 나중에는 도시의 직접민주주의적 통치와 군대의 반격에 맞선 최후의 저항에서 자연적으로 등장한 민중의 자기조직화 역량은 우리의 정신을 확장시켜준다.[32]

민주주의와 공동체주의가 자연스럽게 결합된 1980년 광주의 '특이한 자치공동체'에 대해 한상진 역시 '풀뿌리 의사소통'의 측면을 부각시키면서 유사한 관찰을 제공한 바 있다.

이 특이한 공동체는 시민들 간의 감정이입이 활발히 일어나는 공공집회와 토론, 자원봉사와 같은 많은 활동을 통하여 이루어졌다. 우리는 광주항쟁의 자치 경험을 통하여 주민주권 또는 공동체주의적 자치가 대의민주주의 같은 제도적 장치 이전에, 또는 그것이 없이도 어떻게 가능할 수 있는가를 암시받을 수 있다는 점에서 이는 대단히 흥미롭고도 도전적인 현상이 아닐 수 없다. 이는 무엇보다도 풀뿌리 차원에서 일어나는 활발한 의사소통이 바로 진정한 민주주의의 확고한 토대가 될 수 있다는 사실을 보여주고 있다.[33]

이처럼 5월 22일부터 본격 도래한 '해방구의 커뮤니타스'는 곧 민중에 의한 '자기통치·자기지배의 커뮤니타스'였다. 자치의 커뮤니타스 안에서 대안권력이 형성되고 민주주의가 만개滿開했다. 해방 기간 동안 광주 시민들은 "자기 통치역량"을 유감없이 발휘하면서 수준 높은 직접민주주의, 참여민주주의, 숙의민주주의를 꽃피웠다.[34] 광장의 시민집회에서뿐 아니라, 대안권력의 중심인 도청 안의 각종 위원회와 회의에서도 민주적인 참여와 토론이 이루어졌다. 김성국이 말하듯이 "당시 수습위원회는 누구든지 자원하면 참여할 수 있었다는 점에서 매우 개방적인 민주적 집단이었다."[35] 해방이 되자 시민들이 가장 먼저 한 일은 권력기관(도청)을 개방하고, 민주주의를 위한 핵심적인 공론장이자 아고라 역할을 담당할 광장과 대안 언론을 창출한 것이었다.

먼저, 항쟁 주체들은 5월 22일 오전 최고 권력기관인 도청을 접수하고 시민들에게 개방했다. 그곳에서 대안권력의 조직화에 착수하고 시민군을 편성했다. 물론 이는 '시민들의 대안 정부' 수립을 의미하기도 했다.

도청 건물은 일제강점기 때 세워졌다. 3층으로 된 딱딱한 건물이다.……도청을 계엄군은 끝까지 지키고 있었다.……시민은……계엄군을 몰아내고 도청 건물을 점령했다. 일제강점기에서 시작해 미군정, 한국전쟁, 군사독재를 겪는 동안 중앙의 권력이 임명한 관료가 앉아 있던 도청에 시민이 서 있게 됐다. 그렇다. 시민은 도청을 개방한 것이다.[36]

개방된 도청에는 시민군만 있었던 게 아니었다. 많은 시민들이 찾아왔다. 자발적으로 찾아온 여성들도 많았다. 노동자, 고교생, 대학생, 주부 등 여성들은 (항쟁-재난 커뮤니타스 단계에서는 물론이고) 도청과 그 인근의 YWCA를 무대로 자치 커뮤니타스의 형성과 지속에도 크게 기여했다. 그들의 업무는 대안 언론 활동, 도청 방송실 운영과 가두방송, 취사, 헌혈과 부상자 치료, 사망자 시신 수습과 추모의례 준비, 모금과 현금 관리, 대중집회 조직, 그리고 최후의 항쟁에 이르기까지 매우 다양했다. 도청에서는 여성들이 취사실·상황실·수습위원실·방송실 등에서 취사와 행정 업무를 수행했다. 일부는 방송 차량을 타고 홍보활동을 전개했다. 청소년적십자RCY 봉사동아리의 여고생들은 출입증 만들기나 사망자 명단 작성, 모금된 돈 관리 등을 수행했다. YWCA에도 가톨릭노동청년회 여성 회원들을 비롯하여 송백회 회원, 극단 광대의 여성 단원, 가두방송을 듣고 모여든 여대생과 여고생 등이 홍보반에서 대자보를 제작하거나 궐기대회장에서 선전조로 활동했고, 일부는 도청으로 진출하여 취사반에서 일하기도 했다.[37] 김준태는 해방 시기 도청과 YWCA에서 활동하던 여성들의 활약상을 이렇게 정리했다. "젊고 용감한 여인네들은, 그리고 여대생과 여고생, 심지어 황금동의 술집 호스티스 같은 여인네들은 조를 편성하여, 즉 '헌혈반', '취사반', '홍보반', '리번반', '방송반', '현금반'을 두었다.……광주의 어머니들, 여대생들, 여고생들, 계층을 떠나서 함께한 여인네들은 정말 헌신적인 것이었다.[38]

두 번째로, 시민들은 5월 22일 아침 도청 앞 공간을 재구성하여 시민광장을 창출해냈다. 기존 차로를 막아 광장을 만든 것인데, 이때 관상용 분수대에는 연단演壇이라는 새 역할이 부여되었다. 널찍한 자동차도로의 로터리에 자리 잡은 경관 시설에 불과했던 분수대가 광장의 중심부인 '연단'이자 '무대'로 변하는 순간이기도 했다.

시민은 광주에서 열린 공간을 만들어냈다. 바로 도청 앞의 광장이다.……도청 앞은 광장이 아니었다. 이곳은 로터리였다. 가운데 분수대가 있는, 자동차들이 다니는 로터리였다.……5월 21일 시민은 도청에서 계엄군을 몰아내고 나서 로터리를 광장이라고 고쳐 불렀다.……분수대는 기능을 멈추게 하고, 대신 그 자리를 연단으로 썼다.……자동차가 설치고 다닌 로터리가 광장으로 바뀐 것이다. 시민이 모여서 즐겁게 노래하고 자유롭게 토의하는 광장으로.[39]

누군가의 기획 아래 광장 창출이 이뤄진 것은 전혀 아니었다. 22일 아침을 묘사한 다음 인용문에서 확인할 수 있듯이 광장, 민회民會, 아고라의 원초적인 탄생은 지극히 자연발생적이었다. 아무도 이 집회를 미리 기획하지 않았고, 따라서 사회자조차 없었고, 사람들은 확성기도 없이 육성으로 발언했다.

도청 앞 광장에 무료하게 앉아 있던 사람들 가운데 누군가 분수대 위로 올라갔다. 그동안 자신이 목격한 사실을 분수대 주위 사람들을 향해 이야기하기 시작했다. 이번에는 50대 아주머니가 분수대로 올라가 집에 들어오지 않는 자식을 찾는다며 혹시 본 사람 있으면 알려달라고 말했다. 마이크도 없는 상태에서 수만 명이 앉아 있었기 때문에 뒤에서는 잘 들리지 않았다. 하지만 또 다른 사람이 분수대 위로 올라갔다. 공수부대의 만행을 규탄하고 혈육의 죽음을 알리며 오열을 터뜨렸다. 아무런 사전 계획이나 준비도 없이 자연발생적으로 궐기대회가 열린 것이다. 어떤 사람은 쉰 목소리로 구호만 외치다 내려왔다. 상당히 체계적으로 현재 상황을 설명하면서 앞으로 어떻게 싸워나가야 할 것인가를 이야기하는 사람도 있었다.……분수대는 이제 자연스럽게 커다란 공감의 영역이 형성되는 장소로 변해갔다. 말하러 나오는 사람들도 다양했다. 시장에서 장사한다는 아주머니, 국민학교 교사, 종교인, 가정주부, 청년·학생, 고교생, 농민 등 누구나 나와서 하고 싶은 말을 쏟아냈다. 다들 개인적 체험을 말했지만 사람들은 박수를 치고 서로 공감하면서 일체감을 느꼈다.[40]

세 번째로, 광장의 창출과 함께 대안 언론의 창출은 항쟁의 정당성 확보, 항쟁 주체의 정체성 형성에서 시급하고도 결정적으로 중요한 문제였다. 대안 언론은 '진실투쟁'의 무기이기도 했다. "진실투쟁과 대중권력의 형성이라는 측면에서 본다면 시민군의 형성 외에 「투사회보」, 가두방송, 대자보 등이 중요하다. 계엄군이 TV, 신문, 전단 등을 통해 사태를 왜곡했다면, 시민들은 22일부터 체계화된 방식으로 진실투쟁에 임했다."[41] 대중집회와 더불어 대안 언론은 신군부 폭력진압을 탈정당화하고 항쟁의 명분·목적·정당성을 내세움으로써 '항쟁의 프레임 형성framing'에도 기여할 뿐 아니라, 항쟁 참여자들에게 새로운 정체성을 부여하고, 그들로 하여금 지속적으로 항쟁에 참여하도록 동기화하는 데도 중요하다. 간결하면서도 의미심장한 구호를 적은 현수막이나 벽보는 "당면한 상황에 적합한 감정표현들emotional displays을 구조화하는 기제들"[42]로서도 탁월한 효력을 발휘할 수 있다. 항쟁의 이념화와 논리화도 중요하지만 시민들의 한 맺힌 분노와 슬픔을 적절히 포착하고 표현하는 것, 그럼으로써 대중의 감정을 항쟁 참여와 (참여의) 지속으로 연결시키는 것 역시 대단히 중요하다.

그들은 진실을 목마르게 원했다. 공수부대가 철수하고 난 다음 언론은 오직 거짓만을 보도했기 때문이다.……광주 시민들은 얼마나 많은 사람이 죽고 다쳤는지 알고 싶었고 누군가가 광주의 절박한 상황을 밖으로 알리지 않으면 안 된다고 생각했다. 이와 같은 민중의 요구에 응답한 것이 바로 「투사회보」였다.……16절지 크기의 「투사회보」에는 공수부대의 학살 만행과 그로 인한 시민의 피해, 시민들의 행동강령, 광주 외부의 상황, 전두환의 정권 찬탈 음모 등이 간략하게 보도되었다. 「투사회보」는 전옥주, 차명숙 등의 가두방송반과 더불어 시민들을 투쟁으로 진출시키는 데 큰 역할을 담당했다.[43]

해방 기간 동안 광주의 커뮤니타스는 결코 약화되지 않았다. 해방의 감격이나 기쁨, 자부심 등에서 잘 나타나듯이 대중의 열기나 열정도 감소되지 않았다. 다만 상황의 변화에 따라 커뮤니타스가 진화하고 변형되고 기능이 일부 변화되었을 따름이다. 약해지거나 해체되기는커녕 커뮤니타스의 몇몇 특징은 해방 시기에 더욱 뚜렷하게 나타났다. 필자가 보기에 광주에서 나타난 '해방의 커뮤니타스'는 해방 시기에 전성기를 구가했다.

자치 시기에 대중의 커뮤니타스 참여 범위는 최대한 확장되었다. 격렬한 항쟁이 계속되던 때에 비해 자치의 커뮤니타스에서는 덜 위험한 참여 경로와 방식들이 여럿 생겨남으로써 참여자 규모가 보다 쉽게 늘어날 수 있게 되었다. 한마디로 커뮤니타스 참여의 문턱이 낮아졌다. 항쟁 때 피신했던 이들도 상당수 되돌아왔다. 투석전이나 무장투쟁 단계에서의 인력 소요所要와 비교할 때, 해방광주의 운영과 자치에는 훨씬 많은 사람들이 필요했다. 도청과 시 외곽 경계에 나선 시민군들만 필요한 게 아니었다. 시민궐기대회에 참석한 이들, 자발적인 모금에 참여한 이들, 희생자들을 찾은 조문객들, 부상자 치료에 헌신한 의사와 간호사들, 부상자를 돕기 위해 나선 헌혈자들, 각종 행정 업무를 떠안고 나선 자원봉사자들, 음식물 제공자들, 시민들에게 교통수단을 제공했던 운전자들, 시민들에게 생필품을 공급해준 시장 사람들 등등이 모두 자치 커뮤니타스를 떠받친 사람들이었다.

2. 대안권력 및 항쟁지도체의 갈등적 형성

해방광주가 곧 대안권력이나 대중권력인 것은 아니다. 기존 '구조'가 허물어졌음은 분명했지만, 또 해방구가 대안권력 생장生長의 비옥한 토양인 것은 사실이지만, 그럼에도 불구하고 '대안적 권력구조'가 자동적으로 생겨나는 것은 아니다. 오히려 초기 해방광주는 '권력의 공백' 상태를 의미했다. 더구나 대안권력의 형성 과정은 상당한 갈등과 진통을 수반했다.

또 이미 언급했듯이 5월 21일까지의 항쟁은 '지도자 없는 항거'라는 특징을 보여주었다. 시민들은 필사적인 무장투쟁을 통해 계엄군의 학살극을 중단시키는 데는 성공했지만, 계엄군이 철수한 상태에서 앞으로 어떻게 행동해야 할지 모르는 상황이었다. 물론 계엄군이 물러감으로써 리더십을 구축할 수 있는 여유 공간이 비로소 생겨났던 것은 사실일지라도 말이다. 5월 22일 아침 사람들이 '본능적으로' 광장으로 집결했던 것[44]도 현 상황에 대한 진단과 어떤 지침에 대한 갈증을 반영하는 것일지도 모른다.

여기서 우리는 두 가지 정치적 과정을 다루고 있다. 하나는 대안권력의 창출 과정이고, 다른 하나는 항쟁지도체의 형성 과정이다. 필자가 보기에 해방광주에서 대안권력 창출과 항쟁지도체 형성은 사실상 동일한 과정이고 서로 중첩되어 있었다. 해방된 광주를 계엄군으로부터 방어하기 위해 '시민군'을 편성·정비·훈련하고, 도시기능을 시급히 정상화하고, 항쟁에 필요한 각종 자원을 확보·조달하고, 시민들의 의사를 수렴하고 집행하기 위해서는 대안권력을 만들어내는 것이 시급히 필요해졌다. 향후의 항쟁을 이끌어갈 지도부를 구축하는 것도 마찬가지였다.

그러나 해방광주 초기의 권력 공백과 지도력 부재 상태에서 처음 등장한 조직은 대안권력도, 항쟁지도체도 아니었다. 그것은 '시민수습대책위원회(시민수습위)'였다. 이 조직과 '시민군'이 도청 안에서 어색하고 불편하게 공존하고 있었다. 몇 시간 후 전남대와 조선대 학생들로 '학생수습대책위원회(학생수습위)'가 추가로 조직됨으로써 도청 내의 역학관계는 더 복잡해졌다. 해방광주 초기의 도청은 모순과 긴장을 내포한 이중권력, 혹은 심지어 삼중권력 상태였던 것이다. 22일 도청 내의 세 그룹 가운데 시민군이 항쟁의 주력부대였음은 물론이고, 학생수습위도 항쟁 참여자들로 구성되었다. "학생회 간부들은 전혀 없고 모두 멀리 숨어버렸으니까. 그래 그냥 일반 대학생들이야 모두"라는 송기숙 교수의 말대로 학생수습위의 멤버들은 이른바 '운동권 학생'이 아니었다.[45] 문제는 시민수습위였다.

항쟁 주체들이 아닌, 기존 체제 측의 대표인 내무부 장관, 전남도지사, 전남부지사가 시민수습위 구성을 주도했다.[46] 정근식의 지적대로 "수습대책위의 대표성은 대의적인 절차가 아닌 항쟁 이전의 질서에 의해 부여된 것이었다."[47] 따라서 시민수습위는 '반反구조

속의 구조'에 가까운 존재였다. 저항에 나선 광주 시민들에게 동정적인 이도 일부 있었지만, 대다수 위원들은 항쟁과 무관했거나 항쟁의 대상이었던 기존 구조의 대표 내지 기득권 세력에 속했다. 당연하게도 시민군 같은 항쟁 주역들은 이 위원회에서 완전히 배제되었다. 시민수습위를 사실상 이끈 정시채 전남부지사의 증언대로 이 조직은 '항쟁 이전 질서로의 회귀'를 목표로 설정했다. "수습대책위에서 제일 중요한 것이 두 가지라. 무기 회수하고 학생들 귀가시키는 것. 그 두 가지에 역점을 두고 한 거지. 학생들을 설득시켜서 돌아가거라.……그 다음에 이제 가지고 있는 무기 다 내놔라. 그러고 돌아가거라. 그러면 나머지는 평상시로 회복되는 거 아니야."[48] "현 사태가 시민들의 잘못으로 발생했다고 몰아붙이는 경향"이 강했다는 증언에서 보듯이,[49] 상당수 수습위원들은 (항쟁에 불참했음은 물론이고) 항쟁의 정당성이나 불가피성조차 인정하지 않았다. 항쟁의 본래 목적이던 민주화는 이들의 관심사가 아니었고, 따라서 민주화 관련 의제는 사태 수습책에 전혀 포함되지 않았다. 이들은 "지역공동체의 생존을 위해 더 이상의 희생은 없어야 한다"는 인식 아래 무기 회수와 반납에 주력했다. 해방광주 기간 개최되었던 시민궐기대회에서도 수습위원들은 "시민, 학생들의 자제만을 요구하는가 하면 시민군의 입장보다는 계엄군의 입장을 대변"한 편이었다.[50] 요컨대 수습위원들은, 첫째, 항쟁 '비참여자' 내지 항쟁의 '대상' 인물들로 구성되었고, 둘째, 항쟁의 불가피성과 정당성을 인정하지 않았고, 셋째, 민주화라는 애초의 목표를 사태 수습책에서 제외했고, 넷째, 시민들의 무장해제만을 요구했고, 다섯째, 그로 인해 대안권력의 중요 기반이 될 시민군의 급속한 약화를 초래했다.

시민수습위는 항쟁 참여자들로 구성된 시민군 및 학생수습위와는 말할 것도 없고 대다수 광주 시민들의 의견과도 심각하게 괴리되어 있었다. 이들 사이의 갈등은 불가피했다. 무기 회수·반납에 처음부터 불만이 많았던 시민군 측은 논외로 하더라도, 5월 22일 오후 처음 열린 대규모 대중집회에서 시민수습위를 사실상 탄핵하고 나선 이가 하필이면 학생수습위 부위원장이던 김종배였다는 사실에 주목해야 한다. 앞서 인용한 바 있듯이, 그 자리에서 김종배는 수습위원들을 "광주 시민들의 피를 팔아 출세하려는 놈들"이라고 격렬하게 비난했고, "너희들은 필요 없다, 다 꺼져라"고 하며 단상에서 밀어냈다. 시민들 역시 이에 환호하면서 수습위원 성토에 가담했다. 그러나 학생수습위마저 23일부터 시민수습위 반대 세력과 동조 세력으로 양분되면서 내부 갈등이 표면화되었고, 이 갈등은 시간이 지날수록 격화되었다.

결국 해방광주 초기의 이중권력 상태에서 대안적 권력질서가 창출되는 과정은 '반구조'를 대표하는 세력들이 기존 '구조'를 대변하는 세력을 권력의 자리에서 끌어내리면서 스스로 상승해가는 경로일 수밖에 없었다. 전자는 항쟁 참여 시민, 시민군, 학생수습위의 무기 반납 반대파, 후자는 시민수습위와 학생수습위의 무기 반납 찬성파로 구성되어 있었다. 항쟁 주체들은 첫 단계에서 '외부 지배세력'인 신군부(계엄군)를 축출한 후, 두 번째 단계에서 '내부 지배세력'인 '관변' 시민수습위를 아래로부터 시민적 압력에 의해 극복해갔다. 그들은 시민수습위를 무력화하면서, 다른 한편으로는 그것을 민중적·진보적으로 재구성해나갔다.

이 과정은 빠르게 진행되었다. 거기서 '시민궐기대회'와 '시민군의 무력'이 핵심 역할을 담당했다. 시민수습위는 계엄 당국과의 협상 결과를 보고한 5월 22일의 대중집회에서 시민들의 거센 반발에 직면했고, 그 여파로 최초 위원 상당수가 이탈하면서 23일에 한 차례 개편되었다. 23일의 제1차 시민궐기대회에서도 위원회의 협상노선은 시민들의 강력한 반대에 직면했다. 시민수습위의 영향력은 '위로부터의 압력'에 의해서도 빠르게 약화되었다. 정근식에 따르면 "수습위원회의 존립에 결정적인 타격을 가한 것은 24일부터 알려지기 시작한 외곽 지역에서의 학살 소식이었다. 또한 무장 시민들에 대한 불처벌 요구를 계엄사가 거절한 것도 수습위원회의 무력화를 재촉하였다."[51] 24일 열린 궐기대회에서도 시민수습위 위원장의 발언에는 "집어치워라", "간단히 말하라", "끌어내려라" 하는 불신의 외침이 빗발쳤다.[52] 25일 오후의 시민궐기대회에 의해 "수습위의 영향력은 땅 끝까지 떨어졌다."[53] 같은 날 궐기대회 후에도 시민수습위가 재차 무기 반납 노선을 밀고나가자 박남선을 비롯한 시민군들이 이를 무력으로 저지했고, 그 직후 위원들이 대거 이탈한 가운데 위원회의 재편이 또 한 차례 진행되었다. "수습위원들은 개별적으로, 그리고 차례로 자신의 역할을 포기하고 이탈했다. 수습위원들이 이탈할 때마다 수습위는 보다 투쟁적인 사람들로 충원이 되었고, 25일에 이르면 '수습'보다는 '투쟁' 지향적인 조직으로 변화했다."[54]

이처럼 5월 22~25일 사이에 구체제의 대표 기관이었던 시민수습위는 대안적 권력기구이자 항쟁의 도구로 변모했다. 역시 25일 밤에는 학생수습위와 시민군 조직이 합쳐져 '민주시민투쟁위원회'가 조직되었다. 〈표 6-1〉에서 보듯이, 시민군 조직까지 산하에 거느린 민주시민투쟁위원회는 항쟁지도부이자 대안권력의 핵심 축이기도 했다. 개편된 시민수습위는 민주시민투쟁위원회의 외교부 격인 (중앙정부나 계엄군 당국과의) 대외 협상 창구이자, 자문기구 정도의 위상을 가졌다고 말할 수 있을 것이다. 시민수습위가 독자적인 집행력을

<표 6-1> 5월 26일 현재 민주시민투쟁위원회의 구성 및 부서별 업무

부서	수행업무
기획부	도청 내부 통제, 도청 출입관리, 유류 사용증명서 발급, 무기와 보급품 관리, 서무 및 총무 일반에 관한 사항
민원부	피해자 명단 접수, 상무관 시신 관리, 민간인의 업무 개시 추진, 관공서 정상 가동, 시내 강력사건 접수 및 이첩, 시외전화 재개 추진, 시가지 청소
조사부	계엄군 요원이나 경찰 정보요원 조사
홍보부	궐기대회 확대를 통한 홍보활동, 전일방송과 전남매일신문 가동 추진
보급부	장례식에 필요한 관과 기타 물자, 식량 보급
대변인	기자회견을 개최하여 투쟁의 목적, 현재 상황, 피해상황 등 설명
상황실 (시민군)	순찰대를 보강·재편성하여 기동타격대 조직, 시내 순찰, 계엄군 동태 파악 및 잠입 저지, 거동 수상자 체포·연행, 치안 유지, 외곽 지역 시민군과의 연락

* 출처: 정상용 외, 『광주민중항쟁』, 303쪽.

갖지 못한 것으로 보이므로, 이런 상황을 이중권력이라 부르기는 어렵다는 게 필자의 생각이다. 어쨌든 22~25일 사이 광주항쟁의 역정 歷程은 저항적 시민 의사를 대변하는 세력이 영향력을 점차 확장함으로써 시민에 의한, 시민의 의지를 제대로 반영하는 자율 권력기관과 항쟁지도체가 역동적이고 갈등적으로 형성되는 과정으로 볼 수 있을 것이다. 1989년에 열린 최초의 광주항쟁 관련 심포지엄에서 이강은 비록 불완전하지만 "대중에 의한 대중의 자발적 참여로 대중권력이 분명히 창조"되었을 뿐 아니라, 이 대중권력은 해방 이래 한국의 어떤 정치권력보다도 더 강력한 대중의 신뢰를 확보하고 있었다고 주장했다.[55]

여기서 우리가 주목해볼 대목은 대안권력과 항쟁지도부가 형성되는 '속도'와 그 절차의 '유연함'이다. 관변 시민수습위를 일면 무력화, 일면 재편하는 과정은 유연하고도 점진적이었다. 항쟁 주체들은 위원회 자체를 '폐지'하기보다는, 그것을 전남부지사로 상징되는 구체제로부터 분리시키면서 순차적으로 '개조'해가는 경로를 밟아갔다. 관변 시민수습위의 무력화에 결정적인 역할을 한 시민궐기대회의 조직화, 시민수습위의 진보적 재편, 학생수습위 내 소수파의 영향력 확장, 학생수습위와 시민군의 연대에 의한 민주시민투쟁위원회의 탄생 등은 하나같이 용이한 과업들이 아니었음에도 대단히 빠른 속도로 진행되었다. 어떻게 이런 많은 일들이 단기간 내에 가능했을까? 바로 이 대목에서 '광주 사회극' 무대에 뒤늦게 끼어든 '제3의 세력'의 존재와 역할이 중요해진다.

필자는 이 제3의 세력을 '광주 민주화운동권' 혹은 '광주 민주인사 네트워크' 정도로 명명할 수 있지 않을까 생각한다. 이 인적 네트워크는 1970년대부터 형성되어왔다. 이들은 5월 18~21일의 항쟁에서는 별다른 역할을 못했지만, 자치 커뮤니타스 단계에서는 중요한 기여를 하게 된다. 문병란은 1980년 5월 당시 광주 민주화운동권을 구성하고 있던 15개의 소집단을 열거한 바 있다.[56] 필자는 이 집단들을 〈표 6-2〉처럼 크게 두 그룹으로 나눌 수 있다고 본다(광주YWCA는 두 그룹 모두에 속한다). 그 하나는 상당한 지명도와 함께 시민들의 신망과 존경도 받던, 중장년·노년층이 중심인 '재야인사·종교인 그

〈표 6-2〉 1980년 당시 광주 지역의 민주인사 네트워크

재야인사·종교인 그룹	청년 활동가 그룹
광주기독교연합회, 사회선교협의회, 광주엠네스티, 해직교수, 광주대교구 정의평화위원회, 가톨릭농민회, YWCA	들불야학, 백제야학, 극단 광대, 문화운동가들, 현대문화연구소, 가톨릭노동청년회 여성노동자모임

룹'이다. 다른 하나는 사회운동 경험이 있는 비교적 젊은 활동가와 대학생들로 구성되는데, 이를 '청년 활동가 그룹'으로 부르기로 하자. '재야인사·종교인 그룹'의 경우 광주대교구 정의평화위원회(천주교), 광주기독교연합회(개신교), 사회선교협의회(개신교, 천주교), 광주 엠네스티(개신교, 천주교, 재야), 광주YWCA(개신교, 천주교, 재야, 청년 활동가) 등의 하위 연결망에 의해 서로 친밀하게 연결되어 있었다. '청년 활동가 그룹'에 속하는 소집단들도 인적으로 중첩되며, 이들은 여러 경로를 통해 '재야인사·종교인 그룹'과도 연결되어 있었다.[57]

　'재야인사·종교인 그룹'은 해방광주 도래 직후인 5월 22일 오전 부터 광주 남동성당을 중심으로, '청년 활동가 그룹'은 5월 20일 오전부터 녹두서점을 중심으로 모이기 시작했다. 전자는 25일 재편된 시민수습위의 주축으로, 후자는 역시 25일에 기존의 학생수습위 진보파 및 시민군과 함께 민주시민투쟁위원회를 조직하게 된다 (〈표 6-3〉 참조).[58] 결국 5월 25일경 두 개의 인적 네트워크, 즉 (1) 5·18

〈표 6-3〉 재편된 시민수습대책위원회와 신설된 민주시민투쟁위원회의 주요 인물

구분	재편 시민수습대책위원회	민주시민투쟁위원회
인적 구성	홍남순(변호사), 송기숙(교수), 이기홍(변호사), 명노근(교수), 이성학(제헌 국회의원), 조아라(YWCA 회장), 이애신(YWCA 총무), 장두석(신협 이사), 김성용(신부), 윤광장(교사), 윤영규(교사), 박석무(교사), 윤상원, 정상용(이상 학생운동 출신 사회운동가)	김종배(위원장, 대학생), 허규정(대학생), 박남선(트럭 운전사), 김준봉(회사원), 구성주(무직), 김영철(빈민운동가), 윤상원, 정상용, 이양현, 박효선, 정해직(이상 학생운동 출신 사회운동가)
특성	재야인사와 교수들, 학생운동 출신 졸업생들이 주도함	학생운동 출신과 항쟁의 와중에서 지도부로 성장한 세력의 연합체

* 출처: 최정기, "5월운동과 지역권력구조의 변화", 『지역사회연구』 12(2), 2004, 8쪽.

이전부터 존재하던 광주의 '민주인사 네트워크', (2) 시민군 활동이나 자원봉사활동 등 항쟁의 과정에서 형성된 '항쟁 네트워크'가 하나로 합류하면서 대안권력이자 항쟁지도체가 역사 무대에 등장했던 것이다.

필자는 여기서 항쟁에 대한 '청년 활동가 그룹'의 다양하고도 중요한 기여에 대해 강조하고 싶다. 이들은 아래로부터의 민의民意 결집에 결정적으로 기여했다. 5월 22일의 자연발생적 대중집회를 지켜본 이들은 다음날부터 '민주수호 범시민궐기대회'를 조직해냈다. 시민군 이양현의 말대로, 궐기대회를 거듭하는 과정에서 "구속자를 석방하고 사망자들을 장례식을 치르고 명예를 회복하여주고, 무고한 시민들에게 발포했던 자를 처벌하자는 것이 시민들의 의견"이라는 사실,[59] 이를 관철하기 전까지는 무기 반납과 무장해제를 해서는 안 된다는 게 시민들의 의견임이 분명해졌다. 궐기대회를 준비하고 운영하는 데서도 이들의 전문적인 사회운동 기술skill이 큰 도움이 되었다. 이들 덕분에 대중집회나 대중의례에서 거리행진, 화형식, 시 낭송, 노래 배우기 등 다양한 문화적 레퍼토리들이 활용될 수 있었다. 언론와 정보가 봉쇄되고 흑색선전이 난무하는 상태에서 「투사회보」, 현수막, 벽보, 전단 등 다양한 형태의 대안적 매체들을 만들어내는 데도 이들의 사회운동 전문성이 기여했다. 이 활동은 항쟁 말기 외신 기자회견을 포함하여 국제적인 차원에서 우호적인 여론을 조성하고 양심적 지지자들을 규합하는 데까지 나아갔다. 이들은 해방광주 도래와 동시에 희생자들을 위한 장례·추모공동체를 형성하는 데도 주도적인 역할을 수행했다. 기존의 인적 네트워크를 가동하여 항쟁의 목표에 동의하고 대중의 신망을 받는 재야·종교계 인사들을 사태 해결 과정에 참여하도록 설득·동원하고, 이들로 하여

금 '관변 수습위'를 대체하도록 한 공로도 대부분 청년 활동가 그룹의 몫이다. 특히 종교인의 대거 가세는 항쟁 주체들에게 자신들의 정당성을 확신할 수 있도록 해줌과 동시에, 더 큰 폭력을 예방하면서 갈등 상황을 대화·협상을 통한 사태 해결 쪽으로 이끌어가는 데도 기여할 수 있다. 학생수습위에서 소수세력이었던 '무조건적 무기 반납 반대파'가 영향력을 키우는 데도 청년 활동가 그룹의 지원이 긍정적으로 작용했을 것이다. 거의 주목받지 못했지만 '역사의 기록'도 청년 활동가 그룹의 중요한 기여 중 하나였다. 5월 20일 녹두서점에 모인 이들은 소식지 제작, 자금 마련, 취사, 화염병 제작 등을 논의하면서 아울러 "상황일지 정리"를 시작했다.[60] 항쟁 초기부터 상세한 일지를 작성하고 있었던 셈인데, 이것이 항쟁의 진실 보존과 정당성 확보, 나아가 항쟁 이후에도 계엄군 측이 편향적으로 생산한 사료史料들에 대항할 사료(대항 사료)로 활용될 수 있다. '후일後日의 역사'와 '기억투쟁'까지 대비하는 포석일 수도 있었던 것이다.

'청년 활동가 그룹'이 비겁한 도피자나 무임승차자로 비난받아선 안 된다. 긴박한 상황에서, 더구나 도청 내부에 긴장과 불신이 만연한 상태에서 이들은 신속하고 과감하게 움직였다. 그 결과가 대안적 권력과 항쟁지도체의 창출이었다. 이들의 적극적이고 헌신적인 개입이 없었더라면 대안권력이나 항쟁지도체 형성이 훨씬 어려웠을 것임은 물론이고, 해방광주에서의 항쟁 자체가 하루 이틀 정도에 끝났거나 더 큰 비극으로 마무리되었을 수도 있다. 해방광주 단계에서 신뢰와 친밀성의 네트워크는 큰 위력을 발휘했다. 이들 사이에 존재했던, 그리고 이들과 '재야인사·종교인 그룹'을 끈끈하게 연결시켜주었던 인적 네트워크가 없었더라면, 해방광주는 조그만 외부 충격과 내부 불화에 의해서도 쉽사리 부서지거나 와해되고 말았을 수 있다.

대안권력이나 항쟁지도체 형성 과정에서 대두한 가장 큰 난제 중 하나는 항쟁 주체들 사이의 '계급적 이질성'으로 인한 긴장이었을 것이다. 시민수습위의 진보적 재편은 성공적이었지만, 하층 계급 출신자들이 주축인 시민군과의 결합은 여전히 쉽지 않았다. 광주 민주화운동권을 이루고 있던 재야인사·종교인 그룹은 물론이고 청년 활동가 그룹도 무장투쟁과 관련해서는 아무런 기술도 전문성도 갖지 못했다. 따라서 이들은 시민군에 대해 직접적인 지도력을 주장할 수도 발휘할 수도 없었다.

앞서 언급했듯이, 해방광주 시기에 '절대공동체'가 해체되었다고 보는 최정운은 그 요인 중 하나로 계급 및 권력 차별을 들었다. 그에 의하면 "절대공동체가 분해되며 새롭게 제기된 문제는 개인과 집단의 정체성 문제였다. 한편으로 이 문제는 권력 문제였고 다른 한편 이 문제는 계급 문제였다. 절대공동체에서는 아무도 물어보지 않던 질문, '당신 누구야?', '당신 뭐야?' 하는 질문들은 해방광주에서는 어디서나 튀어나왔고 여기서 요구되는 답은 늘 신분과 계급에 관련된 것이었다."[61] 다음 사례들은 해방광주 초기 하층 계급 출신 시민군 구성원들과 대학생·지식인층 사이의 거리감을 잘 보여준다. "학생들은 믿을 놈이 못 된다", "일만 저질러놓고 도망가 버렸다", "배운 놈들이라 제 목숨만 아깝다고 도망가 버렸다", "학생들 저것들이 뭔데 이제 와서 저것들이 설친다 말이에요?", "상당히 격분하면서 하는 말이 학생들은 일만 벌여놓고 다 도망가 버리고 정작 지금은 한 명도 없다는 것이었다." 녹두서점을 중심으로 움직이던 '청년 활동가 그룹' 성원 자신들이 이런 정황을 잘 알고 있었다. "이들은 도청 안의 시민들이 학생들에 대해 거부감이 심한 까닭에 섣불리 도청 안에 들어가지 않았다."[62] 항쟁에 참여했다가 5월 22일

도청에 모인 대학생들이 "도저히 우리 말은 먹히지 않"는다고 토로했던 것도 유사한 맥락에서 해석될 수 있다.[63] 그 자신 청년 활동가 그룹에 속하면서도 도청에서 시민군으로 활동한 윤강옥은 이렇게 말했다. "앞장섰던 운동권 사람들은 한 번도 얼굴을 내비칠 수가 없어. 잡혀가니깐 숨어야지, 아마 나 혼자였던 거 같애.……의식을 가지고 그것을 시켰던 사람들은 그 자리에, 현장에 있지도 안 해. 거기 있으면 죽는데, 그것은 본능이여 사실은."[64]

계급적 이질성으로 인한 긴장과 불신은 심각한 문제였다. 그 이질성으로 인한 항쟁 주체 내부의 분열과 대립이 지나칠 경우 항쟁 자체가 중단될 수밖에 없었을 것이다. 계급적 차이에 따른 분열을 극복해내는 것은 대안권력과 항쟁지도부를 구성해나가는 과정에서 가장 큰 과제이자 현안일 수도 있었다. 보다 직접적으로, 계급적 이질성 극복 문제는 박남선 등의 민중 지도자들이 이끄는 시민군과의 연대 구축 문제로 다가왔다. 이는 항쟁에 참여한 소수의 대학생 그룹, 항쟁에 뒤늦게 뛰어든 재야인사·종교인 그룹과 청년 활동가 그룹이 어떻게 시민군에 가담한 하층 계급 성원들과 상호 신뢰를 회복하고 긴밀한 협력 관계를 구축할 수 있느냐의 문제였다.

필자는 해방광주 초기 도청의 어색한 분위기, 항쟁 주체 간 관계가 삐걱대고 헛도는 듯한 분위기가 '계급의식의 표출'이나 직접적인 '계급 대립' 때문이라기보다는, '신뢰의 위기'에서 비롯된 것으로 봐야 한다고 생각한다. 그것은 일종의 '무임승차자'에 대한 거부감과 불쾌감, 목숨을 건 항쟁의 현장에서 살아남겠다고 피신했던 비겁자에 대한 경멸의 감정, 그럼에도 광주가 해방되자 되돌아와 감투와 권력을 요구하고 무기 반납까지 요구하는 뻔뻔함에 분노했던 것은 아닐까. 오히려 커뮤니타스에 최대의 위협으로 작용했던 '진정한 계급 갈등'은 '도청의 새 주인'으로 자처하고 나선 '관변 시민 수습위'와의 충돌이 아니었을까. 그리고 무기 반납 및 무장해제를 요구하는 이 위원회와 공동으로 맞서 싸우는 과정에서, 또 학생수습위 내의 이른바 '투항파'와 함께 맞서 싸우는 과정에서 계급적 이질성을 극복하고 초계급적 연대를 구축하기 위한 상호적 신뢰가 빠르게 형성되지 않았을까. 필자가 보기에 5월 22~23일 일시적으로 드러났던 계급 간 긴장은 25~26일에 이르러 대부분 극복되어 '계급 초월의 연대'가 성공적으로 구축되었으며, 이후 이 연대는 '임박한 집단적 죽음'이라는 절체절명의 위협에도 불구하고 비교적 굳건히 유지되었다. 죽음을 각오한 '비폭력 저항의 커뮤니타스(죽음의 행진)' 가 출현했던 것도 이 연대 위에서 가능한 일이었으리라. 시민수습위·학생수습위와 시민군의 유기적 결합을 성사시키는 데, 그리하여 학생수습위와 시민군이 공동으로 '민주시민투쟁위원회'를 조직하는 데 결정적으로 공헌한 이는 윤상원이었다. 그는 양측 모두로부터 깊은 신뢰를 받던 거의 유일한 인물로, 민주시민투쟁위원회의 대변인으로 선출되었다.

이와는 다른 시각에서, 김두식은 항쟁 주체들 내부의 이질성과 다양성을 '다중적 집단정체성'이라는 용어로 설명했다. 그는 해방광주에서 '민주화 프레임'이 기층 민중 중심의 '평등과 형제애 프레임'과 일정한 긴장 속에서 공존했다고 보았다. 김두식은 그럼에도 두 프레임이 서로를 배척한 것은 아니었다고 보았다.[65] 민주화 프레임과 평등·형제애 프레임 모두가 커뮤니타스와 상통하는 것임은 분명하다. 두 프레임은 24~25일을 지나면서 하나로 합쳐져 '자치의 커뮤니타스'를 내용적으로 풍요롭게 만들었다.

필자가 보기에 해방광주의 커뮤니타스를 가장 심각하게 위협했던 내부 갈등은 학생수습위에서 발생했다. 시어도어 캠퍼에 의하면 "운동 자체 내의 관계적인, 따라서 감정적인 동학을 간과해서는 안 된다. 전략과 전술을 둘러싼 내부 분열로부터 자유로운 운동은 거의 없으며, 종종 엄청난 운동에너지가 권력투쟁에 소모된다. 각 진영은 대개 다른 진영을 경멸한다." 연령과 세대, 젠더, 계급, 인종, 직업 등이 이런 내적 갈등과 주도권 투쟁을 빚어내는 원인들로 작용할 수 있다.[66] 학생수습위의 내부 갈등은 5월 23일부터 본격적으로 표면화되어 24일에 더욱 심각해졌다. 여기에 감정까지 실리면서 다분히 적대적인 관계로 발전하여, 서로 말도 나누지 않을 정도가 되었다고 한다.[67] 대립하는 양측이 상대에 유리한 결정을 일방적으로 뒤집곤 하는 바람에,[68] 24일 이후 학생수습위는 이젠 어떤 결정도 내릴 수 없고 결정을 내리더라도 집행할 수 없는 작동 불능 내지 무능력 상태가 되었다. 학생수습위의 리더십과 영향력도 바닥까지 떨어졌다. 학생수습위 내부 갈등의 직접적인 쟁점은 '무조건 무기 반납' 대對 '조건부 무기 반납' 입장의 대립이었다.[69] 그러나 이런 표면적 대립의 저변에 깔린 보다 근본적인 쟁점은 '저항 대 투항', 더 구체적으로 말하자면 '폭력·비폭력 저항 대 비폭력 투항'의 갈등이었다. 총기 회수·반납 논쟁은 '폭력 저항 대 비폭력 저항'의 대립이 결코 아니었다. 저항 유무, 항쟁 지속 의지 여부가 결정적인 차이였다. 한편에는 '항쟁 부재(중단)의 협상 노선'인 비폭력 투항 입장이, 다른 한편에는 '투쟁에 기초한 협상 노선'인 '폭력-비폭력 저항의 결합' 입장이 서로 대립하고 있었다. 항쟁의 중단은 항쟁의 커뮤니타스, 재난의 커뮤니타스, 자치의 커뮤니타스가 동시에 붕괴하거나 소멸됨을 의미할 수밖에 없었다.

　'항쟁 중단의 협상 노선'을 지지하는 측은 '협상 상대에 대한 불신'이라는 딜레마도 끝내 극복하지 못했다. 항쟁 중단의 협상 노선은 (협상 상대를 결정 권한이 부족한 지역 계엄분소 책임자들이 아니라 중앙정부 대표 혹은 신군부 책임자로 전환시켜내는 데 성공하지 못했을 뿐 아니라) 계엄군의 '선의善意'에만 의존하는 한계를 드러냈다. 시민들이 전혀 신뢰하지 못하는 계엄군을 협상 상대로 고집할 뿐 아니라, "일단 계엄군을 믿어볼 수밖에 없지 않겠는가"[70]라는 말에서 단적으로 드러나듯 계엄군 측의 일방적인 선처에만 의지하는 모습을 보였다. 시민들이 그 어떤 요구를 하더라도 계엄군 측이 '총기를 모두 반납하고 즉시 해산하라'는 요구만 반복하는 상황에서, 무작정 총기를 회수하여 반납하는 행위는 '무고한 희생자들의 피값'을 요구하는 시민들에게 '계엄군에 대한 무조건 항복' 그리고 '항쟁의 패배 인정'을 뜻했다.[71] 이 역시 항쟁의 정당성과 불가피성, 나아가 항쟁의 위대함과 성스러움에 기초한 커뮤니타스를 정면으로 부정하거나 훼손하는 결과를 가져온다.

지금까지 보았듯이 해방광주에서는 관변 시민수습위와 항쟁 주체의 대립, 항쟁 주체들 내부의 계급적 이질성에 따른 긴장과 불화, 학생수습위 내의 노선 투쟁 등이 복잡하게 중첩되어 진행되었다. 이러한 갈등이 커뮤니타스를 약화시키거나 해체시켰는가? 필자는 그렇지 않다고 본다. 항쟁을 중단하고 투항하여 목숨이라도 건지자는 강렬하고도 끈질긴 유혹을 극복함으로써 커뮤니타스는 유지될 수 있었고 그것의 변혁성도 보존되었다. 내부에 잔존한 '구조'의 요소들을 가려내 추방함으로써, 어떤 면에서는 커뮤니타스가 정화淨化되었다. 항쟁 주체들 사이에 계급 초월의 연대를 만들어냄으로써 커뮤니타스는 더욱 공고해졌다. 한마디로 여러 갈등을 거치면서 커뮤니타스는 더욱 성숙해지고 부요해졌다.

3. 시민군

근대 국민국가에서는 한편으로 귀족이 아닌 일반 시민에 의해 충원되는 전문 장교단이 형성되고, 다른 한편으로 국민개병제를 통해 모든 시민들이 일정 기간 군인으로 복무한 후 본업으로 돌아가는 '국민군(시민군)'의 패턴이 형성되었다. 나아가 병역 의무와 시민권—특히 보통선거권과 참정권—이 결합됨으로써, 병역 의무는 시민권의 한 징표가 됨과 동시에 민주주의 제도와도 연결되었다.[72] 그 결과 시민이자 군인, 즉 '시민-군인citizen-soldier'이라는 새로운 국민이 탄생했다.[73] 18세기 말의 프랑스 혁명전쟁은 시민군의 역사적 등장을 세상에 알렸다. "그 전까지 전쟁은 대의와는 거의 무관한 용병대에 의해 치러졌던 반면, 프랑스 혁명전쟁은 시민군이 싸움에 나선 최초의 전쟁이었고 초창기의 시민군은 대의와 국가에 헌신하여 자원입대한 의용병을 중심으로 구성되었다."[74] 한국에서도 1949년 병역법 제정과 1950년 징병제의 본격적 시행으로 국민군/시민군 시대가 열렸다.

1980년 5월 광주에 파견된 계엄군도 바로 이 '국민군/시민군'이어야 했다. 그러나 그곳에서는 또 하나의 '시민군'이 등장했다. 그리하여 '가짜 시민군' 대對 '진짜 시민군' 사이의 대결이 벌어졌다. '가짜 시민군'은 소수 정치군인들의 사병私兵이자 권력 장악 수단으로 전락해버린 광주의 계엄군을 가리킨다. 그러므로 우리는 '시민군'이라는 명명이 갖는 혁명적 함의, 근대 국민국가 군대에 고유한 특징인 시민성市民性, 그리고 '시민군'이라는 용어가 독특하게 광주적인 맥락에서 사용되는 역설적인 상황에 주목해야 한다.

시민군의 이념 그리고 '군인의 시민성'이라는 이념은 해방 후 한국 군대에서 단 한 번도 제대로 구현되지 못했고, 특히 1961년 군사

시민군

쿠데타 이후에는 사실상 사장되었다. 한국 현대사를 통틀어 '당위로서의 시민군'과 '현실로서의 시민군' 사이의 괴리가 5·18 때만큼 심각했던 적은 없었다. 광주항쟁 진압에 동원된 계엄군(특히 공수부대)은 '대한민국'의 역사상 가장 타락한 군대, 본연의 사명과 존재목적에서 가장 심각하게 일탈한 군대였다. 4·19 당시만 해도 독재자의 사병 노릇을 담당한 정부 측 무장 세력은 주로 경찰이었으며, 군인들은 종종 시민들과의 정면충돌을 회피하거나 심지어 저항 시민들을 방임 내지 보호하려는 모습마저 보여주었다. 우리는 광주항쟁에서 소수 정치군인들의 사병·수족으로 전락해버린 '일탈한 시민군'에 맞서, 일군의 시민들이 자발적으로 대안적 군대를 조직하여 '시민군'임을 자임하고 다른 비무장 시민들 역시 이들을 '시민군'으로 기꺼이 인정하는 역설적인 상황을 본다. 이는 마땅히 시민군이어야 하나 실상은 그렇지 못한 군인들, 즉 '사이비 시민군'을 상대로 민간인 신분의 '진정한 시민군'이 맞서 싸우는 형국이다. 더구나 외부 위협에 의해 생활세계가 위기를 맞자 생업에 종사하던 시민들이 자발적으로 궐기하여 저마다 낮은 수준의 무기를 들고 공동체 방어에 나서는 양상은 보다 원형에 가까운, 보다 모범적인 형태의 시민군 모습이 역사적으로 재현되었다고도 말할 수 있다. 그것은 징병제 아래서 시민 개개인이 일정 기간 동안 군인 신분으로 봉사하거나, 공동체를 위기에 빠뜨리는 전쟁이 발발했을 때 출정하여 공동체 방어에 나서는 시민군의 이념에 완전히 부합한다.

시민군은 항쟁의 수단이었을 뿐만 아니라, 그 자체가 대안권력의 중요한 일부이기도 했다. 5월 21일부터 시민군이 조직되는 과정은 광주 시민들의 탁월한 '자치 역량'을 보여준다. 박남선의 증언을 중심으로 시민군의 자발적인 형성 과정을 살펴보자. 우선 집단발포 이전인 5월 21일 아침부터 시위대 일부가 무장 필요성을 제기했다. "시민 모두는 맨손으로 싸우다 희생이 많이 났던 지난밤을 생각하고 무장의 필요성을 절실하게 느끼고" 있었고, 그 첫 행동으로 20~30명의 시민들이 "차창이 모두 깨진 시내버스를 타고 곡괭이자루와 몽둥이를 창밖으로 내 차체를 두들기면서 노래를 부르고 구호를 외치며 광천동에 있는 아세아자동차공장으로" 달려가서, "우선 버스 7대를 몰고 금남로로 되돌아왔다."[75] 그날 오후 초엽의 집단발포와 함께 본격적인 시민 무장이 시작되었다. 무장 과정은 신속히 진행되었으며, 시민들은 시민군 등장을 열광적으로 환영했다.

나는 옆 사람들에게 밟히면서 엉금엉금 기어 우체국 쪽으로 빠져나가 죽어라 달려가다 황금동 콜박스 옆에 발동이 걸려진 채로 서 있던 버스에 몸을 실었다.……버스에 타고 있던 사람들 중 한 사람이 나주에 가면 광산이 있으니 그곳에 가서 다이너마이트를 가지고 오자고 하였다.……함평을 거쳐 나주 시내에 들어서자 많은 사람들이 나와서 열렬히 환영하며 빵과 음료수들을 실어주었다. 청년 두 사람이 버스에 올라타더니 나주경찰서에 무기가 있다고 하면서 경찰서로 안내하였다.……경찰서 안에는 경찰관들이 한 사람도 보이지 않고 우리들보다 먼저 도착한 시위대들이 무기고를 부수고 무기를 꺼낸 다음 나누어주고 있었다. 우리들은 M1소총 AR소총, 카빈소총 실탄 등을 주는 대로 싣고 광주로 달려갔다. 광주로 가는 도로에는 수많은 차량들이 시민들을 가득 실은 채 광주로 달려가고 있었다.……유동3거리에는 아세아자동차공장에서 가져온 트럭과 APC장갑차 2대 그리고 각지에서 가져온 무기와 시민을 싣고 온 차량들로 가득 차 있었다.……무

기의 분배를 끝내고 난 나는 장갑차 위로 뛰어올라가 시민들에게
무기조작법을 간략하게 설명한 뒤……계엄군이 우리들의 배후
에서 치고 들어올 것을 염려하여 아세아극장 옥상과 극장 아래에
기관총을 설치하고 바리케이드를 칠 것을 몇 사람에게 부탁하고
장갑차에 올라앉아 무장 시민들을 선도, 수창국민학교 앞을 거쳐
도청 쪽으로 금남로를 따라 올라갔다. 연도에 모여선 시민들은
열렬한 박수를 보냈다.[76]

(5월 21일 오후─인용자) 무장 시민들은 개선한 병사들처럼 의기양양
했고 시민들의 환호 또한 열광적이었다. 아낙네들은 무장시위차
량을 불러 세우고 주먹밥과 김밥을 부지런히 올려주고 있었으며,
이제까지 철시했던 상가는 모두 문을 열고 차량이 다가오면 빵
음료수 담배 등을 차에 올려주었다. 모두가 열광적이었으며 아
무도 이들을 '폭도'라고는 생각지 않았다.[77]

해방광주가 도래하자 본격적인 시민군 편성 과정이 진행되었다.
다음은 5월 22일 아침부터 도청 주변에서 있었던 일들이다.

함께 밤새워 고생하던 청년들이 1층 서무과를 임시본부로 정하
고 사무실을 정리하고 있었다.……전남대와 조선대 학생들로 '학
생수습대책위원회'가 구성되었다는 소리가 들렸으나 나는 무신
경하게 들어 넘기고 그동안 전투를 같이했던 사람들과 상황실을
장악하고 '시민군'으로서의 지휘체계를 잡아나갔다.……급조된
조직이었지만 같이 총을 들고 싸웠던 20대 후반의 양시영에게 상
황부실장을, 후배 이용숙에게 통제관을, 오동일에게는 경비반장

을 맡아달라고 한 후 각자 역할 분담을 하였다.[78]

시민군의 조직화 과정은 철저히 자생적이고 자발적이었다. 박남선에 의하면 "모든 조직이 자생적으로 이루어져가고 있었다. 계엄군의 만행 이후 모든 시민이 계엄군에 대한 울분과 '함께 해야만 살수 있다'는 마음으로 똘똘 뭉쳐 공감대를 형성하며 서로 돕고 있었다."[79] 시민군 본부와 상황실 설치, 경비반 조직, 기동순찰대 조직, 기동타격대 조직 등의 시민군 관련 움직임들은 "대부분 시민들이 자발적으로 나서서 진행하였다. 아직 특별히 지도부가 만들어지지 않은 상태였지만 지난 며칠간 공수부대와 싸울 때도 그랬던 것처럼 모든 것을 시민들이 스스로 판단하고 자체적으로 시행하였다."[80] 다음 인용문은 시민군의 구성과 면면을 보여준다.

> 보수가 주어지는 것도 아니고 주유, 근무시간, 교대, 식사 제공 등도 원활하지 않았다. 식사는 차량이 돌아다니는 도중 시민들이 차에다 올려주는 주먹밥이나 김밥, 빵, 우유 따위로 때우기 일쑤였고, 도청에 들렀을 때 그곳 식당에서 먹는 밥이 그나마 제일 나은 식사였다. 몸을 씻는 일은 엄두도 내지 못하고, 옷을 갈아입거나 머리도 감지 못했다. 옷이나 모자는 계엄군과 경찰, 전경이 도청에서 퇴각할 때 버리고 간 군복, 방석모를 걸쳤고, 고등학생들은 교련복을 주로 입었다.……그들은 대다수가 식당 종업원, 자개가구 노동자, 공장 노동자, 자취하던 대학생, 재수생 등이었다. 그들 가운데는 화순, 나주, 담양, 영암, 해남, 함평 등 광주 인근 지역에서 21일 차량 시위에 탑승해 참여하게 된 청년들도 적지 않았다. 혈기 왕성한 고등학생들도 꽤 눈에 띄었다.[81]

행색은 초라하고 무기도 빈약했지만 시민군 구성원들의 사기는 높았다. 박남선이 말하듯이 "비로소 무장을 하고 싸우게 되었다는 든든함 때문인지 무장 시민의 사기는 드높아가고 있었다."[82] 피로감에도 불구하고 그들은 강한 자부심을 느끼고 있었고 절제도 돋보였다. "시민군은 닷새 동안이나 계속된 시위와 전투에 모두 지쳐 있었다. 그러나 공수특전단을 몰아냈다는 자부심으로 사기가 높았으며 시민들에게 불안을 줄 만한 행동은 스스로 절제하였다. 며칠씩 세수도 못한 채 돌아다니다 보니 얼굴이 시커멓게 되었고, 끼니도 거르고 잠도 모자라 광대뼈가 툭 불거지고, 눈은 움푹 꺼졌다. 대부분은 소외된 기층 민중들이었고, 소수의 학생들이 섞여 있었다."[83] 5월 26일 저녁 이른바 '최후의 만찬' 때도 시민군들은 술을 마시지 않았다. 다음 인용문은 시민군의 드높은 자부심을 보여준다.

평소에 아는 ㅈ신부님을 만났더니, 이런 말씀을 했다. "거리의 부랑아들이라고 사람들이 부르는 그런 젊은이들을 만났는데…… 그렇게 총기를 들고 다니면 안 되네 했어요. 그러질 말고 우선 내가 가지고 있는 10만 원을 줄 테니, 다시 소속된 집으로 가서 라면이나 끓여먹게나, 말했어요. 그러자 그 젊은이들은 '신부님, 우리에겐 그런 돈이 필요 없습니다. 우리도 광주 시민입니다. 어머니도 없고 아버지도 없지만 우리는 광주 시민이란 말씀입니다. 우리도 광주 시민을 위해 싸워야 합니다. 그래서 총을 든 것입니다'라고 말하더군요"라고 ㅈ신부님은 울먹거렸다.[84]

5월 21일까지 자주 발생했던 공공건물에 대한 파괴 행위도 갑작스레 멈췄을 뿐 아니라, 우체국이나 전신전화국 등 대다수 공공건물들은 시민군의 보호를 받았다. 시민군은 체포된 계엄군들에게 보복행위를 하지 않고 소속 부대로 되돌려 보내는 등 관용과 절제의 미덕을 보여주었다.[85] 비록 총을 들었지만 그들은 평화를 추구하는 것처럼 보였다. 김희송의 말대로 시민군은 "'살림의 질서'를 세우기 위한 불가피한 저항폭력"이었다.[86]

시민군은 '다목적·다기능 군대'였다. 물론 시민군의 우선적 임무는 계엄군을 몰아내기, 계엄군으로부터 시민을 보호하기, 도청 등 주요 거점들을 방어하기로 집약될 수 있었다. 그러나 시민군이 실제로 수행한 일들은 단지 그것만이 아니었다. 시민군은 '군대이자 경찰'이었다. 물러간 경찰을 대신하여 시민군이 광주의 치안을 담당했기 때문이다.[87] 주요 공공시설 경비도 시민군의 몫이었다. 무기를 회수하여 관리하는 것도 시민군의 업무였다. 시민군은 환자 수송과 응급구조, 의료용품 조달, 시신 관리까지 떠안았다.[88] 심지어 시민군은 시민들에게 교통수단을 제공하기도 했다.

그들은 시내의 치안질서를 유지하기 위해 이유 없는 파괴 행위를 금지시키고 경찰서와 은행, 관공서와 경찰 간부의 관사 등 주요 시설물에 경비조를 배치했으며, 각종 차량에 번호를 붙여 임무를 분담시켰다. 당시 78번까지 등록된 시민군 차량이 시민들에게 교통편의를 제공하였는데, 1번부터 10번까지는 도청~백운동, 11번부터 20번까지는 도청~지원동, 21번부터 30번까지는 도청~서방, 31번부터 40번까지는 도청~동운동, 41번부터 50번까지는 도청~화정동을 오가며 시민들을 수송하였고, 소형차량은 연락과 환자 수송을 맡았다.……시민들은 학생과 시민군에게 적극적인 지지와 지원을 보내주었다.[89]

이처럼 헌신적이고 다재다능한, 그리고 해방광주 사람들의 일상
적 삶 속으로 깊이 침투해 있던 시민군을 시민들은 사랑하지 않을
수 없었다. 광주전신전화국을 지키던 시민군들이 행인에게 "전화
는 광주 시민들의 생명선이어요"라고 말했을 때, 김준태 시인은 "공
동체정신, 이웃사랑, 함께 살아가보려는 시민정신을 보는 것 같아,
왠지 나는 목이 메었다"고 했다.[90] 시민들은 시민군들을 "자식이나
동생"처럼 여겼다.[91] 도청 시민군에게 음식을 가져온 아주머니들은
그들을 "내 새끼"처럼 돌봤다.

> 먹을 것을 머리에 잔뜩 인 몸빼 차림의 아주머니들이 도청으로
> 줄지어갔다. 아주머니들은 수줍어서 고개를 돌리는 시민군들을
> 붙잡고 '내 새끼 같은데 어떠' 하며 세수도 못해 까마귀 사촌 같
> 은 얼굴을 물수건으로 닦아주었다. 노동으로 딱딱하고 까칠까칠
> 한 아주머니들의 손바닥이 얼굴을 스칠 때마다 혁명군들은 자신
> 의 어머니를 생각하며 울컥 눈물이 솟았다.[92]

최대 1천 명에 이르던 시민군은 5월 22일 시민·학생수습위의 적
극적인 무기 회수 작업으로 급격히 감소했다. 곳곳에서 시민군 조
직들이 와해되었다.[93] 그런 추세는 5월 25일 이후 반전되었다. 새로
등장한 항쟁지도부는 정부 및 계엄군과의 협상을 보다 유리하게 이
끌기 위한 지렛대로서, 또 항쟁이 서울을 비롯한 전국으로 확산되
고 미국의 '정의로운 개입'을 위한 시간을 최대한 벌기 위해, 시민군
의 재조직화에 적극 나섰다. 이런 상황에서 최후 결전의 시간이 조
금씩 다가오고 있었다

7장

해방광주(2) : 재난의 커뮤니타스, 의례-연극의 커뮤니타스

1. 장례·추도·치유공동체로서의 재난 커뮤니타스

우리는 5월 19~21일 사이의 커뮤니타스가 '항쟁의 커뮤니타스'이자, 대량학살에 대응하는 과정에서 형성된 '재난 커뮤니타스'였음을 상기할 필요가 있다. 그러나 광주 커뮤니타스가 의례(장례)공동체이자 추모공동체였다는 점, 억울하고 황망하게 죽음을 당한 동료 시민들에 대한 슬픔의 공동체(애도공동체)이자 의로운 분노의 공동체였다는 점, 그리고 항쟁에서 죽음·시신·장례·묵념 등이 갖는 중요성이 기존 연구들에서 제대로 주목받지 못했다. 아울러 부상자 치료에 온 시민들이 정성을 모아 치유·나눔의 공동체를 만들어가는 과정 역시 재난 커뮤니타스의 또 다른 면모를 보여준다.

다른 곳에서처럼 광주의 재난 커뮤니타스 역시 이중으로 구성된다. 그 하나는 죽은 이들과 살아 있는 이들로 형성된 커뮤니타스이고, 다른 하나는 장례를 치르는 살아 있는 이들로 형성되는 커뮤니타스이다. 신원조차 확인되지 못한 시신들이 빠르게 늘어가는 상황에서, 그리고 그 누구도 자신의 생존을 장담할 수 없는 긴박한 상황에서 항쟁에 가담한 시민 전체가 마치 한 가족처럼 상주喪主 역할을 떠맡았고, 상주와 망자가 하나의 공동체를 형성했다. '상주-망자 공동체'는 산 자의 세계와 사자死者 세계의 사이, 이승과 저승 사이의 리미널한 상황에 놓였다. 방주네프의 언명대로, "상중에는 살아 있는 상주들과 망자는 특별한 집단을 이루며, 산 자의 세계와 사자의 세계 사이에 위치하게 된다"(인용자의 강조).[1] 산 자들은 이미 안온한 일상세계를 떠나왔고, 죽은 자들은 한이 맺혀 저승으로 떠나지 못하고 있었다. 한국의 전통적인 죽음관에 비추면, 계엄군에 의한 비참하고 억울하고 난데없는 죽음은 '객사客死'나 '횡사橫死', 한마디로 '나쁜 죽음'이 될 가능성이 높고, 따라서 망자는 조상신으로 승화되지 못한 채 이승에 남아 해코지를 일삼는 원혼冤魂이 될 가능성이 높다. 그러므로 이를 바로잡을 의례적 개입이 긴요한 상태였다. 그럼에도 불구하고 5월 22일 이전에는 그럴 여유가 전혀 없었다.

항쟁 당시 희생자 시신은 추모의 대상에만 그치지 않았다. 시신은 국가 폭력성의 생생한 증거로써, 분노와 저항의 촉매로써 활용되었다. 특히 어린 학생이나 여성의 시신은 광주의 진실, 곧 계엄군의 만행과 가해자 지위를 드러내는 가장 설득력 있는 증거였다. 뿐만 아니라 이들은 '무죄한 희생자들innocent victims'로 간주되었으며, 그로 인해 저항운동의 도덕적 힘과 정당성을 상징하는 '순교자'가 되었다. 콜린스는 "사회운동에 대한 광범위한 지지를 동원하는 데 무죄한 희생자들의 중요성"을 강조한 바 있다. "양심적 지지자들을 동원하는 것은 단지 도덕적 분노, 즉 약자를 공격하는 것은 명백히 불공정하며 도덕적으로 수치스러운 짓이라는 감정만이 아니라는 데 유의해야 한다. 희생자들은 무죄여야 할 뿐 아니라, 운동이 헌신하는 대의의 엠블럼이 되어야 한다.……희생자들은 운동의 도덕적 힘을 표상한다고 간주되므로 순교자가 된다."[2] 시신은 양심적인 시민들의 지지와 동참을 이끌어내는 유력한 수단이었다.

한마디로 시신은 '탁월한 정치적 상징'이었다. 항쟁 주체들은 '진실 그 자체'인 시신을 소중히 다루었다. 시신을 매개로 한 추모공동체 형성은 항쟁의 지속과 성공을 위해서도 매우 중요했다. 5월 21일 아침 시신 두 구를 리어카에 싣고 도청으로 옮기거나, 집단 발포 후인 21일 오후에도 시신을 차에 싣고 외곽 도시들을 다니며 주민들의 참여를 촉구했던 것이 좋은 예이리라. 저항하는 시민들 사이에서는 '나도 죽여라', '아예 같이 죽자'는 말들이 반복되어 나오기도 했다.[3] 유사한 풍경은 23일에도 있었다. 이날 시민궐기대회는 '민주주의 만세' 삼창 후 끝났지만, "대다수 시민들은 자리에서 일어나 돌아가려고 하지 않고 계속 노래를 불렀다. 고등학생 10여 명은 희생된 학우들의 시신이 담긴 관 위에 대형 태극기를 덮고 운구하면서 〈우리의 소원은 통일〉을 불렀고, 주위 시민들도 함께 노래를 따라 부르며 눈시울을 적셨다."[4] 조정환에 의하면 "싸우다 죽은 사람들은 죽음과 주검 그 자체를 통해 계엄군과 국가에 대한 분노를 불러일으키며 산 자들 사이의 경계를 허물어뜨리며 공동체의 감정을 생산했다."[5]

5월 19~21일의 커뮤니타스가 재난의 커뮤니타스였음에도 불구하고, 거기엔 의례적 측면이 크게 결여되어 있었다. 시민들의 비조직성, 대립 전선戰線의 유동성, 항쟁의 급박함 등이 대량 발생한 시민들의 죽음 사태에 대해 차분한 의례적 대응을 할 수 없도록 만들었다. 그러나 계엄군이 물러나자 동료 시민의 죽음에 대한 추모·애도·슬픔이 자연스럽게 표출되었고, 죽은 이들을 예禮에 맞게 장사 지내주는 게 중요한 현안으로 떠올랐다.

해방광주 최초의 시민적 행사는 죽은 이들을 위한 추도의례였다. 5월 22일 하루에만도 두 차례나 추도의례가 치러졌다. 우선 이

돌아오지 않는 가족

날 정오에는 도청 옥상에 게양된 태극기를 조기弔旗로 내리고 검은 리본을 매다는 의례가 있었다. 시민들은 "추모의 만가輓歌"로 울려 퍼지는 〈애국가〉에 맞춰 국기 경례를 바쳤다. 다음은 이날 정오의 조기 게양식 모습이다.

> 낮 열두 시 정각.……시민군들은 도청 옥상의 태극기에 검은 리본을 달았다. 지난 닷새 동안 숨겨간 희생자들을 추념하기 위해서였다. 이내 국기를 반쯤 내린 조기가 천천히 내려지면서 스피커를 통해 〈애국가〉가 울려 퍼졌고, 광장과 금남로에 운집한 시민들은 일제히 가슴에 손을 얹었다.……엄숙하고 비장한 장면이었다. 시민들은 기억하고 있었으리라. 어제 오후 한 시, 바로 그 똑같은 자리에서 느닷없이 울려 퍼졌던 〈애국가〉. 전날의 그것은 군의 발포 명령이었고, 오늘의 〈애국가〉는 다름 아닌 그때 쓰러져간 영령들을 위한 추모의 만가였던 것이다.[6]

정현애는 최근 이 최초의 추도의례가 그날 아침 녹두서점에 모인 이들의 아이디어였다고 증언한 바 있다.[7] 5월 22일 아침부터 이미 '시민장市民葬' 논의가 진행되고 있는 가운데, 이날 오후 수만 명 시민이 도청 광장과 금남로 일대에 운집한 가운데 각 병원에 분산되어 있던 18구의 시신이 도청 광장 중앙분수대 주위로 옮겨졌고, 이에 맞춰 국기에 대한 경례, 고인들에 대한 묵념, 애국가 봉창 등으로 이루어진 간략한 추도식이 거행되었다. 추도식은 자연스레 궐기대회로 이어졌다.[8] 시신들을 옆에 모셔두고서 궐기대회를 치르는 모습은 시민 모두가 상주라는 의식, 죽은 이들과의 연대의식을 잘 보여준다. 대회 공간의 이런 미장센은 학살과 항쟁의 기억을 되살림으로써 '투쟁의 공동체'를 재확인하는 의례적 장치이기도 했다.

시민 집회에선 장례 준비를 위한 모금도 이루어졌다. 22일 오후의 추도식·궐기대회 직후 도청 광장에는 시신 23구가 추가로 도착했다. 이날 저녁 사망자 중 신원 확인자는 광장 북쪽에 위치한 상무관에 임시 안치하고, 미확인자 시신은 도청 앞뜰에 두었다. 이후 수많은 광주 시민들이 상무관의 죽은 이들을 찾아와 줄서 분향을 했고, 가족을 찾으려 신원 미확인 시신을 돌아보는 이들도 많았다. 23일 오후 상무관에 안치된 시신은 80여 구로 늘어났다. 상무관에서는 밀려드는 시민들을 위한 추도식이 이틀째 끊임없이 거행되었다. 많은 학생, 시민군, 시민들이 자발적으로 시신 관리를 도왔다. 22일 이후 여러 차례 열린 시민궐기대회에서는 '희생자에 대한 묵념'이 한 번도 빠지지 않았다. 대회 준비를 주도했던 청년 활동가 그룹은 검은 리본을 준비하여 시민들에게 나눠주었다. 5월 26일의 4차 궐기대회를 마친 후 시민들은 태극기를 앞세우고 희생자 시신을 떠메고 거리를 행진했다. 마지막 궐기대회였던 26일의 5차 대회에서도 장례를 위한 모금운동은 계속되었다.[9]

분향이라는 추모행위는 시민들 사이에 연대의식을 고양시켰다. "궐기대회와 마찬가지로 이런 분향 의식은 광주 시민의 마음을 하나로 묶고 동지애를 함양하는 데 기여했다."[10] 정근식은 항쟁 희생자들에게 조의를 표하는 행위를 "서로 알 수 없는 타자가 우리, 즉 집단적 자아로 전환되는 과정"이라고 규정했다.[11] 매일 열린 궐기대회 시간을 전후해서는 더 많은 시민들이 분향 행렬에 동참했다. 다음은 5월 24일의 풍경이다. "10만여 명의 시민들이 모인 가운데 상무관 주위에는 많은 향불이 타고 있었다. 상무관 안에 들어가면 포르말린과 시신 썩는 냄새가 향냄새와 섞여 역겨운데도 시민들의 분향 행렬은 끊임없이 이어졌다."[12]

시민수습위 등도 일찍부터 장례 문제를 중시했다. 5월 22일 시민수습위가 계엄군 측에 제시한 7개 요구사항에는 "사망자 장례식은 시민장으로 치를 것"이라는 내용이 포함되어 있었다. 그러나 23일 즈음에는 이미 "시민장 하나 치르지 못하는 도청의 행정력"이 시민들에 의해 비판되고 있었다.[13] 다음은 23일 밤의 상황이다. "500명이 줄지어 서서 기다려야 들어갈 수 있는 상무관에 벌써 수천 명이 방문해서 열사들의 시신을 본 상태였다. 많은 양의 향을 피웠음에도 심한 악취 때문에 어떤 사람들은 코피를 흘렸다. 사람들은 적절한 장례식을 치르지 못한 것이 수습위원회의 무능력을 보여주는 한 징표라고 느꼈다."[14] 5월 24일 오후에 열린 학생수습위 회의에서 네 가지 요구사항이 결정되었는데, 그중 두 번째도 "이번 사태로 사망한 사람들의 장례식을 시민장으로 하라"는 것이었다.[15] 25일 새로 탄생한 항쟁지도부(민주시민투쟁위원회)는 그날 밤 장례를 전담할 별도 조직을 설치하고 희생자 합동장례식을 '시민장'에서 '도민장'으로 격상시켜 28일에 거행하기로 결정했다. 이튿날 항쟁지도부는 광주시장, 전남부지사, 도청 사회국장 등과 협의하여 28일에 맞춰 '시민장'으로 합동장례식을 치르되 장지葬地는 망월동 시립공원묘지로 정했다.[16] 그러나 장례식도 치르기 전에 계엄군이 도청으로 들이닥쳤다.

앞서 4장에서 소개한 정근식의 논의에서 보듯이, 해방광주 시기에 항쟁 주체들은 '태극기를 활용한 주검의 상징화'와 국민의례를 통해 개개인의 죽음을 '공적인 죽음으로 전환'시켰다. 항쟁 주체들은 시신을 일일이 태극기로 감쌌고 시신 앞에서 〈애국가〉를 부르고 묵념을 바쳤다. 화려한 관이나 장엄한 의례장치 등 모든 것이 태부

족인 상태에서 태극기가 최고의 상징 수단이요 의례장치였다. 이를 통해 희생자에게 '애국시민'이라는 정체성을, 그 죽음에 '열사'에 준하는 정당성과 의로움을 부여할 수 있었다. 5월 21일 중학생 외아들(김완봉)을 잃은 어머니의 사연을 담은 다음 인용문은 유가족에게도 태극기가 얼마나 중요했는가를 잘 보여준다.

> 22일 오후 4시경, 적십자병원 근처에 사는 아는 사람으로부터 전화가 왔다. "지금 적십자병원에서 시체를 다 꺼내서 후문으로 내다놨는데 다른 것은 다 태극기가 덮어져 있는데 완봉이만 안 덮어졌소. 빨리 태극기 하나 얻어서 덮어주시오!" 하였다. 그래서 정신을 차리고 구 시청에서 적십자병원 후문까지 걸을 수가 없어서 기어가면서 "나 태극기 하나 주시오. 우리 아들이 죽었는디 태극기가 없소" 하며 울며 갔다.[17]

이름 없는 수많은 시민들이 조용히 그러나 헌신적으로 재난의 커뮤니타스를 만들어냈다. 그들 중 일부는 시신에게조차 '동지애'를 느꼈다.

> 나(정태호—인용자)는 시체과에서 여학생 몇 명과 함께 시체 지키는 일을 했다. 처음에는 섬뜩했으나 나중에는 동지라는 생각이 들었다.……가족들이 나타나면 염을 하고 관을 만들고 흰 천으로 관을 두르고 그 위를 태극기로 덮어 상무관으로 인계했다.…… 모금된 돈으로 적십자병원 옆이나 양동시장 근처의 장의사에서 관을 사고 태극기도 샀다.[18]

홍순권은 도청에서 시신을 씻고 염을 하는 등 남들이 꺼리는 일을 도맡았다. 북동성당 청년회 활동을 하면서 대학 진학을 준비하던 그는 27일 새벽 도청에서 경비를 서다 계엄군의 총탄에 숨졌다.[19]

전대병원에 들어간께 가마니때기에다 학생들을 싸서 여그다 저그다 모두 밀어 놨어. 열어보니까 여름이라 쥐가 막 버글버글해. 가마니때기를 열어놓고, 둘이 수건에 물을 묻혀다가, 땅에 빠진 창자에 버글버글한 피를 털어서 닦아 지 자리에다 넣고, 가갯배(하얀색 면 손수건)를 꼭꼭 꿰매서 넣고, 옷 입혀 갖고 입관을 해놓고는…. 기가 막혀 죽었어. 어찌케 울면서 했는지. (전업주부 방귀례의 증언임)[20]

남동성당에 가니까 신부님이 YWCA에 빨리 가라고 그러드라고. 장례위원회를 꾸려 여기서 돌아가신 분들을 우리가 이렇게 최소한의 수습을 해야 하지 않겠느냐고.……김순희는……장례 기금 같은 것을 접수받고, 인자 나(노동자인 윤청자—인용자)는 시체 염할라고 천을 얻었지.……포목상회 아주머니들이 시체 염하라고 당목 같은 것을 기꺼이 줬지. 어떤 조건 없이 다 내주는 거야.[21]

25일 오후 3시경 광주사직공원 아래에 있는 성하맨션 주민들로부터 도청으로 '마스크를 만들어놨으니 가져가라'는 전화가 왔다. 마스크는 성하맨션 부녀회 송희성 회장 집에서 부녀회원들이 재봉틀로 만든 것으로 상무관의 시신 수습을 위해 '병원용 거즈'를 이어 붙여 보통 규격보다 조금 더 큰 것이었다. 시민군 본부에서는 기동순찰대원 이재춘, 양기남, 오정호가 성하맨션으로

가서 마스크 1백 개, 장갑 50개, 빵 50개, 주먹밥 한보따리를 가지고 왔다.[22]

젊은 여자 한 명이 하얀 양말 수십 켤레를 가지고 와서 시신의 맨발에다 하나하나 정성스럽게 신겨주는 모습이 눈에 띄었다. 그 여자는 자신의 신분을 밝히려 하지 않았으나 알려진 바로는 술집 접대부였다고 한다. 그녀는 입관할 때 물을 떠다가 직접 시신의 얼굴들을 정성스레 씻어주기도 했다.[23]

추모공동체는 항쟁 마지막 날까지 유지되었다. 군인들이 싣고가 어디에선가 '처리'해버린 시신을 제외하고, "학살당한 시신들은 그때(27일 새벽―인용자)까지도 묻히지 못한 채 상무관을 채우고 있었다. 가족을 잃은 슬픔과 분노의 통곡소리가 도시 전체를 울렸다."[24] 항쟁 마지막 날인 5월 27일 현재 상무관에는 희생자 시신 129구가 안치되어 있었다.[25]

5월 21일 집단발포 직후 급속히 확장된, 부상자들을 위한 '치유와 나눔의 공동체'도 항쟁 기간 유지되었다. 다음은 기독병원 간호과장이던 안성례의 21일 이후 상황에 대한 증언이다.

제일 부족한 것이 환자들 필요한 산소.……또 피가 부족하고. 그러니까 우리 자체 내에서 헌혈운동 하고 또 개업했던 의사들이 자기들이 보유하고 있는 그런 산소를 전부 병원으로 공급을 해주고.……극악한 이 난국을 헤쳐 나가고 한 명이라도 살려야 되겠다, 이런 정신으로 모든 사람이 뭉쳤었어요.……의사들도 자기들이 가지고 있는 모든 것들을……필요한 약품이나 뭐 이런 것들을 병원으로 도와주고 아주 아름다운 협력, 협동적인 체제였죠. 그때 헌혈운동 하는 그런 과정이 참 눈물겨웠고……특별히 황금 동에 있는 여자들이 팔을 걷어 부치면서 정말 자기들은 역력히 보았다 이거야. 그러니 피라도 우리가 빼서 시민군들을 살려야 된다 하면서 그렇게 헌혈에 앞장섰고,……노인들도 그 헌혈을 하겠다고 오는 정성이 참 아마 세계 어디에서도 찾아볼 수 없는 그런, 정말 내 가족을 살리겠다고 하는 그러한 진실과 헌신성이 보였던 것을 생각하면 바로 그것이 광주정신이 아닌가.[26]

이처럼 헌혈운동에 나선 시민들, 그리고 의사와 간호사들이 치유공동체를 만들고 유지하는 데 기여했다. 광주의 모든 의사들이 부족한 의료장비와 약품을 나눠 사용했다. 성판매 여성과 접대부, 노인들까지 헌혈 대열에 합류했다. 광주항쟁 부상자들을 위한 재경 在京 광주 출신 고교 동문회 등 다른 도시들에서의 헌혈운동을 정권이 억압했지만,[27] 광주 시민들의 열성적인 헌혈만으로도 치료용 피가 남아돌 지경이 되었다. 해방광주에는 '부상자를 위한 사랑의 모금함'도 주요 교차로들에 등장했고 모금운동은 각 단체들로도 확산되었다.[28] 이 치유공동체는 장례공동체와 함께 해방광주 시기의 재난 커뮤니타스를 꽃피웠다.

2. 의례-연극의 커뮤니타스: 시민궐기대회

해방광주 도래와 동시에 광기의 유혈극이 재연될지도 모른다는 불안과 공포가 시민들을 사로잡았다.[29] 전날 밤 계엄군의 퇴각을 미처 예상하지 못했기에, 승리감은 다소의 곤혹감과 혼합되었다.[30] 해방 광주는 '승리의 전리품'이자 '뜻밖의 선물'이기도 했던 것이다. 이처럼 해방광주의 첫날은 해방의 기쁨과 승리감, 불안감, 그리고 당혹감까지 뒤섞인 시간이었다. 복잡한 심경의 시민들은 도청 광장으로 모여 궐기대회를 열고 다양한 의례들에 참여하고 체험을 공유하면서 일상의 불안감·공포감과 맞섰다.

5월 22일 이후 '민중의 자기통치'가 항쟁-재난의 커뮤니타스에서 발생한 질적이고 혁명적인 변화였다면, 보다 미묘한 그러면서도 상당히 의미 있는 변화도 나타났다. 22일 이후 새로웠던 점은 항쟁-재난 커뮤니타스에 의례적 측면과 연극적 측면이 대폭 강화되었다는 것이었다. 도심의 전투가 일시적으로 중단된 상태에서, 시 외곽 및 도심 주요 시설의 방위와 함께 시민궐기대회가 시민들의 저항의지를 유지하고 항쟁의 불씨를 이어가는 주요 장場이자 수단으로 떠올랐다. 모든 '궐기蹶起'에는 투쟁과 저항이 담겨 있게 마련이다. 또한 당시의 시민궐기대회에는 의례적 요소와 연극적 요소가 두루 섞여 있었다.

다소 부정적인 맥락에서 시민궐기대회를 '연극'에 비유한 이는 최정운이었다. 그는 시민궐기대회를 "운동권 청년들"이 투항적인 시민수습위의 활동을 비판하면서 도청을 장악하려는 정치적 목적을 달성하기 위해 미리 준비한 대본에 따라 연출된 것으로, 따라서 그가 말하는 절대공동체가 변질되거나 해체되는 조짐으로 해석했다. 그것은 "비무장화된 '일반 시민'들을 동원하여 연출한 연극을 방불케 하는 집회"였다.[31] 김성국도 궐기대회의 양면성에 주목했는데, "시민이 울분을 토하고 또 그들의 요구를 외쳐대는 출구로서의 '자연발생성'"과 "항쟁의 지속적 고양을 위하여 계획적으로 준비한

'조직성'"이 그것이었다.[32] 궐기대회를 통해 타협적이고 굴종적인 관변 시민수습위를 공개적으로 비판함으로써, '굴종 없는 항쟁' 쪽으로 물길을 되돌린 것은 분명한 사실이었다. 이런 정치적 기능을 고려할 때 해방광주 시기 커뮤니타스의 성격은 '연극-의례 커뮤니타스'가 새롭게 부각되는 가운데, 그 저변에는 이전부터의 '항쟁 커뮤니타스'가 변형된 형태로 지속되는 쪽에 가깝다고 말할 수 있을 것이다.

시민궐기대회에 권력투쟁과 저항의 요소가 내재되어 있었음은 구체제 인사들이 대회를 불편하게 여겼을 뿐 아니라 방해하려 애썼다는 사실을 통해서도 확인된다. 아마도 계엄당국의 지시에 의해, 광주시는 5월 21일부터 앰프와 스피커가 시위대에게 제공되는 것을 차단하고 나섰다. 1980년 5월 21일자로 내려진 광주시장 명의의 '긴급지시'는 "각 동의 앰프와 스피카는 지금 곧 철수하여 민간 가정에 안전하게 대피시킬 것"을 명령함과 동시에, "데모대원이 앰프와 스피카를 요구하면 얼마 전에 데모대원이 가져갔다고 할 것"이라며 거짓말까지 지시했다.[33] 24일의 궐기대회를 앞두고 도청의 관변 시민수습위 위원들과 학생수습위 위원장은 궐기대회에 냉담한 반응을 보이면서 대회 자체를 개최하지 말라고 종용했다.[34] 이런 시도가 여의치 않자 시민수습위와 계엄군 측은 집회를 기술적으로 방해했다.[35]

어쨌든 5월 20일 오후 일시적으로 만들어진 해방공간에서 대중집회가 자연발생적으로 생성되거나, 22일 오후에도 자연발생적으로 추도식과 대중집회가 열렸던 데서 보듯이, 이미 커뮤니타스에 도취되고 이끌린 시민들이 자연스럽게 도청과 금남로 일대로 몰려들고 있었다. '모임'과 '집회'에 대한 대중적 욕구에 누구라도 책임 있게 반응해야 했다. 그렇다고 이런 일을 '구체제 사람들'에게 내맡겨 둘 수도 없는 일이었다.

의례는 리미널리티와 커뮤니타스 체험의 가장 풍부한 원천이다. 의례는 사람들로 하여금 "삶의 일상적인 상황들에서 매우 멀리 벗어나게" 만들고, "일상적인 도덕 밖에 있어야만 하고 또 그것을 넘어서야만 한다고 느끼게" 만든다.[36] 또 저항 현장에서 의례는 연대감과 정서적 연결을 제공할 뿐 아니라 행위의 인지적, 정서적, 도덕적 차원들을 융합하는 마력魔力을 발휘한다.[37] 인지적·정서적·도덕적 차원의 융합을 통해 강렬한 확신과 자신감이 생겨난다. 캐서린 벨에 의하면 "믿을 수 없는 것을 확신시키는 것이 의례의 고유한 능력"이며, 의례는 갈등적이고 모순적인 태도·범주·가치들을 조화시키고 통합시키는 변혁적인 힘을 발휘한다.[38] 유사하게 의례 과정에서 발생하는 '감정'이 다양한 차원들을 융합하기도 한다. 의례적 맥락에서 "감정은 자아와 타자, 주체와 객체, 존재론적인 것과 인식론적인 것을 융합한다"는 것이다.[39]

저항운동의 맥락에서 궐기대회 같은 "의례화된 행사"는 '감정을 생산한다.' 칼훈에 의하면 "운동은 감정을 생산한다.……운동은 성원들을 운동으로 끌어들이려 감정을 촉발하는 것을 넘어, 투신을 확보하고 공유된 의미를 지속시키고 무엇보다 참여자들에게 감정 분출의 '절정감'을 '선택적 유인'으로 제공하기 위해 반복적으로 감정을 재생산한다."[40] 콜린스는 보다 단순한 감정을 고도의 도덕감정으로 발전시키는 것이 그가 '사회적 의례social ritual'라고 부르는 것의 효과라고 본다. "성공적인 사회적 의례는 하나의 감정을 다른 감정으로 변형시키는 과정이다. 개인을 처음으로 집합 행사에 참여하게 만드는 선동적이거나 촉발적인 감정들(분노, 화, 공포 등)을 의례적으로 공유하는 것은 독특하게 집합적인 감정들, 즉 공유된 관심 초점에 대한 성원들의 상호적인 인식 속에서만 비로소 생겨나는 연대와 열광, 도덕성의 감정을 발생시킨다."[41] 베레진에 따르면 "공적인 정치의례는 '감정공동체communities of feeling'를 창조한다." 나아가 공적 정치의례는 연대감과 집합기억을 산출하기도 한다. "의례 참여의 반복되는 경험은 연대의 감정—'우리 모두가 이곳에 함께 <u>있다</u>, 우리가 무언가를 공유하고 있음은 <u>확실하다</u>'—을 산출한다. 그리고 마침내 그것은 집합적 기억—'우리는 모두 그곳에 함께 <u>있었다</u>'—을 산출한다."(원저자의 강조)[42] 이와 유사하게 정근식은 집합적 의례가 "공동의 언어와 몸짓을 통한 서로 다른 것의 하나 되기"이며, (감정의 생산을 넘어) "의미를 생산하는 장"이라고 주장한다.[43] 콜린 바커는 저항적 의례가 "잠시 숨을 고르면서 지금까지의 진전을 공유하는 순간이며, 현재를 과거 역사 및 다가올 미래와 연결시키는 순간"이라고 주장했다.[44] 정치의례, 사회의례를 포함한 의례의 이런 힘power과 효능efficacy이 해방광주에서, 특히 궐기대회들에서 과연 얼마나 잘 발휘되었는가를 탐구하는 것은 대단히 중요하다.

'의례' 못지않게 '연극'도 커뮤니타스의 주요 발생 장소이며, 의례처럼 연극도 커뮤니타스 체험을 풍부하게 생산한다는 게 빅터 터너의 지론이었다는 점도 상기할 필요가 있다. 의례 자체가 연극적 요소를 내장하고 있다는 점에서, 의례와 연극은 불가분의 관계에 있기도 하다. 의례는 "극적으로 구조화"되는 경향이 있으며, 의례에는 "공연성, 즉 연극, 춤, 음악, 기타 다양한 인간 행동 등을 포함하는 드라마적 성격"이 담겨 있는 것이다.[45] 어쨌든 우리는 해방광주의 의례적-연극적 커뮤니타스 측면에 좀 더 주의를 기울일 필요가 있다.

굿윈과 파프는 공포 수준을 관리함으로써 '고위험 행동주의'를
지속하도록 기여하는 '고무 기제'의 관점에서 대중집회의 다양한
기능들을 고찰한 바 있다. 무엇보다 대중집회는 뒤르케임이 말하는
'집합적 흥분', 곧 여느 때와는 다른 집합적 에너지, 힘, 연대의 느낌
을 제공한다. 대의에 동참하는 저항자들의 숫자가 급격히 늘어날
때 "사람들은 개인적 불만의 총합보다 더 큰 어떤 것, 즉 연대, 희망,
용기라는 집합적인 감정적 경험을 누릴 기회를 얻는다." 이런 기능
은 대중집회가 열렬한 웅변과 합창, 환성, 환호, 구호 제창을 포함했
을 때 더욱 잘 발휘된다. 자신들의 요구가 관철되었을 때 대중집회
는 "행복감euphoria"을 선물하면서 "일체감, 안도, 기쁨의 표현"이
되며, "민중축제"처럼 변한다. "이 '광기의 순간moment of madness'
에 낯선 사람들이 껴안고 서로 격려하며 팔짱을 끼고 함께 행진했
다."⁴⁶ 대중집회는 더 큰 집단과의 동일시를 통해 공포를 관리하도
록 돕기도 한다. 더 큰 집단과의 동일시에 의해 형성된 새로운 정체
성은 "그 운동 자체가 정당한 것으로, 그들의 최종적 승리가 필연적
인 것으로 이해되도록 만듦으로써, 용감한 행동을 이끌어내는 데 특
히 효과적이었다."⁴⁷ 예컨대 광주항쟁 참여자들이 자신의 행동을
단순히 광주나 전라도의 이익을 위해서가 아니라 대한민국이나 민
족 전체를 위한 노력으로, 또 대한민국 국민 전체의 인권·정의·자
유·민주주의를 위한 헌신과 희생으로 생각할 때, 대중집회의 이런
기능이 현실화될 가능성이 높아질 것이다.

광주항쟁에서 궐기대회라는 이름으로 행해진 대중집회 역시 다
양한 기능을 수행했다. 항쟁을 시종 관통했던 공포와 불안을 관리
하고 치유하기 위해서도 대규모의 대중집회가 반드시 필요했고, 그
런 면에서 집회는 '치유의 시간'이기도 했던 셈이다. 궐기대회는 신

군부 측의 정보 왜곡과 왜곡 선전, 부정적 낙인찍기에 맞서 민주시민, 애국자, 정의의 투사라는 새로운 정체성을 형성하고 주장하는 장이기도 했다. 궐기대회는 항쟁의 정당화, 그리고 새로운 정체성의 획득·공고화를 위한 시공간이었다. 궐기대회의 직접민주주의, 민중 직접통치의 기능도 자주 강조되어왔다. 김희송에 의하면, 궐기대회는 "직접민주주의의 실현 공간으로서 시민들이 참여해 발언하고, 결정하는 정책 결정의 무대"였을 뿐 아니라, "사건의 진행과정을 파악하는 정보교환의 장소였으며, 시민교육의 장"으로도 기능했다.[48] 정근식은 몇 가지를 추가했다. 시민궐기대회는 "시민들의 상황 인식, 불안감 제거, 지도부와 시민 간 커뮤니케이션, 모금, 토론을 통한 행동방향의 결정, 계엄군이나 언론 규탄, 투쟁의지의 보존과 앙양의 기능", "행동의 연대성과 통일성을 확보"하기 위한 수단, "시민 지도부의 권력의 이행, 또는 대중권력을 낳는 산실"이었다.[49] 필자는 무엇보다 궐기대회가 시민들에게 제공하는 다양한 '감정이익'을 강조할 필요가 있다고 생각한다. 시민궐기대회는 단순히 투쟁방략을 논하고 협상전략과 군사적 방어 전술을 논의하는 자리가 아니었다.

궐기대회에 관한 최정운의 몇몇 표현으로부터 커뮤니타스의 요소들을 읽어낼 수 있기도 하다. 예컨대 "궐기대회에서 시민들은 절대공동체의 투쟁 분위기를 상기시키고 가끔은 자발적으로 연단에 올라가 각자 한풀이를 하기도 했다. 24일 이후 연극적 요소는 점차 세련되어졌고 화형식 등 볼거리들이 생기자 시민들은 점차 궐기대회를 투쟁의 경험과 분위기의 일부를 재생산하는 하나의 '카니발'로 즐기게 되었다." 이어서 최정운은 카니발을 설명하면서 "딴 세상, 가상의 세계"라는 적절한 표현을 추가했다. 궐기대회에서 시민들이 "고뇌와 고독을 달래기 위해 또 하나의 세계를 만들어 눈요기, 귀요기를 하며 언론의 자유를 만끽하며 한을 풀고 있었"다거나, "서로가 서로를 위로해주고 상처를 만져주는 자리였다"는 표현도 (다소 냉소적인 맥락이기는 하나) 커뮤니타스의 요소를 담고 있다.[50] 5월 23일 열린 궐기대회에서부터 광주 시민들은 자신들이 지금 겪는 고통이 미래 한국의 민주화를 위한 시련임을 믿어 의심치 않았다.

이날은 노동자, 농민, 시민, 학생 등 각계각층의 대표의 성명서 발표가 있었다. 이때 사회를 보면서 "이 나라의 민주주의는 그냥 주어지는 것이 아니라 피를 흘리고 싸워서 쟁취하는 것이다"라는 말을 했을 때 함성과 함께 열렬한 박수를 받았다.[51]

많은 비가 내린 5월 24일 집회에서 "폭우는 원혼의 눈물"로 재해석되면서 일시적으로 재난의 커뮤니타스를 만들어냈다. 섣부르게 '민주주의의 열사'라 호명하지 않고 '민주주의의 원혼'이라고 호칭하는 점이 인상적인데, 부정적 함의를 갖기는 해도 열사보다는 원혼이 슬픔의 정서를 자극하는 데는 더 효과적이었던 것 같다.

거센 비가 내리기 시작하자 많은 사람들이 비를 피할 곳을 찾아 흩어졌다. 연단에서 한 연사가 소리쳤다. "이 비는 비통한 죽임을 당해 평화롭게 누울 수 없는 민주주의의 원혼들이 흘리는 눈물이다." 사람들은 자리로 돌아와 우산을 접었다. 퍼붓는 빗속에서 그들은 '전국의 민주 시민들에게 보내는 호소문'을 진심으로 승인했다.[52]

24일 집회에서는 '민주시民主詩'도 낭독되었다. 앳된 얼굴의 여고생이 분수대 위로 올라 〈민주화여!〉라는 시를 낭독하자, 시민들은 쏟아지는 빗속에서도 열렬히 호응하면서 시구詩句들을 몇 번이고 최대한 음미했다. 비와 시가 어울려져 감동적인 커뮤니타스가 형성되었다.

> 앳된 여학생이 등단했다. 몸매는 가냘팠지만 목소리는 다부지고 야무졌다. 여학생은 "〈민주화여!〉라는 시를 낭독하겠습니다"라고 서두를 꺼낸 다음 낭랑하게 읽어 내려갔다. 시민들 중에 따라 읽는 소리가 들렸다. 여기저기서 "한 번 더 읽읍시다"라는 소리가 터져 나왔다. 이번에는 여학생이 처음부터 한 구절씩 구호처럼 읽어 내려갔다. 시민들이 따라 읽었다. 아니 외쳤다. 갑자기 도청 광장에 있는 모든 사람이 하나가 되어 우렁찬 합창으로 변했다.[53]

이때 낭독된 민주시는 대략 다음과 같은 내용이었다.

> 민주화여, 영원한 우리 민족의 소망이여! / 피와 땀이 아니곤 거둘 수 없는 거룩한 열매여! /……우리는 총칼에 부딪치며 여기 왔노라! / 우리는 끝까지 싸우노라! / 우리는 마침내 쟁취하리라! /……전두환의 사병 아닌 삼천만의 국군 되자 /……폭군정부 격퇴하고 민주정부 건설하자. / 방위세가 둔갑하여 최루탄과 총알이냐 /……4·19는 환호한다 녹두장군 지켜준다 /……미친개들 풀어놓고 민주시민 물어가네. / 민주시민 합세하여 미친개를 쫓아내니 /……어허! 이게 웬 날벼락인고 / 표창 받을 민주시민 폭도로 몰았구나. /……안 속는다! 안 속아! / 절대로 안 속는다![54]

25일 궐기대회에서는 시민들이 직접 〈계엄군과 광주 시민〉이라는 제목의 시를 함께 만들었다. "운집한 시민은 대회 시작 전에 주최 측의 권유로 항쟁에 대한 자신들의 생각을 종이에 적었다. 이에 여러 시민이 참여하면서 적어 내려간 글귀는 곧 한 편의 시로 완성되었다"는 것이다.[55]

> 계엄군은 가짜 애국, 광주 시민 진짜 애국 / 계엄군은 진짜 폭도, 광주 시민 민주의거 / 계엄군은 정권 강도, 광주 시민 민주항쟁 /……계엄군은 이성 잃고, 광주 시민 질서 유지 / 계엄군은 독재 유지, 광주 시민 민주투쟁 /……계엄군은 미친 개고, 광주 시민 선량하네 / 계엄군은 로보트고, 광주 시민 자유롭네 /……계엄군은 강도 정부, 광주 시민 인정 많네[56]

26일 새벽 계엄군의 광주 재진입이 시작되었고, 이른바 '죽음의 행진'을 통해 이를 가까스로 저지했지만 뒤이은 협상마저 결렬됨에 따라 대화를 통한 사태의 평화적 해결 가능성은 사실상 사라졌다. 이런 급박하고 절망적인 상태에서 항쟁지도부는 매일 오후 3시에 갖던 궐기대회를 오전으로 앞당겨 열기로 결정했다. 다시 피바람의 공포가 엄습하는 와중에 급조된 집회였음에도 "무려 3만여 명"의 시민들이 운집했다.[57] 해방광주에서 시간이 흐름에 따라 점점 더 많은 기관·회사 기능이 정상화되고 점점 더 많은 시민들이 생업으로 복귀함에 따라 업무 시간 중에 집회에 참석하기는 갈수록 어려워지는 게 자연스러울 것이고, 더구나 급하게 소집된 집회였음에도 불구하고 수만 명이나 모여든 모습은 확실히 놀라운 점이 있다.

이날 오전 궐기대회를 마친 후 시민들은 거대한 가두행진의 장관을 연출해내기도 했다. "궐기대회를 마친 후 스쿨버스를 앞세우고 수많은 시민들이 가두행진에 나섰다. 선두가 금남로에서 1킬로미터 정도 떨어진 광남로 사거리로 꺾어 들어갈 때까지 후미는 아직 출발도 하지 못했을 정도로 행진에 참가한 시민들은 6차선 도로를 꽉 메웠다. 시민들은 '우리는 싸움을 포기할 수 없다', '무기 반납은 절대로 안 된다', '살인마 전두환을 찢어죽이자'는 구호를 외치며 금남로→광남로→광주공원→양림교→전남대병원→청산학원→계림파출소→광주역→한일은행 코스를 따라 순회한 후 다시 도청 앞으로 집결하였다."[58]

다시 강조하거니와 시민궐기대회에는 의례적인 요소와 연극적인 요소가 두루 섞여 있었다. 시민궐기대회는 의례이자 연극이었다. 필자가 보기에는 의례적 측면이 연극적 측면보다 조금 더 우세했던 것 같다. 5월 22일의 최초 시민집회, 23일부터 26일까지 다섯 차례 '민주수호 범시민궐기대회'라는 이름으로 열린 대규모 집합의례의 참여자 수, 식순, 주요 발표문과 그 주제는 〈표 7-1〉과 〈표 7-2〉에 요약되어 있다. 출처에 따라 구체적 사실관계가 약간씩 달라지므로 일단 둘 모두를 소개한다.

5월 22일 이후 '의례로의 전환'으로 인해, 다양한 상징과 문화적 레퍼토리들이 활용될 수 있게 되었다. 그 결과 시민궐기대회라는 형식의 '의례-연극 복합체'는 일종의 종합예술이나 정치적 축제 같은 모습을 보이게 되었다. 〈표 7-1〉과 〈표 7-2〉에서도 확인할 수 있듯이, 궐기대회에서는 〈애국가〉 제창과 국기에 대한 경례, 묵념으로 구성되는 '국민의례'가 중요한 부분을 차지하고 있다. 26일 하루 동안 두 차례나 시도된 대규모 가두행진은 그 자체가 하나의 화려한 스펙터클을 창출하면서, 동시에 집합의례에 강렬한 역동성을 부

〈표 7-1〉 민주수호 범시민궐기대회의 식순과 주요 활동[59]

개최 시기	차수	식순	주요 발표문 및 활동	발표문의 주제
5월 23일 오전 11:30	1	① 희생자에 대한 묵념 ② 국기에 대한 경례 ③ 애국가 제창 ④ 각종 성명서 낭독 ⑤ 공지사항 전달 ⑥ 피해상황 보고 ⑦ 민주주의 만세 삼창	시국선언문; 민주시민 여러분; 광주 애국시민에게; 광주 시민 여러분께 알려드립니다(이상 발표문); 자유발언; 2차 민주수호 범시민궐기대회 안내	질서 회복 요구; 기물 복구; 상부상조; 일상 업무 복귀; 민주화를 위한 투쟁 결의
5월 24일 오후 2:50	2	① 희생자에 대한 묵념 ② 국기에 대한 경례 ③ 애국가 제창 ④ 전두환 화형식 ⑤ 결의문 발표 ⑥ 민주시 낭독 ⑦ 민주주의 만세 삼창	껍데기 정부와 계엄당국을 규탄한다; 국민에게 드리는 글; 전국 민주시민에게 드리는 글; 대한민국 모든 지성인에게 고함(이상 발표문); 전두환 화형식; 이윤정의 시 〈민주화여!〉	무기 회수; 항쟁의 확산 소식; 무장투쟁 결의; 전 민족의 궐기 촉구
5월 25일 오후 3:00	3	① 무기 반납 백지화 선포 ② 희생자에 대한 묵념 ③ 국기에 대한 경례 ④ 애국가 제창 ⑤ 피해상황 발표 ⑥ 결의문 채택 ⑦ 민주주의 만세 삼창	광주 시민 여러분께; 희생자 가족에게 드리는 글; 전국 종교인에게 드리는 글; 국민에게 드리는 글; 전국 민주학생에게 드리는 글; 우리는 왜 총을 들 수밖에 없었는가 (이상 발표문)	무기 반납 백지화 선포; 무장의 정당성 호소; 피해상황 보고; 전국 종교인의 궐기 촉구; 전국 대학생들의 궐기 촉구
5월 26일 오전 10:00	4	① 국기에 대한 경례 ② 희생자에 대한 묵념 ③ 경과 보고 ④ 협상 결과 보고 ⑤ 결의문, 시 낭독 ⑥ 노래 제창 ⑦ 가두행진	광주 민주시민 여러분께; 80만 광주 시민의 결의; 광주사태에 대한 우리의 견해; 대한민국 국군에게 보내는 글; 전국 언론인에게 보내는 글; 과도정부 최규하 대통령께 보내는 글(이상 발표문)	계엄사의 허위약속 폭로; 언론인의 진실보도 촉구; 대통령의 사태수습 촉구
5월 26일 오후 3:00	5	① 국기에 대한 경례 ② 희생자에 대한 묵념 ③ 경과 보고 ④ 협상 결과 보고 ⑤ 결의문 낭독 ⑥ 가두행진	광주 시민은 통곡하고 있다; 정부의 오도된 보도를 바로 잡는다; 전국 언론, 지성인들에게 보내는 글; 광주 민주시민 여러분께(재); 대한민국 국군에게 보내는 글(재); 80만 광주 시민의 결의(재); 과도정부 최규하 대통령께 보내는 글(재)(이상 발표문)	항쟁의 전 과정 설명; 정부의 허위보도 질타; 계엄군의 재진입 예고

날짜	집회 시간	참석자 수	주제 및 주요 사건
5월 22일	오전	3~4만 명	다양한 두서없는 토론
5월 22일	오후 5시	10만 명 이상	사망자 추모, 시민수습대책위 협상 결과 발표, 정시채 부지사 주관, 8명의 협상단 소개, 장휴동이 "무기를 포기하라"고 말했다가 야유 받음, 김종배가 저항의 필요성을 주장하자 환호 받음, 수습위원 퇴장, 광주 양대 조폭 두목이 투쟁 협력 선언
5월 23일	오전 10시 오전 11시 오전 11시 30분 오후 3시	5만 명 5~10만 명 15만 명 10만 명 이상	범시민궐기대회가 오후 3시에 예정돼 있었지만 사람들이 몰려오면서 11시 30분 시작, 김태종 사회, 부상자를 위한 사랑의 모금 진행, 1시 김창길이 총기 200정과 교환한 연행자 34명과 함께 귀환, 이때 뇌관을 해체한 군 폭발물 전문가도 데려옴, 학생수습위가 무기를 회수하기로 결정, 2,500정 회수
5월 24일	오후 2시 50분	10만 명	2차 범시민궐기대회: 군중이 시민수습위에 세부 사항 밝힐 것을 요구, 시민수습위가 방송시설 사용 거부, 집회 확성기 전원 차단, 전기가 없자 페퍼포그 차량 이용, 전두환 모형 화형
5월 25일	오후 3시	5만 명	3차 범시민궐기대회: 시민수습위 사퇴 요구, 지역 문제 논의
5월 26일	오전 10시	3만 명	4차 범시민궐기대회: '새로운 국민화합정부' 요구, 3만 명이 행진하면서 민주화 요구, 군 헬리콥터가 상공을 선회하면서 전단 살포
5월 26일	오후 3시	3만 명	5차 범시민궐기대회: 군대가 곧 공격할 것이라고 발표, 대회 직후 고등학생들이 이끄는 약 6천 명의 가두행진이 이어짐

여하기도 했다. 조기 게양, 만세 삼창, 함께 노래 부르기, 시낭송, 화형식(전두환 인형 화형식) 등도 의례적 성격이 강하다. 23일에는 궐기대회 장소 주변에 구호들을 담은 여러 장의 현수막과 함께 사진들도 등장했다. "남도예술회관 벽면과 충장로 방향 YWCA 부근 담벼락에는 사망자 명단과 함께 잔혹하게 희생된 시신과 부상자들, 그리고 병원에서 지금 죽어가는 사람들의 모습을 담은 사진이 무수히 내걸렸다. 대부분 급하게 현상한 흑백사진이었다. 시민들은 그 주변에 몰려서서 사진을 보며 눈시울을 적셨다."[61]

사실 국민의례는 대개 '지배'의 맥락에서 수행되곤 했다. 그러나 해방광주 궐기대회에서의 국민의례는 집권세력이 시행하던 국민의례와는 전혀 다른 성격을 갖고 있었다. '묵념'은 '순국선열'이 아닌 '항쟁 희생자들'을 향한 것이었다(만세 삼창도 '대한민국 만세'가 아닌 '민주주의 만세' 삼창이었다). 궐기대회의 국기 경례와 〈애국가〉 제창도 마찬가지였다. 이것은 이미 이전과는 '다른 태극기', '다른 애국가'였다. 그것은 박정희식 '유신 국가주의'의 상징이던 그 태극기-애국가, 매일 모든 국민에게 1분 남짓 '동작 그만'을 명령하던 '국기강하식'의 태극기-애국가, 끝없이 '굳은 충성의 다짐'을 요구하던 '국기에 대한 맹세'의 태극기가 더 이상 아니었다. 〈애국가〉와 태극기가 광주항쟁 기간 내내 중요하게 활용되었다. 태극기는 저항의 상징으로, 대중집회의 의례장치로서, 희생자에 대한 예의의 표현으로 활용되었다.[62] 태극기에 대한 수요가 급증하자 시민들은 급히 태극기를 자체 제작하여 배분하기도 했다. 예컨대 5월 26일 김양애 등 양동시장 상인들의 경우 "시장 다른 한쪽에서는 태극기를 만들고, 계란과 물을 준비하여 차를 타고 돌아다니는 시민군들에게 나눠주었다"는 것이다.[63]

다양한 노래들이 항쟁 과정에서 공유되었다. 굿원과 파프가 말했듯이, 참여자들이 함께 노래할 때 대중집회가 "흥분과 열광의 집합적 감정"을 산출할 가능성은 특히 높아진다. 단순하지만 감성적인 멜로디, 감성적-정치적 내용을 담은 단순하고 반복적인 합창, 리드미컬한 대구對句들은 "공유된 퍼포먼스를 용이하게 만듦으로써 집합적 정체성 형성의 원천"이 되기도 한다. 노래는 "모든 난관들을 극복할 수 있게 하고 새로운 결단, 새로운 신앙과 힘을 창출할 수 있"으며, 그런 면에서 노래와 음악은 "바닥 모를 영적 힘의 저장고"로 기능할 수 있다.[64] 천유철은 광주항쟁 당시 "노래 제창은 상호간의 감성과 동질감에 호소함으로써 계층적 차별성을 극복하고 시민들 사이를 차단하는 가식이나 장애물을 제거해주는 이상적인 수단이었다"고 평가한 바 있다. 노래를 통해 "여러 층위의 감정들이 수렴되고 확산"되었고, "연대감과 동질감이 형성"되었고, "정의감과 떳떳함, 연대의식이 표현"되었다. 노래를 부름으로써 "민주시민-투사-정의파라는 주체로서의 전이 및 주체로의 상승"이라는 변화도 발생했다.[65]

천유철은 항쟁 현장에서 불렸던 노래들을 (1) 〈애국가〉, 〈아리랑〉, 〈우리의 소원은 통일〉, 〈선구자〉, 〈봉선화〉, 〈진짜 사나이〉 등 이미 대중화된 노래들, (2) 〈홀라송〉, 〈늙은 투사의 노래〉처럼 1970년대부터 대학생들의 민중가요가 미리 있었기에 짧은 학습과정을 거쳐 시민들에게 빠르게 공유될 수 있었던 노래, (3) 〈전우가=투사의 노래〉, 〈늙은 군인의 노래〉 등 익숙한 곡에 새로운 가사를 입힌 개사곡(이른바 '노가바') 등 세 가지 범주로 구분한 바 있다.[66] 〈표 7-3〉에 이런 내용이 한데 정리되어 있다.

1980년 5월의 광주 사람들은 왜 '궐기대회'라는, 어쩌면 '관제 데

곡명	원곡	주요 가사	유형
애국가	애국가	무궁화 삼천리 화려강산 / 대한사람 대한으로 길이 보전하세	원곡
아리랑	아리랑	나를 버리고 가시는 님은 / 십리도 못가서 발병난다	원곡
아리랑	아리랑	나를 버리고 가시는 시민 여러분 / 십리도 못가서 후회하게 됩니다	개사곡
우리의 소원은 통일	우리의 소원은 통일	우리의 소원은 통일 / 꿈에도 소원은 통일 / 이 정성 다해서 통일 / 통일을 이루자	원곡
투사의 노래	전우가	이 땅에 민주를 수호코자 일어선 시민들 / 시민들은 단결하여 다 같이 투쟁하자	개사곡
늙은 투사의 노래	늙은 군인의 노래	아들아 내 딸들아 서러워 마라 / 너희들은 자랑스런 투사의 아들딸이다	개사곡
봉선화	봉선화	울밑에 선 봉선화야 네 모양이 처량하다 / 길고긴 날 여름철에 아름답게 꽃필 적에	원곡
정의파	홀라송	우리들은 정의파다 좋다 좋다 / 같이 죽고 같이 산다 좋다 좋아	개사곡
광주 시민 장송곡	광주 시민 장송곡	자랑스런 민주투사 젊은 영들이여 / 정결한 피 최후의 날 우리 승리하리라	창작곡
진짜 사나이	진짜 사나이	멋있는 사나이 많고 많지만 / 내가 바로 사나이 진짜 사나이	원곡
선구자	선구자	일송정 푸른 솔은 늙어 늙어 갔어도 / 한 줄기 해란강은 천년 두고 흐른다	원곡
내게 강 같은 평화	내게 강 같은 평화	내게 강 같은 평화 / 내게 강 같은 평화 / 내개 강 같은 평화 넘치네	원곡

모'를 연상시키는 집회 형식을 취했을까? 무엇보다 그것이 시민들에게 익숙한 정치집회 양식이었기에 그랬을 가능성이 높아 보인다. 궐기대회는 초등학교부터 대학교에 이르기까지, 심지어 동네나 직장 차원에서도 거의 일상화된 위로부터의 정치적 동원 양식이었다.

아마도 이질적인 요소들의 결합, 즉 '추모의례와 투쟁의 결합'을 도 모하는 형식적 실험의 측면도 있었을지 모른다. 어쨌든 위에서 보 았듯이 1980년 광주의 '민주수호 범시민궐기대회'는 다채로운 문화 적 레퍼토리들이 출현하고, 연극적 요소와 의례적 요소가 어우러지 는 무대이자 장場이었다. 궐기대회는 권력투쟁 및 협상력 제고의 수 단에서부터 추모공동체에 이르기까지 그야말로 다목적·다기능의 공간이었다. 거기서는 즉흥적인 연설, 시낭송, 합창, 성명서 낭독, 분노의 화형식, 추모의례, 거리행진이 등장했다. 그곳은 웃음과 환 호, 박수, 흐느낌 등 온갖 감정들이 표출되고 하나로 합쳐지는 거대 한 용광로였다.

궐기대회는 민주주의 공론장이자 자치 수단이기도 했다. 그곳에 서 참여민주주의-직접민주주의가 펼쳐졌다. 궐기대회는 항쟁 기간 동안 시민들이 공적으로 발언하고 의사결정에 참여할 수 있는 거의 유일한 기회를 제공했다. 한상진이 설명하듯이 "국가 공권력이 무 너진 상황에서 광주 시민의 집합적 의지를 표현하는 가장 중요한 방 법은 대중집회와 토론이었다. 특히 궐기대회는 각종 당면 문제와 대책에 대한 폭넓은 토론의 장을 제공했다."[68] 기대를 배반하거나 (시민수습위) 분열되고 무능한(학생수습위) 지도자들을 대신하여, 뭇 시 민들은 집단지성을 발휘하여 총기 회수 문제 등에 대해 대응방향을 모색하고 토론했다. "광주의 자치에서 가장 합의를 보기가 어려웠 던 쟁점은 바로 무기 회수의 문제였다.……이 문제를 어떻게 처리 하느냐는 매우 예민한 문제였다. 토론은 자발적 합의 도출을 위한 과정으로 인식되었다. 무기 회수를 바라는 시민들의 주장도 개진되 었고 그렇지 않은 입장도 소개되었다."[69]

마지막으로, 궐기대회는 신군부 측과의 성공적인 협상을 위한 필

수조건이기도 했다. 특히 항쟁지도부의 입장에서 볼 때, 궐기대회
는 그 자체가 협상의 무기임과 동시에 협상력 제고를 위한 수단이
었다. 이 문제는 다음 장에서 보다 자세히 다룰 것이다.

8장

해방광주(3):
비폭력 저항의 커뮤니타스,
항쟁-재난의 커뮤니타스

1. 협상: 평화적 해결을 위한 끈질긴 노력

필자는 6장에서 해방광주 시기 도청과 광장을 무대로 진행된 다중적 대립과 갈등을 초기의 이중권력 상태를 극복하면서 대안적 권력 질서가 등장하는 과정으로 볼 필요가 있다고 주장했다. 또 갈등의 직접적 쟁점은 '무조건 무기 반납' 대 '조건부 무기 반납' 입장의 대립이었지만, 저변의 보다 근본적인 쟁점은 '저항 대 투항(폭력·비폭력 저항 대 비폭력 투항)'의 갈등이었다고 주장했다. 따라서 우리는 대립 구조를 '협상파 대 투쟁파'로 잘못 설정하지 않도록 유의해야 한다. 누구나 협상파였다는 것, 다시 말해 대립의 구도가 어떠하든 갈등하는 양쪽은 모두 협상을 추구했다는 점이 강조되어야 한다.

항쟁에 연루된 모든 이들이 협상에 의한 평화적 사태 해결을 간절히 바라고 있었다. 5월 25일을 고비로 대안권력의 핵심 주체이자 항쟁지도부로 떠오른 이들도 '협상에 의한 평화적 해결'을 반대한 것은 아니었다. 항쟁지도부의 입장은 "일면 투쟁, 일면 협상" 전략에 가까웠다.[1] 군부와의 정면 무력 대결에서 시민군이 승리할 가능성은 거의 없고 그로 인한 피해 또한 막심할 것이 분명하기 때문에, 궁극적으로는 협상·대화를 통한 갈등 해결의 길밖에는 선택지가 없음을 항쟁지도부 자신도 너무 잘 알고 있었다.

최초의 협상 노력은 해방광주 이전인 5월 21일에 나타났다. 광주 시민들은 자발적으로 대표를 뽑아 처음에는 계엄군 현지 지도자 중 한 사람인 11공수여단장을 만났고, 이어 계엄군의 주선으로 전남도 지사와 협상을 벌였다. 시민들의 요구 사항은 계엄군 철수, 연행자 즉각 석방, 폭력 사용 금지 등이었다. 그러나 도지사는 협상 결과를 직접 시민들에게 설명해달라는 요구를 수용했으면서도 끝내 모습을 드러내지 않았다.[2] 해방광주가 열린 5월 22일부터 시민수습위를 중심으로 협상 시도가 본격화되었다. 이를 시간 흐름에 따라 정리하면 〈표 8-1〉과 같다. 그러나 표에는 포함되지 않은 세 차례의 협상 시도가 더 있었다. 우선, 5월 23일을 전후하여 전남대 교수들이 나서 계엄군과 협상을 진행한 적이 있었다.[3] 5월 24일 오전에는 명노근 전남대 교수가 시민수습위 대표로 상무대에서 단독으로 계엄군과 협상을 시도했던 일이 있었다. 이는 전날의 수습위-계엄군 협상을 계속하려는 것이었으나, 협상은 군 장성들 간의 갈등 때문에 시작하기도 전에 곧바로 끝나버렸다.[4] 민주시민투쟁위원회는 희생자 합동장례식을 치르기 위해 5월 26일 광주시장, 전남부지사, 도청 사회국장 등과 협상을 벌인 적이 있었다.[5] 23일 2차 협상 후 소총과 석방자 교환이 이루어진 일과 함께,[6] 이는 항쟁 기간 중 가시적인 합의에 도달한 희귀한 협상 사례이기도 했다.

협상 주체, 협상안의 내용, 명시된 혹은 추정된 우선적 협상 대상을 정리한 〈표 8-1〉에서도 확인되듯이, 갈등의 평화적인 해결을 위한 협상 노력은 해방광주 출현 직후부터 즉각 시작되어 항쟁 마지막까지 끈질기게 계속되었다. 협상안을 마련한 주체는 시민수습위, 학생수습위, 전남대 교수단, 재야인사·종교인 그룹, 민주시민투쟁

〈표 8-1〉 광주항쟁 당시 협상의 주체, 요구사항, 우선적 협상 대상[7]

시기	협상 주체	요구사항(협상안)	협상 대상
5월 22일	관변 시민수습위	① 사태수습을 위한 군 투입 금지, ② 연행자 전원 석방, ③ 군의 과잉진압 인정, ④ 사후보복 금지, ⑤ 상호 책임 면제, ⑥ 사망자 보상, ⑦ 이상 요구사항이 관철되면 무장해제	계엄군
5월 23일	관변 시민수습위	① 계엄군, 공수부대의 지나친 과잉진압을 인정하라, ② 연행자를 석방하라, ③ 계엄군의 시가지 투입을 금지하라, ④ 시민·학생 처벌 및 보복을 엄금하라, ⑤ 정부 책임 하에 사망자·부상자의 피해를 보상하라, ⑥ 방송 재개 및 사실 보도를 촉구한다, ⑦ 자극적인 어휘 사용을 금지하라, ⑧ 시외 통로를 열어라	계엄군
5월 23일	재야인사·종교인 그룹	① 광주 시민의 항쟁은 정당방위 행위였다, ② 무고한 시민을 살상한 공수특전단의 책임자는 반드시 처벌하여야 한다, ③ 광주의 모든 피해는 정부가 책임진다, ④ 계엄군의 투입을 금지하라, ⑤ 시민·학생들에게는 어떠한 책임도 묻지 않는다, ⑥ 구속학생 석방하고 계엄군은 사과하라, ⑦ 사태의 수습은 각계 대표와 전남도지사, 광주시장, 경찰국장을 포함한 수습대책위원회에서 한다, ⑧ 무기는 자진 회수 반납한다	계엄군/정부
5월 24일	학생 수습위	① 광주사태에 대하여 정부는 불순분자들과 폭도들의 난동으로 보도하고 있는데, 현재의 광주항쟁은 전 시민의 의지였으므로 폭도로 규정한 점을 해명 사과할 것, ② 사망한 사람들의 장례식을 시민장으로 거행할 것, ③ 구속된 학생·시민을 전원 석방할 것, ④ 피해 보상을 전 시민이 납득할 수 있는 범위 내에서 시행할 것	계엄군/정부
5월 25일	재편 시민수습위	① 이번 사태는 정부의 잘못임을 시인할 것, ② 사과하고 용서를 청할 것, ③ 모든 피해는 정부가 보상할 것, ④ 어떠한 보복 조치도 없을 것	정부
5월 26일	재편 시민수습위	① 시간이 필요하다, ② 약속을 위반하여 전차를 이동케 한 데 대한 이유를 분명히 하고 사과하라, ③ 군은 절대로 광주 시내에 진입해서는 안 된다, ④ 경찰에게 치안을 담당시켜라, ⑤ 보도로 시민을 자극하지 말라	계엄군
5월 26일	민주시민 투쟁위 (궐기대회)	① 모든 책임은 과도정부에 있으므로 피해를 보상하고 즉각 퇴진, ② 계엄령 즉각 해제, ③ 전두환 공개 처단, ④ 민주인사 즉각 석방, 민주인사들로 구국 과도정부 수립, ⑤ 정부와 언론의 광주의거 허위조작, 왜곡보도 중단, ⑥ 진정한 민주정부 수립, ⑦ 이상의 요구가 관철될 때까지, 최후의 일각까지, 최후의 일인까지 투쟁할 것을 선언	정부

위원회(궐기대회에 참여한 시민들) 등 여럿이었다. 시민수습위도 초기의 '관변' 조직과 25일 이후의 '진보적으로 재편된' 조직으로 다시 구분된다.

협상의 '상대' 문제도 협상의 '주체' 문제 못지않게 중요하다. 협상 상대는 계엄군, 지방정부(전라남도, 광주시), 중앙정부 등으로 3원화되었다. '관변 시민수습위'가 계엄군을 주된 협상 대상으로 삼았다면, 다른 협상 주체들은 요구 내용과 상황에 따라 계엄군·지방정부·중앙정부 모두를 협상 대상으로 삼았다. 정치적 요구를 배제한 채 오로지 무장투쟁 상황의 종식만을 추구했으므로, 관변 수습위에게는 계엄군도 협상 상대로 손색이 없었을지 모른다. 그러나 다른 협상 주체들의 입장에서 볼 때 협상 상대로서의 계엄군은 여러모로 부적합했다. 무엇보다 현지 계엄군은 중앙정부로부터 협상 권한을 위임받지 못한 채 극히 제한된 재량권만을 행사할 수 있을 따름이었다. 정근식에 의하면 "협상이 성립할 수 있는 전제가 협상 파트너의 상호 인정과 결정권의 위임에 기초하는 것이라면, 현지 계엄군은 아무런 자율적 결정권이 없이 신군부의 명령을 따르는 하위 단위에 지나지 않았다." 더욱이 "상대적으로 온건했던 전교사 지휘부도 신군부에 의해 교체되었다." 계엄군은 협상 의지마저 결여하고 있었다. 예컨대 5월 26일의 협상 당시 "계엄사 당국자는 자신은 군인이므로 정치는 모른다고 하면서 무조건 무기 회수를 요구했다."[8] 결과적으로 계엄군은 협상 분위기를 지속적으로 깨뜨리고 훼손하는, 사실상 '진정한 협상의 걸림돌'에 가까웠다. 관변 수습위는 필자가 앞에서 '협상 상대에 대한 불신이라는 딜레마'로 표현했던 문제, 즉 계엄군에 대한 시민들의 극심한 불신에도 불구하고 계엄군의 선의에만 의존하는 한계도 드러냈다.[9] 그럼에도 무조건적 무기 반납과 투항만을 요구하는 현지 계엄군의 초강경·비타협 일변도의 태도는 관변 수습위가 시민들과 급속히 괴리되어 영향력을 상실하도록 도왔을 뿐이었다. 도청에 남아 있던 고위 관료가 중앙정부와의 협상을 중재할 수도 있었겠지만,[10] 실제로 그런 일은 일어나지 않았다.

이에 비해 항쟁지도부는 대체로 현지 계엄군을 협상 상대로 인정하지 않는 경향을 보였다. 각종 성명서들과 요구안(협상안)도 계엄군을 상대로 한 것이 아니었고, 5월 26일의 외신 기자회견도 미국이나 중앙정부를 겨냥한 것이었다. 26일 죽음의 행진과 협상 결렬 직후 '재편 시민수습위'는 대통령 면담 추진을 위해 김성용 신부와 홍남순 변호사를 서울로 파견하기도 했다. 그럼에도 결국 중앙정부와의 협상은 한 번도 성사되지 못했고, 그럼으로써 협상 주체의 요구사항을 실질적으로 관철할 가능성 또한 사라졌다. 광주대교구장인 윤공희 대주교가 5월 23일 광주를 방문한 국무총리를 만나 대책을 협의하려다 실패한 것을 비롯하여 주교단과 김수환 추기경, 전주교구청 등이 항쟁 기간 중 사태 수습을 위해 분주하게 움직였지만, 가시적인 성과를 산출해내지는 못했다.[11]

5월 23일 이후 시민수습위의 인적 재편이 거듭되는 가운데 협상안의 내용도 의미 있는 변화를 보였다. 특히 5월 25일을 고비로 중대한 변화가 진행되었다. 관변 시민수습위가 배제했던 정치적 요구사항—민주화를 핵심으로 하는—을 되살린 점, 그리고 협상이 점점 '항쟁 정당성에 대한 인정투쟁'의 모습을 강화해갔던 점이 가장 주목할 만한 변화였다. 관변 시민수습위조차 '군의 과잉진압 인정'과 언론의 '사실 보도'를 요구했을 정도로 항쟁 정당화 문제는 시민들에게 사활적으로 중요한 쟁점이었다. "광주 시민의 항쟁은 정당방위 행위였다"는 주장, "광주사태에 대하여 정부는 불순분자들과 폭도들의 난동으로 보도하고 있는데, 현재의 광주항쟁은 전 시민의 의지였으므로 폭도로 규정한 점을 해명 사과할 것"이라는 요구는 보다 직접적으로 이 문제를 제기하고 있다. 희생자 장례식을 '시민장'으로 거행하라는 요구는 사망자들이 '의로운 죽음을 당한 이들'이라는 인식을 전제하고 있다. 항쟁에 '의거(광주의거)'라는 명칭을 부여한 것 역시 마찬가지이다.

관변 시민수습위의 초기 협상안은 항쟁의 정당성 문제를 강력하게 제기하지 않은 채 시민 무장과 폭력적 대치 사태의 조속한 종결을 추구하려는 경향이 강했다. 그런데 항쟁의 정당성 문제는 '신군부 쿠데타의 탈정당화'와 직결되는 쟁점이었다. 따라서 항쟁 정당성 쟁점이 부각될수록, 협상 주체들이 내세우는 협상안의 '정치적' 성격도 점점 더 강해질 수밖에 없었다. 또 그럴수록 협상 상대 역시 현지 계엄군이 아닌, 신군부 최고위층 및 중앙정부 쪽으로 변해갈 수밖에 없었다. 앞서 인용했듯 현지 계엄군 지도자는 "자신은 군인이므로 정치는 모른다"고 주장했다지만, 항쟁 정당성 문제만큼 정치적인 문제도 없었다.

항쟁지도부가 가진 협상의 무기 내지 지렛대는 작게는 시민 '무장해제', 크게는 '도청 이양'으로 상징되는 '해방광주 전체(광주의 통치권)'였다. 궐기대회 등을 통해 시민들의 결집된 의지를 과시하는 것, 회수된 총기, 도청 지하에 확보해둔 폭약도 주요한 협상 무기로 활용되었다. 역으로 보면, 이 모두가 협상과 평화적 해결을 위한 항쟁지도부의 강력한 의지를 보여주는 증거들이기도 하다.

항쟁지도부는 시민궐기대회와 시민군 강화를 성공적인 협상을 위한 필수조건으로 보았다. 협상에서 상대방의 양보를 이끌어내기 위해선 강력한 힘을 과시할 필요가 있는데, 그 힘의 한 축은 시민들의 단합된 의지이고 다른 축은 시민군으로 대표되는 무장력이라는 것이 항쟁지도부의 판단이었다. 시민들의 단합된 힘을 모으고 과시할 수 있는 가장 중요하고도 효과적인 수단이 바로 시민궐기대회였다. 항쟁지도부 일원이 되는 정상용의 5월 24일 발언에 이런 인식이 단적으로 담겨 있다. "궐기대회를 통해 시민들의 강한 의지를 보여줘야 한다. 그래야 정부 측과의 협상을 유리하게 이끌 수 있다." 정상용은 25일에도 재야인사들과의 회의에서 "궐기대회를 계속 추진하여 시민들의 뜻을 모으고, 강력하게 의사를 결집하여 협상에 유리한 여건을 만들기로 작정했습니다"라고 말했다.[12]

다른 한편으로는 사실상 와해된 시민군을 복원하고 재편하는 일이 협상력 제고를 위해 중요하다고 항쟁지도부는 판단했다. 항쟁지도부는 무조건적인 시민군 해체는 스스로 죽는 길이라고 주장했다. 예컨대 윤상원은 "(수습위원들이—인용자) 아무런 보장도 없이 무기를 반납하도록 독려하자……이래서는 모두가 죽는다며 계엄 당국이 잘못을 시인하고 모두가 납득할 만한 사후처리 방안이 나올 때까지는 끝까지 싸워야 한다고 주장"했다.[13] 박남선은 "아무런 대책 없이 무기를 회수하면 우린 개죽음을 당할 수밖에 없"다면서 "광주를 지키고 끝까지 싸우는 것이 사는 길이요, 광주를 포기하는 것이 죽는 길"이라고 주장했다.[14] 황석영 등에 의하면, "협상력 강화를 통한 사태 수습을 고려한다면 대안 없는 무기 반납은 잘못된 방향이었다. 무기 회수는 사실상 지역방위대 해산과 시민군의 와해로 이어졌다. 그 결과 협상력은 크게 약화될 수밖에 없었다."[15] 반면에 항쟁지도부는 시민군 강화를 통해 강력한 방어태세를 갖춤으로써 계엄군이 섣불리 공격해오지 못하도록 막으면서 최대한 시간을 끌면,

시민군, 자발적 결의

정부와의 협상에서 유리한 고지에 서게 될 것이라고 판단했다. 박남선은 "'시민군' 조직을 갖춘 다음에 계엄 당국과 협상을 해도 충분"하다고 생각했고, 윤상원은 "시민군을 재정비하여 계엄 당국에 대한 협상력을 높여야 한다"고 생각했다.[16] 항쟁지도부의 판단은 다음 인용문에 잘 요약되어 있다. 계엄군의 재공격을 최대한 지연시키면서 협상 국면을 유지하기 위해서도 시민군 강화 및 무장 상태의 유지는 중요했다는 것이다.

> 우리가 시간을 오래 끌면 끌수록 유리하다.……더 이상 많은 사람은 죽일 수 없을 것이다. 그렇기 때문에 우리는 정부 당국과의 협상에서 현재보다 훨씬 더 많은 것을 얻어낼 수가 있고 우리의 요구사항을 관철시킬 수 있다.……지금 우리가 할 일은 무기 반납이 아니라, 우선 시민들을 조직화하여 계엄군이 공격해오지 못하도록 완벽한 방어태세를 갖추는 일이다.[17]

항쟁 주체들은 회수된 다량의 총기들도 협상의 무기로 활용하려 했다. 해방광주 당시 도청에 머물던 정시채 전남부지사의 증언을 통해서도 이를 확인할 수 있다. "그때 5천 정이 나갔는데 3천 5백 정을 그렇게 해서 우리가 회수했지. 회수했는데 문제는 회수한 것을 도청 앞에다 갖다놓고 우리한테 인계를 안 해줘. 그래서 인계해라, 못한다. 계엄군이 안 들어온다는 조건으로 해라, 어쩌네 해서 총기 인수가 안 됐다고."[18] 시민들도 총기를 계엄군과의 협상 무기로 활용하는 것을 지지했다. 시민군이던 이양현의 증언에 의하면, "24일 3시경, 궐기대회에서 여러 가지 의견이 표출되었는데, 무조건 무기를 반납하자는 의견은 거의 지지를 받지 못했고 계엄군과 협상 후 결정하자는 의견이 절대적 지지를 받았습니다."[19]

"계엄군이 총공격해오면 도청 무기고에 있는 다이너마이트를 폭파하겠다"는 위협도 항쟁 지도부의 협상 무기 중 하나였다.[20] 5월 25일 새로 구성된 항쟁지도부는 한편으로는 다이너마이트를 지키기 위해 경비 인력을 신뢰할 수 있는 이들로 교체하면서 대폭 보강했고, 다른 한편으로는 "도청 지하 무기고에 있는 폭약을 이용하여 협상력을 높이자는 계획"을 검토했다.[21]

항쟁지도부는 희생자 합동장례식도 계엄군 재공격을 지연시켜 협상을 유리하게 이끌 수단으로 활용하려 했다. "투쟁위원회가 합동장례식을 치르겠다고 생각하고 장례 날짜를 28일로 정한 것은 계엄군의 진입을 늦춰보자는 판단이었다. 최소한 장례식을 치를 때까지는 계엄군이 공격하지 않을 것이라고 판단했다. 그러나 그 예측은 완전히 빗나가고 말았다."[22]

앞에서 보았듯 현지 계엄군은 협상 자체에 부정적이었고, 협상 권한도 부족했다. 문제는 정부와 신군부인데, 이들은 항쟁 주체들을 협상 상대로 아예 인정하지 않았다. 신군부-정부에게 항쟁 주체들은 이성을 상실한 '폭도'일 뿐이었고, 따라서 대화가 아닌 '진압'의 대상일 뿐이었다.[23] 해방광주 기간에 신군부는 협상을 통한 사태 해결 경로를 배제한 채 차근차근 광주 공격 작전을 준비했을 따름이었다.

모든 협상의 노력이 실패로 돌아가고 계엄군의 광주 재진입과 도청 습격이 임박해지면서, 마지막까지 남은 시민들이 곧 닥쳐올 스스로의 죽음을 예감하는 가운데, '항쟁-재난의 커뮤니타스'가 또다시 전면으로 부각되었다. 그러나 5월 26~27일에 걸쳐 지속된 항쟁-재난의 커뮤니타스는 항쟁 초기인 5월 19~21일의 그것과는 확연히 다른 형태와 내용을 갖고 있었다. 이전의 항쟁-재난 커뮤니타스가 '과거·타자의 죽음', 곧 이미 기정사실이 된 동료 시민들의 죽음에 대처하려는 것이었다면, 26~27일의 항쟁-재난 커뮤니타스는 '미래·자아의 죽음', 곧 임박한 자신들의 죽음과 관련된 것이었다. 항쟁 초기의 항쟁-재난 커뮤니타스가 '항쟁-학살의 결합'에 따른 것이라면, 항쟁 말기의 항쟁-재난 커뮤니타스는 '항쟁-순절殉節의 결합'에 의한 것이었다. 항쟁-재난의 커뮤니타스와 함께 '비폭력 저항의 커뮤니타스'라는 독특한 유형의 커뮤니타스도 출현했다.

　항쟁의 최종 단계에서 이원적 지도조직이던 시민수습위와 민주시민투쟁위의 선택은 선명하게 엇갈렸다. 시민수습위가 '비폭력 저항의 커뮤니타스' 방향으로 움직였다면, 민주시민투쟁위는 최후의 폭력 저항을 의미하는 '항쟁-재난의 커뮤니타스' 방향으로 움직였다. 26일 아침 시민수습위가 죽음의 행진을 감행하면서 출현한 비폭력 저항의 커뮤니타스는 최후 협상의 결렬로 해체되었고, 이어 그날 오후 궐기대회에서부터 항쟁-재난의 커뮤니타스가 등장했다. 오후 궐기대회가 끝나고 거리행진이 시작될 무렵 민주시민투쟁위는 '결사항전'을 선포했다.

　'비폭력 저항의 커뮤니타스'와 '항쟁-재난의 커뮤니타스'는 모두 '재난 커뮤니타스'의 성격이 강했다. 계엄군의 광주 진입 저지와 최종 담판을 위한 26일 아침의 저항행위를 가리키는 '죽음의 행진'이라는 표현, 도청에 마지막까지 남은 시민군들의 그날 밤 저녁식사를 가리키는 '최후의 만찬'이라는 표현 자체가 재난의 커뮤니타스를 강렬하게 상징한다. 26일 아침 행진에 나선 17인 수습위원들이나 26일 밤 도청에 남은 시민군들 모두가 대의를 위해 죽음을 받아들일 자세가 되어 있었다.

2. 죽음의 행진: 비폭력 저항의 커뮤니타스

황석영 등은 광주항쟁 당시 '비폭력투쟁'을 전개하기 위한 조건의 열악함에 대해 말한 바 있다. "비폭력투쟁의 전제조건은 투쟁의 주체가 폭력을 행사하는 사람들의 야만성을 공개적으로 알릴 수 있어야 하고, 야만성이 폭로됐을 때 '심판'을 내릴 수 있는 제3의 '심판자'가 있어야 한다. 그러나 광주 상황은 달랐다. 군부가 언론을 철저히 통제하여 광주 밖에서는 안에서 무슨 일이 벌어지는지 알 수 없었다. 군부는 관객석을 봉쇄하고, 광주에게만 제한된 '폭력극장'을 만들었으며, '관객이 없는 이상 비폭력은 아무런 전술적 의미가 없는 것'이었다.……군부의 언론통제는 광주 시민이 타 지역 사람들의 도움을 받지 못하게 했을 뿐만 아니라, '비폭력투쟁을 선택할 수 있는 여지를 없애버렸다.'"[24]

그럼에도 불구하고 모든 협상 노력이 실패하고 광주 공격작전의 기운이 무르익었을 때, 놀라운 '비폭력 저항'이 감행되었다. 외신 기자들에 의해 '죽음의 행진'이라고 이름 붙여진 5월 26일 새벽부터 아침까지의 사건이 그것이었다.[25] 무장항쟁의 한복판에서 벌어졌다는 점에서, 이 사건은 무장투쟁과 비폭력투쟁이 항상 모순관계에 있는 것은 아님을 보여주기도 한다. 당시 시민수습위원이던 이기홍 변호사는 26일 새벽의 급박한 상황을 이렇게 증언했다.

저하고 홍남순 변호사, 김성용 신부, 또 YMCA 총무도 했던 김천배 선생, 이제 그렇게 한 여남은 명이 남았어요, 도청에. 같이 그날 밤 새기로 하고 지켜주기로 했단 말이여. 그것이 바로 25일 이야기야.……새벽에 되니까……비상! 비상! 해가지고 계엄군이

처들어온다는 것이여.……어떻게 하든지 계엄군 들어오지 못하게 타협하려고 좀 사정하려고 갔더니 어느새 부지사도 어디로 빠져나가버리고 없대. 우리만 남아가지고 있으니 처들어오면 다 죽게 생겼지 않아?……이왕 죽을 바에는 그러지 말고 우리 어른들이 나가서 전차를 막자. 못 들어오게. 여기 있어 죽으나 막다가 죽으나 마찬가지 아니냐?[26]

이런 상황에서 시민수습위 대변인 김성용 신부가 '죽음의 행진'을 구체적으로 제안하고 나섰다.

우리 어른들이 총알받이로 나섭시다. 철야한 수습대책위원은 17명이었다. 탱크가 있는 곳으로 걸어갑시다. 지금 이 상태로는 우리들은 불을 언제 뿜을지 모르는 탱크 앞에 나가도 죽을 것이며, 여기 있어도 죽을 것입니다. 그러니 전원 나갑시다.……전원이 찬동하여 일어났다.……그것을 이 자리에서 결의합시다. ① 1시간 이내에 군은 본래 위치로 철퇴하라. ② 그렇지 않으면 전 시민의 무장화를 호소하고, ③ 게릴라전으로 싸웁시다. ④ 최후의 순간이 오면 TNT를 폭발시켜 전원 자폭합시다.[27]

그렇게 죽음을 향한 행진이 시작되었다. 수습위원 17명의 행진에 시민들이 자연스럽게 끼어들었다. 행진은 상대의 압도적인 무력에 질려 도피하기는커녕 설사 죽을지언정 그에 정면도전하고 비판하려는 용기 있는 행동이었다. 비무장이기에, 상대방의 폭력 도발을 감수할 생각이었기에, 이들의 비폭력 저항에는 고결한 도덕성과 정당성이 수반되었다. 수습위원들과 뒤따르는 수백 명 시민들 사이

에도 깊은 공감과 신뢰·유대에 기초한 재난 커뮤니타스가 형성될
가능성이 충분했다.

> "우리는 수습위원들이오. 군이 무력 진압을 감행한다면 광주 시
> 민은 모두 죽습니다. 차라리 그러기 전에 우리가 먼저 나가서 시
> 민들보다 앞서 죽을 작정이오. 우리는 지금 죽으러 가는 길이오."
> 17명의 수습위원들은 텅 빈 금남로를 일렬횡대로 늘어서서 나
> 란히 걷기 시작했다. 아직 어둠이 완전히 가시지 않은 차도엔 그
> 들의 발소리만 무겁게 울리고 있었다. 그들의 발걸음은 한없이
> 무거웠다. 어쩌면 그들 앞에는 죽음이 기다리고 있는지도 모를
> 일이었다. 보도진이 십여 미터의 거리를 두고 뒤따랐다. 시민들
> 역시 하나둘 그들의 뒤를 따라 걷기 시작했다.
> 금남로를 벗어날 무렵, 어느 사이엔가 뒤따르는 시민들의 숫자
> 가 수백 명으로 불어나 있었다. 가느다란 빗발이 부슬부슬 내리
> 기 시작했다. 누구도 입을 열지 않았다. 그 무겁고 기묘한 침묵의
> 행렬은 순례자들의 행렬처럼 보였다.[28]

도청에서 출발한 일행은 "금남로—돌고개—농촌진흥원 앞까지
약 4킬로미터 구간을 1시간 동안 걸어 계엄군의 전차 앞에 멈추어
섰다."[29] 계엄군과 마주친 상황을 김성용 신부는 다음과 같이 기술
했다.

> 시민은 점점 증가했다. 양측 인도에는 착검한 계엄군이 실탄을
> 장전하고 시민을 경계하고 있으며, 양측 빌딩 2층과 옥상에도 군
> 인들이 기관총을 내걸고 시민을 향해 발포 태세를 취한다.……

이것이 대한민국 군대인가.……부관들을 대동하고 나타난 장군은 창피했던지 계엄사령부에 가서 이야기하자 한다. 행진 중 대변인으로 선택된 나는 단호히 말했다. 군이 어제 밤의 위치에 후퇴하지 않는 한 갈 수 없다. 장군은 후퇴하겠다고 말하고 전차병에게 명령하자 탱크는 소음을 내면서 사라졌다. 시민들은 일제히 박수의 총탄 세례를 보냈다.[30]

죽음의 행진은 협상으로 이어졌다. 11명의 시민수습위원이 상무대로 이동하여 아침 7시부터 4시간 30분 동안 계엄분소 회의실에서 협상을 진행했다. 그러나 전교사 부사령관인 김기석 소장은 4시간 넘는 대화에도 불구하고 사실상 협상을 거부했다. "오늘 중으로 무기를 회수하고 시내 질서를 회복하라. 그것을 못한다면 앞으로 나하고 수습대책회의를 할 수도 없고 만날 수도 없다"면서, 그날 밤 12시까지 수습하지 않으면 군대가 진입할 수밖에 없다고 최후통첩을 했다. 협상 당시 시민수습위원들은 5개 항목(앞의 〈표 8-1〉 참조)의 요구조건을 제시했지만 어느 것도 수용되지 않았다.[31]

이처럼 죽음의 행진에 나섰던 수습위원들은 26일 밤 12시까지 무기를 회수하여 계엄군에게 반납하라는 협박조의 최후통첩만을 손에 든 채 돌아왔다. 죽음의 행진에 이은 마지막 협상에서 제시된 시민 대표의 요구는 계엄군 측에 의해 묵살되었다. 이것이 '최후의 협상'이었다. 어쩌면 26일 아침의 행진은 '협상'보다는 유혈사태 방지를 위한 계엄군 진입 '저지'에 일차적인 목적이 있었다고 해야 옳을 것이다. 비록 협상은 실패했을지라도, 그리고 계엄군 진입을 저지한 시간이 단 하루에 불과했을지라도, 목숨을 건 용기 있는 행동은 계엄군 탱크의 전진을 막아냈다. 죽음의 행진과 협상 직후에 열린 시민궐기대회에서는 정부의 피해보상과 사퇴, 계엄령 즉각 해제, 전두환 처단, 민주인사 석방, 구국 과도정부와 민주정부 수립, 왜곡보도 중단 등의 요구사항이 포함된 결의문이 채택되었다. 그러나 대화 통로가 완전히 단절된 탓에 이 요구들은 협상 테이블에 아예 오르지도 못했다. 더 이상의 협상은 없었다.

5월 26일 오후 또 한 번의 '죽음의 행진'이 있었다. 그날 오후 3시 다시 열린 시민궐기대회가 끝난 직후 계엄군이 헬기로 전단을 살포하는 살벌한 상황에서 '제2차 죽음의 행진'이 감행되었다. 여기에 6천~3만 명의 광주 시민들이 동참했다.

> 헬리콥터 1대가 상공을 선회하면서 광주 진압이 임박했음을 알리는 전단을 살포했다.……갑자기 한 여고생이 아름답게 〈우리의 소원은 통일〉을 불렀다. 군대는 오직 "깡패, 넝마주이, 폭도들"만 남았다고 보고했지만, 6,000명의 사람들이 탱크 저지선을 향해 죽음의 행진을 했다. 행진대가 도시 경계에 도착하자 사람 수는 3만여 명으로 늘어났다. 그들은 군대에게 떠나라고 절규했고 끝까지 도시를 지키겠다고 맹세했다. 도청으로 다시 돌아온 수백 명은 필사적인 마지막 전투를 준비했다.[32]

실제로 이 마지막 거리행진에 참여한 이들 중 수백 명이 행진을 마친 후 도청에서 최후항전을 위한 시민군이 되겠다고 자원했다. 죽음의 행진이라는 비폭력 저항 행위가 무장투쟁이라는 폭력 저항 행위로 이어진 것이다. 광주항쟁의 최종 단계에 이르자 '비폭력 저항'과 '폭력 저항'의 거리는 최대한 좁혀진 형세가 되었다.

26일 아침 시민수습위원들이 시작한 죽음의 행진에서 형성된 '비폭력 저항의 커뮤니타스'는 그날 오후 일반 시민들에 의한 또 한 번의 죽음의 행진을 가능케 한 숨은 힘으로 작용했을지도 모른다. 나아가 그날 아침 죽음의 행진은 밤부터 이튿날 새벽까지 이어진 '결사決死' 항전을 가능케 한 숨은 힘이었을지도 모른다. 자기 목숨마저 기꺼이 내놓는 '이타적 감정의 전염' 현상이 26일 하루에만도 세 차례나 연거푸 발생했을 수 있다는 것이다.

한편, 계엄군의 집단발포 직전에도 지극히 평화적인 방법으로 유혈사태를 막아보려는 시도가 있었다. 비록 실행되지는 못했지만, 5월 21일 천주교 사제들에 의해 죽음을 각오한 행진이 준비되었다. 그날 오전 10시경 호남동성당에서 긴급하게 모인 광주 시내 본당 신부 8명은 모두 장백의長白衣를 입고 현수막을 앞세워 시민과 계엄군이 대치하는 도청 앞까지 행진한 후 중재에 나서기로 했다. 그러나 "군인과 시민 사이의 완충 역할을 하여 극단의 상황이 벌어지지 않도록" 현수막과 장백의를 준비하는 도중 계엄군 집단발포가 먼저 시작되는 바람에 '죽음의 평화행진' 계획을 포기할 수밖에 없었다.[33]

5월 26일 아침 죽음의 행진과 이어진 협상 결렬이라는 상황, 다시 말해 '정치적' 선택지가 소진되고 '군사적' 선택지밖에 남지 않은 상황에서 시민수습위원들의 최종 선택은 세 갈래로 나타났다.

첫째는, 광주를 탈출하여 계엄군이 아닌 중앙정부 최고위층을 상대로 협상을 계속하면서 '광주의 진실'을 바깥 세상에 알리는 선택이었다. 수습위원 중 이성학 장로, 김성용 신부, 홍남순 변호사가 이 길을 택했다. 상무대에서의 마지막 협상 실패 후 수습위원들은 도청에서 다시 모이자고 약속하고 일단 헤어졌는데, 광주YWCA에서 세 사람이 따로 만났다.

이성학 장로는 홍남순 변호사와 김성용 신부에게 당장 서울로 가라고 했다. 최규하 대통령을 만나 광주의 실상을 알리고 더 이상 희생자가 발생하지 않도록 하라는 것이다. 대통령을 만나는 것이 쉽지 않을 테니 홍 변호사는 윤보선 전 대통령을 통해, 김 신부는 김수환 추기경을 통해 면담을 추진하라고 했다. 오후 3시경 김 신부는 김갑제와 함께 곧장 서울로 출발했다. 오후 4시경 홍 변호사도 부인, 아들과 함께 택시를 타고 송정리로 향했다. 송정리를 거쳐 서울 가는 차를 탈 생각이었다. 그런데 홍 변호사 가족은 송정리 가는 길목 극락강 다리 검문소에서 계엄군의 불심검문에 걸려 체포되었다. 김 신부는 영광, 전주를 거치면서 대여섯 차례나 검문을 당했지만 김갑제가 소지하고 있던 신문사 기자 신분증을 이용하여 가까스로 서울에 도착할 수 있었다.[34]

홍남순 변호사는 체포되었지만, 김성용 신부는 광주 탈출에 성공하여 다음날인 27일 서울에 도착했다. 그러나 항쟁이 이미 무력으로 진압당한 상태여서 더 이상의 협상은 불필요해졌다. 대신 김성용 신부는 '광주 진실의 증언자'가 되는 쪽을 선택했다.

두 번째는, 도청을 나와 '일단 귀가'하는 것으로, 가장 많은 수습위원들이 이 길을 선택했다. 함께 총을 들지 않는 한 수습위원들이 할 일은 더 이상 남아 있지 않았기 때문이다. 박노해에 따르면, 26일 저녁 도청에서 열린 수습위원회-투쟁위원회 연석회의에서 대다수 수습위원들은 무기를 버리고 도청을 나가자는 주장을 했다. 수습위원 중 누구도 "그래, 같이 싸우세"라고 말하는 이는 없었다는 것이다.[35] 그러나 항쟁지도부는 전투에 적합하지 않은 나이든 수습위원이나 성직자들에게 귀가를 종용하기도 했던 것 같다. 본당의 날 미사 때문에 조비오 신부가 먼저 도청을 떠났다. 조 신부는 도청을 빠져나가자는 입장이었음에도 불구하고 항전파 주장의 타당성을 인정하고 높이 평가했다.

> 강경파의 주장이 원칙적으로는 옳은 말이었다. 그것은 현실적으로 비극을 초래할 수밖에 없는 운명을 피하기보다는 정면으로 부딪치겠다는 결의였던 것이다. 실로 용감하고 장하고 아까운 광주의 젊은이다운 기백이었다.……부득이 성당에 가봐야겠다고 주변에 있던 사람들에게 이야기하고 도청 문을 나섰다. 도청 정문을 나설 때, 한편으로는 비겁하게 나 혼자만 살기 위해 빠져나가는 것 같은 심정과 또 한편으로는 저 많은 젊은이들이 아까운 목숨을 잃는 운명의 밤일지도 모른다는 생각이 들어 눈물을 흘리기 시작했다. 닦아도 닦아도 눈물은 걷잡을 수 없이 자꾸만 흘러내렸다.[36]

얼마 후 광주YWCA의 조아라 회장과 이애신 총무, 오병문 교수, 장세균 목사, 이종기 변호사 등 다른 수습위원들도 도청에서 나왔다.[37]
세 번째는, 시민수습위 위원장을 지낸 이종기 변호사의 '도청 사수' 선택이었다. 그는 26일 밤 일단 귀가했다가 시민군과 생사를 함께 하기 위해 도청으로 되돌아왔다. "내가 수습위원장을 맡았는데 수습을 못했으니 책임을 져야 하지 않겠느냐?"며 그가 복귀하자 "모두들 깜짝 놀라며 반가워했"고, 그의 등장은 도청에 남아 있던 "젊은이들에게 큰 힘이 됐다"고 한다.[38] 다음은 박남선의 증언이다.

> 병력 배치를 막 끝내고 담배를 빼 입에 물자 노신사 한 분이 들어

왔다. 나는 담배를 입에서 떼면서 일어섰다. 그는 자신이 "변호사를 지냈던 이종기"라고 소개하였다. 오늘밤은 매우 위험하니 집으로 돌아가시라면서 우리가 설득하였던 사람이었고 며칠 전부터 그분의 얼굴을 알고 있었다.

"아니! 왜 오셨습니까?"

"음— 나는 이제 살 만큼 산 몸이야! 그래서 젊은이들과 이곳을 지키고자 집에 가서 목욕하고 옷 갈아입고 왔어. 젊은 청년들만 죽음 앞에 놔두고 나 혼자 집에 돌아가 어떻게 잠을 잔단 말인가. 오늘 이 지경이 된 것도 다 우리 기성세대의 잘못 때문인데 나도 싸우다 같이 죽겠네."

"뜻은 고맙지만 지금 저들이 쳐들어오고 있습니다. 그냥 돌아가십시오."

집으로 제발 돌아가시라고 했으나 못 가겠다고 아예 의자에 막무가내로 덥석 주저앉았다.[39]

이렇듯 죽음의 행진 이후 수습위원들의 선택은 광주 탈출, 도청 잔류, 도청 이탈 등으로 갈라졌다. 마지막 협상이 좌절되었을 때 그들의 역할은 대폭 축소될 수밖에 없었다. 죽음의 행진과 좌절된 협상 이후 다시 도청에 다시 모인 수습위원들은 깊은 무력감을 느낄 수밖에 없었다. 총을 들 수 없거나 들어도 별 도움이 되지 못할 그들은 그날 밤 그저 도청을 떠나는 것 외에 다른 선택을 발견해내기 어려웠을 것이다. 그러나 살벌하고 파괴적인 무장투쟁의 한복판에서 그들이 비폭력 저항의 커뮤니타스를 기적처럼 만들어냈다는 사실, 그 사실에 담긴 크나큰 의의는 강조되어야 마땅할 것이다.

3. 최후의 항전: 항쟁-재난 커뮤니타스의 재등장

5월 26일 아침 일시적으로 출현했던 비폭력 저항의 커뮤니타스와 뒤이은 협상마저 결렬된 상태에서 항쟁 주체들에게는 공포에 의한 순응('투항'), 혹은 저항의 지속('결사항전')이라는 양자택일의 극단적인 선택지밖에 남지 않게 되었다. 마지막 협상에서 계엄군 측은 추가 협상의 가능성을 봉쇄하면서 시한을 정해 진압 작전 개시를 최종 통보함과 동시에 무조건적 투항을 요구했다. 모든 협상 경로가 막힌 가운데 평화적 사태 해결은 무망해졌다. 객관적 상황이 그러했을 뿐 아니라, 항쟁 주체들이 주관적으로도 당면한 현실을 양자택일적 상황으로 인식했다는 점이 중요하다.

죽음의 행진과 최후 협상 직후에 긴급 소집된 시민궐기대회에서 채택된 결의문은 "이상의 요구가 관철될 때까지, 최후의 일각까지, 최후의 일인까지 우리 80만 시민 일동은 투쟁할 것을 온 민족 앞에 선언한다"고 끝맺고 있다. 이날 오후 다시 열린 궐기대회에서 항쟁 지도부는 계엄군의 광주 재진입 계획을 공개적으로 발표했다. 당시 궐기대회 사회자였던 이양현은 이렇게 증언한다. "저는 마이크를 들고 우리는 최후의 1인까지 최후의 1각까지 싸우겠다고 맹세를 하였습니다. 궐기대회가 끝나면 혹시 마지막까지 싸우겠다는 사람들은 이곳으로 모여라고 외쳤습니다. 이때 시가행진을 하고 분수대에 남은 사람은 400여 명 되었습니다."[40] 이날 오후 5시 계엄군으로부터 진입 작전 임박을 알리는 최후통첩이 오자, 항쟁지도부는 홍보부를 통해 "내일이면 계엄군이 진입할지 모른다. 최후의 일인까지 최후의 일각까지 광주를 사수하자. 그런 분은 돌아와 주시기 바란다"는 내용의 가두방송을 하도록 시켰다.[41] 26일 밤 과거의 학생수

공수부대의 재침공

습위 멤버 일부까지 참가한 가운데 도청에서 열린 회의에서도 쟁점은 투항이냐 결사항전이냐의 양자택일 문제였다. 다른 중도적 수습책은 제안되지 않았다. 이때 투항을 지지하는 이들은 "무기 반납과 자진 해산"을 제안했다.[42] 다시 말해 무기를 모두 회수하여 도청에 쌓아둔 채 일제히 도청에서 철수하자는 것이었다. 그러나 이 회의에서는 결사항전 노선이 채택되었다. 투항을 주장했던 인사들은 그날밤 도청을 떠났다. 이제 비타협적인 결사항전파 인사들만 외롭게 남겨졌다. 이처럼 26일 오전부터 그날 밤까지 항쟁지도부는 투항이냐 결사항전이냐의 양자택일적 상황 인식을 일관성 있게 드러냈다. 그리고 사실 오전 궐기대회 무렵부터, 늦어도 오후 궐기대회 즈음 항쟁지도부의 최종 선택은 결사항전 쪽으로 이미 기울어져 있었다.

이들은 왜 투항이라는 선택을 배제했을까? 투항 거부 이유를 찬찬히 살펴보면 그들이 자발적인 죽음을 수용한 이유도 상당 부분 드러나는 법이다. 무엇보다 투항의 명분이 부족했다. 선제적이고 무조건적인 무장해제와 총기 반납은 궐기대회를 통해 여러 차례 확인되고 합의된 시민들의 의사에 '반하는' 일이었다. "대다수 사람들은 그동안 수백 명이 억울하게 죽음을 당하고 수천 명이 부상을 당한 상황에서 한마디 사과도 듣지 못한 채 총기를 반납하고 즉시 해산하자는 데 동의하지 않았다."[43] 그냥 투항하기엔 광주 사람들의 분노와 한이 너무 컸다. 더구나 새 항쟁지도부는 시민들의 이런 의지를 등에 업고 투항적인 관변 수습위를 끌어내리고 대안권력으로 올라선 이들이기도 했다. 투항은 막심한 희생을 치른 항쟁을 무위로 돌리는 선택일 수 있었다. 투항은 희생자들이 무가치하게 처리되도록 방치하는 선택일 뿐 아니라, 신군부의 왜곡선전과 역사왜곡에 의해 '광주의 진실'이 묻혀버리는 것을 촉진할 수 있었다. 투항은 신군부의 불법적 집권 프로젝트에 명분과 정당성을 부여하고 그들의 권력 찬탈을 도와주는 꼴이 될 수 있었다. 그러므로 투항 거부는 정치군인들이 원하는 대로 해줄 수는 없다는 것, 신군부 집권의 명분을 제공하고 그들에게 탄탄대로를 깔아줄 수는 없다는 의지의 표현이었던 셈이다. 해방광주의 기간이 몇 주 혹은 몇 개월 지속되었다면 투항도 명예롭고 명분 있는 선택이 될 수 있었을지 모른다. 군대의 강력한 봉쇄와 압박에도 이만큼 버텼으니 우리도 할 만큼 했다고 주장할 수도 있었을 것이다. 그러나 신군부는 너무 서둘렀고, 불과 일주일도 안 돼 학살극 재연의 위험을 감수하고 대규모 진압 작전을 밀어붙였다.

신군부에 대한 지독한 불신도 항쟁지도부로 하여금 투항을 거부하도록 만든 요인 중 하나였던 것 같다. 물론 신군부는 항쟁 참여자에 대한 처벌 면제 요구를 이미 거부한 상태이기도 했다. 5월 27일 새벽 2~3시경 소집한 시민군 간부회의에서 박남선은 "18일 이후 공수부대들이 무차별로 수많은 시민들을 구타하고 살상을 자행하는 것을 눈으로 생생히 목격했기 때문에 이제 작전이 시작된다면 그들은 그때보다 훨씬 더 잔인한 만행도 서슴지 않고 자행할 것이라고 예상하고 있었다."[44] 그 직후 이양현은 도청 상공에 떠 있던 헬리콥터의 선무방송을 들으면서 "아 진압을 하는구나. 우리는 여기서 죽는구나, 잡혀도 구덩이에 파묻겠지"라고 생각했다고 한다.[45] 이런 사례가 보여주듯, 항쟁지도부 구성원 중 상당수는 산 채로 붙잡혀도 불명예스럽게 죽임을 당하리라는 예감, 치욕적인 죽음을 당하느니 차라리 명분 있는 떳떳한 죽음을 맞아들이리라는 결심으로 기울었던 것 같다.

(1) 집단적 순교

필자는 4장에서 항쟁지도부가 내린 결사항전 결정을 '집단적 순교'에 가까운 선택이었다고 주장했다. 그것은 압도적 우위에 있는 불의한 적과 직면하여 명백한 패배가 예상됨에도 불구하고, 자신들의 신념과 가치를 지키기 위해 적(박해자)과 타협하거나 적에게 굴복하지 않으려는, 죽음의 자발적인 수용을 가리킨다. 다가올 죽음을 피하지 않을 뿐이지 '죽음 사건의 가해자'가 명확하다는 점에서, 순교는 자살과 확연히 다르다. 순교를 결심한 사람의 입장에서 볼 때, 그리고 보다 장기적인 전망에서 접근할 경우, 어떤 상황에서는 당장의 삶을 도모하는 것보다 대의를 위한 죽음을 선택하는 게 보다 '합리적인' 선택이 될 수도 있다.[46] 광주항쟁의 지도부도 항쟁을 실패에서 구해내기 위해, 보다 장기적인 관점에서 항쟁의 성공을 도모하는 데 자신들의 자발적이고 이타적인 죽음이 도움이 될 수 있다고 판단했던 것으로 보인다.

필자가 보기에 어떤 죽음이 '순교'로 인정받기 위한 조건은 대략 여섯 가지이다. 물론 여기서는 순교보다 '순절殉節'이 '순국殉國', '의사義死'가 더 적절한 용어겠으나, 편의상 순교라는 표현을 계속 사용해보자. 순교의 조건은 (1) 무죄無罪, 즉 죽는 이가 무고한 데도 부당하게 죽음에 이르게 되었다는 것, (2) 불굴不屈, 즉 죽음의 위협으로 배교背教·배신·투항하라는 압박에도 굴복하지 않는 것, (3) 죽음 예견, 즉 지배자의 살해 위협이 말뿐인 것이 아니라 조만간 현실화되리라는 믿음, (4) 자발성, 즉 자신의 죽음이 누군가에게 강요당한 것이 아니라 자발적인 선택이라는 것, (5) 대의大義, 즉 죽음은 더 큰 가치를 위한 이타적 자기희생이라는 것, (6) 증언證言, 즉 진실 증언으로서의 죽음, 다시 말해 희생자의 죽음은 진실을 보존하고 그 타당성과 정당성을 입증하거나 선포하려는 행위라는 것이다.

필자는 광주항쟁에서 마지막 남은 자들의 죽음이 이런 조건들을 대부분 충족한다고 생각한다. 그들은 절대다수 시민의 입장에서 볼 때 죄가 없었고, 끝까지 투항하지도 않았다. 그들은 스스로의 죽음을 충분히 예견하고 있었다. 그들 대부분은 투항 거부, 즉 항전은 죽음을 뜻한다고 생각했던 것 같다. 투항을 거부하면 무력 충돌이 불가피하고, 그 경우 패배가 거의 확실하므로 죽을 가능성이 높고, 그렇지 않더라도 압도적인 화력 열세로 전사戰死할 가능성이 높았다. 항쟁지도부 구성원들은 여러 차례 자신들이 계엄군과의 전투에서 죽을 것이라고 언명했다. 26일 시민군으로 참여한 이들은 모두 죽을 경우 신원 확인을 위해 주소와 이름을 적어 제출했다.

임영상(서석고 3년)은 같은 학교 동급생이자 하숙집 친구 최재남과 함께 시내 구경을 나왔다가 YMCA에 합류했다. 26일 오후 도청 앞에서 열린 궐기대회에 참석한 후 상무관에 안치된 시신들을 둘러보면서 분노와 슬픔이 치밀었다. '그래, 도청을 지키자. 아무 죄 없이 먼저 가신 이분들의 원한을 풀어주자'며 즉석에서 도청 사수 대열에 참여하였다. YMCA에서 9~10명씩 분대가 편성되었고, 각자 주소와 성명을 적어냈다. 만약 죽을 경우 신원 확인을 위한 것이라고 했다. '혹시 죽을 때'라는 말을 들었을 때 한편으로는 두려움도 없지 않았지만 비장한 생각이 들었다.[47]

많은 이들이 죽음을 각오하고 미리 유서를 써두었다. YWCA 신용협동조합 직원 박용준도 그중 하나였는데 27일 새벽 그는 실제로 죽었다.

> 26일 밤 죽음을 예감한 박용준(24)은 '하느님, 어찌해야 좋겠습니까? 양심이 무엇입니까? 왜 이토록 무거운 멍에를 메게 하십니까?'라는 유서를 쓴 다음 자신이 해야 할 일이 무엇인가를 찾아나섰다. 고아로 자라나 구두닦이를 하며 천대받는 사람들을 위해 살겠다던 박용준은 YWCA 신협에 근무하고 있었다.……5월 18일부터 항쟁에 참여한 그는 주로 유인물을 작성하는 일을 했다.……그는 27일 새벽 YWCA에서 얼굴을 정통으로 관통한 총알을 맞고 숨진 시체로 발견되었다.[48]

그들의 죽음은 철저히 자발적인 선택의 결과였다. '최후항전의 밤'이 될 가능성이 농후했던 26일 밤 도청에 남을지 떠날지 여부는 완전히 자유였다. 모두가 각자의 선택을 존중했으며, 남는 이들도 떠나는 이들을 배신자나 비겁자라고 비난하지 않았다.[49] 더구나 항쟁지도부는 26일 도청에 자발적으로 남은 학생들에게 모두 집으로 전화를 하도록 하여 한 번 더 신중한 선택을 하도록 유도했다. "이날 초저녁 지도부는 결전을 위하여 모인 학생들에게 집에다 전화를 걸어 자신이 지금 도청에 있다는 사실을 가족들에게 알리도록 권유했다.……이 싸움은 집단적인 것이었으나 죽음은 개인적으로 찾아올 것이 분명했다. 신념 없는 선택은 죽음을 가치 없게 만들 것이기 때문에 각자가 자신의 운명을 스스로 선택했다."[50] 어리다고, 여자라고 집으로 돌려보낸 이들도 여럿이었다. 결전이 임박했는데도 아군 숫자를 스스로 줄여 패배를 자초하는 이런 선택을 어떻게 해석해야 할까?

항쟁지도부와 시민군 구성원들의 자발적인 죽음은 대의를 위한 이타적 자기희생이었고, 진실의 증언으로서의 죽음이었다. 죽음의 의미화에서 가장 중요한 언명을 남긴 이는 민주시민투쟁위원회의 대변인 윤상원이었다. 26일 낮에 열린 외신 기자회견의 끝부분에서 윤상원은 "우리가 오늘 설령 진다고 해도 영원히 패배하지는 않을 것"이라고 말했다.[51] 같은 자리에서 윤상원은 이렇게 말하기도 했다. "광주는 한국 사람들에게 응어리진 한으로 남을 것이다. 군부독재가 종식되지 않는 한 광주의 한이 사람들을 일으켜 세워 계속 싸움으로 내몰 것이다."[52] 윤상원은 26일 오후 궐기대회에서 시민군을 자원한 이들에게 이렇게 말했다고 한다. "우리는 끝까지 싸워야 합니다. 저 전두환 살인집단에게 도청을 내준다면 우리는 죽어간 영령들과 역사 앞에 죄인이 됩니다. 우리가 비록 저들의 총탄에 죽는다 할지라도 그것이 우리가 영원히 사는 길입니다. 민주주의를 위해 최후의 순간까지 굳게 뭉쳐 싸워야 합니다."[53] 윤상원은 26일 도청에서 있은 마지막 회의에서 이렇게 말하기도 했다.

물론, 오늘 밤 우리는 패배할 것입니다. 아마 죽게 될지도 모르지요. 그러나 우리 모두가 총을 버리고 그냥 이대로 아무 저항 없이 이 자리를 넘겨줄 수는 결코 없습니다. 그러기엔 지난 며칠 동안의 항쟁이 너무도 뜨겁고 장렬했습니다. 이제 도청은 결국 이 싸움의 마침표를 찍는 자리가 된 셈입니다. 시민들의 그 뜨거운 저항을 완성시키고, 고귀한 희생들의 의미를 헛되게 하지 않기 위해서는 누군가가 이곳을 마지막까지 지켜야 합니다. 저는, 끝까지 여기 남겠습니다.[54]

26일 윤상원은 박몽구에게 당면한 항쟁이 "광주의 싸움"을 넘어서는 것임을 강조하기도 했다고 한다. "아무것도 모르는 사람들이 저렇게 잘 싸우고 있는디, 도망간 놈들은 어떤 놈들이다야? 여기서 물러서면 우리 모두 죽어야. 이것은 광주의 싸움이 아니라고⋯."[55] 27일 새벽 시민군 간부회의 석상에서 박남선은 "그들과 끝까지 싸워 우리 광주 시민이 폭력에 굴하지 않고 항전하였다는 사실이 역사에 기록될 수 있도록 하였으면 합니다"라고 말했다.[56] 당시 조선대 학생이었던 위성삼의 증언에 의하면, 27일 새벽 시민군이 절대적 열세에 몰리면서 고등학생 몇몇이 '수류탄으로 자폭하자'고 주장했을 때 한 청년이 눈물을 흘리면서, "우리는 민주주의와 민족통일의 빛나는 역사를 위해 항쟁의 마지막을 자폭으로 끝내서는 안 된다"고 말하여 모두 함께 울었다.[57]

이처럼 항쟁의 마지막 주체들은 자신들의 죽음에 당장의 패배를 반전시키는 궁극적인 승리, 민주화 항쟁의 완성, 광주를 넘어 한국 전체의 민주화라는 대의를 위한 희생, '항쟁 이후의 항쟁'을 위한 동력 만들기, 앞선 희생의 가치·의미 보존, 역사의 죄인이 되지 않기, 광주항쟁의 진실을 역사에 남기기, 당당하고도 의연하게 죽음과 대면하기, 영원한 생명의 길 등 다양한 의미와 가치를 부여했다. 무엇보다 그들의 죽음은 광주 진실의 왜곡에 대한 단호한 항거였고, 역사적 진실을 위해서라면 목숨마저 기꺼이 바칠 수 있다는 자기희생의 결단이었다. 내가 죽어서라도 광주의 진실, 즉 계엄군의 천인공노할 선제적 만행이 광주를 휩쓸었다는 진실, 그 만행 때문에 그리고 그에 저항하다 수많은 사람들이 희생되었다는 진실, 희생자들은 비이성적 폭도나 불순분자가 아니라 한국의 민주화를 소망했던 민주적·애국적 시민들이었다는 진실, 해방광주는 무법천지가 아니라 평등과 우애·협력의 대동세상이었다는 진실을 반드시 지켜야겠다는 결단이었다.[58] 정근식은 "최후의 지도부는 진실이 자기희생을 통해서만 보증된다는 것을 알았다"고 말했다.[59] 진실은 희생을 통해서만 보존되고 드러난다는, 일종의 '진실과 희생의 변증법'이 그들의 죽음을 통해 드러났던 것은 아닌가.

그들의 죽음은 국가폭력의 야만성에 대한 온몸의 증언이자 고발이기도 했다. 광주 학살극에 대한 사과와 반성 없는 신군부와 최규하 정부에 끝내 굴복하지 않고 스스로 장엄한 최후를 감내함으로써, 신군부 세력은 5월 21일에 이어 또 한 번 대규모 유혈사태를 저지를 수밖에 없게 되었다. 이것은 아마도 신군부 주역들 자신도 결코 원치 않았던 종결 방식이었을 것이다. 그로 인해 그들은 권력 장악에는 성공했을지언정 '학살 정권'이라는 천추의 낙인을 피해갈 수 없었다. 정근식은 이 대목에서 "선각자적인 예지", 곧 "국가권력으로 하여금 스스로 야만적 폭력성을 드러내 자기파멸해가도록 희생을 할 줄 알았던 예지"을 읽어낸다.[60] 그들의 죽음은 단순히 '불의한' 국가권력에 굴복하지 않았다는 사실을 넘어, '폭력기구로서의 국가'를 포함한 국가의 본질에 대한 진중한 의문을 역사 앞에 개방형으로 놓아두었다. 그것은 국가폭력 사용의 합법성과 정당성에 대해 판단할 권한을 (지배엘리트에게 온전히 위임하는 게 아니라) 주권자인 국민이 직접 행사한다는 의지를 스스로의 죽음을 통해 결연히 표현하는 것이기도 했다.

그들은 자신들의 죽음마저 '헛된 죽음'으로 매도당할 위험에 대비하여, 또 하나의 '역사적 안전장치'를 마련해두었다. 마지막 전투 직전 도청과 YWCA에 있던 많은 이들을 '역사의 증인·증언자'의 임무를 부여하여 안전하게 돌려보냈던 것이다. 마지막 새벽 도청 옥상의 방송시설과 가두방송 시설을 이용하여 '우리를 잊지 말아 주십시오'라고 애타게 호소했던 것에 대해서도 유사한 해석이 가능할 것이다. 그들은 자신들의 죽음이 역사적으로 외면당하고 아무도 기억해주지 않는 그런 죽음이 되는 사태를 무엇보다 두려워했을 것이다. 마지막 남은 자들은 자신들의 죽음이 무의미한, 무가치한 죽음이 되지 않도록 최선을 다했다.

순교자냐 폭도냐, 열사냐 투항자냐 하는 두 가지 역사적 시나리오가 목전에 다가왔을 때, 그들은 순교자와 열사의 길을 과감히 선택했다. 그럼으로써 그들은 이후 한국사회에서 '불굴의 저항정신의 수원지水源池' 역할을 담당하게 되었다. 순교자들처럼 그들은 '소수의 희생으로 온 세상을 구원하고자' 죽음을 맞아들였다.

(2) 네 층위의 연대

필자가 보기에 광주항쟁의 마지막 국면에서 네 층위, 혹은 네 겹의 '생사를 초월한 연대'가 구축되었다. 그것은 (1) 죽을 자들 사이의 연대, 즉 최후 항전에 참여한 이들 사이의 연대, (2) 죽을 자들과 살 자들의 연대, 즉 최후 항전 참여자들과 (가족을 포함하여) 도청에 남고자 했지만 어쩔 수 없이 도청을 떠나간 이들 사이의 연대, (3) 죽은 자들과 죽을 자들의 연대, 즉 항쟁 초기에 이미 죽은 자들과 최후 항전 참여자들 사이의 연대, (4) 죽을 자와 산 자들의 연대, 즉 최후 항전 참여자들과 국내외의 양심적 지지자 및 후세대 사이의 연대이다. 〈표 8-2〉에 이런 내용이 정리되어 있다.

필자는 이 가운데 앞의 두 가지를 '항쟁-재난의 커뮤니타스'로, 뒤의 두 가지를 '5월공동체'로 부르고자 한다(5월공동체에 대해서는 10장

〈표 8-2〉 광주항쟁 마지막 국면에서 나타난 네 층위의 연대

연대의 유형	시간 층위	연대의 성격
① 죽을 자들의 연대	동시성	항쟁-재난의 커뮤니타스
② 죽을 자들과 살 자들의 연대		
③ 죽은 자들과 죽을 자들의 연대		
④ 죽을 자와 산 자들(양심적 지지자, 후세대)의 연대	비동시성	5월공동체

에서 상세히 다룰 것이다). 항쟁 초기에 이어 5월 26~27일 재차 등장한 '항쟁-재난의 커뮤니타스'는 결국 '죽을 자들의 연대'와 '죽을 자들과 살 자들의 연대'라는 두 축으로 구성되어 있었던 셈이다. 또 앞의 두 가지 연대 유형이 항쟁 당시의 현재진행형이고 '생자生者들 간의 연대'였다면, 뒤의 두 가지 연대는 일정한 시차가 생길 수밖에 없는 '생자와 사자死者 간의 연대'였다.

한편 두 번째 유형의 연대(죽을 자들과 살 자들의 연대)가 '죽을 자'의 주도에 의해 미래를 지향하는 연대라면, 네 번째 연대(죽을 자와 산 자들의 연대)는 '산 자'의 주도에 의한 과거 지향적인 연대이다. 세 번째 연대(죽은 자들과 죽을 자들의 연대)는 광주항쟁 초기에 희생된 이들의 죽음을 헛되이 할 수 없다는 것, 그들에게 찍힌 '폭도' 낙인을 방치할 수 없다는 것, 때문에 이미 켜켜이 쌓인 죽음들에 자신의 죽음까지 더해 '좀처럼 왜곡하기 어렵고 돌이키기 어려운 역사'로 만들려는 자기희생적 연대이다.

(3) 죽을 자들의 연대

결코 내키지 않는 최후 항전이라는 선택지만 남게 되자 도청 등지

에는 '전투요원들'만 남게 되었다. '이제는 모두가 시민군이 되었다.' 각자 이전에 맡은 직책이나 역할과 상관없이, 이전에는 총을 들지 않았던 이들까지 모두 총을 들고 방어전투에 나섰다. 이 단계에서 시민군이 될 수 없었던, 혹은 될 수 없다고 믿어졌던 이들, 곧 고령자, 성직자, 소년·소녀, 여성 등은 귀가를 종용받았다. 도청에 끝까지 남은 여성 방송 요원들과 심야에 도청으로 되돌아온 고령의 이종기 변호사는 희귀한 예외였다. 물론 끝내 시민군에 동참했다가 27일 새벽 처참한 시신으로 발견된 여성이나,⁶¹ 귀가 종용을 뿌리치고 끝까지 도청 잔류를 고집한 일부 고등학생들도 예외였다.

남은 이들은 전남도청, 광주YWCA, 시 외곽의 경계에 나선 이들의 세 범주로 구성되어 있었다. 다음은 최후 항전을 기다리는 마지막 밤 도청의 풍경이다.

> 1층 상황실에는 박남선 상황실장과 양시영, 이용숙, 손남승, 이경희, 조시형, 김형곤 등이 있었다. 상황실 옆 조사반에는 김준봉, 위성삼, 양승희, 신만식, 박미숙이 남았다. 가두방송을 마치고 도청에 들어온 홍보반 이홍철과 박영순도 귀가하지 못하고 상황실에 머물렀다. 2층에서도 항쟁지도부와 기동타격대 윤석루, 이재호, 김태찬 등 2백여 명이 도청을 지키겠다며 최후 항전을 준비하고 있었다.
>
> 민원실 지하 무기고는 문용동, 김영복, 박선재, 양홍범, 정남균, 정곤석, 이혁 등이 지켰다.……항쟁지도부 김종배 위원장과 윤상원 대변인, 정상용 외무부 위원장, 허규정 부위원장, 김영철 기획실장, 이양현, 윤강옥 기획위원, 정해직 민원실장, 김준봉 조사부장, 정해민 총무 등 각 부서 책임자들은 모두 2층과 3층 사무실을

지키고 있었다. 상황실장 박남선과 기동타격대 대장 윤석루, 부대장 이재호, 순찰반장 김화성은 무전기를 타고 들려오는 소식에 대응하느라 바쁘게 움직였다.……그 시각 기동타격대 50여 명이 시내를 순찰하며 돌아다녔다. 기동타격대에 편제되지 않은 시민군은 도청 경비와 지역 방위를 담당하고 있었다.[62]

　긴박한 상황에서도 시민군 대원들은 엄습하는 피로감을 이기지 못하는 모습이었다.[63] 한편 26일 밤 광주YWCA에도 경비 임무를 맡은 시민군 30여 명, 「투사회보」를 만드는 들불야학팀, YWCA 간사인 정유아와 이행자, 그리고 정현애와 임영희 등이 남아 있었다. 27일 새벽 계엄군의 기습이 시작되자 정현애·임영희·박용준 등은 취사실 옆방의 여성들에 이어, 남겠노라고 고집을 부리는 들불야학의 어린 학생들을 차비를 주어 억지로 내보낸 후, 출입문과 창문을 잠그고 의자와 책상을 쌓아 바리케이드를 만들어놓고 최후 순간을 기다렸다.[64]

　이런 와중에도 시민군 중 무서워서 이탈한 사람은 없었다. 26일 밤 기동타격대 대원 중 누구도 도망가지 않았다.[65] 시민군 사이에서는 임박한 죽음을 예감하는 이들의 막막한 감정도 있었던 것 같다. 윤강옥은 이렇게 말했다. "실질적으로 전부 모이자 하고, 우리 지도부끼리 그렇게 했는데 내일 아침 뻔하거든, 몇 시간 후면. 우리끼리 모여서 '최선을 다하자' 서로 그 말만 했지, 다른 어떤 모의를 못했어요. 서로 이심전심으로 마음으로."[66] 그럼에도 26일 밤 시민군들 사이에 '전장의 커뮤니타스', '참호 속의 커뮤니타스'라고도 말할 수 있는 현상이 나타났던 것은 명백한 사실이었다. 함께 죽기로 작정한 사람들, 철저히 자발적인 선택으로 죽음을 택한 사람들 사이의 진한 연대, 우애, 신뢰가 표출되었다. 마지막 남은 이들은 서로 의지하고 격려하면서 죽음의 공포를 견뎌내려 애썼고, 일부는 비교적 담담하게 최후의 순간을 받아들이는, 마치 죽음마저 초극 내지 초탈하는 듯한 숭고한 인간성을 보이기도 했다. 소극적으로 말하자면 항쟁을 함께한 이들에 대한 부채의식이, 적극적으로 말하면 계엄군을 이겨낸 '위대한 광주시민의 일원'이라는 자부심과 시민군으로서의 소속감·헌신·동지의식이 서로를 강하게 결속시켜주고 있었던 것으로 보인다. 이들 중 상당수는 5월 21일 최초의 무장 당시, 혹은 그 이전인 19~20일부터 이미 죽음을 각오하고 뛰어들었던 사람들이었다. 항쟁 초기의 '항쟁-재난 커뮤니타스' 체험을 통해 이 사람들을 위해서라면, 이런 대의를 위해서라면 '지금 죽어도 좋아', '죽어도 여한이 없어'라는 강렬한 감정을 느꼈던 이들도 여럿이었다.

　시민군 일부는 가족과의 비장한 이별 인사를 나눈 후 도청으로 돌아가기도 했다. 대학생 유동운과 박병규, 고등학생 문재학과 박성룡은 부모의 만류에도 불구하고, 혹은 자식에 대한 부모의 간절한 심정을 알면서도, 죽을 자리를 스스로 지켰다. 그들은 혈연보다 대의를 우선시했던 '무죄한 순교자들'이었다.

(대학생 유동운) 5월 26일 날 내가 잊지 않은 것이, 여기 공원 가면 신광교회가 있어. 신광교회 그때 유연창 목사님인데, 그 아들이 한신대를 (다니다) 내려와갖고 5월 18일, 19일 데모하다가 공수부대한테 잡혀가지고 얻어터지고, 머리가 다 깎여갖고 석방이 됐어. 시민군 오래 해서 내 사무실 와갖고 내 심부름하고 있어 그놈.……오후 한 4시쯤 아들이 거기 있단 것 다 알고 걱정이 된가. 근데 그 부모 마음이…. 절대적인 거여.……가시다 막 돌아보다

나를 딱 불러갖고 "동운이가 여기 있다는데"……찾아본께 (동운이가) 어디로 도망갔어. 화장실로 숨은 줄 알았더만, 내 책상 밑에 속으로 다급한 게 들어가갖고 지그 아버지 간께 나와.[67]

(고교생 문재학) 공수부대의 진입을 목전에 둔 26일 도청에 찾아와 오늘밤 여기 있으면 죽게 되니 집으로 돌아가자는 부모님의 설득에 "얼마나 많은 광주 사람들이 죽었는데, 집에 돌아가 편히 잠잘 수 있겠어요? 도청에 남아 심부름이라도 해야 내 마음이 편할 겁니다"고 말했던 문재학(16)은 광주상업고등학교 1학년에 재학 중이던 소년이었다. 그는 비록 10대의 소년이었지만 보다 정의로운 죽음을 택하겠다며 부모는 물론 항쟁지도부의 귀가 설득을 끝까지 거부한 채 27일 새벽 기습해온 공수부대의 총탄을 목과 배에 맞고 숨져갔다.[68]

(고교생 박성룡) 조대부고 3학년생인 박성룡(17)은 광주 살육이 계속되는 동안 공수부대의 만행에 울분을 참지 못했다. 그는 광주역에서 사람들이 총에 맞아 죽었고 광주공원에서는 자기 친구가 공수부대원에게 맞아 죽었다며 어머니 앞에서 분노를 억누르지 못했다. 걱정된 어머니는 밖에 나가지 말라고 일렀다. 그러나 그는 "광주 시민을 이렇게 죽이고 있는데 젊은 놈이 어떻게 집에만 있을 수 있겠느냐"며 26일 다시 집을 뛰쳐나갔다. 그리고 최후의 항쟁을 목전에 두고 있는 도청 안으로 들어가 27일 새벽, 배와 오른쪽 허벅지에 총탄을 맞고 숨졌다.[69]

(대학생 박병규) 이날 초저녁 지도부는 결전을 위하여 모인 학생들

에게 집에다 전화를 걸어 자신이 지금 도청에 있다는 사실을 가족들에게 알리도록 권유했다. 동국대 1학년생 박병규도 이때 집에다 전화를 걸었다.……어머니는 "내일 아침에는 집에 와서 아침이나 먹고 가거라"며 전화를 끊었다. 박병규는 마지막 총격전을 준비하면서 모든 걸 감추고 어머니께 안부전화를 했다.[70]

항쟁지도부의 일원이었던 윤강옥은 마음이 약해질까 봐 아내와의 대면을 피하는가하면, 가족에 대한 그리움을 억누르고 집을 향하던 발길을 도청으로 되돌리기도 했다.

5월 24일 날 딱 보니까, 우리 딸이 5월 25일 날 아침에 돌이여. 두암동, 문화동, 5백 몇 미터 거린데. 참 딸이 한 번 보고 싶어. 근데 그 안에 21일부터 우리 마누라하고 엄마는 애기 업고 서방 찾으러 돌아다닌 거여.……도청 안으로 들어와 갖고 보면 맘이 약해지지. 우리 도청 거기 내가 있는 사무실까지 두 번이나 왔는데 "나 없다 해라" 그랬어.……오면 손잡고 가자고 난리면 어쩔 것이여. 근데 5월 25일이 되니까, 아 딸이 보고 싶고 내가 생각이 거가 있어. 여기 가면, 잘못 하면 도청이 무덤이 될 것 같고 '그 전에 딸이나 한 번 보자.' 내일이 돌이여. 도청을 나왔어, 그래갖고 오후에 나와서 기동타격대 차를 갖고 서방 삼거리까지 간 거여. 가다 가다 생각하니 집에 들어가면 못 나올 것 같네. 또 근게 다시 돌려갖고 도청으로 다시 들어왔어.[71]

시민군들은 26일 저녁 "지상의 마지막 밥"이 될지 모를 '최후의 만찬'을 함께했다.[72]

"살아서 마지막 밥일란가도 모른디 많이 묵어둬야제." "그라고 본께 이것이 최후의 만찬 아니라고?" 그들은 내일 아침이면 영영 못 먹게 될지도 모르는 밥을 그래도 열심히 먹었다.[73]

시민군들은 26일 밤이 깊어가는 가운데, 혹은 계엄군의 공격이 이미 개시된 27일 새벽 이승에서의 마지막 인사를 나눴다. 말하자 면 죽을 자들의 '최후의 증언'인 셈이었다. 26일 밤 12시 직전 상황 실장 박남선은 조민형과 이런 대화를 했다.

"오늘밤 무사히 넘길 수 있을까요?" 나의 친구이자 상황실에서 나를 돕고 있던 조민형이 물었다.……"두려우면 너는 처자식이 있으니 집으로 돌아갔다가 내일 나오지!" "야 임마! 너가 있는데 어떻게 집에 가냐?!"[74]

비슷한 시점 항쟁지도부 성원들인 정상용, 윤상원, 이양현 등도 인사를 나눴다.

시민군 배치가 모두 마무리되자 정상용은 대학 후배 윤상원과 악 수를 하면서 짤막하게 대화를 나눴다. "상원아, 이제 마지막이 될 지 모르는데 후회하지 않냐?" "형님, 무슨 말씀입니까? 이런 역사 의 현장에서 목숨을 바칠 수 있다는 것이 오히려 영광입니다." 이 양현이 윤상원에게 말했다. "이제 우리 저세상에서 만납시다. 그 곳에서도 다시 만나면 함께 민주화운동을 합시다."[75]

다음은 27일 새벽 도청 민원실에서 계엄군과의 전투에 대비하고 있던 이양현과 윤상원이 나눈 대화이다.

창틀에 총구를 내밀고 최후의 결전을 준비하고 있었지만 이양현
의 마음은 착잡했다. 죽음을 각오해서인지 공포나 불안감은 그
다지 크게 느껴지지 않았다. 다만 극도의 긴장감이 엄습했다. 곁
에 있던 윤상원과 김영철에게 마지막이 될지도 모르는 인사를 건
넸다. "윤 형, 우리가 죽으면 저세상에서 다시 만나겠지요? 시민
들이 보여준 그 희생적인 모습 자랑스럽게 기억합시다."[76]

새벽 4시가 넘어갈 무렵 2~3m 간격으로 창가를 응시하며 적정을
살피고 있던 윤상원과 이양현은 이렇게 패배하는구나 하는 심정
으로 서로 말을 걸었다. "우리 저승에서 만납시다." "저승에서
다시 만나더라도 이 나라의 민주주의를 위해 민중을 위해 일합시
다. 학생운동도 하고 노동운동도 합시다." "이렇게 서로를 아끼
고, 사랑했던 10여 일 간의 광주, 이것이 사람 사는 세상이 아니
겠소." "우리 영원한 친구가, 동지가 됩시다."[77]

그들은 5월 27일 새벽 쓰나미처럼 밀려드는 계엄군과 맞서 싸우
다 실제로 죽었거나, 죽지 않았더라도 부상당했거나 현장에서 체포
되었다. 그러나 계엄군이 도청으로 몰려오는 상황에서조차 동료 시
민군에 대한 '배려와 보살핌의 윤리'가 살아 있었다. 27일 새벽 4시
가 지난 "절망적인 상황" 속에서 한 청년 시민군이 이렇게 외쳤다
고 한다. "고등학생들은 먼저 총을 버리고 투항해라. 우리는 사살
되거나 살아남아도 잡혀 죽는다. 그러나 고등학생들은 반드시 살아
남아야 한다.……자, 고등학생들은 먼저 나가라."[78]

⑷ 죽을 자들과 살 자들의 연대

26일부터 27일까지 재형성된 항쟁-재난 커뮤니타스는 '죽을 자들의 연대'뿐 아니라 '죽을 자들과 살 자들의 연대'에도 기초한 것이었다. 이 연대에 기초한 커뮤니타스는 전투에 부적합하다고 '판단된' 이들을 도청과 광주YWCA 바깥으로 내보내는 실랑이 속에서, 그리고 가족과 작별인사를 나누는 과정 속에 현존했다. 대규모 죽음이 충분히 예측되는 상황에서조차 여성과 연소자 등 사회적 약자들을 보호하려는 진한 휴머니즘이 표출되었다.

항쟁지도부가 항쟁 주체 상당수를 도청과 광주YWCA 밖으로 나가도록 한 일은 자신들의 사후死後에 '역사의 증언자들'을 남기려는 사전 기획의 산물이기도 했다. '역사의 증인'이라는 중차대한 사명을 부여하여 일부 항쟁 동지들을 고의적으로 떠나보냈다는 점에서 그 행위는 '추방'이라기보다는, 대의를 달성하기 위한 '파송派送'의 성격을 띠고 있었다. 오늘은 비록 자신의 죽음을 포함하는 참담한 비극으로 끝날지라도, 다른 이들을 살려내어 성스러운 임무를 맡기면서 역사와 미래로 파송하는 모습이었다. 그러나 그것이 항쟁 동지와의 이별이든 가족과의 이별이든, 눈물어린 헤어짐은 도리어 더욱 강렬한 끌어당김의 감정을 유발함으로써 공고한 유대 관계를 창출해냈다. 이별로 인해 떠나는 자와 남은 자 사이에 생사를 초월한 진심어린 유대가 만들어진 것이다.

도청과 YWCA를 떠나도록 권유받은 이들은 연소자, 고령자, 여성 등 세 범주의 사회적 약자들이었다. 이 중 고령자는 대부분 수습위원들을 가리킨다. 윤상원은 시민군에 자원한 이들 중 일부 여학생을 포함한 중·고등학생들에게 귀가를 권유하면서 이렇게 말했다.

"학생 여러분의 충정은 이해합니다. 하지만 이 싸움은 어른들이 해야 합니다. 나이 어린 학생들은 살아남아야 합니다. 오늘 여러분들이 목격한 이 장면을 그대로 다른 사람들에게 이야기해줘야 합니다. 우리가 어떻게 싸우다 죽었는지 역사의 증인이 돼주시기 바랍니다."[79] 귀가 권유에 대한 반응은 엇갈렸지만, 항쟁 참여자들 사이에 커뮤니타스적 유대를 만들어냈다.

> 서글픈 정적이 지배했다.……밤이 깊어가자 윤상원은 고등학생들은 살아남아서 투쟁을 계속해야 하니 집으로 돌아가라고 말했다. 어린 투사들은 크게 항의했지만 결국 눈물을 흘리면서 떠났다. 그렇지만 일부는 끝까지 떠나지 않고 몰래 건물에 숨어 있었다.[80]

> YMCA에 모인 사람들 중에는 두 갈래로 머리를 땋아 내린 여고생이며 아직 총도 제대로 못 가눌 중학생도 있었다. 집으로 돌아가라고 하자 그들은 울음을 터뜨리며 상원(윤상원—인용자)과 박남선의 바지자락을 붙들고 늘어졌다. "우리에게도 총을 주세요. 우리도 싸울 수 있어요." "총을 쏠 수 없다면 총알이라도 나릅니다." "정 싸우고 싶거든 내일 아침 일찍 나오너라. 오늘밤에 우리가 다 죽으면 그때는 너희들이 싸워라." 아이들은 몸부림치다가 손등으로 눈물을 훔치면서 멀어져갔다. 자꾸자꾸 뒤돌아보면서….[81]

항쟁 당시 전남대 교수이던 노희관은 하층 계급 출신의 어린 시민군들이 대학생들의 도청 탈출을 권했다고 증언한 바 있다. "형, 형들은 공부해야 돼. 우리는 죽어도 좋아. 죽어도 우리가 죽을 테니까 형들은 가서 공부해"라고 말했다는 것이다.[82] 최후 일전을 앞두고 윤강옥은 일찌감치 피신한 이들에게까지 묘한 감사의 느낌을 가졌다고 했다. "우리 주동자는 다 죽을 줄 알았어. 그런데 도망간 놈들이 그렇게 고맙더라고.……뒤에 남아서 우리가 왜 죽었냐고 변명이라도 해줄 놈들이 살아남아야 할 것 아니요.……내 친구들, 동료들 중에서 도망간 사람들 고맙대, 묘하대 그거."[83] 여성들도 26일 밤 도청을 떠나도록 권유받았고, 27일 새벽에는 YWCA에 남아 있던 여성들도 피신하도록 강력히 권유받았다. 다음은 호남전기 노동자이자 가톨릭노동청년회 회원이었던 윤청자의 증언이다.

> 5월 27일, 우리가 마지막 밤까지 밥을 해주다가, 끝내는 그 애리디 애린 것들이 여자를 보호한다고 우리한테 "누군가는 살아남아서 이 소중한 역사에 대해 증언을 해야 하지 않겠냐"고 무슨 선지자 같은 얘기를 하는 거야. 설득을 하면서 우리더러 가라는 거야. 그래서 우리는 살았지.……몇 시간 차이로 삶과 죽음이 나뉘었지.[84]

항쟁지도부의 일원인 이양현은 도청에서 함께 항쟁하던 아내를 26일 밤 집으로 돌려보냈다. 다음은 너무나도 힘들었던 작별의 순간을 보여준다.

> 당시 제 아내는 3살 난 어린아이와 임신 7개월 무거운 몸을 이끌고 도청에서 같이 있었는데, 집으로 들어가라고 하니 만감이 교차하였겠지요. 남편은 죽는다고 하고, 아무 대책도 없이 어린아이들을 어떻게 키울 것인가 막막했겠지요.……항상 같이 죽고 같이 살자고 말해놓고 혼자만 살라고 하니 청천벽력이었을 것입니

다. 20여 분을 설득해서 혹시 마지막일지 모르는 이별을 하는 아내의 발걸음은 차마 떨어지지 않았습니다. 한 발자국 걷고 뒤돌아보고, 또 한 발자국 걷고 뒤돌아보고….[85]

밤 10시 항쟁지도부의 이양현은 아내를 아이들이 기다리는 집으로 돌려보내면서 작별인사를 했다. "만일 오늘 밤을 무사히 보낸다면 내일 아침 9시부터 도청에 나와서 평소처럼 밥 짓는 일을 도와주오. 그리고 애들이 아빠를 보고 싶다고 보채거든 내일은 한 번 데리고 나오지. 우리 식구가 모두 살아서 다시 만날 수 있기를 기원해주시오." 아내는 다른 시민군들이 보는 데서 껴안을 수도 안길 수도 없고 차마 목에까지 차오른 울음을 내뱉을 수도 없어 그의 팔에 기대고 낮게 흐느꼈다. 그는 아내의 등을 지그시 떠밀고 담담하게 도청으로 걸어 들어갔다. 마지막일지도 모르는 순간이었다.[86]

결국 26일 밤 방송요원을 제외한 비전투요원들 모두가 도청과 YWCA를 떠났다.[87] 그날 떠난 모든 이들이 (위의 인용문에서 보는 것처럼) 26일 밤이 무사히 지나가기를, 그래서 27일 아침에 동지·가족과 다시 반갑게 만날 수 있기를 간절히 소망했을 것이다. 그러나 그런 기적은 일어나지 않았다.

시민군 쓰러지다

9장

광주 사회극

■

필자는 이번 장을 포함한 세 장을 통해 광주항쟁의 '과정'뿐 아니라 '항쟁 종결 이후' 시기에도 중점을 두고 '광주 사회극'을 심층적으로 분석해보려 한다. 사회극의 틀을 광주항쟁에 직접 적용해봄으로써 광주 사회극이 드러낸 독특한 면모들을 포착해보려 한다. 아울러 항쟁이 진압된 '이후'에 광주 사회극이 기존질서로의 '재통합'으로 종결되었는지, 아니면 사회적 해체 혹은 새로운 정치사회질서의 수립으로 이어질 '균열'로 종결되었는지를 추적해볼 것이다.

광주항쟁의 사회극에 접근할 경우 시기와 단계의 구분, 즉 (1) 위반, (2) 위기, (3) 교정, (4) 재통합 혹은 분열의 단계들을 어떻게 시기별로 구분할 것인가가 먼저 직면할 수밖에 없는 과제일 것이다. 여러 주장이 가능할 것이나, 일단 필자의 입장을 제시해보려 한다.

1. 위반과 위기

광주항쟁에서는 사회극의 첫 단계인 '위반'을 어떻게 설정할 수 있을까? 필자가 보기에 광주항쟁의 사회극이 시작되도록 만든 최초의 '위반'은 신군부의 권력 공고화를 위한 시도로서, 광주 시민들의 격

렬한 저항을 촉발했던 5·17 계엄 확대 조치였다. 5·17 조치는 1980
년 5월 중순 절정에 도달한 전국적인 민주화 열기를 일거에 제압하
고 잠재우면서, 신군부 세력이 국가권력을 통째로 장악하기 위한 핵
심적 수단이기도 했다. 실제로 5월 17일 오전에 신군부의 주도로 국
가보위비상대책위원회(국보위)를 설치하기로 이미 결정이 나 있었
다. 국보위는 "국가의 모든 업무·통제 기능을 담당할 만큼 최고 권
력기관"으로서 행정·입법·사법 등 3권을 모두 장악하는 "초법적
비상기구"였다.[1] 국보위는 광주항쟁 진압 직후인 5월 31일에 출범
했고, 이때부터 무소불위의 권력을 휘두르기 시작했다. 5·17은 조
정환이 1979년 12·12부터 1980년 9월 1일 전두환의 대통령 취임에
이르는 신군부의 '다단계 쿠데타'에서 제3차 쿠데타로 지목했던 사
건이었다.[2] 다단계 쿠데타론은 여러 학자들에 의해 제기되었고, "세
상에서 가장 긴 쿠데타"(손호철)라는 평가를 받기도 했다.[3] 그런 면에
서 광주 사회극에서의 '위반'은 신군부 세력에 의해 미리 '계획된 행
동'이었다고 말할 수 있을 것이다.

　　많은 학자들이 5·17 계엄 확대 조치를 다분히 의도적이었던 공
수부대의 과잉진압과도 결부시켰고, 이것은 다시 다양한 형태의 '음
모론'과 연결되었다. 이 관점에서 보면 광주의 비극은 "계획된 참
극"이 된다.[4] 최정운은 '군부 음모론'을 "당시 신군부는 공식적으로
정권을 잡기 위한 명분으로 대규모 폭동사건을 일으켜 강도 높게 진
압함으로써 위기의식과 공포 분위기를 조성하는 시나리오를 만들
어 의도적으로 광주에서 실행했다는 것"으로 정리한 바 있다.[5] 김
성국은 "5·18 자체가 신군부의 권력 찬탈을 위한 사전 시나리오의
연출 과정에서 거의 필연적으로 등장"했던 것이라는 전제 아래, 신
군부의 "가상 집권 시나리오"를 제시하기도 했다.[6] 한상진도 광주

항쟁의 세 가지 수수께끼 중 첫 번째로 이 문제, 즉 비교적 평온했던 광주에 군이 특수부대인 공수부대를 파견했던 일을 꼽았다.[7]

신군부 세력이 1980년 5월 이전부터 주도면밀하게 쿠데타를 기획해왔음은 명백한 사실이다. 그 세력이 오랫동안 '충정훈련'으로 명명된, 군대에 의한 고강도 시위진압 훈련을 진행해왔다는 점을 고려하면, 과잉진압이 처음부터 신군부의 "집권 시나리오"에 따른 행동이었다는 주장을 간단히 기각하기 어렵다. 어쨌든 일부 지역에서 국지적 저항을 방조 내지 조장하여 군대 동원과 계엄령 확대 조치를 통한 군부의 공개적·공식적 집권을 정당화하려는 일련의 '드라마적 각본'이 사전에 존재했다는 이런 주장들은 광주 사회극을 개막한 최초의 위반이 '위로부터' 왔다는 필자의 판단을 뒷받침해준다. 극소수 정치군인들에 의한 전격적이고 일방적인 군사쿠데타는 군사독재체제인 유신체제 해체와 민주화 이행에 대한 국민적인 지지·합의와 충돌하는 명백한 위반 행위였다. 이처럼 위반이 '아래(저항하는 대중이나 정치세력)'가 아니라 '위(신군부)'로부터 발생했다는 점에서, 사회극 초기 단계에서부터 광주 사회극의 독특한 면모가 드러나기 시작했다.

광주 사회극의 두 번째 단계인 '위기'는 계엄령 전국 확대 조치에 대한 광주 지역 학생과 시민들의 저항에 의해 성립되었다. 계엄군의 폭압에도 굴하지 않는 광주 시민들의 강력하고도 지속적인 저항이 광주 사회극이 2단계로 이행하는 데 핵심적인 요인이었다. 다시 말해 신군부의 '위반' 행위에 대해 광주 사람들의 강한 항의와 저항이 발생했고, 신군부가 이런 정당한 시민적 불복종 행동에 가공할 폭력으로 대응함으로써 광주 사회극은 공공연한 '위기' 단계로 돌입했던 것이다. 광주 시민들은 민주적 헌정질서로의 이행을 불가능

작전명 화려한 휴가, 첫 충돌

하게 만드는 지배층 일각의 일탈, 즉 정치군인들의 정권찬탈 음모로부터 민주주의 가치를 수호하기 위해 분연히 궐기했다. 1980년 5월 21일, 광주의 시민 시위대는 폭력사태의 본질을 "전두환이 반란을 일으켰다"는 구호로 표현한 바 있다.[8]

신군부의 계엄 전국 확대에 대해 서울을 포함한 한국의 다른 지역들에서는 저항이 거의 없었거나 약했던 데 비해 광주의 학생·시민들은 강력하고도 끈질긴, 그리고 영웅적인 저항으로 대응했다. 이런 거센 저항이 없었더라면 사태는 이 시점에서 중단되고 말았을 것이고, 따라서 광주 사회극 자체가 아예 성립할 수조차 없었을 것이다. 지배층 일각의 일탈적 행위에 의해 '위반'이 발생하고, 평범한 시민들이 이를 저지하고 나섬으로써 사회극의 '위기' 단계로 진입한다는 이런 독특한 역사적 경로 역시 광주 사회극의 중요한 특징 중 하나이다.

2. 교정(1): 항쟁 기간

그렇다면 사회극의 세 번째 단계인 '교정'은 어떻게 설정될 수 있을까? 필자가 보기에 광주 사회극의 '교정' 단계에서는 대단히 복잡하고도 흥미로운 양상이 거듭되었다. 신군부 측 그리고 이에 저항하는 시민 측이 '모두' 일정 시점에서 교정의 주체로 나섰고, 그것도 각각 최소한 세 차례 이상씩 교정 조치들을 동원했던 것으로 보이기 때문이다. 이를 요약해놓은 것이 〈표 9-1〉이다. 이것이 바로 '교정 주체의 이원화' 현상이다.

어느 나라든, 어느 권위 있는 조직체든, 일정하게 제도화된 상설

〈표 9-1〉 신군부와 시민 측의 교정 조치들

	신군부 측	시민 측
1차 교정 조치	유혈 진압과 광주 고립화	
		시민 참여와 불복종운동 조직
2차 교정 조치	집단 발포와 정보 왜곡	
		무장항쟁
3차 교정 조치		협상을 통한 분쟁 해결 모색
	도청 탈환 작전	

혹은 비상설의 교정 수단·기구들을 구비하고 있게 마련이다. 따라서 기존 지배세력이 교정의 주체로 나서는 것은 어쩌면 당연한 일이다. 반면에 피지배 저항 세력이 교정 주체가 되는 것은 이례적인 일이다. 그러나 광주항쟁의 경우 기존 체제의 규범을 먼저 파기한 쪽은 지배세력이었으므로, 피지배층 일부가 이런 일탈적 상황을 바로잡기 위해 교정 주체로 자임하거나, 스스로 교정의 권능과 권위를 부여하는 일은 충분히 가능하다. 특히 민주주의를 주요 가치로 신봉하는 사회인 경우, '시민/민중의 교정 주체화'는 시민 불복종 권리 측면에서 정당하고도 자연스러운 현상으로 여겨지기도 한다. 물론 이 경우에도 지배층은 대개 '우월한 교정 주체'의 지위를 차지한다. 이런 상황의 역전은 '종속적 교정 주체'인 피지배층이 시민/민중혁명에 성공하는 경우에만 가능하다. 교정 단계에서 발견되는 이런 역사적 복합성이 광주 사회극의 또 다른 특징이기도 했다.

5·17 계엄 확대 조치가 광주 시민들의 저항에 부딪치자, 신군부 측은 5월 18~19일에 걸친 잔인한 유혈 진압작전과 광주 봉쇄·고립화 공작으로 대응했다. 필자는 이를 신군부 측이 동원한 첫 번째 교정 조치(제1차 신군부 측 교정 조치)로 볼 수 있다고 생각한다. 아울러 필

자는 신군부 측의 유혈 진압작전에 맞선 시민들의 조직화된 저항을 시민들이 발동한 최초의 교정 조치(제1차 시민 측 교정 조치)로 해석할 여지가 충분하다고 생각한다. 5월 19일 오후부터 21일 오전에 걸쳐 야만적 국가폭력에 맞서는 거대한 시민 불복종운동이 전개되었던 일을 시민 측의 제1차 교정 조치로 간주할 수 있다는 것이다. 시민 측에서 나온 최초 교정 조치는 광주 시내 곳곳에서 '작은 해방구들'과 '광주 커뮤니타스'를 만들어냄과 동시에, 계엄군의 잔악한 만행을 일시적으로나마 중단시키거나 약화시키는 효과를 발휘했다.

5월 18~19일에 걸친 신군부 측의 무력진압과 검거 작전이 실패로 판명됨으로써 위기는 심화되었다. 군대가 비무장 시민들에게 제압당하는 비현실적인 사태가 현실화되었다. 이런 위기 상황을 타개하기 위해 신군부 측이 동원한 두 번째 교정 조치(제2차 신군부 측 교정 조치)가 5월 21일 오후의 집단발포였다. 신군부 측 2차 교정 조치에는 광주항쟁의 실상에 대한 체계적인 왜곡 선전도 포함되었다. 광주 시민들은 '빨갱이 낙인'과 '폭도 낙인'이라는 양대兩大 낙인과의 힘겨운 싸움을 벌여나가야만 했다. 나아가 그들은 간첩 침투설과 배후조종설과 같은 각종 음모론과도 싸워야 했다. 이런 싸움을 통해 스스로 민주시민, 애국자, 민주투사라는 새로운 긍정적인 정체성을 주장하고 획득해나갔다.

그런데 5월 18일부터 21일에 걸친 신군부 측의 1차 및 2차 교정 조치들에서도 잘 드러나듯이, 지배층의 교정 조치는 그 자체가 '국가범죄state crime'에 가까운 행위들을 다수 포함하고 있었다. 필자는 '또 다른 위반의 성격이 강한 교정 조치'를 최초의 위반과 구분해서 '2차 위반'이라 부르고자 한다. 2차 위반은 1차 위반에 비해 훨씬 강력한 수단을 수반하는 경향이 강한데, 저항세력을 향한 집단발포나 민간인을 겨냥한 학살극 등이 좋은 예이다. 2차 위반인 지배층의 교정 조치들은 아래로부터의 더 큰 저항을 촉발할 가능성이 높으며, 이처럼 강한 힘들이 서로 충돌함에 따라 갈등 상황은 혁명적인 사태로 발전할 가능성이 높은 편이다. 이렇게 되면 사회극은 네 번째의 마지막 단계로 넘어가지 못한 채 두 번째의 '위기' 단계로 회귀하는 경향을 보인다. 이 경우 설혹 마지막 단계로 이행한다고 하더라도, '재통합'보다는 '분열'로 사회극이 종결될 가능성이 높아진다. 광주항쟁 당시 실제로 이런 일들이 벌어졌다.

신군부 측의 집단발포에 시민 측은 무장항쟁으로 맞섰다. 필자는 이를 시민 측이 발동한 두 번째 교정 조치(제2차 시민 측 교정 조치)로 판단한다. 저항하는 시민들은 무기를 탈취하여 시민군을 조직하면서 계엄군을 광주 바깥으로 몰아냈다. 그 결과 유혈 학살극이 일시적으로 종식되었고, 계엄군 지배와 폭정으로부터 해방된 광주는 평화 상태로 회귀했다. 그러나 다른 한편에서 보면, 집단발포라는 신군부 측의 극대화된 교정 조치마저 실패로 돌아감으로써 기존 위기가 더욱 고조된 형태로, 즉 '신군부의 광주 통치권 상실'이라는 형태로 재발되었다. 광주의 항쟁을 조속히 진압함과 동시에 다른 지역들로 저항이 확산되는 것을 막음으로써 위기를 교정하고 구체제로의 재통합을 달성하려던 신군부 측 시도가 완전히 빗나가는 가운데 '교정에서 위기로 회귀하는' 상황이 나타났던 것이다.

해방광주의 도래와 동시에 '제3차 시민 측 교정 조치'가 나타났다. 그것은 '협상을 통한 평화적 분쟁 해결'이라는 시도였다. 각종 수습대책위원회가 조직되고, 궐기대회 형태의 시민 요구사항 수렴 과정이 진행되었다. 앞서 말했듯이, 당시 시민 측(특히 항쟁지도부)이 가진 협상의 지렛대는 작게는 '무장해제', 크게는 '도청 이양'으로 상징되는 '해방광주 전체', 즉 '광주의 통치권' 이양이었다. 그러나 당시 계엄군과 신군부는 이상하리만치 협상에 소극적이거나 무관심한, 심지어 적대적인 태도를 보였다. 그들은 대화와 타협을 통해 무장대립 상황을 해결하는 쪽과는 거리를 두었다. 앞서 언급했던 쿠데타 음모론이 근거 있는 것이라면, 일정한 양보를 전제로 한 분쟁 해결 노선은 애초부터 신군부 세력의 관심 밖이었을 것이다. 이처럼 시민 측의 세 번째 교정 조치마저 신군부 측의 완강한 태도에 막혀 실패로 돌아갔고, 그로써 위기는 고착되었다. 이것이 5월 22~26일의 상황이었다. 5월 27일의 광주시 재진입과 전남도청·광주YWCA 탈환 작전은 '제3차 신군부 측 교정 조치'였다. 이 군사작전이 성공함으로써 사태는 신군부 측의 압도적인 우위로 재차 반전되었다.

3. 교정 (2): 항쟁 이후

여기서 신군부-시민 측 교정 조치들에 관한 논의로 잠시 돌아가 보자. 시민 측의 세 차례 교정 조치는 몇 가지 일시적인 효과들에도 불구하고 전체적으로는 실패로 돌아갔다. 신군부 측의 세 가지 교정 조치 중 첫 번째였던 유혈 진압과 두 번째 교정 조치였던 집단발포는 더 큰 위기를 초래했을 뿐이지만, 세 번째 교정 조치였던 도청·YWCA 탈환 작전은 성공했고 시민항쟁을 완전히 잠재웠다. 그렇다면 계엄군이 도청을 재점령한 5월 27일 새벽 이후의 시기를 광주 사회극의 종결 단계로 볼 수 있을까? 광주항쟁의 사회극은 신군부의 승리로, 구체제를 더욱 강화시키는 '재통합'으로 끝난 것일까? 필자는 결코 그렇지 않다고 본다.

항쟁 진압과 함께 신군부 측의 '보복적 교정 조치들'이 연이어 단행되었다. 항쟁 종결과 함께 사회극의 마지막 단계로 이행한 게 아니라, 종전의 교정 단계가 지속되었던 것이다. 그러나 항쟁 진압 '이전'과 비교할 때 항쟁 '이후'의 교정 단계는 주체와 주도권 측면에서 크게 달라졌다. 교정 주체의 이원화 현상이 소멸했다. 지배층(신군부)의 교정 주도권은 확고해졌다. 반면 피지배층(저항하는 광주 시민)은 교정 주체로서의 지위와 힘을 완전히 상실했다. 항쟁 진압 후 광주 시민들은 신군부 측의 보복적 교정 조치들에 무기력하게 시달릴 수밖에 없는 처지가 되었다.

항쟁 직후부터 무차별적인 검거 선풍이 몰아쳤다. "5월 17일부터 7월 말까지 5월항쟁과 관련하여 2,699명이 체포되었다. 그중 계엄군이 도청에 진입한 27일자에만 590명이 붙잡혔고, 그 후 5월 말까지 1백여 명이 더 체포되었다. 5월 31일에는 항쟁 기간 중 연행된 숫자까지 모두 1,039명이 조사를 받고 있었다. 계엄사는 항쟁 기간 중에 총을 들고 다닌 사람, 수습위원, 대학 학생회 간부들을 대대적으로 검거하기 시작했다. 27일 전남도청 진입과 동시에 광주 외곽을 차단하고 시외로 빠져나가려는 관련자를 색출하였다."[9] 연행된 이들에게는 가혹한 고문이 가해졌다.[10] 여성을 대상으로 한 성폭력도 자행되었다. 항쟁 후의 교정 조치 역시 위법적-초법적 요소들을 다수 포함하고 있었던 것이다. 따라서 우리는 1차(최초의 위반)와 2차(항쟁 기간 중의 불법적 교정 조치들)에 이어, 항쟁 진압 후의 교정 조치들을 '제3차 위반'으로 부를 수도 있을 것이다. 연행자들에 대한 조사 과정에서 수사관들은 색깔론과 빨갱이 낙인을 되풀이했다.[11] 계엄군-신군부가 항쟁 초기부터 활용해온 '폭동론', '폭도 무장난동' 규정은 항쟁 후 기정사실로 굳어졌다. 항쟁에 대한 "국가의 첫 번째 규정은 소요, 사태, 광주사태 등이었다. 계엄사령관 담화문에서 확인되듯이 북한의 고정간첩과 김대중의 추종세력들을 지칭하는 '불순분자들의 책동으로 유발된 폭도들의 무장난동'이었으며, 호명은 점차 '광주사태'로 고착되어갔다."[12] 임종명에 의하면, 신군부 중심의 지배권력은 언론매체들을 동원하여 광주항쟁을 (1) "폭력과 파괴의 소요·폭동"으로 재현함으로써, (2) "반反·비非인간적, 반근대적, 반민족적 사건·존재"로 항쟁 및 참여자를 규탄함과 동시에 진압 조치와 진압 주체들을 정당화했고, (3) 대중의 감정이입과 동의 추출을 위해 항쟁을 "일상적인 대중 삶의 파괴"로, 나아가 "국가안보·경제위기를 초래"한 것으로 재현하는 전략을 구사했다.[13]

전쟁에서 지배층은 아군과 적군의 시신을 정반대의 태도로 대한다. 특히 적군의 경우 사자死者의 존엄성이 철저히 무시되는 모욕적이고 비인간적인 시신 처리 방식이 적용되는 경우가 많다.[14] 광주항쟁 희생자들의 시신은 적군처럼 취급되었다. "국가가 베푼 장례 절차는 그들이 저지른 만행처럼 냉혹하고 참절했다. 쓰레기차에 시신이 들어 있는 관 여러 개를 포개어 싣고 망월동의 묘역으로 가면, 각 동에서 차출된 인부들이 자기 동 출신의 시신을 하관하여 매장하는 것이 전부였다. 눈을 감지 못한 채 죽어갔던 넋을 위로하는 제례도, 망자를 떠나보내는 슬픈 노래도, 그리고 저승에서의 안식을 위한 기원도 없었다. 다만, 넋을 잃은 유족들의 한 맺힌 오열만이 그 자리를 맴돌았다."[15] 신군부는 희생자들의 사인死因 조작도 서슴지 않았다. "사인이 M16 총상으로 명백하게 밝혀지지 않은 사람들은 모두 카빈 소총이나 M1 총사자나 기타 총사자로 분류했다. 그리고 '카빈' 등에 의한 총사자 94명은 '강경파와 온건파의 대립과정에서

서로 총을 쏘아 죽었다'고 짜 맞춘 것이다. 유탄이나 기관총, 수류탄 등으로 사망한 기타 총사자들도 M16에 의한 사망자가 아니기 때문에 '비폭도'로 분류되어 사인이 '총기 조작 미숙으로 인한 오발사고'로 처리됐다. 진압봉에 맞아 사망한 경우도 '탈취 차량에 의한 교통사고'로, 대검 등에 의한 자상일 가능성이 큰 사망자도 '난동자 소행'으로 바뀌었다."[16]

광주항쟁 희생자들의 집단 매장지가 된 망월동 묘역은 곧 "금단禁斷의 구역"이 되었고, 이 공간을 무대로 정치적·저항적 행위를 시도하는 것은 엄격히 처벌되었다. "5·18항쟁의 희생자들이 묻힌 망월동묘지에 대한 신군부 정권 초기의 억압정책은 상식적 수준을 넘어서는 극단적인 것이었다. 경찰과 정보기관 및 행정조직을 동원한 감시와 봉쇄가 상시적으로 자행되었고, 그 결과 이 묘역은 금단의 구역이 되었다. 유족들과 활동가들에 대한 감시와 미행이 일상화되었고, 집회를 계획하면 강제 수용 및 원격지 격리가 반복되었다."[17] 그럼에도 빠른 속도로 성역화되어 가는 망월동 묘역을 해체하려는 시도도 집요하게 이루어졌다. 정치권력과 자본을 동원한, 유가족·부상자·구속자 단체에 대한 회유와 분열공작도 끈질기게 이어졌다.[18]

4. 재통합 혹은 분열

사회극의 마지막 단계는 기존 체제로의 '재통합', 혹은 기존 체제의 심각하고도 지속적인 '분열' 중 하나이다. 이 가운데 분열은 새로운 체제로의 이행까지 포함한다. 위에서 기술한 보복적 교정 조치들이 어느 정도 마무리된 후 광주 사회극은 어떻게 종결되었는가? 보복적 교정에서 신新군부독재체제(제5공화국)로의 통합의 길이었나, 아니면 어떤 식으로든 대한민국이라는 나라가 둘로 쪼개지는 쪽에 가까운 분열의 길이었나?

사회극 4단계로의 이행과 사회극의 종결, 특히 재통합으로의 종결은 '보복'과 '청산'만으로는 이뤄지지 않는다. 설사 가능하다고 하더라도, 공포정치에 기초한 통합은 오래 지속되기 어렵다. 그것은 밑바닥부터 분노와 불만이 들끓는데도 겉모습만 평온한 피상적인 통합일 가능성이 높다. 그래서 억압적·강제적·부정적인 요소들만이 아닌, 기념, 영웅화, 신新질서 창출과 같은 긍정적·생산적인 요소들이 필요한 것이다. 신군부 세력은 헌법을 개정하여 '제5공화국'의 출범을 선포하고, 사회정화운동을 고창하면서 삼청교육을 실시하는 등 재통합으로 사회극을 마치려고 무진 애를 썼다. 교복·두발 자유화, 야간통행금지 해제, 텔레비전 컬러 방송, 야구·축구 등 프로스포츠 육성, 아시안게임과 올림픽 유치 노력 등 새 체제에 대한 대중의 지지를 유도해보려는 다양한 노력도 행해졌다. 신군부 세력은 광주항쟁의 성공적인 진압을 자축하고 그 공로자들을 기리는 기념물들도 다수 건립했고, 진압작전에서 핵심적인 역할을 수행한 군인들을 영웅으로 떠받드는 훈장·포장 수여식도 거행했다.[19] 이 모두가 '재통합 전략'의 일환이었다.

그러나 1961년 5·16의 주역들이 쿠데타를 '혁명'으로 포장하여 국민을 새로운 군부집권체제로 포섭해 들이는 데 비교적 성공적이었던 데 비해, 1980년 5·17의 주역들은 자신들의 쿠데타를 국민에게 명분 있게 정당화하는 데 성공적이지 못했다. 광주항쟁 진압에 공을 세운 인물과 부대에 대한 포상과 서훈, 기념물 건립 등이 이어졌지만 그런 이벤트들이 국민적 참여와 축복·존경 속에서 국민축제처럼 치러진 것은 결코 아니었다. 진압작전 유공자들이 국민적 영웅으로 추앙받은 것도 아니었다. 항쟁 기억의 억압과 항쟁 관련자들에 대한 처벌이라는 보복적 교정 조치들을 넘어, '항쟁의 성공적 진압' 기념이 대중적으로 수용되고 승인되었더라면, 그로 인해 신군부 정권에 대한 대중적 수용 태도와 지지가 강화되었다면, 광주 사회극은 교정 단계를 넘어 제5공화국 체제라는 '변형된 구체제'로의 재통합으로 막을 내렸을 것이다. 그러나 그런 일은 끝내 발생하지 못했다.

광주 사회극은 지배층이 바라는 안온한 해피엔딩 쪽으로 좀처럼 가주질 않았다. 1980년 5월 27일 이후의 상황은 더욱 확산된 저항이 나타나고(새로운 위기), 이에 대항하는 정권 측의 탄압(강화된 교정 조치)이 끝없이 지루하게 반복되는 '교정-위기의 악순환'에 가까웠다. 따라서 시간이 흐를수록 사태는 '재통합'이 아닌 '분열' 쪽으로 흘러갔고, (신군부 중심으로 단합된 '하나의 대한민국'이 아니라) '두 개의 대한민국' 현상이 갈수록 뚜렷해졌다. 광주항쟁의 사회극은 결코 교정될 수 없는 장기적인 위기로의 경향, 재통합이 아닌 분열로 종결되려는 경향을 강하게 드러냈다. 필자는 2019년에 발간한 『경합하는 시민종교들』에서 다음과 같이 쓴 바 있다. "1980년 5월 광주에서 형성된 해방의 커뮤니타스는 군부에 의해 무참히 파괴되었다. 그에 따라 시민과 시민군이 주도했던 '변혁의 리미널리티'는 '질서의 리미널리티'로 변질되는 것처럼 보였다. 계엄 확대—5월항쟁—전두환 정부 출범으로 이어지는 사회극 역시 '기존질서로의 재통합'으로 귀착되는 것처럼 비쳤다. 그러나……'기존질서로의 재통합'으로 귀결되었던 1960~1961년의 '4·19 사회극'과 달리, '5·18 사회극'은 기존질서로부터 '분리'되는 방향으로 치달았으며, 그 결과 '시민종교 예언자

진영의 강화', 나아가 '새로운 저항적 시민종교의 형성'으로 이어졌다고 필자는 생각한다."[20]

대체 왜 이렇게 되었을까? 여기에는 '집단적 순교'에 가까운 비극적 항쟁 종결 방식, 그것을 기억하고 유지遺志를 계승하려는 '5월공동체'의 형성을 비롯하여 다양한 요인들이 복합적으로 작용했을 것이다. 이것은 이어지는 10~11장에서 더욱 상세히 살펴볼 쟁점이다.

5. 광주 사회극의 특징들: 요약

지금까지의 논의에 기초하여 광주 사회극의 독특한 면모들, 그 특징들을 정리해보도록 하자. 사회극의 시각으로 접근할 경우 광주항쟁은 대략 일곱 가지 점에서 매우 특이한 사례라고 말할 수 있다.

첫째, 최초의 '위반'이 아래로부터가 아니라 위로부터, 즉 국민들의 민주화 열망에 반하는 신군부 세력의 5·17쿠데타(계엄 전국 확대 조치)에서 비롯되었다는 점이다. 대부분 역사와 사회들에서 사회극을 촉발시키는 '최초 위반'은 피지배 세력 혹은 저항세력의 몫이었지만, 광주항쟁에서는 정반대였다.

둘째, 광주항쟁에서 사회극의 두 번째 단계인 '위기'로의 이행은 지배층의 위반 행동에 대한 아래로부터의 저항이 확산되고 지속됨으로써 가능했다. 앞서 2장에서 소개했듯이, 기존 구조·규범·규칙을 심각하게 침해하는 행위나 사건이 '위반'이라면, 위반 행위가 광범위하게 확산되면서 여러 세력들 사이의 갈등이 공공연하게 벌어지면 '위기' 단계가 시작된다. 대개의 사회극은 '아래(피지배층)'로부터의 위반 행동에 의해 개시되며, 피지배층의 저항적 행동이 확산되고 지속될 때 위기 단계로 이행하지만, 광주항쟁에서는 그 역逆의 경로로 사회극이 진전되었다.

셋째, 교정 조치가 위(신군부)와 아래(광주 시민)로부터 모두 나왔다는 점, 다시 말해 대립하는 양측 모두가 항쟁의 특정 시점들에서 번갈아가며 적어도 세 차례씩 '교정의 주체'로 등장했다는 점도 특이했다. 대부분의 역사적 사례들에서 사회극의 교정 주체는 지배자들이었다. 그러나 광주항쟁에서는 지배자뿐 아니라 저항세력도 교정 조치의 주역이었다. 이를 '교정 주체의 이원화'와 '교정 교치들의 상호 충돌 및 갈등적 공존'으로 요약할 수 있을 것이다.

넷째, 신군부 측과 저항세력 측에서 시도한 교정 조치들은 실패를 거듭했고, 그런 와중에 '교정에서 위기로의 회귀' 양상이 여러 차례 반복되었다. 광주의 사회극은 좀처럼 마지막 종결 단계로 전진하지 못했다. 악순환에 가까운 이런 상황은 신군부에 의해 '광주 해방구'가 파괴된 이후에도 지속되었다.

다섯째, 최초의 위반이 지배층에 의해 발생할 경우, 지배층이 갈등 과정에서 동원하는 교정 조치들 역시 위법적이거나 초법적인 요소들을 포함할 가능성이 높아진다. 시위 진압에 투입된 계엄군에 의해 초기부터 엄청난 유혈사태가 벌어졌던 광주항쟁이야말로 그런 역사적 가정假定에 전형적으로 부합하는 사례였다. 이처럼 '교정이 곧 새로운 위반이 되는' 상황에서는 '교정=위반'이 더 큰 반발에 의한 새로운 '위기'를 초래하는 또 다른 악순환이 작동하면서, 걷잡을 수 없이 혁명적 갈등 상황으로 발전하기 쉽다. 공수부대에 의한 상상을 초월하는 폭력의 난장亂場이 결국에는 계엄군의 집단발포로 이어지면서 시민들의 자발적 무장항쟁을 촉발했던 광주항쟁의 과정이 바로 그런 것이었다.

여섯째, 광주항쟁이 계엄군에 의해 무력으로 진압 당하자 신군부 측의 '보복적 교정 조치들'이 뒤따랐다. 항쟁 이후 시기에도 사회극의 교정 단계가 지속되었던 것이다. 그러나 항쟁 이후의 교정 단계는 신군부 측의 일방적인 주도권으로 특징지어진다. 항쟁 패배와 함께 저항세력이 교정 주체로서의 지위를 완전히 상실함으로써, 항쟁 당시 이원화되었던 교정 주체의 일원화가 이루어졌기 때문이다.

일곱째, 광주항쟁의 경우 마지막 단계에서 기존 질서로의 '재통합'에 실패함으로써 기존 체제로부터의 분리, 즉 기존 체제 자체의 '분열'로 귀착되는 상황에 가깝다. 이런 역사적 시나리오의 현실화는 급진적 개혁운동이나 혁명적 사태에서나 나타날 법한 희귀한 현상인데, 바로 광주항쟁이 그에 부합하는 사례였다고 말할 수 있다. 이 일곱 번째 측면에 대해서는 이어지는 장들에서 별도로 다루려 한다.

광주 사회극의 2~3단계 설정과 관련해서 한 가지 더 확인해야 할 문제가 남아 있다. 앞에서 터너를 인용하여 말했듯이, 사회극의 2단계(위기)와 3단계(교정)에서 리미널리티 현상과 커뮤니타스 현상이 자주 발생한다. 따라서 광주항쟁의 특정 시점에서 리미널리티와 커뮤니타스의 존재가 확인된다면, 바로 그때가 사회극의 위기 및 교정 단계에 해당한다고 볼 수 있다는 것이다. 앞서 보았듯이, 광주항쟁 당시 리미널리티 현상은 이미 5월 18일부터 나타나고 있었다. 구조(구체제)로부터의 분리 및 일상생활의 초월은 리미널리티 단계로 진입하기 위한 필수적인 조건인데, 광주는 '광주 바깥세상'과, 1980년 5월 당시 한국사회를 지배하던 '구조'와, 5월 17일까지 광주 사람들에게 친숙했던 '일상세계'와 3중적으로 분리되었다. 광주항쟁에서 분리 과정은 5월 18일부터 21일에 걸쳐 진행되었으며, 광주 리미널리티의 형성 과정 역시 계엄군의 강제적·무차별적 시위 진압이 시작된 5월 18일에 시작되어 계엄군이 시 외곽으로 퇴각한 21일경에 사실상 완결되었다고 말할 수 있다. 역시 앞에서 상세히 살펴보았듯이, 항쟁 기간 동안 광주에서 커뮤니타스 현상 또한 강렬하고도 빈번하게 나타났다. 해방의 커뮤니타스는 광주의 변혁적 리미널리티 속에서 형성된 독특한 사회·인간관계를 집약적으로 보여주었다. 광주 커뮤니타스는 항쟁 이틀째인 5월 19일부터 등장했고, 해방 광주가 구현된 5월 21일 밤부터 항쟁 진압 시점까지의 기간 동안 가장 순수하고 화려한 형태로 나타났다. 광주항쟁 과정에서 '항쟁-재난의 커뮤니타스'와 '자치의 커뮤니타스', '의례-연극의 커뮤니타스' 등이 차례로 혹은 중첩적으로 출현했다. 항쟁 과정에서 '변혁의 리미널리티'와 '해방의 커뮤니타스'가 형성되었다는 점, 그리고 사회극의 2~3단계에서 리미널리티·커뮤니타스가 주로 발생한다는 점을 함께 고려하면, 필자는 광주항쟁 대부분의 기간(5월 18일부터 27일까지)을 사회극의 위기 단계와 교정 단계로 간주하는 게 적절하다고 판단한다.

10장

항쟁 이후의 광주 사회극(1) : 5월공동체의 형성

1. 영원한 상처

광주의 비극은 광주 사람들과 양심적인 모든 이들에게 "영원한 상처"이자 "가장 오래 기억된 피맺힌"이 되었다.[1] 때때로 삶이 아니라 죽음이 역사를 움직인다. 큰 상징성을 갖는 죽음이 "사회변혁의 기폭제"가 되기도 한다.[2] 『열사의 탄생』에서 마나베 유코는 이렇게 말했다. "한국의 현대사는 '죽음'에 의해 움직여왔다고 말해지고 있다.······사회의 부조리를 상징하는 충격적인 대량의 죽음 혹은 개인의 죽음이 발생하면 그것이 계기가 되어 더 많은 국민 사이에 울적한 부조리감이 일시에 분출하여 사회구조에 대규모의 지각변동을 가져오는 원동력이 된다. 대량의 죽음으로는 1980년의 광주사건이 너무나도 유명한데, 이때 드러난 군사정권 및 이를 지지한 미국에 대한 불신감은 이후 운동권에서 기본 쟁점의 하나로 받아들여져 왔다."[3] 1980년 5월의 대규모 죽음이 없었더라면 그 이후의 저항적 동력과 폭발력이 생겨날 수 있었을까?

특히 1980년 5월 26~27일 최후 항쟁에 나섰던 이들이 남긴 두 가지 메시지, 곧 '나를 증거하라' 그리고 '그때 너는 어디 있었느냐'는 메시지가 살아남은 이들의 양심에 남긴 큰 울림과 막중한 무게는 결코 과소평가될 수 없다. 광주항쟁의 '비극적이지만 불굴不屈의 종결'이라는 사실이 없었더라면, 항쟁 진압 이후의 장기 저항운동도 사실상 불가능했을 것이다. '투항에 의한 항쟁 종결'이라는 역사적 시나리오에서도 장기 저항과 학살 책임자 처벌운동이 과연 가능했을지, 광주항쟁이 '저항정신의 마르지 않는 수원지' 역할을 감당할 수 있었을지는 의심스럽다. 그러니 "무기를 놓고 도청을 계엄군에게 비워줬더라면 6월항쟁은 없었을 것이며 지금 이 시간도 '5공' 치하였을 것"이라는 최정운의 언명은 결코 과장이 아니다.[4]

며칠 동안 광주를 거대한 우산처럼 감싸고 있었던 커뮤니타스는 5월 26일 밤 심하게 동요하고 있었다. 집으로 돌아간 이들도 27일 새벽 무거운 적막 속에서 도청의 동향을 예민하게 주시하고 있었다. 26일 밤 대다수 광주 시민들은 편히 잠들지 못했다. 박노해의 표현대로, 1980년 5월 26~27일 "그날 밤 광주 사람들은 아무도 잠들지 못했다. 부끄러움 때문에, 혹은 슬픔 때문에, 분노 때문에……."[5] 그 밤 그들은 일종의 '침묵의 항쟁'을 공유하고 있었을지도 모른다. 27일 이후 광주 시민들에게 '살아남은 자의 슬픔과 부끄러움'은 대단했을 것이다. 광주 사람들은 5월 27일 그 새벽 방송의 긴 여운도 오래도록 잊지 못했을 것이다. "새벽 3시 50분쯤 도청 옥상의 고성능 스피커에서 애절한 여성의 목소리가 흘러나왔다.……'시민 여러분, 지금 계엄군이 쳐들어오고 있습니다. 사랑하는 우리 형제, 우리 자매들이 계엄군의 총칼에 숨져가고 있습니다. 우리 모두 계엄군과 끝까지 싸웁시다. 우리는 광주를 사수할 것입니다. 여러분 우리를 잊지 말아주십시오. 우리는 최후까지 싸울 것입니다. 시민 여러분, 계엄군이 쳐들어오고 있습니다.'……이날 새벽 그 여인의 피맺힌 절규는 광주 사람들의 가슴속에 비수처럼 꽂혔다. 떨리는 가슴은

피멍으로 물들었고, 그 피멍은 문신처럼 평생 지워지지 않았다."⁶

그날 이후 많은 이들이 죄의식에 가까운 부채의식을 드러냈다. '내란 중요임무 종사' 혐의로 투옥되어 1982년 10월 50여 일의 옥중 단식 끝에 사망하기까지 박관현에게는 광주항쟁에 참여하지 못한 것이 "통한의 슬픔"이었다고 한다. 그는 항쟁 당시 전남대 총학생회장이었다. 단식투쟁을 계속하던 1982년 9월 15일 광주지방법원에서 열린 결심공판에서 그는 최후진술을 다음과 같은 말로 시작했다. "그날 학생들과 온 시민들이 5·17 조치에 항거해 진정한 민주주의를 외치며 싸웠던 거리에 있지 못하고 광주에서 빠져나가, 나 혼자만 살고자 했다는 사실을 학생들의 부름을 받은 총학생회장으로서 심히 부끄럽게 생각하며……죽어간 영령들에게, 또 죄 없이 끌려가 고문을 겪은 선배·동료·후배들에게 부끄러운 마음으로, 책임을 다하지 못한 총학생회장으로서 참회하는 마음으로 역사와 민족앞에 진실을 말할까 합니다."⁷ 임철우는 소설 『봄날』의 머리말에서 이렇게 말했다. "그해 5월, 그 도시에서 바로 그 강과 마주쳤을 때 나는 스물여섯 살의 대학 4년생이었다. 누구도 원치 않았지만, 폭풍처럼 몰아치는 그 격한 물살에 휩쓸려 수많은 사람이 죽거나 불구가 되었고, 혹은 평생 지우지 못할 정신과 마음의 외상을 입었다. 그 맞은편 강기슭에 거품처럼 떠밀려 닿았을 때, 나는 참 요행으로 그것을 건넜다고 잠시 생각했다. 그러나 어느 사이엔가 내 두 손이 누군가가 흘린 붉은 피로 흥건히 젖어 있음을 난 깨달았다. 한동안 그 불길한 핏자국을 지워내려고 몸부림쳤지만, 그것은 끝끝내 내게 낙인처럼 남아 있었다."⁸ "고백건대, 그 열흘 동안 나는 아무 일도 하지 못했다. 몇 개의 돌멩이를 던졌을 뿐, 개처럼 쫓겨 다니거나, 겁에 질려 도시를 빠져나가려고 했거나, 마지막엔 이불을 뒤집어쓰고 떨기만 했을 뿐이다. 그 때문에 나는 5월을 생각할 때마다 내내 부끄러움과 죄책감에 시달려야 했고, 무엇보다 내 자신에게 '화해'도 '용서'도 해줄 수가 없었다."[9]

광주 바깥의 사람들에게도 광주의 비극적 항쟁이 마음의 무거운 짐이 된 것은 마찬가지였다. 임동확의 시구詩句처럼 1980년 5월 광주의 기억은 "잊으라, 잊으라 강요하는 세월"에도 불구하고, "잊으려, 잊으려 할수록 더 사나운 물결로 뒤채여 오는 저 흰 파도"와 같은 것이었다.[10] 박인배는 광주항쟁이 끼친 심리적 영향을 죄책감, 자괴감, 분노의 세 가지로 표현했다. "1980년 5월 광주의 기억은 민주화운동 진영의 모든 인사들의 뇌리에 지울 수 없는 각인으로 남았다. 살아남은 자들은 먼저 간 영령들에 대한 죄책감에 어쩔 줄 몰라 했고, 전두환 일당에 대한 분노로 칼을 갈았으며, 무기력하게 나약한 자신에 대한 자괴감에 괴로워했다."[11] 광주항쟁을 향한 분노와 죄책감·자괴감이 복합된 감정은 거대한 저항적 에너지로 전화되었다. 정근식은 "공동체적 윤리"에 기초한, 죄책감-부채감의 연쇄적이고 나선형적인 확산, 이 과정에서 발생한 저항적 에너지에 대해 다음과 같이 기술했다.

윤상원의 죽음은 그의 예언대로 광주 시민들에게 커다란 부채감으로 작용하여 민주주의를 위한 증언을 하도록 만들었다. 당시 도청에서 체포되거나 5월 26일 밤 도청에서 빠져나와 목숨을 구했던 사람들은 자신만 살아남았다는 죄책감에 시달렸고, 민주화를 갈망하던 광주 시민들은 도청에서 희생된 이들에 대한 부채감에 시달렸다. 광주 시민들의 희생은 민주적 정치공동체를 열망하고 있던 국민들에게 도덕적 부채감을 주었다.……이런 공동체적 윤리는 1979년 부산과 마산에서 민주항쟁에 참여했던 학생 및 시민들, 그리고 1980년 5월, 이른바 서울의 봄 시기에 민주화운동에 참여했던 학생과 시민들에게 크게 작용했다. 이들이 지니게 된 죄책감과 부채감은 한국 민주주의의 회복과 사회정의를 추동하는 정신적 에너지가 되었다.[12]

많은 학자들이 이와 유사한 관찰을 제공한 바 있다. 광주항쟁은 1980년대 사회운동의 원점原點이자 종점終點이었다. "광주를 기억하라"는 명령에 충실하려는 세대, 광주항쟁과 관련된 "공공의 윤리와 집단적 도덕성"으로 무장한 세대가 출현하여 1980년대 저항운동을 이끌었다.

그때의 항쟁이 무참하게 끝난 후 잠시 동안 숨을 죽이다가 다시 살아나기 시작한 각종 사회운동은 거의 대부분 '1980년 광주'의 계승을 표방했고, 사회운동가들은 너나없이 '광주'로부터 험난한 현실을 헤쳐 나가는 운동에너지를 얻고자 했다. 해마다 5월이면, 수많은 사람들이 광주 '망월동'을 찾아 참배했고, '1980년 광주'에 대한 부채의식을 토로했다.……'1980년 광주'는 이후의 사회운동의 출발점이자 돌아가야 할 종점이었다.[13]

80년대 변혁운동에 나선 사람들은 살아남은 자로서의 수치심을 집권자에 대한 증오감으로 전화시켰다.……87년 이전 모든 학생 시위에서는 '광주를 기억하라'가 단골 메뉴로 등장한다. 이들은 그 기억을 끊임없이 확인함으로써 적이 누구인가를 환기시키려 하였다.……이 기억은 운동에 적극적으로 참여하지 않는 사람에게도 영향을 미쳐 하나의 세대적 수치심과 책임의식의 공감대를 만들어냈다. 이 세대론적 특징을 갖는 공감대는 해방 후 우리 사회에 최초로 형성된 공공public의 윤리, 집단적 도덕성이었다고 볼 수 있다.[14]

우리 사회에서 '광주─그 학살과 해방의 열흘'의 경험이 드리운 그림자로부터 온전히 자유로웠던 적은 거의 없었다. 이 땅의 자주·민주·통일된 사회로의 변혁을 위한 진보적 움직임과 사상·이론의 복원·성장은 모두 '광주에서 살아남은 자의 슬픔'으로부터 출발했거나 적어도 심대한 충격을 받은 것이었다고 해도 지나친 말은 아니다.[15]

광주항쟁은 저항적 에너지의 형성뿐 아니라 동시대인들의 '집합적 신념'을 형성하는 데에도 중요한 영향을 미쳤다. 조대엽에 의하면, "그것은 동시대인에게 뚜렷한 역사적 경험으로 남게 되었으며 특히, 80년대 운동사회의 구성원들에게는 집합적 신념을 형성하는 데 가장 궁극적인 요소로 작용했다.……집단 경험이 강렬하면 할수록 운동사회의 구성원들에게 공유된 집합적 신념과 구분하기 어려운 일체성을 갖게 된다. 광주의 경험은 80년대 민주화운동의 의식과 행위를 규정하는 집합적 신념을 형성하는 데 가장 중요한 요인이었으며, 이러한 집합적 신념은 다시 운동사회의 구성원에게 광주에 대한 강한 부채의식을 갖게 했고, 살아남은 자의 수치와 아픔을 동시에 갖도록 했던 것이다."[16] 정대화는 광주항쟁이 '민주화운동 세력'으로 하여금 현실을 보는 시각과 세계관을 바꾸도록 만드는, 상당한 계몽적·성찰적 효과를 발휘했다고 보았다. "광주항쟁의 패배를 강요한 한국사회에 대한 치열하고 실천적인 고뇌는 일시적으로 패배한 민주화운동 세력에게 철학적·사상적·이론적 학습효과를 동반했다.……광주항쟁의 실패는 그 실패를 통해서 '분단과 독재와 미국에 대한 총체적인 인식'으로 나아가는 인식론적 지평의 확장이라는 역사적 과제를 성공적으로 수행하도록 했다."[17] 미국 주도의 한반도 냉전분단체제에 대한 근본적인 위협이 될 수도 있는 반미주의 확산에도 광주항쟁의 영향력이 결정적이었음은 이미 언급한 바 있다.

이런 상황을 배경으로 '5월운동'과 '5월공동체'가 출현했다. 광주항쟁의 이념과 정신을 기억하고 계승하려는 사회운동 차원의 노력은 종종 '5월운동' 혹은 '5월투쟁'으로 불렸다. 5월운동은 "1980년 5월의 광주항쟁에서 파생된 문제를 해결하고, 그 항쟁이 구현했던 정신과 실천행동을 계승하려는 지속적이고 집단적인 행동"으로 정의된다.[18] 이 운동은 크게 네 영역을 중심으로 전개된 집합행동인데, (1) 항쟁 이후 국내외에서 광주항쟁의 이름으로 전개된 정치사회적 민주화운동, (2) 5·18의 진상을 규명하고 가해자를 처벌하며 인적, 물적 피해에 대한 배상 및 명예회복을 위한 활동, (3) 항쟁을 추모하고 기념하는 의례와 행사 및 각종 기념사업 등 집합적 재현 활동, (4) 항쟁이 추구했던 가치와 이념을 변화된 환경에서 발전적으로 계승하고 재생산하는 활동 등이 그것이다. 특히 네 번째 영역과 관련하여 5월운동은 인권운동, 반전평화운동, 통일운동 등으로 외연을 확장해왔다.[19]

5월운동은 사실상 광주항쟁 진압 직후부터 개시되었다. 광주항쟁의 비극적 끝은 5월운동이라는 더욱 광범위하고 장구한 항쟁의 시작이었다. 나간채에 의하면 "광주항쟁이 신군부 정권의 발표와 같이 5월 27일 아침에 종료되었다고 본다면, 5월운동은 항쟁이 좌절된 직후부터 시작되었다. 다수의 유가족들이 상무관에 안치된 시신들 앞에서 애도하고 분노하는 것이나, 구속자들이 군부대 영창이나 교도소에서 집단적으로 명령에 불복하고 지시를 거부하는 행위도 당연히 저항운동인 것이기 때문이다."[20] 나간채는 5월운동의 '3대 주체'를 (1) 대학생 집단, (2) 유가족, 부상자, 구속자 등의 '피해자 집단', (3) 재야정치인, 언론인, 지식인, 노동자, 일반시민 등 각계각층의 참여자를 망라하는 '재야'로 구분한다.[21]

　필자는 '피해자 집단'을 제외한 5월운동 참여자와 동조자를 한데 묶어 '양심적 지지자들conscientious supporters'로 부를 것이다. 양심적 지지자는 국내뿐 아니라 국외의 지원자 등 국제시민사회 international civil society까지 포괄한다. 양심적 지지자는 '타자'를 위해 행동에 나선 이들이다. 켐퍼가 말하듯이 "자신들이 특정 사회운동이 완화하고자 하는 박탈의 직접적인 희생자가 아니라 할지라도, 불만은 개인들이 사회운동에 가담하도록 만들 수 있다. 그 동기는 도덕적 분노나 노블레스 오블리주일 수도 있다. 이런 것들은 죄책감 그리고/또는 수치심 현상이다.……이러한 감정적 맥락에서의 관계적 '타자'는 수혜자가 되도록 의도된 집단이다."[22] 물론 여기서 '관계적 타자'는 1980년 당시의 광주 시민들이다.

　앞서 소개했듯 정일준은 5월운동의 과정에서 형성된 공동체적 연대 관계를 '역사공동체'로 명명했고, 몇몇 학자들도 이 용례를 따르고 있다.[23] 필자는 5월운동 과정에서 형성되고 5월운동 참여·지지 세력으로 구성되는 공동체를 '5월운동공동체' 혹은 보다 간명하게 '5월공동체'로 명명하자고 제안한다. 5월공동체는 그 범위 면에서 항쟁 주역 및 피해 당사자들과 국내외의 양심적 지지자를 모두 포함한다. 그것은 1980년 5월 광주 시민들의 민주화 투쟁을 이어가는 '저항공동체'이자, 항쟁 희생자들의 넋을 위로하는 '추모공동체'이자, 항쟁 사건과 진실을 복원·보존·재현·재해석하려 노력하는 '기억공동체'요 '기념공동체'이다. 5월공동체라는 용어는 김홍길 등에 의해 이미 사용된 바 있다. 그런데 "이러한 공포정치 속에서 광주 시민들은 시민의 자존과 존재성을 보여주는 거침없는 투쟁을 통해 5월공동체를 만들었다"는 언급에서 보듯이, 김홍길이 말하는 '5월공동체'는 1980년 항쟁 기간 중에 형성된 광주 시민들의 공동체를 가리킨다.[24] 그러나 필자는 5월공동체를 항쟁 당시 광주 시민들의 공동체적 연대를 가리키는 용어라기보다는, 항쟁 이후 5월운동에 동참한 모든 이들의 공동체적 연대, 광주라는 지역적 경계마저 뛰어넘어 구축되는 공동체적 연대로까지 확장하고자 하는 것이다. 5월공동체는 비교적 오랜 시간에 걸쳐 형성되는 것이기 때문에 단기 지속성을 특징으로 하는 커뮤니타스와는 구분된다. 그러나 5월운동의 과정에서 실로 많은 이들이 자신의 소중한 목숨을 바쳤을 정도로 5월공동체의 위력은 대단했다.

5월운동과 5월공동체 사이에는 일정한 시차가 존재할 수 있다. 5월운동은 광주항쟁 직후부터 발생했다. 그러나 5월운동의 분명한 존재와 활성에도 불구하고 5월공동체의 형성은 한층 더디게 진행될 수 있다. 특정 5월운동 단체 내부의 갈등이나 5월운동 단체들 사이의 긴장과 불일치가 5월공동체의 형성을 지연시키거나 불완전하게 만드는 것은 충분히 가능한 일이다. 5월공동체의 규모 또한 역사적 시기에 따라 크게 달라질 수 있다. 5월운동의 성숙에 따라 5월공동체의 범위도 점차 확대되어온 것은 사실일지라도, 5월공동체의 형성 과정이 반드시 '광주 → 한국사회 → 국제사회'의 순서로 나타나는 것만도 아니다. 광주항쟁 직후의 엄혹한 한국 상황 아래서 그랬던 것처럼 오히려 양심적인 국제시민사회의 지원 움직임이 더욱 일찍, 더욱 활발하게 전개될 수도 있다.

5월공동체는 (1) 항쟁 주역 및 피해 당사자, (2) 광주 사람들, (3) 5월운동에 동참한 국내의 한국인, (4) 5월운동을 지지하는 국제시민사회의 네 범주로 구성된다. 이 가운데 '광주 사람들'은 첫 번째의 '항쟁 주역 및 피해 당사자' 범주 그리고 세 번째와 네 번째의 '양심적 지지자' 범주의 경계 영역 혹은 두 범주의 중첩 영역에 놓여 있다. 이 가운데 광주라는 국지적 차원에 해당하는 앞의 두 범주를 다음 절(2절)에서, 전국적·국제적 차원에 해당하는 뒤의 두 범주를 3절에서 각각 다룰 것이다.

2. 유가족, 부상자, 구속자, 그리고 광주 사람들

앞서 보았듯 항쟁 참여자들은 1980년 5월 27일 이후 다양한 보복적 교정 조치들에 시달려야 했다. 그들에게는 폭도·빨갱이 낙인찍기가 횡행했으며, (항쟁 '진압' 기념이 아닌) 항쟁의 기억과 기념은 철저히 억압되었다. 생존한 항쟁 참여자와 피해자들은 한편으로는 신군부 정권의 보복적 교정 조치들을 견뎌내면서, 다른 한편으로는 본인과 희생자 명예를 회복하고 원래 목표인 민주화도 달성해야 하는 힘겨운 과제를 떠안게 되었다. 그러나 광주 지역 차원에서 5월공동체를 형성하는 데는 또 다른 중대한 난관과 장애물들이 존재하고 있었다. 이를 크게 둘로 나눌 수 있다. 그 하나는 항쟁 참여자-피해자 그룹들의 '내분'이었고, 다른 하나는 고문과 감시 등으로 인한 '트라우마티즘traumatism과 국가폭력에 대한 공포'였다. 이 중 내분은 다시 둘로 나뉘는데, '계급에 따른 균열'과 '국가의 공작정치에 의한 피해자 집단 내부 균열'이 그것이었다.

광주항쟁 진압과 함께 광주 커뮤니타스는 해체되었다. 가혹한 보복적 교정 조치들이 난무하는 가운데 커뮤니타스적 인간관계는 무너지고 깨졌다. 구속자들의 감옥생활에서부터 계급과 위계가 다시 등장했다. 커뮤니타스적 형제애는커녕 학력과 사회적 지위에 따른 차별이 '항쟁의 동지들'을 갈라놓았다. 학벌이 낮고 가난한 수감자들은 사식私食, 담배, 면회, 일상적인 수형생활 패턴 등 거의 모든 측면에서 대학생·교수 수감자들과 뚜렷한 차이와 불평등을 체감해야만 했다.[25]

국가의 공작정치로 인한 피해자 집단 내부의 분열도 적지 않았다. 항쟁 희생자 추모제 개최 방해, 묘지 이장을 통한 망월동 묘역 해체 공작, 매수나 취직 알선 혹은 보상비 제공 등을 무기로 한 유족 분열 공작 등이 몇 년 동안 집요하게 이어졌다.[26] 다음 인용문에서 보듯이 구속을 각오해야 할 정도로 추모제를 개최하는 것조차 쉽지 않았다. "1981년 유족회는 제1주기 추모식을 계획했으나 정부당국의 방해와 회유로 돌연 취소되었다. 그러나 정수만 씨 등 유족회 일부 회원들과 대구 유연창 목사, 학생, 시민 등 약 200여 명이 약식 추모제를 개최함으로써 5·18 민중항쟁 희생자를 위한 추모제는 시작되었다. 정씨는 즉석에서 추도사를 작성하여 낭독하였는데 반미 내용이 담겼다 하여 구속·수감되었다."[27] 전두환 정권은 유가족·부상자·구속자들의 조직화 자체를 방해하거나, 어렵사리 단체를 결성한 이후에도 정상적인 활동을 극구 방해하고 나섰다.[28] 지병문과 김철홍에 의하면 "전형적인 회유와 분열 공작은 운동집단의 열악한

금남로의 비극

경제적 조건을 이용하여 지역 자본을 앞세운 묘지 이장 위로금, 그리고 매표소, 유흥오락실, 전세방 등에 관련된 미끼로 이루어졌다. 그리고 회유와 분열 공작은 보상 정책을 통해서도 이루어졌는데, 보상 시기와 순서 등이 조직 구성원의 상이한 이해관계를 노정하게 하고 분열을 조장하는 효과를 초래하였다."[29] 그럼에도 불구하고 유가족들이 가장 먼저 '유족회'를 결성하고, 정권의 억압과 분열 공작에 맞서 싸웠다.

> 한 달 정도를 찾아 헤맨 자식이 이렇게 썩은 몸으로 내팽개쳐져 있는 것을 보고 분노가 치밀었습니다. 내 자식을 저토록 잔인하게 죽인 놈을 기필코 이 두 손으로 죽이리라는 마음을 다져 먹었습니다.……81년부터 내 아들 대환이를 살리기 위해 발버둥을 쳐야 했습니다. 82년도에는 동사무소에서 쌀가마니를 갖다 주었습니다. 그것으로 우리 대환이의 죽음을 보상하자는 것이었습니다. 울화가 치미는 분노로 쌀을 몽땅 마당에 내동댕이쳐버렸습니다.……"어찌 생각해보면 어차피 한 번 죽을 목숨 교통사고나, 나쁜 짓해서 죽은 것보다는 낫다"고 여겨지지만 착한 우리 대환이가 폭도라는 누명을 하루빨리 벗을 수 있도록, 모진 목숨 이어가는 이 애미는 끝까지 싸워나갈 것입니다. (대학생 백대환의 어머니)[30]

날이면 날마다 5·18유가족협회에 가입했다는 이유만으로 협박과 회유를 받아야 했고, 심지어는 탄압과 가택연금마저도 수시로 행해졌으니, 뿐만 아니라 해마다 5월이 돌아오면 제주도 여행이라는 미명하에 강제 귀양을 가야했고 어쩌다 운 좋게 그 강제 귀양을 피했을 땐 알지도 못한 야릇한 차에 실려 이역땅의 어둠 속

에 팽개쳐질 때면 속옷 바람으로 밤을 지새며 집을 향해 걸어야
했다. (고등학생 전영진의 아버지 전계량)[31]

불과 1년 남짓 동안 아들 잃고 남편 잃고 그나마 없는 재산까지
날려버렸습니다.……사람 목숨이 질겨 한숨과 시름의 세월을 보
냈지만 인자는 남은 건 한恨뿐이고 어떻게라도 질게 살아 두환이,
노태우의 비리를 밝혀 처단되는 것을 이 두 눈으로 꼭 봐야 할 것
이구만요.……그때 그 징한 일은 꼭 제대로 밝혀야 우리 착하디
착한 큰아들 형관이가 편하게 두 눈을 감을 것이제. (회사원 김형관
의 어머니)[32]

천신만고 끝에 '부상자회'도 결성되었다. 항쟁 당시 불교 승려였
던 이광영은 그 과정을 다음과 같이 기술하고 있다.

나는 그때(5·18 1주기─인용자)를 계기로 우리 부상자 문제는 부상
자들 스스로가 해결해야 한다는 생각과 그러기 위해서는 부상자
들이 뭉쳐야 한다는 결론을 얻고, 나름대로 자료를 구하여 휠체
어를 밀고 다니며 가가호호를 방문하여 우리의 현실을 강조, 뭉
쳐야 한다는 것을 역설했으나 모두 두려워하고 협조해주지 않았
다. 부상자들의 모임을 구성하려는 나의 움직임이 어느새 기관
에 알려져 서부경찰서 정보과에서 조사를 나와 협박도 하고 회유
도 하면서 어떻게든지 그만두게 하려고 온갖 수단이 다 동원되었
으나, 누구 하나 도와주는 이 없이 나 혼자 해보려니 너무나 어려
움이 많아 중도에서 포기하고 말았다.……이전에 알고 있던 무
진교회 강신석 목사님과 상의, 그분의 지원을 받아 다시 부상자

회의 조직을 위한 활동을 시작했다. 또 그 정보가 새어나가 이후로 수많은 탄압을 받으면서도 이를 악물었고 정재희 씨 등 뜻있는 분들의 참여로 수차례의 예비모임을 거쳐 드디어 1982년 8월 2일 '5·18부상자회'라는 명칭으로 우선 회원 60명을 모아 정식으로 창립을 보게 되었다.[33]

유가족, 부상자, 구속자들의 조직화가 어느 정도 완료된 이후에도 이런 '5월운동 단체들' 내부의 균열 요인들은 완전히 사라지지 않았다. 구성원 사이의 사회경제적 차이가 정치적 차이로 현실화되는가하면, 일부 구성원들은 지배체제 내부로 포섭되었다. 사회경제적 지위 차이와 정치의식의 차이에서 비롯된 이런 틈새들을 정치권력과 자본이 파고들어 더욱 확장시키고 갈등으로까지 발전시키는 일들도 빈번했다.[34] 특정 단체 '내부의' 균열뿐 아니라, 여러 5월운동 단체들 '사이의' 균열도 나타났다. 특히 '유가족-부상자 단체'와 '구속자 단체'의 차이가 두드러졌다고 한다.[35]

정호기가 말하는 '5·18 트라우마티즘'이나 오수성이 말하는 '5월 증후군'도 5월공동체 형성과 5월운동 발전을 가로막는 요인이었다. 전자는 주로 유가족·부상자·구속자들에게서, 후자는 광주 시민 전반에게서 나타나는 현상이었다. 광주항쟁 이후 "고문이나 구타를 당한 사람들은 석방 후에도 오랜 시일 동안 후유증에 시달려 정상적인 생활을 하지 못했고, 정신질환을 앓다가 사망한 사람이 속출했다. 이들은 풀려난 후에도 엄청난 공포와 피해의식 속에서 살아야 했다."[36] 정호기는 유가족, 부상자, 구속자들의 트라우마티즘을 "개인의 고통으로 표출될 가능성이 높은 신체적-심리적 트라우마티즘"과 "집단적 관계 속에서 해소·약화·강화되는 사회적-경제적 트라우마티즘"으로 구분했다.[37] 한편 오수성은 광주 시민 전반이 시달려야 했던 '집단적 충격'에 대해 고찰했다. 그는 집단적 충격이 광주 시민에게 미친 영향을 (1) 시위 현장이나 기타 여러 장소에서 공수부대 군인에게 구타당해서 죽거나 다친 경우, (2) 연행되어 강압적인 수사와 고문을 받은 경우, (3) 시민들이 공포, 분노, 무력감, (우리들만이 왜 이런 피해를 입어야 되느냐는) 원망과 허무감, 죄책감 등을 겪는 경우로 나눠 고찰했다. 앞의 두 가지가 보다 직접적인 영향이라면, 세 번째는 간접적인 영향에 가깝다.[38] 그는 특히 간접적인 영향과 관련하여, "매년 5월만 되면 광주 시민들이 무엇인가 불안해하고 답답해하며 우울한 기분에 사로잡히는 집단증상"인 '5월 증후군', "많은 사람들이 불의에 항거하다 죽어가고 또는 다쳤는데 자기는 살아 있다는" 죄책감, 정권에 의해 항쟁이 매도당할 때 "죽은 사람의 몫을 다하지 못했다는" 죄의식을 부각시켰다.[39]

김동춘은 '국가폭력의 피해'를 국가가 직접 가해해서 발생한 물리적 피해인 '1차 피해', 1차 피해의 후유증, 정신적 고통, 가난, 이혼 등으로 인한 피해를 가리키는 '2차 피해', 가해세력이 폭력을 부인하거나 사실이 밝혀져도 제대로 사과를 하지 않는 등 정치사회 상황에 의해 발생한 모든 고통을 지칭하는 '3차 피해'로 구분한 바 있다.[40] 광주항쟁의 경우 국가폭력의 1차 피해는 말할 것도 없고, 2차 피해와 3차 피해도 골고루 또 오랫동안 나타났다고 볼 수 있다. 5·18 트라우마티즘과 5월 증후군은 대개 '2차 피해'에 해당할 것이다.

정호기는 단체 결성과 5월운동 참여가 유가족·부상자·구속자들이 트라우마티즘을 극복하는 주요한 해결책이었다고 보았다. "트라우마티즘을 해소하기 위한 5·18 관련자의 적극적 대응은 5월투쟁 혹은 5월운동에 참가하는 것이었다.……이들은 우선 자신들과 유사한 트라우마티즘을 갖고 있는 사람들과 함께 단체를 조직하여 고통을 나눔으로써 단절된 사회적 관계망을 회복하고자 했다. 단체를 조직하는 것은 집단적 기억투쟁의 영역으로 진출함, 그리고 5·18 관련자라는 사실을 부끄럽게 여기거나 수동적으로 저항하는 것을 거부함을 의미했다."[41] 그러나 다음 장에서 다시 언급하겠지만, 광주항쟁 피해자들의 트라우마는 40년 세월이 흐른 오늘날까지도 여전히 진행 중인 현상이기도 하다.

보복의 광풍을 목격한 광주 시민들이 항쟁의 진실을 증언하기를 두려워하고, 고통스런 기억을 끄집어내는 것을 불편해했던 것은 부인할 수 없는 사실이다. 그럼에도 이성우는 1980년과 1981년의 분위기가 달랐다고 지적한다. "사건이 종료된 초기에는 광주 지역을 중심으로 국가의 평가를 부인하고, 인도적인 차원에서 진상규명이나 구속자 석방 등에 초점을 맞추는 소극적인 대응"이 지배적이었지만, "약 1년 후부터는 군의 잔인한 과잉진압에 맞선 시민들의 민주주의 수호를 위한 행위라는 측면에서 발단을 찾고, 순수한 민주화운동이었음을 강조하기 시작하였으며, 그 명칭 또한 '의거' 또는 '시민항쟁'이라는 명칭으로 대체"되었다는 것이다.[42] 1983년이 되자 피해자들이 '국가보상'을 요구하고 나섰다. 보다 구체적으로 "구속자 가족들이 3주기를 맞아 5·18 유족에 대한 보상, 5·18 부상자에 대한 원호대상자 지정, 5·18로 실직, 제적당한 사람의 복교, 복귀, 망월동묘지 이장 중지, 구속 학생 석방 등을 요구했다."[43] 유가족들은 1983~1984년에 걸쳐 '망월묘역 해체공작 저지운동'을 줄기차게 전개했고, 마침내 망월동 묘역을 지켜내는 데 성공했다.[44] 이후 광주의 5월운동은 역동적으로 발전했다. 5월운동은 전두환 정권 초기에는 국가를 대상으로 한 '인정투쟁'의 형태로 전개되었지만, 시간이 흐를수록 "5·18이 발생하게 된 정치·사회구조의 문제"를 제기하면서 '반정부 투쟁'으로 발전했다.[45]

광주 5월운동의 역사에서 1980년대 후반에 정립된 '5월 문제 해결을 위한 5원칙'은 중요한 성과이자 분수령이었다. 5대 원칙은 진상규명, 책임자 처벌, 명예회복, 보상 및 배상, 정신 계승(기념사업)으로 구성된다. 정근식에 의하면, '광주 문제 해결 5원칙'에서 "핵심은 5개 원칙의 우선순위에 있다. 즉, 배상이나 기념사업도 중요하지만, 어디까지나 진상규명과 책임자 처벌이 이루어진 다음에 이루어질 성질의 것이라는 것이었다. 이것은 1993년부터 1995년까지 치열하게 전개된 책임자 처벌운동의 지침이 되었을 뿐 아니라 점차 특정 역사적, 정치적 국면을 넘어서서 과거청산과 복원의 방향을 제시한 중요한 원칙으로 재평가되기 시작했다."[46]

광주 5월운동의 진전에 따라 1980년대 전반기에 두드러졌던 5월운동 단체들의 분열도 점차 극복되었고 '연합단체'도 본격적으로 출현했다. 지병문과 김철홍은 5월운동 연합단체를 '피해자 중심 연합단체'와 '시민연합적 단체'로 구분했다. '시민연합적 단체'는 다시 '광주 지역단체'와 '전국적 단체'로 나뉘는데, 전국적 연합단체는 대개 1990년대에 출현했다.[47] 〈표 10-1〉은 1980~1990년대에 등장한 5월운동 단체들을 한데 모은 것이다.

광주항쟁의 유가족, 부상자, 구속자들, 나아가 항쟁에 직간접으로 참여했던 광주 시민들은 국가권력의 탄압과 방해에도 불구하고 지역 차원의 공동체적 연대, 곧 '광주 5월공동체'를 형성해내는 데 성공했다. 이런 공동체적 연대의 힘은 다시 전국적-국제적 차원의 5월운동을 이끌어내고 발전시키는 원동력으로 작용했다.

유형	해당 단체들
5월 유관 단체 (피해자 단체)	5·18기념재단(연합기구), 5·18광주민중항쟁 유족회, 5·18광주민주화운동 부상자회, 5·18민중항쟁 민주기사동지회, 5·18민중항쟁 동지회, 5·18민주화운동 상이유족회, 5·18광주민중항쟁연합, 5·18광주의거 청년동지회, 5월운동협의회
시민연합 단체 (5월운동 연합)	5월 성역화를 위한 시민연대모임, 5·18 학살자 재판 회부를 위한 광주전남공동대책위원회, 광주 5·18민중혁명 희생자 위령탑 건립 및 기념사업 범국민운동추진위원회, 5·18 진상규명과 광주항쟁 정신계승 국민위원회, 5·18 학살자 처벌 특별법 제정 범국민비상대책위원회

* 출처: 김홍길, "5월 광주의 기억정치적 재구성과 시민공동체의 변화", 15-16, 25쪽.

3. 국내와 국외의 양심적 지지자들

미국 종교단체들의 중앙아메리카 평화운동을 연구한 넵스테드와 스미스는 분노를 유발하는 정보, 개인적으로 접촉할 수 있는 네트워크 연계, 종교적 가르침과 신학 전통들이 합쳐져서 '도덕적 분노'를 산출했다고 보았다.[48] 앞의 두 요인은 국내외 양심적 지지자들로 구성되는 5월공동체 형성 과정에도 중요했던 것으로 보인다. 한국 및 국제 5월공동체의 중요한 일부를 이루는 종교인과 종교단체들에게는 물론 세 번째 요인이 중요하게 작용했다. 광주항쟁의 장렬한 투쟁과 비극적 최후 이야기는 곧 전국 곳곳으로 전해졌다. 언론이 진실을 보도하지 않는 가운데 광주에서 '수천 명'이 무참히 학살당했다는 전언(傳言)이 전국을 떠돌았다. 시간이 지날수록 광주의 진실을 담은 '정보'가 크게 증가했다. 사진과 동영상 같은 보다 생생하고 자극적인 시각적 정보들도 제공되었다. 광주 사람들과 개인적으로 접촉할 수 있는 '네트워크 유대'도 광주 출신 국내 유학생들과 이주민들에 의해 제공되었다. 전라남도 농어촌 출신의 '광주 유학생들'이 항쟁 당시뿐 아니라 항쟁 이후에도 '광주 5월공동체'를 전남 도민들로까지 확장하는 데 도움을 주었고, 서울을 비롯한 대도시들로 유학하거나 이주한 호남 사람들도 광주의 진실과 저항정신을 바깥 세상에 전파하고 5월공동체를 전국적으로 확장하는 데 기여했다.[49]

여러 통로를 통해 전해진 광주항쟁의 흉흉한 이야기들은 즉각적이고도 강렬한 반응을 낳았다. "많은 이들이 분노와 좌절감에, 그리고 도덕적 죄책감에 사로잡혔다. 한국군에 대한 작전지휘권을 갖고서도 이런 처참한 유혈사태를 묵인하고 방조한, 나아가 진압군 파견을 승인하고 협조한 미국에 많은 이들이 분개했다. 1980년 5월의 경험과 감정을 공유한 하나의 세대가 그렇게 탄생했다."[50] 5·18은 저항을 포기할 수 없도록 만드는, 저항운동에 투신하게 만드는, 투쟁의지를 일깨우는 힘의 원천이었다.

매년 5월마다 광주항쟁에 대한 '전복적 기억subversive memory'과 '부채의식'이 동시에 재생되는 가운데 5·18은 신군부 세력을 향한 저항의 동력원으로, 저항의 촉매제로 기능했다. 5월 18일과 망월동 묘지는 저항의지를 재확인하고 맹세하고 다짐하는 성스러운 시간과 공간이 되어갔다. 민주화운동청년연합은 "오! 영원한 민주화의 불꽃이여!"라는 광주항쟁 4주년 추모사에서 이렇게 맹세했다. "당신님들께서 의롭게 가신 지 4주년을 맞아 저희들의 부끄러움과 죄스러움 가득 담긴 꽃 한 송이 술 한 잔을 바치고자, 기필코 당신님들의 유지를 굳게 이어 당신님들의 원혼을 고이 잠들도록 하고야 말겠다는 저희들의 맹세를 바치고자 여기 이렇게 당신님들의 명전에 엎드렸습니다."[51] 1989년 1월 망월동묘지의 방문자들은 "단군 이래 최대 도적 전두환을 처단하자"는 피켓에 다음과 같은 메모들을 남겼다. "그대들의 죽음이 결코 헛되지 않을 것이다.……살아있음을 부끄럽게 여기는 우리는 또한 그대들의 뒤를 따르리니." "더위를 덥다 하지 않고 추위를 춥다 하지 않고 고이 잠들어 계신 당신들의 넋은 불화산처럼 영원히 타오를 것이며 우리로 하여금 온몸을 흔들어 넋을 깨우게 합니다." "당신들이 뿌린 피 후세에 영원히 지지 않는 꽃 되어 피어나리." "당신들은 가고 없습니다. 그러나 그 정신만은 우리 민족의 영원까지 길이 남을 것입니다." "검붉었던 그날의 투쟁을 우리는 기억합니다. 민주화를 위해 끝까지 투쟁할 것입니다."[52]

광주항쟁 1주년이 되는 1981년부터 (광주에서는 말할 것도 없고) 전국적인 차원에서 거대한 장례공동체, 추모공동체가 형성되었다. 그해부터 매년 5월 18일을 전후하여 전국에서 모여든 사람들이 망월동 묘역을 참배한 뒤 주로 추도미사나 추모예배 형식의 기념행사에 참여하곤 했다. 5월 18일 혹은 5월 27일은 전국적인 '기일忌日' 혹은 제삿날이 되었다. 특히 5월 18일이 그러했는데, 1988년 이후 광주 사람들은 광주항쟁이 끝난 5월 27일에 맞춰서도 추도의례를 거행했다.[53] 그러나 민주화 이전에는 군사정권이 추도의례를 번번이 방해했으므로 그때마다 치열한 '장례투쟁'이 벌어질 수밖에 없었다.[54] 1981년 이후 매년 '5·18 추도미사'가 거행되곤 했던 광주 남동성당은 망월동 묘역과 함께 추도공동체의 전국적인 구심점으로 자리 잡았다. 전국의 양심적 지지자들이 마치 성지순례를 하듯이 망월동 묘역과 남동성당을 찾았다(〈표 10-2〉 참조).

광주항쟁을 이어가겠다는 강렬한 다짐은 수많은 '저항적 자살'로 이어지기도 했다. 1970년대에는 저항적 자살 사례가 2건(전태일, 김상

〈표 10-2〉 광주대교구 남동성당에서 거행된 5·18 추도미사: 1981~1987년

구분	일시	강론	특이사항
1주기	1981.5.18	윤공희 대주교	광주교구 사제단 성명서 발표(5월 9일). 미사 후 교구 사제단은 구속자 석방을 요구하는 단식에 돌입(5월 19~24일).
2주기	1982.5.18	윤공희 대주교	광주교구 사제단 성명서 발표.
3주기	1983.5.18	윤공희 대주교	광주교구 사제단 성명서 발표, 교구 정의평화위원회(정평위) 성명서 발표.
4주기	1984.5.18	남재희 신부	광주교구 사제단 성명서 발표. 성당 좌석이 모자라 성당 밖에서 미사에 참여하던 4백여 명에게 경찰이 최루탄을 발사하여 해산시킴.
5주기	1985.5.17	함세웅 신부	광주교구 사제단과 가톨릭대학생연합회 성명서 발표.
6주기	1986.5.16	윤공희 대주교	광주교구 사제단 성명서 발표. 교구 가톨릭농민회 등 4개 단체 결의문 발표.
7주기	1987.5.18	윤공희 대주교	광주교구 사제단 성명서 발표(5월 18일). 교구 정평위는 가톨릭센터에서 추모 사진전 개최(5월 16~29일), 〈5·18 비디오테이프〉를 제작하여 일반에게 공개(가톨릭센터, 남동성당, 임동성당, 학운동성당). 『5·18광주의거 자료집』 발간, 『5월 그날이 다시 오면』이라는 사진집 제작·판매.

* 출처: 강인철, 『저항과 투항』, 249쪽.

진)에 그쳤지만, 1980년대 전두환 정권 기간에는 김의기·김종태에서 시작하여 모두 26명이, 노태우 정권 기간에는 무려 48명이 저항적 자살을 감행했다.[55] 이들은 자신의 죽음을 통해 앞서 광주항쟁에서 먼저 죽은 이들을 상기시켰고, 또 그들을 상징적으로 되살려냈다.

5·18의 상흔은 1980년대의 저항적 감수성에도 깊이 새겨졌다. 5·18을 소재로 삼은 작품들은 장르에 따라 5월문학, 5월미술, 5월음악, 5월연극, 5월영화 등으로 불렸으며, '5월문화운동'으로 통칭되었다. 시, 소설, 연극, 노래, 그림, 판화, 사진, 영상·필름, 다큐멘터리 등이 항쟁기억의 문화적 재생산에 활용되었다.[56] '5월미술'의 경우 광주·전남 지역의 미술가들, 즉 1979년 창립된 광주자유미술인협회, 그 후신인 시각매체연구소와 광주전남미술인공동체가 주도적인 작품 생산자 역할을 담당했지만,[57] 그 작품들의 향유와 소비는 전국적으로 이뤄졌다.

여러 장르 가운데서도 '5월음악'의 발전이 눈부셨다. 정근식은 특히 1982년 4월에 만들어진 〈님을 위한 행진곡〉이 새로운 비판적·저항적 감성구조에 바탕을 둠으로써 사회운동 감수성 자체의 변화를 초래했다고 평가했다.[58] 정유하 역시 "1980년대 초반 운동권 진영에서 어떤 매체도 허락되지 않을 때 노래는 운동의 중요한 수단이었고 그 '5월운동'의 정점에는 〈님을 위한 행진곡〉과 〈오월의 노래2〉가 있었다"고 서술했다.[59] 천유철은 광주항쟁과 관련된 민중가요나 운동가요들을 (1) 항쟁의 비극과 산 자의 부채의식을 노랫말과 느린 단조 행진곡으로 형상화한 작품(〈전진가〉, 〈님을 위한 행진곡〉 등), (2) 창작민요 형식의 노래(〈꽃아 꽃아〉, 〈남도의 비〉 등), (3) 서정적인 가사와 선율을 담은 노래(〈오월의 노래〉, 〈광주여 무등산이여〉 등)의 세 범주로 분류했다.[60] 5월음악의 범위는 민중가요·운동가요의 범위마저 뛰어넘었다. 정유하가 소개하듯이, 5월음악(5·18 의례음악)의 장르적 다양성은 (1) 윤이상의 교향시 〈광주여 영원히〉, 김선철의 오페라 〈무등 둥둥〉, 정유하의 서곡 〈Gwangju Uprising〉, 이민수의 가곡 〈이 오월에〉 등 서양 예술음악, (2) 〈님을 위한 행진곡〉, 〈오월의 노래〉, 〈광주출정가〉 등의 민중가요, (3) 〈5·18〉, 〈오월의 햇살〉 등의 대중가요, (4) 〈마지막 편지〉 등과 같은 록뮤직 등을 망라한다.[61] "이 음악 작품들은 80년 5월이라는 과거를 기억시키며, 5월 영령들을 위령하는 역할을 해냈고, 현재 투쟁의 시점에서 공동체의식을 강화시키며, 오월운동의 나아가야 할 방향을 제시하고 설정하도록 유도하는 기능을 수행"했다는 게 정유하의 평가이다.[62]

1980년대에 체제 저항세력의 요구는 (민주화와 더불어) 5·18과 관련된 진상규명, 희생자 명예 회복과 보상, 학살 책임자 처벌로 집약되었다고 해도 과언이 아니었다. 가톨릭교회가 유족 및 구속자 돕기에 열정적으로 나섰고 부분적으로 성과를 내기도 했지만, 1980년 혹은 1981년까지도 광주 외부의 양심적 지지 움직임은 미미했거나 그다지 효과적이지 못했다. "자포자기식의 고립된 초기 행동"이 나타났던 것도 사실이었다. 그러나 곧 "저항의 폭풍"이 불어 닥쳤다.[63] 김동춘은 '기억투쟁'에 초점을 맞춰 "80년대 민주변혁운동은 '광주'의 기억을 환기시키려는 세력과 그 기억을 지워버리려는 세력 간의 역사적 고지를 점령하기 위한 투쟁"이었다고 회고했다.[64] 전재호는 5·18을 둘러싼 '담론투쟁'에 주목하면서 "5·18 담론은 1980년대 내내 권위주의 국가와 민주화를 지향하는 정치사회 및 시민사회 제 세력들 간의 투쟁의 쟁점"이었다고 썼다.[65]

초기 5월운동의 발전 과정에서 1984년과 1985년이 중요한 분수령이었던 것 같다. 서울아시안게임과 서울올림픽이 다가오는 가운데 1984년에는 요한 바오로 2세 교황의 방한訪韓행사까지 겹쳐 '정치적 자유공간'이 조금 열렸다. 그 덕분에 5월운동 역시 급속한 확대 발전을 성취할 수 있었다. 망월동 묘역에서 자유롭게 추모행사를 거행할 자유가 허용된 것도 1984년이 처음이었다.[66]

1985년은 '광주항쟁 이슈의 전국화'를 통한 '5월운동의 전국화'가 급진전된 의미 있는 해였다. 그해 2월 12일 치러진 12대 총선거에서 민주정의당의 독주에 제동을 걸 수 있을 정도로 제1야당인 신한민주당이 상당한 의석을 확보했다.[67] 이 선거에서 야당이 선거공약으로 "광주사태의 진상규명"을 내세웠을 뿐만 아니라, "선거 때, 가장 소리 높이 외쳐댔던 강도 높은 발언이오 공약의 하나가 '광주사태의 진상규명과 책임자 처벌'"이었다.[68] 1985년 5월에는 서울 미문화원 점거농성 사건이 발생했다. "이 사건을 계기로 5월 문제는 전국적 차원의 문제로 발전했다.……이들을 통해 5·18에 대한 미국 책임론이 국민들에게 제공되고 한미 관계에 대한 새로운 인식의 전환이 출현했다.……미문화원 사건 직후 열린 125회 임시국회에서 신민당 신기하 의원이 3·1운동, 동학혁명, 4·19의거와 같은 맥락을 지닌 민중민주운동으로 5·18광주의거의 성격을 규정하면서, 국가의 공식 사과, 희생자 및 유족과 부상자에 대한 국가유공자 예우, 희생자 묘역의 성역화 등을 주장"했다.[69] 위령탑 등 '광주항쟁 기념물' 건립 주장이 처음 제기된 때도 1985년이었다.[70] 필자가 『저항과 투항』에서 상술했듯이, 개신교와 천주교에서도 1985년부터 광주 지역을 넘어 전국적인 차원에서 각종 추도의례와 기념행사들이 개최되기 시작했다.[71]

1980년대에 반미反美운동이 등장하고 확산했음은 이미 여러 차례 언급했다. 같은 시기에 (반미주의 확산과 전혀 충돌함이 없이) '국제적 5월공동체'가 형성되고 확장되었다. 사실 어쩌면 국제적 차원의 5월운동은 광주항쟁 도중에 이미 시작되었는지도 모른다. 항쟁 과정에서 위험을 무릅쓰고 광주의 진실을 국제사회에 전한 힌츠페터를 비롯한 외신 기자들, 항쟁지도부의 5월 26일 외신 기자회견 당시 통역을 맡은 인요한이나 인터뷰를 했던 피터슨 목사를 우리는 우선 기억해야 할 것이다.[72] 사회적 신망이 두터운 직군인 기자, 개신교 선교사와 그 가족이 항쟁 당시부터 발 벗고 나섰던 것은 국제적인 양심적 지지자 그룹의 조직화가 비교적 신속하게 진척될 수 있었던 비결 중 하나였다. 당시 신군부 정권이 해외 교민들의 광주학살 항의시위, 시위를 통한 '광주의 진실' 확산, 희생자 위령제, 부상자를 위한 헌혈운동을 적극적으로 저지하고 나섰지만, 교민들의 양심적 지지 움직임은 항쟁 당시부터 이미 시작되었다.[73] 항쟁이 진압된 후 "민주주의운동을 자극하는 결정적 요소"였던 국제적 지원구조의 역할에 대해 카치아피카스는 다음과 같이 소개한 바 있다.

이 암흑의 시절 동안, 토착 민주주의운동을 자극하는 결정적 요소는 국제적인 지원이었다. 봉기 1주년에 한국, 일본과 10여 개 다른 나라에서 온 500명 이상이 일본에서 남한 민주주의를 위한 긴급 세계 총회를 열었다. 일본에서 김대중의 안전을 위한 서명에 500만 명 이상이 참여했다.……독일 언론은 광주봉기를 폭넓게 보도했다. 미국 언론과 달리 주의 깊게 보도했고 진압의 함의를 충분히 분석했다. 독일의 기독교 단체들은 도덕적, 재정적 지원을 포함해 운동에 상당한 기여를 했다.[74]

광주항쟁 당시 전남대 학생이었고 1982년 이후 10년 가까이 광주대교구 정의평화위원회 간사로 일했던 김양래는 가톨릭교회를 매개로 형성된 '국제적 5월공동체'의 일단을 소개한 바 있다. "한국에서 생산된 5·18 관련 자료는 여러 경로로 외국에 전달되었다. 특히 가톨릭교회 자료는 재야인사 김정남을 통해 일본가톨릭정의평화협의회 박영순에게 전달하면, 동경대학교 와다 하루키和田春樹 교수 등의 번역을 거쳐서 수신처가 100여 군데에 달하는 유럽 전역으로 전파했다. 메리놀회 일본지부는 이를 영문으로 번역하여 미국과 영어권 국가들로 정보를 확산시켰다. 1983년 메리놀회 일본지부는 『한국 가톨릭교회와 인권』이라는 영문 자료집을 펴냈는데, 여기에는 대량의 5·18 자료가 영문으로 실렸다."[75] 이미 1980년대 초부터, 그리고 1980년대를 관통하여 '국제적 5월공동체'가 역동적으로 움직이고 있었던 것이다.

4. 패배의 역설

광주항쟁을 가리켜 손호철 교수는 "한국전쟁 이후 한국 현대사에서 최대의 비극"이라고 했다.[76] 그럼에도 한국 민주화에 대한 광주항쟁의 혁혁한 기여는 학계에서 다툼의 여지가 적은 '정설'로 사실상 자리를 잡은 것으로 보인다. 최장집은 "광주항쟁은 한국 민주화와 민주주의 발전에서 고갈될 수 없는 원천으로, 그리고 이를 표상하는 시대정신으로 이해된다"고 했다.[77] 이수훈에 의하면 광주항쟁은 "반미운동의 기폭제이자 군부정권에 대한 민주화운동의 시금석으로서 민주주의 이행의 원동력"이었다.[78] 정대화는 광주항쟁이 "민주화운동의 관점에서 한국 근현대사의 결정적인 획이자 분수령의 위치를 차지"하고 있다고 평가했다.[79] 광주항쟁은 신군부의 '정치적 원죄原罪'이기도 했다. 김용철에 의하면 "광주항쟁은……전두환 및 노태우 세력에게 결코 만회할 수 없는 정치적 원죄를 안겨준 사건"이었으며, 따라서 "탈군부정치의 역사결정적 국면의 원천"이었다. 광주항쟁은 "군부의 정치개입 가능성을 지속적으로 견제 축소시켰으며, 마침내 군부의 정치개입 공간을 완전히 폐쇄시키는 중심적 역할을 수행하였다."[80]

광주민중항쟁은, 1961년의 무혈 쿠데타와는 아주 다르게, 1980년의 군부 장교들에 의한 무혈 권력 장악 시도를 좌절시켰고 이들로 하여금 정치개입에 대한 엄청난 대가를 치르게 하였다. 이 요소는 국가의 탄압 수준을 극도로 올려놓았을 뿐 아니라 반체제 운동의 격렬성과 전투성을 또한 극도로 고양함으로써 군부엘리트에 대해서와 마찬가지로 반체제운동에 대해서도 이후 정치변화에 압도적인 영향을 주었다. 이것은 장래에 다가올 한국의 민주화 과정에 대해 거의 절대적 변수가 되었다.[81]

광주항쟁은 1987년 6월항쟁으로 이어졌다. 최장집은 6월항쟁에 대한 광주항쟁의 기여를 세 가지로 요약했다. "① 광주항쟁은 7년 후에 민주화로 실현되었다. 이 글에서 2단계 민주화라 함은 이러한 의미에서이다. ② 광주항쟁의 유혈이 6월항쟁의 무혈 민주화로의 이행을 가져오는 데 기여한 것은 거의 결정적이다. 5공 정부와 미국은 모두 광주의 교훈으로부터 마지막 결정적인 국면에서 군을 동원할 수 없도록 했다. ③ 전국적인 운동으로서의 6월 민주화운동과 광주항쟁은 분리되지 않고 후자는 전자의 중심에 확고히 자리 잡고 있다."[82]

결국 1980년 5월의 죽음을 딛고 광주는 화려하게 부활했다. 따라서 광주의 재생再生은 '실패한 성공' 사례가 되었다. 광주항쟁은 "외형적으로는 실패했지만, 궁극적으로는 성공한 운동"이었다는 점에서 "실패한 성공"이었다는 것이다.[83] 반면에 신군부 세력으로서는 "단기적으로 성공적일지언정 장기적으로 자기 묘혈을 판 것"이었다.[84] 5공화국 정권이 "광주항쟁에서 태어나 광주항쟁으로 인해 몰락하는 모순적인 운명적 관계로 형성"되었다는 의미에서, 정대화는 "실패한 광주항쟁이 한국의 민주화 과정을 성공시키는 역설의 민주화" 현상을 발견한다.[85] 최장집은 "일시적 패배"에도 불구하고 광주항쟁이 프랑스혁명이 그랬던 것처럼 "반란을 일으키는 사람들이 활용할 수 있도록 마련된 정치적 격변의 모델이요 패턴"이 되었다고 말했다.[86]

김준태 시인은 광주항쟁이 "역사의 참스승"이었다고 주장했다. "참삶이 무엇이고 참생명이 무엇이고 참민족이 무엇인가를 진정 충격적으로 깨우쳐준―어쩌면 1980년 5월 광주는 역사의 스승"이었다는 것이다.[87] 우리는 '참삶, 참생명, 참민족이 무엇인가'라는, 광주항쟁에 의해 제기된 묵직한 질문을 '참국가는 무엇인가' 등으로 확대해나갈 수도 있을 것이다. 유사한 취지에서 박몽구 시인은 이렇게 말했다. "저들이 광주를 희생양으로 선택했지만 광주는 이를 정면으로 거부하고 온 겨레가 함께 새벽으로 달리는 길을 열지 않았습니까. 그러므로 광주는 온 민족의 길이 아닐 수 없습니다."[88] 이런 언급들은 단지 '정치적 음모론 맥락의 희생양'을 넘어, '민주화·인간화의 희생제물인 광주'라는 인식 지평을 열어주는 것이기도 하다.

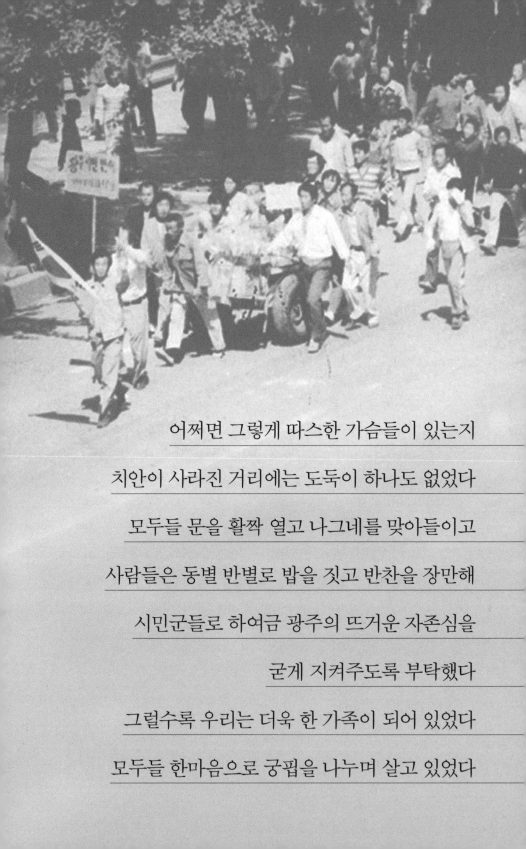

어쩌면 그렇게 따스한 가슴들이 있는지

치안이 사라진 거리에는 도둑이 하나도 없었다

모두들 문을 활짝 열고 나그네를 맞아들이고

사람들은 동별 반별로 밥을 짓고 반찬을 장만해

시민군들로 하여금 광주의 뜨거운 자존심을

굳게 지켜주도록 부탁했다

그럴수록 우리는 더욱 한 가족이 되어 있었다

모두들 한마음으로 궁핍을 나누며 살고 있었다

11장
항쟁 이후의 광주 사회극(2) :
반전과 종막終幕

1980년 6월 이후 광주 사회극은 보복적 교정 조치와 그에 대한 점증하는 저항, 그로 인한 위기로의 회귀가 반복되는 과정이었다. 또 항쟁에 대한 '전복적 기억'은 5공화국이라는 새로운 군부독재체제에 끊임없이 균열을 만들어내면서 이 체제를 불안정과 위기로 몰아갔던 핵심적인 요인이었다. 그 전복적 기억은 1980년대를 관통하면서 부단히 이어졌던 반反군부독재 민주화운동, 나아가 1987년의 6월항쟁과 뒤이은 민주화 이행을 이끌어낸 핵심 요인이기도 했다.

광주의 변혁적 리미널리티가 지향했던 최소 목표와 최대 목표 어느 것도 전두환 군사정권 치하에서는 달성될 수 없었다. 그러나 카치아피카스의 표현처럼 "전두환 대통령과 그의 군사정부는 1980년 5월 전투에서 승리했을지 모르지만, 민주화운동은 7년 후 전쟁에서 승리를 거두었다."[1] 1987년 시작된 민주화 이행 이후 광주 리미널리티의 '최소 목표들'이 하나둘씩 달성되었다. 민주화 이행은 길고 긴 광주 사회극에서 '대반전'의 계기였다. 광주 사회극이 결정적 전환의 국면으로 성큼 들어섰던 것이다.

1. 대전환

1988년은 '광주항쟁의 공식기억'에서 '대역전' 현상이 발생한 해였
다는 점에서 광주항쟁 기억정치에서 큰 분기점이었다. 그해에 광주
항쟁의 공식 명칭이 극적으로 변화되었다. 1장에서도 언급했듯이
광주항쟁의 명칭은 항쟁의 역사적 위상, 항쟁을 둘러싼 기억투쟁 지
형의 변화를 함축적으로 드러내는 가장 중요한 지표이다. 다시 말
해 광주항쟁의 명칭은 항쟁을 둘러싼 기억투쟁이 어느 국면을 경과
하고 있는지, 광주항쟁의 역사적 위상이 어느 정도인지, 항쟁에 대
한 공식 평가와 국가 차원의 정통기억이 어떠한지를 보여주는 탁월
한 지표이다. 그러므로 광주항쟁의 명칭은 그 자체가 치열한 기억
투쟁의 대상일 수밖에 없었다. 그런데 1988년을 기점으로 기억투쟁
의 지형이 혁명적으로 재편된 것이다.

8년간의 비교적 성공적인 기억투쟁 덕분에 1988년 한 해 동안 광
주항쟁의 명칭은 국가적 공식기억 속에서 '광주사태'에서 '광주 학
생과 시민의 민주화를 위한 노력의 일환'을 거쳐 '광주민주화운동'
으로 격상되어갔다. 민주화 이행 이후 처음 치러지는 국회의원 선
거—1988년 4월 26일로 예정된 13대 국회의원 총선거—를 채 한 달
도 남겨두지 않은 4월 1일에 노태우 정부는 '광주사태'의 성격을 전
격적으로 재규정했다. 이때 이루어진, "광주 학생과 시민의 민주화
를 위한 노력의 일환"이라는 정부 규정이 최초의 의미 있는 변화였
다. 같은 해 11월 18일 시작된 5·18청문회(광주청문회)를 이끌어간 조
직은 '국회 5·18광주민주화운동 진상조사 특별위원회'였다. 특위
명칭을 통해 '광주민주화운동'이라는 새 공식 명칭이 등장한 것이
다. 그 직후인 11월 26일에는 노태우 대통령이 특별담화를 통해 재

〈표 11-1〉 광주항쟁의 명칭 및 국가 공식기억의 변화 과정

구분	전두환 정권	노태우 정권(1)	노태우 정권(2)	김영삼 정권
국가의 공식적 평가 및 명칭	광주사태	광주 학생과 시민의 민주화를 위한 노력의 일환	광주 민주화운동	광주 민주화운동
변화 시점		1988년 4월 1일 정부의 광주사태 치유 대책 발표	1988년 11월 26일 대통령 특별담화	1993년 5월 13일 대통령 특별담화

* 출처: 이성우, "국가폭력에 대한 기억투쟁", 81쪽.

차 '광주민주화운동'이라는 명칭을 공식화하면서 광주항쟁의 상처 치유를 위한 특별법 제정 계획을 발표했다.[2] 〈표 11-1〉에서도 보듯 이 13대 국회에 의한 '광주민주화운동'이라는 새로운 명명은 노태우 정부를 거쳐 김영삼 정부 시기에도 그대로 유지되었다.

　　1988년 4·26 총선거에서 평화민주당, 통일민주당, 민주공화당 등 야당들이 약진했던 반면 여당인 민주정의당은 세가 크게 위축되 었다. '여소야대與小野大 국회'라는 사상 초유의 정치지형이 만들어 지자, 5·18청문회 등 광주항쟁과 관련된 '과거청산' 문제가 최우선 의 과업으로 떠올랐다.[3] 1988년 11월 18일부터 1989년 2월 24일까 지 99일 동안 열린 5·18특위 청문회는 광주항쟁에 대한 국가의 오 랜 금기와 억압이 무력화되는 결정적인 계기였다. 역사상 처음으로 민주화운동 세력은 '광주 문제'에서 공격하고 추궁하는 위치로, 신 군부 세력은 방어하고 공박당하는 위치로 자리를 맞바꾸었다. 국회 의 과거청산 움직임에 이어, 오랫동안 '광주 진실'의 왜곡에 앞장서 왔던 언론도 태도를 바꿔 광주 진실의 규명·폭로 작업에 가세했다. 1989년에 방영된 문화방송MBC의 〈어머니의 노래〉, 한국방송KBS의

〈광주는 말한다〉는 엄청난 반향을 불러왔다.[4] 국회 청문회와 방송의 위력은 어마어마했다. 1988~1989년을 거치면서 국민적 충격과 분노의 물결이 거세게 몰아쳤다.

1980년대 후반에 정립된 5·18 문제 해결을 위한 5대 원칙이 최종적으로 확정된 것도 1993년 3월의 일이었다.[5] 5대 원칙은 (1) 민주인사가 주축이 된 진상규명과 책임자 처벌, (2) 특별재판소 구성을 통한 광주 시민 명예회복, (3) 전남도청과 망월동 묘역의 성역화 및 기념탑 건립, (4) 피해자들에 대한 국가보훈대상자 예우 및 그에 따른 피해보상, (5) 5·18정신 계승을 위해 국정교과서에 역사적 의의를 게재할 것 등으로 더욱 구체화되었다.[6] 1990년대에는 광주항쟁 문제를 다루는 전국적 연대조직들이 등장했고, 이를 통해 '전국 차원의 5월공동체'가 더욱 단단해지기도 했다. '광주 5·18민중혁명 희생자 위령탑 건립 및 기념사업 범국민운동추진위원회'나 '5·18 진상규명과 광주항쟁 정신계승 국민위원회', '5·18 학살자 처벌 특별법 제정 범국민비상대책위원회' 등이 그런 조직들이었다. 이런 변화는 5월운동이 "공간적 범위를 전국적 영역으로 확장시킴으로써 '전국적 항쟁'으로 승화되었음을 의미"하는 것이었다.[7]

1988년은 광주항쟁 희생자 추모제의 성격이 강한 '5월제五月祭'가 합법적으로 열리기 시작한 때이기도 했다. "1988년에야 당국의 허가를 받아 처음으로 합법적인 행사를 치르면서 '분향 및 헌화' 순서와 '화형식'이 포함되는 등 점차 추모제가 다양한 수순을 포함하면서 형식을 갖춰나가기 시작했다."[8] 정근식은 1988년 오월제의 모습을 좀 더 상세하고 기술한 바 있는데, 이때부터 '민주 공간'으로 상징화된 특정 공간(도청 앞 광장과 금남로)을 점유한 가운데 '5월투쟁'이 '5월행사'로, '비합법적 투쟁'에서 '반합법적 의례'로 바뀌었다는 것이다.[9] 정근식은 1988년 이후 광주 5월의 풍경을 이렇게 묘사하기도 했다. "광주에서는 해마다 5월이 되면 전 도시가 눈에 띄게 들뜨고 분주해진다. 추모제를 비롯한 각종 행사가 이루어지고 또 그때그때의 미충족 요구가 '해방공간'의 틈 사이로 표출된다. 이 집합적이고 주기적인 '들뜸'은 지난 이십 년 간 한국 민주화운동의 에너지를 만들어내고, 지역사회에 활력을 불어넣는 원천이었다."[10] 1993년부터 광주시가 '5월행사'에 대한 재정지원을 시작함으로써,[11] 5월제의 합법적이고 공적인 성격은 더욱 강화되었다.

광주항쟁 '기념물'에 대한 금기도 1988년 이후 조금씩 풀렸다. 그에 따라 '항쟁의 성공적 진압'을 자축하는 기존의 정권 측 기념물이 아닌, 항쟁 자체를 기리고 현양하는, 혹은 항쟁 희생자들을 추념하는 다른 유형의 기념물들이 등장하기 시작했다. 그러나 1980년대 말부터 1990년대 초까지 실제로 건립되거나 제작된 항쟁 기념물은 매우 드물었다. 다만 1990년대 초부터 지방의회 차원에서 "5·18항쟁 유적" 지정 활동이 나타났던 사실은 주목할 만하다.[12] 뒤에서 자세히 살펴보겠지만, 광주항쟁 기념물 건립이 본격화된 시기는 이보다 늦은 1990년대 중반부터였다. 아울러, 1990년 8월 '광주민주화운동 관련자 보상 등에 관한 법률'이 제정됨에 따라 항쟁 사상자에 대한 보상 작업이 개시되었다. 1993년에는 2차 보상이, 1998년에는 3차 보상이 이루어지는 등 피해자에 대한 보상 과정은 1990년대에만도 모두 세 차례 진행되었다.[13]

한편 1980년대 말부터 '저항적 자살'을 결행한 이들 중 상당수가 광주항쟁 사자死者들과 나란히 망월동 묘역에 묻혔다. 신新묘역 조성 이전에 망월동 묘역(구묘역)이 이미 전국적인 차원에서 '민주화운동의 성역'으로 확고히 자리 잡았기에 가능한 일이었다. 나간채에

국립5·18민주묘지 내 추모관

의하면 "1980년대 초기에는 금단의 구역이 되어 참배객이 극히 소수에 불과했던 이 묘역에 1988년 이후에는 국내외 저명인사와 민주시민을 포함하여 매년 60여만 명이 참배에 임하고 있는 성역으로 발전했다."[14] 저항적 자살자들과 국가폭력 희생자들은 1980년의 희생자들과 함께 '열사들의 공동체'를 형성해갔다. 신묘역이 만들어져 광주항쟁 희생자들이 그곳으로 이장하기까지 '망월동 열사공동체'는 계속 확장되어, '5·18 추도공동체'뿐 아니라 '5월공동체' 전체의 상징적 구심으로 자리 잡았다. 이처럼 열사공동체 형성과 망월동 묘역 성역화는 상호적 보강 과정 속에 놓여 있었다.

열사공동체를 형성해가는 과정에서 여러 차례 '장례투쟁'이 재연되었다. 최초 사례는 1987년 6월 이한열 장례 때의 "노제路祭 투쟁"이었다.[15] 당시 이한열의 시신은 전남도청 앞 광장에서의 노제를 거쳐 망월동에 묻혔다. 최초의 장례투쟁은 이처럼 6월항쟁의 일부를 이루고 있었다. 장례투쟁은 1991년에 절정에 도달했다. 1991년 5월에만 8명이 희생된 '5월 사태'가 그것으로,[16] 가장 격렬하고도 충격적인 방식으로 전개된 5월운동의 사례였다. 이는 1988년 대전환에도 불구하고 광주 사회극이 1990년대에도 마무리되지 못한 채 격한 진통을 겪고 있었음을 반증한다.

광주에서 노제를 거행한 후 망월동묘지에 안장된 경우가 1987년 이한열부터 1998년에 이르기까지 무려 24회나 되었다.[17] 정근식에 의하면 "민주화의 중요한 고비 길에서 희생되었거나 스스로를 희생한 많은 사람들이 '광주'를 최후의 정신적·육체적 안식처로 삼는 과정에서 수많은 장례투쟁이 있었으며, 이를 통하여 '광주 사람들'이라는 개념의 외연은 확대되어갔다."[18] 1980년대 말부터 1990년대에 걸쳐 지속된, 저항적 자살자나 국가폭력 희생자의 장례투쟁은 광주 망월동의 열사공동체로 합류하기 위한 것이었다는 점에서 1980년대 5·18 추모공동체의 연례적 장례투쟁과는 구분되는, 또 다른 유형의 장례투쟁이었다.

여기서 우리는 '축제적' 성격을 띠는 노제를 통해 일시적이고 불규칙적이지만 반복하여 재현되는 '변혁의 리미널리티'와 '해방의 커뮤니타스'를 발견하게 된다. 노제를 둘러싼 갈등 과정에서 리미널한 시공간이 창출되고, 이 독특한 시공간에 참여한 이들 사이에서 커뮤니타스가 형성되는 것이다. 장례투쟁과 노제는 "자발성에 입각한 수만 명의 사람들, 살기등등한 경찰력 앞에도 굴하지 않고 자신의 주장을 표현하는 행위들, 도시의 중심 거리와 광장을 점거하고 '해방된 공간'을 일시적으로 창출하는 것, 그리고 그 안에서 이루어진 미래 지향적 공동체에 대한 약속"을 동반했다.[19]

광주항쟁 현장에서의 노제와 망월동 안장의례는 '열사'로 격상되어 기존 열사공동체의 일원으로 편입되기 위한 '망자의 통과의례'이기도 했다. "장례투쟁은 국가권력에 의해 죽임을 당했거나 스스로 자신의 몸을 불 질러 목숨을 끊은 사람을 '열사'로 만드는 과정으로, 이 장례투쟁에 참여한 사람들은 생명을 '민주의 제단'에 바쳤다는 관념을 공유하고, 이를 헛되지 않게 해야 한다는 집단적 각성을 하게 된다."[20] "혁명적 축제"로서의 노제와 장례투쟁은 "광주의 민주 성지로서의 상징성"을 강화하는 효과 또한 발휘했다.[21] 요컨대 1980~1990년대에 매년 5월에 전국적인 차원에서 광주 희생자 추모공동체가 형성되었던 것과는 상이한 맥락에서, 1987년 이후 여러 차례 장례투쟁이 광주에서 벌어졌고, 이런 과정을 거쳐 망월동 묘역에는 열사공동체가 형성되었다. 이렇듯 노제 공간과 열사들의 공동 안식처는 성스러움을 더해갔다.

광주 사회극이 '분열'이라는 기존 경로에서 이탈하여 '재통합' 쪽으로 크게 선회하는 데서 (1988년뿐 아니라) 1995년과 1997년도 매우 중요한 때였다. 우선, 이 시기는 불완전하게나마 광주학살 책임자들에 대한 처벌이 이루어졌다는 점에서 큰 의미가 있다. 1995년 12월 21일 '5·18민주화운동 등에 관한 특별법'와 '헌정질서 파괴범죄의 공소시효 등에 관한 특별법' 등 '2대 5·18특별법'이 동시에 제정되었다. 이에 근거하여 전두환·노태우 두 전직 대통령이 구속되었고, 이들에 대한 '세기의 재판'이 1997년 4월 17일 대법원에서 마무리되었다.[22] 말하자면 1988~1989년의 국회 5·18청문회(광주청문회)에서 처음 확인된 공격자-방어자의 역사적 자리바꿈을 더욱 굳히고 재확인하는 과정이었다. 5·18특별법의 제정도, 이 법에 기초한 광주학살 책임자의 처벌도 오랜 시간과 고통을 요구하는 지난한 과정이었다. 1988년에 이어 1995~1997년은 광주 사회극을 종결 단계로 이끄는 또 하나의 분수령이었다.

1997년은 광주항쟁 발발일인 5월 18일이 '국가기념일'로 지정되었다는 사실, 항쟁 희생자 묘역의 대규모 성역화 사업이 마무리되었다는 사실 때문에 중요하다. 묘역 성역화 사업은 5·18 신묘역을 조성하는 프로젝트였다. 신묘역은 1993년 5월 김영삼 대통령의 특별담화로 시작되어, 국가예산으로 1994년 11월부터 1997년 5월 사이에 건립되었다.[23] 1997년 4월 17일에 대법원이 전두환에게 무기징역형, 노태우에게 징역 17년형을 확정지은 직후인 5월 9일 김영삼 정부가 5·18 항쟁기념일을 국가기념일로 제정한 데 이어, 5월 16일에는 5·18 신묘역 준공식이 열렸고, 5월 18일에는 정부가 주관하는 '5·18기념식'이 처음 거행되었다.

5·18국가기념일 제정이 광주항쟁에 대한 '시간적 성화聖化'였다

면, 신묘역 조성은 항쟁에 대한 '공간적 성화'였다. 광주 사람들과 5월공동체 구성원들에게 중요했던 시공간이 국가와 국민 전체에게 중요한 시공간으로 변화되었다. 1997년에 광주항쟁과 관련된 '시간과 공간의 이중적 성화', 이를 통한 '광주항쟁 기념의 전국화·국가화'라는 변화가 급진전되었던 것이다. 이런 변화는 유가족·부상자·구속자들에게 큰 위로와 안도, 기쁨을 안겨주었다. "5·18 기념사업에 한정하여 볼 때, 5·18묘지가 준공되고 5월 18일이 국가기념일로 지정된 1997년 5월은 5·18 트라우마티즘 해소의 분기점"이라는 정호기의 언급은 바로 그런 의미일 것이다.[24] 1997년의 변화는 유가족, 부상자, 구속자들에게도 해원과 트라우마 치유의 중요한 진전이었던 셈이다.

국가기념일 제정과 묘역 성역화 외에, 앞서 밝혔다시피 1990년대 중반부터 광주항쟁 관련 기념물 건립 활동이 부쩍 활성화되었다. 〈표 11-2〉에서 보듯이 항쟁 기념에 관한 논의는 1980년대 말부터, 늦어도 1990년대 초부터 점차 활성화되고 있었다. 그러다 1993년 5월 김영삼 대통령 특별담화에 따라 기념사업이 본격화되었다. 이때 망월동 묘역 확장 및 성역화, 전남도청 이전 및 기존 부지에 기념공원·기념탑 조성, 상무대 부지에 시민공원 조성 등이 대통령 담화에 포함되었다. 1994년 8월에는 기념 활동을 총괄할 상설조직인 '5·18기념재단'이 설립되었다. 재단은 국민적 모금과 항쟁 피해자들의 기금 출연에 기초하여 창립되었지만, 설립 이후 상당 액수의 국비와 지방비 보조를 받는 등 공적 기관의 위상을 갖고 있다.[25]

그 결과 〈표 11-3〉에서 보듯이 1994년부터 1997년에 걸쳐 망월동 묘역 입구에 '돌탑 쌓기(1994년)', 망월동 신묘역과 상무대 지구에 나무를 심고 헌수獻樹기념비를 건립하는 '민주나무 헌수운동(1996~

〈표 11-2〉 5·18 기념의 전개과정 [26]

시대 구분	시기 및 변화의 계기	주요 행위주체	주요 내용	성격	지향
전면 억압기	1980~1985년: 의례 중심 기념	5·18 당사자, 시민사회	행사, 부분적 문화예술 표현	억압과 저항	5·18에 대한 정상적 인식의 단초 제공
부분 억압기	1985~1987년: 기념사업추진위 결성	시민사회	행사, 문화예술 표현, 단순 물리적 기념	억압과 기념	5·18의 인식 전환
맹아기	1988~1993년: 국가의 승인 의사	국가	행사, 문화예술적 형상화	지배와 저항	5·18의 진실 규명
분출기	1993~1997년: 국가의 적극 개입	국가, 시민사회	행사, 구체적 물리적 기념	참여와 계승	5·18의 계승
개화기	1998년~: 평화적 정권교체	시민사회	행사, 물리적 기념, 도시정체성 확보	계승과 전환	5·18의 계승

〈표 11-3〉 1985~1997년 사이 광주항쟁 기념물·기념시설의 등장

기념물 명칭	시기	주체	주요 사업 내용
5·18기념메달	1985	5추위**	활동자금 확보를 위해 네 가지 크기 1만여 개를 제작
추모비	1986, 1987	대학생	한신대학교와 전남대학교에 희생자 추모 조형물 건립
돌탑 쌓기	1994	시민연대**	망월동 묘역 입구에 참배객들이 조성
민주나무 헌수운동	1996~ 1997	지역 언론사**	자발적 모금운동을 벌여 망월동 신묘역과 상무지구에 식수하고 헌수기념비를 건립
5·18 신묘역 조성	1997	정부	50,280평 규모. 묘역, 추모탑, 군상 조형물, 유영봉안소 등으로 구성. 2002년에 국립묘지로 승격됨.

* 출처: 나간채, "5·18 기념사업과 5월운동", 10쪽. ** 5추위는 '5·18민중혁명 위령탑 건립 및 기념사업 추진위원회'의 약칭임. 시민연대는 '오월 성역화를 위한 광주시민연대모임'의 약칭임. '지역 언론사'는 광주 지역 12개 언론사를 가리킴.

1997년)'에 이어, 50,280평 규모의 부지에 묘역·추모탑·조형물·유영
봉안소 등을 두루 갖춘 망월동 신묘역 조성(1997년 준공) 등의 기념사
업이 진행되었다. 1990년대 중반부터 기념사업이 민간 및 시민사회
주도에서 정부 주도로 변화했음을 알 수 있는데, 이를 통해서도 광
주항쟁 기념 문제가 일종의 국가 프로젝트로 변화되었음을 재확인
하게 된다.

2. 공고화, 신화화, 세계화

5·18이 국가기념일로 올라서고 정부 주도로 망월동 신묘역이 조성
된 때가 1997년이었는데, 그해 12월에는 제15대 대통령선거가 있었
다. 이 선거에서 오랫동안 호남을 대표해온 정치인인 김대중 후보
가 당선되었고 이듬해인 1998년 2월 대통령으로 취임했다. 사상 최
초의 평화적·민주적 정권교체로서 한국 민주화의 획기적인 진전이
었다. 김대중은 1980년 5·17쿠데타 당일 연행되어 그해 9월 내란음
모와 국가보안법 위반 혐의 등으로 사형선고를 받았던, 어쩌면 광
주항쟁의 간접 당사자이자 피해자 중 한 명이었다. '김대중 석방'은
광주항쟁 내내 줄기차게 요구되었던 최소 목표 중 하나였다. 신군
부에 의해 봉기의 배후조종자로 몰렸던 이가 대통령이 되었으니 광
주항쟁을 둘러싼 정치지형과 이데올로기지형에서 상전벽해 같은
변화가 일어난 셈이었다.

대반전의 해였던 1988년에 새로 닦인 '광주항쟁 명예회복과 완
전한 승리의 길'은 10년 후인 1998년 들어 더욱 단단하게 다져지고
확장되면서 탄탄대로로 변해갔다. 망월동 신묘역은 2002년에 '국립

묘지'로 지위가 격상되었다. 국립묘지로 승격되면서 묘지 관리권이 광주시로부터 국가보훈처로 이관되었다. 2008년 광주시교육청은 '5·18민주화운동 교과서'를 '인정교과서'로 승인했고, 광주시는 2010년 4월부터 초·중·고등학교에 5·18 인정교과서를 보급했다. 2013년부터 경기도 중·고등학교들에도 5·18 인정교과서가 보급되기 시작했다. 같은 해에 광주항쟁과 5·18기록물 세계기록유산 등재 사실이 중학교 역사교과서에 수록되었다.[27]

'광주 진실' 규명을 위한 언론계의 노력도 계속되었다. 1997년의 〈5·18 사라진 작전보고서〉(MBC), 1998년의 〈5·18 광주민중항쟁〉(KBS)과 〈사라진 사람들〉(MBC), 2003년의 〈80년 5월, 푸른 눈의 목격자〉(KBS) 등 광주학살 진상규명에 초점을 맞춘 방송 프로그램들이 연이어 제작되었다.[28] 광주항쟁을 다룬 영화들도 다수 제작되었다. 위에서 소개했듯이 초등·중등 교과서에 광주항쟁의 진실을 담으려는 시도가 계속되는 것은 항쟁 종결 후 시간이 흐름에 따라 '광주정신의 세대간 전승' 문제가 대두하고 있음을 보여준다. 동일한 맥락에서 우리는 2000년대 이후 '5월문학'의 범위가 아동-청소년 문학으로까지 확산된다는 사실에 주목할 필요가 있다. 김화선은 2013년 발표한 논문에서 2001년부터 2012년까지 광주항쟁의 문학적 형상화를 시도한 작품 중 단행본으로 간행된 '아동·청소년문학' 분야의 작품 16편을 소개한 바 있다.[29]

1998년 이후에도 광주항쟁 기념물과 기념시설이 속속 건립되었다. 1990년대 초 지방의회 차원에서 '5·18항쟁 유적' 지정 활동이 시작된 데 이어, 1998년부터 1999년에 걸쳐 100여 곳의 '5·18사적지'가 지정되고 성역화되었다. 사적지마다 표지석이 세워졌고 곳곳에 소공원도 조성되었다.[30] 1999년의 5·18자유공원, 2001년의 5·18기넘공원 등 큰 규모의 기념시설도 건립되었다. 〈표 11-4〉에 주요 기념시설들이 소개되어 있다.

〈표 11-4〉 1998년 이후 광주항쟁 기념물·기념시설의 등장

명칭	시기	주체	주요 내용
5·18사적지	1998~1999	정부	전라남도 80개소, 광주광역시 26개소를 대상으로 표지석 및 소공원 조성을 중심으로 사적지 보존사업이 진행됨
5·18자유공원	1999	정부	10,000평 규모로, 상무대 영창, 헌병대, 법정 등을 복원. 회의 및 기념공간인 자유관 포함
5·18기념공원	2001	정부	62,000평 규모로, 조각 및 추모공간, 기념문화관, 오월루, 기념탑 등으로 구성
들불열사 추모비	2002	들불열사 기념사업회	들불야학 교사 출신 희생자 7인 추모탑
전남대 5·18기념관	2005	전남대학교	전남대 용봉관 1층에 전시실 위주의 50여 평 규모로 개관. 2007년 5월에 재개관
5·18민주화운동 기록관	2015	정부	항쟁 현장이기도 했던 옛 광주가톨릭센터(지하 1층 지상 7층)를 기록관으로 리모델링함. 유네스코에 등록된 4,275점을 포함한 8만여 점을 보관
5·18정신계승 민족민주열사 유영봉안소	2015	광주시	망월동 묘역(구묘역) 내에 건립, 기념동상과 소나무숲 쉼터도 조성
민주평화교류원	2015	정부	국립아시아문화전당의 5개 원 중 하나로, 그 산하에 민주인권평화기념관과 아시아문화교류지원센터를 둠. 마지막 항쟁지였던 옛 전남도청 건물 일부를 리모델링하여 지음
5·18민주공원	2016	광주시, 전남대, 동문회	광주항쟁 발원지인 전남대 정문 일대에 조성. 기존의 '5·18소공원'을 포함하여, 상징조형물과 민주화운동 기념마당, 민주의 길 등으로 구성
전일빌딩245	2020	광주시	계엄군의 헬기 기총 사격 탄흔 등이 남아 있는 기존 건물(지하 1층 지상 10층)을 리모델링하되, 탄흔을 보존하면서 5·18기념공간, 시민다목적홀, 문화복합공간, 전망대 등을 설치

* 출처: 강인철, 『경합하는 시민종교들』, 664쪽; 나간채, "5·18 기념사업과 5월운동", 10쪽. 5·18정신계승 민족민주열사 유영봉안소, 5·18민주공원, 전일빌딩은 새로 추가하였음.

광주항쟁의 기억은 '제도화'와 '공고화'의 단계를 지나 '신화화神話化'의 경지로 나아갔다. 광주항쟁의 피 흘림으로 본격화되고 5월 공동체의 부단한 투쟁을 통해 마침내 결실을 이룬 한국 민주화의 신화가 '한강의 기적'과 같은 '국가신화國家神話' 중 하나가 되었다.[31] 광주항쟁이 국가적 공식기억·정통기억으로 자리 잡아감에 따라, 광주항쟁 기념물이 축적되어감에 따라, 오월운동이 더욱 발전하고 5월공동체가 전국적으로 확장되고 단단해져감에 따라, 점점 뚜렷하게 나타난 현상 중 하나는 '광주항쟁의 신화화'와 '광주의 성지화聖地化'였다. 광주 외부의 양심적 지지자들은 광주에 "민주화의 성지"라는 타이틀을 부여했다. 광주의 지역정체성은 '민주도시', '민주성지', '민주화의 고장'으로 자리매김 되어갔다.[32] 민형배의 주장에 따르면, 광주의 지역정체성과 관련하여 기존에 억압되었던 '민주성지론'이 1988년 이후 본격적으로 부각되다가, 1993~1997년에는 민주성지론이 '예향론藝鄕論'을 누르고 지배적 지위로 올랐고, 1998년 이후 ('문화도시론'이 부각되는 가운데) 민주성지론은 확고한 기정사실로 자리 잡았다.[33] 아울러 광주 안에서도 국립민주묘지로 발돋움한 망월동 묘지가 "민주화의 성지 중 성지"로 부상했다. 항쟁 당시 시민궐기대회가 열렸던 전남도청 앞의 분수대 일원은 '민주광장'으로 명명되었다. 광주항쟁 생존자들은 '국가유공자'로, 항쟁 희생자들은 '영령'으로, 광주라는 도시는 '민주성지'로 재규정되었다. 폭도로 불리던 이들이 유공자와 영령이라는 명예로운 이름을 얻은 것처럼, 도시 자체도 단순한 명예회복을 넘어 존경과 찬양의 대상이 된 것이다.

항쟁에서 주도적인 역할을 수행하다 목숨을 잃었거나 고초를 겪은 주요 인물들의 명예를 회복하고 기념하는 활동, 나아가 그들을

'민주주의 영웅'으로 현양顯揚하는 다양한 사업들이 전개되기도 했다. 그런 노력의 일환으로 항쟁 희생자들을 기리는 상賞도 제정되었다. 항쟁의 핵심 주역들인 윤상원·김영철·박용준·박효선 등 들불야학 출신의 '들불 7열사'를 기리기 위해 들불열사기념사업회가 2006년에 제정한 '들불상', 항쟁 때 가족을 잃은 어머니들의 모임인 오월어머니집이 2007년에 제정한 '오월어머니상'이 대표적인 사례이다. 안병하 전남도경국장이나 이준규 목포경찰서장처럼 항쟁 당시 계엄군의 만행으로부터 시민들을 보호하거나 시민 희생을 최소화하려 애쓰다 신군부 정권의 가혹한 보복에 시달렸던 경찰관들의 명예를 회복하기 위한 여러 활동도 나타났다. 위험을 무릅쓰고 항쟁의 진실을 보존하고 확산하려 노력한 외국인들도 다시 조명되었다. 위르겐 힌츠페터, 노먼 소프, 브래들리 마틴, 테리 앤더슨, 로빈 모이어 같은 기자들, 아놀드 피터슨, 찰스 헌틀리, 메리언 포프 같은 선교사들, 항쟁 당시 평화봉사단Peace Corps 단원이었던 데이빗 돌린저, 팀 완버그, 주디스 체임벌린, 폴 코트라이트, 윌리엄 에이머스, 평화봉사단 출신의 도널드 베이커, 항쟁 당시 전남대에서 연구하던 인류학자 린다 루이스, 월요모임을 통해 연결되어 있던 진 매튜스, 페이 문, 메리언 커런트, 린다 존스, 패리스 하비, 파울 슈나이스 등이 그런 예들이다. 항쟁에 직접 가담하지는 않았지만 국내외에서 오월공동체 형성과 오월운동 발전에 헌신했던 이들도 기억되고 기념되었는데 윤한봉, 박관현, 신영일, 표정두 등이 이에 해당한다.

광주항쟁 이후 1997년까지의 기간이 '5·18의 전국화'로 성격지어진다면, 1998년 이후는 '5·18의 세계화'로 특징지어지는 시기였다.[34] 광주항쟁은 국제적인 수준에서 '민주화의 전범典範', '민주화의 전설'이 되어갔다. 2000년대에 이르면 광주항쟁의 상징 노래인

'님을 위한 행진곡'이 아시아를 비롯한 세계 곳곳의 민주화·인권운동 현장에서 널리 불리게 되었다. 5·18기념재단은 2000년에 '광주인권상'을 제정하여 "인권과 통일, 인류 평화에 공헌한 국내외 인사 또는 단체"에게 매년 수여하기 시작했다. 재단은 2011년에 '광주인권상 특별상'도 추가 제정했다.[35] 이것은 광주 시민들의 중대한 '역할 대체'를 함축한다. 다시 말해 광주 시민들은 이제 '국제적 지원의 수혜자'라는 1980년대의 역할에서 벗어나, '국제적 지원의 공여자'로, '전 세계 민주화·인권운동에 대한 양심적 지지자'로 역할과 지위를 바꾼 것이다.

광주항쟁 세계화의 절정은 2011년 5월 '5·18기록물'이 유네스코 세계기록유산Memory of the World으로 등재되었던 일이었다. 이로써 "5·18민주화운동이 '한국사회의 공식기억'이라는 지위마저 뛰어넘어 문자 그대로 '세계의 기억', 곧 '국제사회의 공식기억'으로 인정"되었다.[36] 2019년 8월 말 5·18기념재단이 광주인권상 수상자 5명과 함께 "홍콩 정부와 중국이 비폭력으로 문제를 해결하기 바란다"는 내용의 성명을 발표한 일, 그리고 같은 해 10월 말 중국 톈안먼 민주화 시위와 홍콩 민주화 시위의 주역들이 (1980년 광주와 2019년 홍콩의 유사성을 강조하면서) 지지를 호소해오자 이에 호응하여 5월운동 단체들을 비롯한 광주 시민단체들이 공동으로 지지 성명을 발표했던 일, 동일한 맥락에서 같은 해 11월 하순 전남대학교 5·18연구소가 "중국과 홍콩 정부가 1980년 광주에서 저질러진 국가폭력의 과오를 다시 되풀이하지 않기를 바란다"는 성명을 발표한 일도 '5·18 세계화'의 좋은 사례로 꼽을 만하다. 한편 '메이리다오美麗島 사건' 40주년을 맞아 정부 차원에서 '전환기 정의 촉진위원회'를 발족해 과거청산작업을 진행하던 대만에서 2019년 12월 '한국 5·18민주화운동 39

주년 특별전시회'가 열렸던 일은 '5·18 과거청산 모델의 세계화'라는 차원에서 해석될 만하다.[37]

3. 통합 국면으로의 이행: 사회극의 종언

기억투쟁의 측면에 주목할 때, 5월운동은 '성공한 기억투쟁'이었다고 평가할 만하다. 이미 언급했듯이 살아남은 항쟁 주체들은 '국가유공자'로, 항쟁 희생자들은 '영령'으로, 항쟁 무대와 희생자 묘지는 '성지'로 새롭게 규정되었다. 5월운동과 5월공동체의 주역들이 스스로 설정한 '5대 원칙'을 일정 수준 성취해냈다는 의미에서, 1990년대 말경 나간채는 사실상 광주항쟁의 부활과 승리를 선포했다.

> 5월운동은 1980년대 초기에는 계엄군의 학살 만행과 신군부 정권의 억압에 대한 포괄적 저항의 형태로 진전되었으나, 1990년대에 이르러 운동의 목표를 5대 원칙—진상규명, 책임자 처벌, 명예회복, 피해자 보상, 기념사업—으로 정립하였고, 마침내 이 목표들을 일정한 수준에서 해결해냈다. 장기간의 저항운동을 통해 마침내 국회에서 정한 법률에 근거하여 진상을 규명했으며, 그에 근거하여 전직 대통령을 포함한 주요 책임자들을 처벌했다. 또한, '무장난동'으로 왜곡되었던 그 항쟁은 '민주화운동'으로 바로잡아 규정되었으며, 그 당시에 폭도로 몰렸던 시민군과 피해자들은 민주화유공자로 명예가 회복되고, 법에 따라 상응하는 보상을 받았다. 이와 아울러 다양한 기념사업이 5월운동의 과정에서 이루어졌다. 말하자면, 운동의 주체들이 스스로 결정하여 정립

한 5대 목표를 일정한 수준에서 성취했다는 것이다. 당시 언론이 이를 '광주항쟁의 부활'로 표현했다는 사실은 일정한 승리를 의미하는 것에 다름 아니다.[38]

이성우는 4·3항쟁과의 비교 맥락에서 광주항쟁 기억투쟁의 혁혁한 성과를 말하면서, 그로 인해 광주항쟁은 "성공적인 새로운 기억의 매개체"가 될 수 있었다고 주장했다.[39] 그 결과 정호기는 2003년 무렵의 상황을 다음과 같이 기술할 수 있게 되었다. "5·18의 과거청산은 진상규명과 암매장 등은 아직 해결되지 않은 과제로 남아 있고, 책임자 처벌은 형식적으로 다루어진 측면이 있으나, 명예회복, 보상, 기념사업 등은 거의 마무리 단계에 이르렀다. 특히 공간적 가시성을 보여주는 기념사업은 국립묘지, 2곳의 기념공원, 8곳의 소공원, 그리고 표지석 또는 안내판을 설치한 약 100곳의 사적지를 만들었다."[40] 일부 미해결 과제들이 남아 있음에도 불구하고 명예회복, 보상, 기념사업 등은 "거의 마무리 단계"에 이르렀다는 것이다.

그렇지만 이런 성과를 만들어내는 과정은 고통으로 가득했다. 수많은 이들이 20년 가까이 고난의 길을 걸어야만 했다. 이 과정에서 목숨을 잃은 이들도 여럿이었다. 그럼에도 역사의 큰 물길이 바뀌었음은 분명하다. 이를 "패배자의 승리"로 묘사한 서승은 "절대적인 폭력의 우위만으로 민중을 제압한 자는 결국은 패배자가 된다는 진리는 광주민중항쟁을 통해서 거의 완벽한 형태로 증명되었다"고 보았다. 그는 "광주민중항쟁에 관한 처리법인 광주보상법과 광주특별법의 집행 과정은 과거청산이라고 하는 면에서 본다면 세계에서도 드물게 완벽에 가까운 것"으로 평가하기도 했다.[41] 앞서 살펴본 '5·18의 세계화'에서도 잘 나타나듯이, 광주항쟁은 이제 "다른 민주화운동뿐 아니라, 국가폭력에 기원을 둔 수많은 역사적 사건들의 재평가 및 역사화 작업의 선례로써 지대한 영향"을 미칠 수 있을 정도가 되었다.[42]

지금까지 살펴보았듯이, 1987년부터 민주화 이행이 개시되고 정치적 민주화를 거쳐 사회적·경제적 민주화로 조금씩 나아가는 가운데, 광주항쟁에 대한 진상규명, 책임자 처벌, 희생자 명예회복, 성역화, 보상, 기념 활동 등을 거치면서 광주 사회극은 종결의 방향으로 서서히 전진해갔다. 민간-민주정부 수립을 비롯하여, 폭동에서 민주화운동으로의 변화, 폭도에서 국가유공자로의 변화, 전두환·노태우 처벌과 정부의 공식 사과, 5·18국가기념일과 5·18국립묘지의 등장, 유네스코 세계기록유산 등재 등이 이 과정에서 특별한 중요성을 지닌 역사적 사건들이다.

이런 일들을 겪는 가운데 광주항쟁 특유의 역동적이고 드라마틱한 성격은 점차 약해졌다. 광주항쟁을 둘러싸고 격렬하게 부딪쳤던 정치적-사회적 갈등의 강도 역시 조금씩 낮아졌다. 그리하여 2000년대 초에 이르자 "5·18의 과거청산을 주장하는 반정부 투쟁이 사라졌으며, 해마다 많은 기념행사들이 국가 혹은 공공기금을 지원받아 이루어지"는 경관이 자연스레 여겨지게 되었다.[43] 이처럼 민주화 이후 광주 리미널티리의 '최소 목표들'이 하나씩 성취되면서, 1980년대 내내 '교정-위기의 악순환' 속에서 맴돌며 '분열("두 개의 대한민국")' 쪽으로 치닫던 광주 사회극의 흐름이 바뀌었다. 1988년의 대전환 이후 광주 사회극은 비로소 서서히 '(재)통합' 쪽 방향으로 전환되었다. 1990년대부터 광주항쟁 주역들과 희생자·유족들, 그리고 5월운동 참여자와 양심적 지지자로 구성된 5월공동체 성원들은 자신들의 힘과 노력으로 일구어낸 '민주 한국'이라는 새로운 정치

사회 질서 안으로 편입되어갔다. 그에 따라 광주 사회극도 천천히 막을 내리게 되었다.

요약하자면, 광주항쟁 사회극의 마지막 단계는 (1) 1980년 5월 말부터 '보복적 교정 조치 → 강화된 저항 → 위기 심화'의 악순환이 거듭되는 가운데 수년 동안 '분열' 양상이 급격히 확대되다가, (2) 1987년의 민주화 이행 이후 기존 흐름이 반전되면서 '분열'과 '재통합'의 양상이 혼재되기 시작했고, (3) 1998년의 평화적 정권교체 이후 새로운 흐름이 더욱 빨라지면서 '재통합'의 측면이 갈수록 우세해졌으며, (4) 대체로 2000년대 초에 이르러 '재통합'의 방향으로 사실상 종결되었다고 말할 수 있다. 결국 광주 사회극은 1980년 5월 27일 아침에 끝나기는커녕, 그로부터 무려 20년 이상이나 끈질기게 계속되었던 셈이다.

4. 여진餘震

광주항쟁의 사회극 자체는 종결되었다 하더라도, 광주의 변혁적 리미널리티에서 추구되었던 '최소 목표들'조차 모두 그리고 온전하게 달성된 것은 아니다. 그중에서도 실종자 암매장 문제와 발포 명령자 문제는 양대兩大 미해결 쟁점으로 꼽힌다. 다시 말해 실종자 유해를 발굴하고 암매장 의혹을 규명하는 것, 그에 따라 전체 피학살자 규모를 확정짓는 과제, 그리고 최초 발포와 집단 발포의 명령자를 밝혀내고 그에 따른 응분의 책임을 묻는 과제가 아직 해결되지 못했다. 이 밖에도 항쟁 관련 연행자들에 대한 고문과 성폭력 문제, 헬기 사격 여부, 미국의 역할 규명 등도 여전히 미완의 과제로 남아 있

버려진 신발들

다. 김동춘이 강조한 바 있듯이, 이런 미해결의 난제들은 광주항쟁을 둘러싼 과거청산 과정 자체에 애초부터 내장되거나 예정되어 있었을지 모른다.[44]

헬기 사격 문제는 오래 전부터 제기되어 왔지만, '5·18민주화운동 헬기 사격 및 전투기 출격대기 관련 국방부 특별조사위원회'가 광주항쟁 당시 군 헬기가 시민들에게 사격을 가한 사실을 확인했다고 공식 발표한 것은 항쟁 후 38년이 지난 2018년 2월의 일이었다. 계엄군의 성범죄 역시 38년만인 2018년 5월에 와서야 김선옥 등의 증언에 의해 처음으로 공론화되었고, 들끓는 여론 속에 여성가족부·국가인권위원회·국방부의 공동조사가 이뤄져 최소 17명의 피해자가 공식 확인되었다. 2019년 12월 옛 광주교도소 터에서 신원 미상의 유골 40여 구가 우연히 발견되어 법무부의 조사가 시작되었을 때 시민사회와 언론의 비상한 주목을 받았던 것도 여전히 미해결 상태였던 피학살자 암매장 문제 때문이었다. 그 시점까지 광주항쟁 당시 행방불명자로 신고된 242명 가운데 광주시에 의해 실종자로 공식 인정된 이들은 84명이고, 이들 중 6명을 제외한 78명의 시신을 아직 찾지 못한 상황이었던 것이다.[45] 물론 오늘날까지 5·17 쿠데타의 수뇌首腦 전두환은 회고록과 재판을 통해 헬기 사격의 존재도, 발포 명령을 내린 사실도 전면 부인하고 있다.

항쟁이 살아남은 이들에게 낙인처럼 남긴 트라우마를 치유하는 문제, "상처 입은 자들의 부서지고 무너진 삶들", "살았으되 죽은 삶들"을 보듬고 치유하는 문제도 여전하다.[46] 그로 인해 오늘날에도 많은 이들이 "살아 있는 것도 죽은 것도 아닌 중음中陰의 유령들처럼 삶과 죽음의 경계 영역에 불안하게 거주한다."[47] 이 문제 해결을 위한 대응 자체가 너무 지연되었다. '광주트라우마센터'가 개소

한 것은 2012년 10월의 일이었다.[48]

　광주항쟁의 진실 왜곡이나 폄훼도 여전한데, 특히 2008년 보수-극우 정권으로의 또 다른 평화적 정권교체를 계기로 이런 일들이 빈번해졌다. "2008년 이후 이명박-박근혜 정부 등 보수-극우 정권들이 연달아 등장했던 데 힘입어 지배층 반격의 위력은 획기적으로 증가되었다. 기존 지배층은 김대중-노무현 정부 시기를 '잃어버린 10년'으로 규정하면서 역사의 반전을 시도했다. 이명박 정부는 진실화해위원회를 중심으로 진행되던 과거사청산 작업을 서둘러 종결했다. 2010년경부터 5·18광주항쟁에 대한 극단적인 폄훼가 시작되었다. 종합편성(종편) 방송, 극우 인터넷언론들, 인터넷 커뮤니티인 일간베스트(일베) 등이 앞장서 북한군 개입설을 퍼뜨리고, 호남을 겨냥한 지역주의 선동을 일삼는 가운데 〈님을 위한 행진곡〉과 관련된 의례 갈등이 벌어졌다. '5·18 역사쿠데타'라 부를 만했다."[49]

　이런 맥락에서 북한군 개입설을 비롯하여 광주항쟁에 대한 군사반란 세력, 극우 단체·인사들, 극우·보수 언론들의 왜곡과 비방·망언도 그치지 않고 있다.[50] 2019년 2월 자유한국당 소속 김진태·이종명·김순례 의원이 지만원을 국회로 초청해 북한군 개입 주장을 재차 공식화하고 나서기도 했다. 북한군 개입설 외에, "가짜 유공자설"이나 "5·18 민주유공자 공무원 싹쓸이설" 등의 '가짜뉴스'가 대량으로 생산·유포되는 문제도 남아 있다.[51] 5·18기념식에서의 〈님을 위한 행진곡〉 제창을 둘러싼 갈등 역시 2017년 5월 정권교체가 되고서야 비로소 일단락되었다. 박근혜 대통령 탄핵 이후 세 번째 평화적 정권교체의 성과로 문재인 정부가 2017년 출범했지만, '제2의 5·18특별법'으로서 2018년 2월 국회를 간신히 통과한 5·18진상규명법(5·18민주화운동 진상규명을 위한 특별법)을 제정하기까지의 과정,

법률 제정 이후 '5·18민주화운동 진상규명조사위원회'의 구성 과정은 결코 순조롭지 못했다. 5·18진상규명조사위원회는 보수·극우 정당과 언론을 중심으로 한 '반反5·18 세력들'의 끈질긴 방해 때문에 2019년 12월 말이 되어서야 힘겹게 출범할 수 있었다.

1988년 이후 민주화운동으로서의 광주항쟁이 '정통기억'으로 자리 잡아가고 있음은 분명하다. 그럼에도 마치 유령처럼 끝없이 되살아나곤 하는, 5·18 진실에 대한 끈질긴 저항을 완전히 제압하기란 사실상 불가능해 보인다. 그러므로 지축을 흔들던 광주 사회극이 종결되었음에도 불구하고 광주항쟁 기억투쟁의 여진餘震은 앞으로도 계속될 수밖에 없을 것이다.

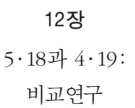

12장

5·18과 4·19:
비교연구

우리는 지금까지 리미널리티, 커뮤니타스, 사회극이라는 세 키워드를 통해 광주항쟁을 탐색해왔다. 이번 장에서 필자는 조금 색다른 시도를 해보려 한다. 앞서의 논의가 광주항쟁이라는 단일 사례를 심층적으로 분석하는 일종의 '사례연구case study'였다면, 이번에는 유사한 시민저항이나 민주화운동들을 '비교연구comparative study'의 맥락에서 조명함으로써 광주항쟁에 대한 향상된 이해를 도모해보려는 것이다. 1960년 4·19혁명, 1979년 부마항쟁, 1987년 6월항쟁, 2016~2017년의 촛불혁명 등은 모두 한국 현대사를 대표할 만한 민주혁명 내지 민주화운동의 후보들로서 훌륭한 비교연구 대상이 될 수 있을 것이다. 필자는 이 가운데 4·19혁명을 선택하려 한다. 여기서 필자는 리미널리티, 커뮤니타스, 사회극의 세 차원에서 4·19와 체계적으로 대조시키는 방법론적 전략을 선택함으로써, 5·18의 특징과 성격을 보다 선명하게 밝힐 수 있기를 바라고 있다.

　4·19혁명과 관련하여 많은 연구와 역사적 평가들이 축적되어 있다는 점을 선택의 가장 중요한 이유로 꼽을 수 있을 것이다.[1] 1980년 5월 항쟁의 주체들 스스로가 '4·19혁명' 혹은 '4·19의거'와의 연속선 위에서, 혹은 4·19에 대한 의식적인 계승의 맥락에서, 자신들의 봉기를 '의거' 혹은 '시민혁명'으로 규정했다는 점도 의미심장하

다. 광주항쟁 기간 중에 뿌려진 유인물 중 하나에는 "김일성은 순수한 '광주의거'를 오판하지 말라"는 내용이 포함되어 있었다.[2] 1980년 5월 25일 목포역 광장에서 열린 '목포시기독교연합회 비상구국기도회'에서 "광주시민혁명에 대한 목포 지역 교회의 신앙고백적 선언문"이 발표되었다. 선언문의 제목에서부터 "광주시민혁명"이라는 표현이 등장한다. 이 선언문은 광주항쟁을 "동학혁명, 3·1운동, 광주학생사건, 4·19와 명동 민주구국선언의 법통을 잇는 역사적인 시민혁명"으로 규정했다.[3] 항쟁 직후인 1980년 5월 31일에는 '5·18 광주의거유족회'가 결성되었다.[4] 유족회 명칭에 '광주의거'가 명시되었음에 유의할 필요가 있다. 이듬해 5월 18일자로 발표된 전남도민 일동 명의의 '5월 시국선언문'에도 '광주의거'라는 표현이 등장한다.[5]

1. 리미널리티

4·19와 5·18 모두에서 리미널리티 현상이 뚜렷하게 관찰된다. 양자 공히 시민을 향한 군대 혹은 경찰의 발포와 살상 행위, 광기어린 국가폭력의 분출이 기존 '구조' 및 '일상'과의 단절을 강제하는 압도적인 외력外力으로 작용했다. 4·19와 5·18 당시 시위 군중에 대한 발포와 과잉진압에 의해 다수의 사상자가 발생했다. 군·경의 무차별 공격에 따른 사망자 숫자도 엇비슷했다. 경찰서 같은 지배체제의 상징물에 대한 시민들의 파괴 행위 또한 4·19와 5·18에서 유사하게 나타났으며, 이런 행동 역시 시민들을 이전의 일상세계에서 분리시킨 내적인 힘으로 작용했다. 당시 출현했던 리미널리티가 기존 체제의

강화를 초래하는 '질서의 리미널리티'가 아니라, 기존 체제를 동요시키고 위기로 몰고 가는 '변혁의 리미널리티'였다는 점도 4·19와 5·18의 공통점이었다. 이 점은 반체제 민주화운동 혹은 민주혁명이라는 두 항쟁의 성격에서 비롯되는, 어쩌면 당연한 결과였다고도 말할 수 있다.

그러나 리미널리티의 '시간'과 '공간' 측면에서 4·19와 5·18은 뚜렷한 차이를 드러내기도 했다. 5·18의 리미널리티와 비교할 때 4·19의 리미널리티는 공간적으로 훨씬 넓은 범위에서 형성되었고, 시간적으로도 훨씬 오래 지속되었다. 필자는 리미널리티의 '변혁성' 차원에서도 양자는 여러모로 차이를 드러냈다고 생각한다.

먼저, 리미널리티의 공간 차원, 곧 리미널리티가 형성된 공간의 규모 내지 범위와 관련하여 '전국화'와 '국지화', 혹은 '확산'과 '고립'의 차이를 지적할 수 있을 것이다. 4·19의 경우 항쟁 리미널리티는 전국적인 현상이었다. 더구나 1960년 2월 말 이후 가장 치열한 항쟁의 불길이 대구(2월 28일), 대전(3월 8일), 마산과 광주(3월 15일), 마산(4월 11~13일)을 거쳐 4월 18일 이후에는 수도인 서울로 번지는 양상을 보이면서, '리미널리티의 전국화' 과정을 착실히 밟아나갔다. 반면에 5·18의 경우 1980년 5월 21일까지는 항쟁 리미널리티의 에너지가 광주를 넘어 전라남도 곳곳으로 확산되었지만, 22일 이후로는 계엄군의 엄격한 광주 봉쇄·고립화 전략 때문에 (목포와 강진 정도를 제외하면) 리미널리티의 공간적 범위가 광주 일원으로 제한되는 경향이 강했다.

다음으로, 리미널리티의 시간 차원, 특히 리미널리티의 지속 기간과 관련해서는 '단속적斷續的' 리미널리티와 '연속적' 리미널리티의 차이를 우선 지적할 수 있다. 4·19 당시에는 리미널리티의 발생과 소멸이 반복되었던 반면,[6] 5·18 당시에는 1980년 5월 18일에 형성된 리미널리티가 그달 27일까지 중단 없이 지속되었다. 아울러 여러 차례에 걸친 크고 작은 '복수'의 리미널리티들(4·19의 경우)과 단한 차례에 그친 '단수'의 리미널리티(5·18의 경우)라는 차이도 나타났다. 4·19에서는 혁명 이전, 즉 이승만 대통령의 하야 발표가 있었던 1960년 4월 26일 이전에도 '다단계 리미널리티', 다시 말해 (대체로 국지적·지방적 성격이 강했던) 다수의 짧은 리미널리티들과 (수도 서울을 중심으로 전국적 성격이 강했던) 하나의 비교적 긴 리미널리티의 결합이 특징이었다. 물론 여기서 '하나의 비교적 긴 리미널리티'는 4월 18일부터 26일까지의 기간을 가리킨다. 4월혁명에서는 리미널리티 진입을 촉진했던 집단적 발포 사건만 해도 여러 차례 발생했다.

리미널리티의 시간 차원과 관련된 더욱 중요한 차이는 4·19의 경우 '혁명 이후'로까지 리미널리티 기간이 연장되었다는 점이었다. 항쟁에 참여했던 대중의 감정은 이승만 정권이 무너진 4월 26일 이후에도 상당 기간 동안 전반적인 여기勵起 내지 비등沸騰 상태를 유지했다. 합동위령제, 인적 청산, 개헌(1차), 총선거, 장면 정부 수립, 2차 개헌과 과거청산을 위한 특별법 제정 및 특별검찰·특별재판부 설치, 5·16쿠데타 등 과연 어느 시점까지를 '리미널리티의 시간'으로 설정해야 할지에 대해서는 더 많은 논의가 필요할 것이나, 4·19의 경우 혁명 이전 시기뿐 아니라 혁명 이후 시기에도 리미널리티 현상이 나타났다는 사실에 대해서는 논란의 여지가 적다. 반면에 광주항쟁에서는 항쟁 진압과 함께 리미널리티는 즉시 해체되었다.

한편 4·19와 5·18의 리미널리티 모두가 '변혁의 리미널리티'였음은 이미 지적한 바와 같지만, 기존 체제에 대한 변혁적 잠재력의 정도 면에서는 양자 사이에 의미 있는 차이가 발견된다. 변혁성의 쟁점을 대략 일곱 가지 주제영역들로 구분할 수 있을 듯하다. (1) 구체제 청산의 가능성과 기회, (2) 변혁성의 동학, (3) 구체제와의 단절 정도, (4) 구체제에 대한 적대의 정도, (5) 폭력-반反폭력의 조합 방식, (6) 국가폭력에 대한 비판적 성찰성, (7) 냉전분단체제의 초극超克 가능성 등이 그것이다.

첫째, 구체제 청산의 가능성과 기회 문제이다. 앞서 말했듯이 4·19의 경우 혁명의 성공으로 인해 리미널리티 기간이 연장되었다. 혁명 성공과 함께 구체제(구조)에 대한 비판적 성찰과 청산, 새로운 체제 건설의 기회가 활짝 열렸다. 반면에 항쟁에서 신군부 세력에서 패배한 5·18의 경우 구체제 청산은 상상할 수조차 없는 일이 되어버렸다. 전체적으로 볼 때, 항쟁 '과정'에서는 5·18의 변혁성이 4·19를 능가했지만, 항쟁 '이후' 구체제 청산과 신체제 건설을 위한 조건이나 기회 측면에서는 4·19가 월등하게 유리했다고 말할 수 있다. 그러나 이런 유리한 입지에도 불구하고 혁명 이후 실제 성과 측면에서 4·19의 잠재적 변혁성은 제대로 발현되지 못한 채 초라한 현실로 귀결되고 말았다는 게 필자의 판단이다.

둘째, (첫 번째 쟁점과 밀접히 관련된 것으로서) 변혁성의 동학 내지 가변성 문제이다. 시간의 흐름에 따른 변혁성의 동학에 주목해보면, 4·19의 경우 혁명 성공에 따른 '변혁성의 단계적-점진적 고양'이라는 특징을, 반면에 항쟁 과정에서 강렬한 변혁성을 드러냈던 5·18의 경우 계엄군의 항쟁 진압에 따른 '변혁성의 갑작스런 소멸'이라는 특징을 보였다. 4월혁명 당시 정치깡패들을 동원하여 시위 대학생들을 공격한 4월 18일을 전환점으로 대중의 요구는 부정선거 규탄에서 독재정권 규탄, 나아가 정권 퇴진으로 발전했다. 이승만의 하야 이후 혁신 정치세력의 등장과 함께, 그리고 보다 진보적인 성향의 대학생들로 학생운동 주도세력이 교체됨에 따라, 구체제 청산 및 신체제 건설을 위한 요구와 제안들이 백가쟁명 식으로 분출함으로써 리미널리티의 변혁성은 더욱 고양되었다. 변혁성의 동학과 관련하여 우리가 함께 주목해야 할 대목은 '항쟁지도부'의 문제, 곧 항쟁지도부의 존재 유무, 형성 과정, 성격 등의 문제이다. 잘 알려져 있듯이 4·19는 시종일관 '지도부 없는 항쟁'이라는 특징을 드러냈다. 5·18의 경우에도 5월 21일까지는 마찬가지 양상이 나타났지만, 해방광주 시기에는 항쟁지도부가 등장했다. 광주항쟁에서 지도부의 형성은 치열한 노선 투쟁, 몇 차례의 협상과 시민궐기대회, 시민군의 무장해제와 재편성 등을 동반하는 대단히 갈등적인 과정이었다. 중요한 점은 짧은 시간이지만 이런 과정을 거치면서 광주 리미널리티의 변혁성이 갈수록 고양되었다는 사실이었다. 이와는 대조적으로, 4·19에서는 '혁명 이후' 변혁성이 갈수록 고양되어갔음에도 불구하고, 항쟁 과정을 주도했던 학생 세력은 혁명 성공과 함께 정치권력으로부터 스스로 멀어지려는 경향을 보였다. 덕분에 보수 성향의 구체제 내 야당 인사들이 '포스트-혁명 과정'에서 손쉽게 정국 주도권을 장악하게 되었다. 시간이 흐를수록 진보 성향의 학생·혁신 세력이 주도하는 '시민사회'와 보수 정치인들이 주도하는 '국가/정치사회' 사이의 괴리는 점점 심화되었다.[7] 진보적 시민사회 대 對 보수적 정치사회/국가의 갈등적 경합 또한 갈수록 뚜렷해지게 되었다. 장면 정부의 통일운동 억압과 교원노조 설립 방해, 시민사회 측의 '2대 악법[8] 반대투쟁'에서 잘 드러났듯이, 시민사회와 정치사회/국가 간의 경합은 더욱 대립적인 성격을 띠어갔다. 따라서 4·19의 경우 항쟁 이후의 과정을 주도해간 세력이 학생·혁신 세력(시민사회)과 장면 정부-민주당-국회(국가/정치사회)로 이원화되고, 이들 사이에 뒤늦게 혁명의 진로를 둘러싼 노선 갈등이 벌어진 셈이었다. 그러나 이 단계에서도 진보적 시민사회는 통일된 조직이나 지도부를 형성하지 못했다. 결국 이미 국가권력을 독점한 보수 정치인들의 정국 주도권이 계속 유지되었으며, 이런 상황 전개는 변혁성의 점진적 약화를 의미할 수밖에 없었다. 구체제 정치인들로 구성된 장면 정부의 보수성과 소극적인 태도로 말미암아, 새로 구성된 '민주정부'가 (늦어도 1960년 말부터는) 아래로부터의 혁명 열기를 잠재우면서 '변혁의 리미널리티'를 '질서의 리미널리티'로 탈바꿈시키려 애쓰는 것처럼 보일 정도였다.

셋째, 기존 체제·구조와의 단절 정도 문제이다. 리미널리티 진입에 따른 기존 체제로부터 단절 정도 측면에서도 4·19와 5·18 사이에 의미 있는 차이가 나타났다는 게 필자의 생각이다. 혁명 성공 직후부터 4·19의 주역들은 독재자 이승만의 동상들을 비롯하여 전국 곳곳에 산재한 수많은 독재체제 상징물·기념물들을 폭풍이 몰아치듯 파괴해나갔다. 구체제의 상징물 파괴를 통해 구체제와의 상징적 단절 의지를 과시하는 행동이었다. 이런 조상彫像 파괴 행동은 '구체제와의 단절'뿐 아니라 '구시대와의 결별', '구시대의 종언'을 상징하는 것이었다. 그런 행동 자체가 극적인 혁명 성공을 계기로 시작된 새로운 리미널리티, 곧 '포스트-혁명 리미널리티'로의 진입을 촉진하기도 했다. 반면 5·18의 경우에는 이런 일이 발생하지 않았고, 오히려 광주항쟁의 성공적인 진압을 기념하는 상징물들이 광주 일원과 파견 부대 곳곳에 건립되었다. 그럼에도 불구하고 필자는 기존 구조와의 단절 정도 면에서 4·19와 5·18 사이에 어떤 질적인 차이가 나타났다고 생각한다. 무엇보다도 해방구와 대안권력을 만들어내고 민중의 자기통치를 실현함으로써, 광주항쟁은 구질서와의 단절 정도 면에서 최고 수준에 도달했다.

넷째, 기존 체제에 대한 적대 정도의 문제이다. 이미 지적한 바 있듯이 구체제와의 '단절' 그리고 구체제에 대한 '적대'가 항시 동일한 차원인 것은 아니며, '적대'가 리미널리티의 '변혁성'을 보장하는 것도 아니다. 그러나 이런 점들을 고려한다고 하더라도, 4·19와 5·18은 구체제에 대한 적대의 정도 면에서 중요한 차이를 드러냈다는 것, 그리고 5·18 당시 나타난 구체제에 대한 적대성은 리미널리티의 변혁성과 상통한다는 것, 다시 말해 광주항쟁에서는 적대의 강도와 변혁성이 높은 상관관계를 보였다는 것이 필자의 판단이다. 필자는 최근 다음과 같이 언급한 바 있다. "5·18은 1970년대 민주화운동은 물론이고 그 이전의 4·19에 비해서도 훨씬 강한 '적대'를 포함하고 있었다. 시민들은 진압군의 공격에 맞서 스스로 무장했으며, 군인들이 퇴각한 광주를 해방구로 만들어 직접 통치했다. 많은 이들이 군인들과의 교전에 참여했고 그 과정에서 사망하거나 부상당했다. 그리고 시민들의 봉기는 군대에 의해 폭력적으로 진압 당했다."[9] 시민들의 무장투쟁만큼 구체제에 대한 광주 리미널리티의 적대성을 잘 보여주는 대목은 없을 것이다. 무장한 시민들은 계엄군의 압도적인 화력에도 불구하고 항쟁의 마지막 순간까지 무장 항전抗戰 노선을 고수함으로써 구체제와의 적대를 끝내 철회하지 않았다. 계엄군과 시민들의 직접적인 무력충돌만큼이나 중요한 점은, 이 무력충돌이 '가짜 시민군' 대對 '진짜 시민군'의 대결처럼 보였다는 사실이다. 물론 여기서 '가짜 시민군'은 (근대 징병제 국민국가에서 군대는 마땅히 시민군 혹은 국민군이어야 함에도 불구하고) 소수 정치군인들의 사병私兵이자 권력 장악 수단으로 전락해버린 '전근대적' 군대, 즉

1980년 광주의 계엄군을 가리킨다. 본연의 시민성을 완전히 상실한 채 극도로 타락한 구체제 군대와 '적대'하는, 그럼으로써 구체제와 철저히 '단절'한, 새로운 체제의 군대('진짜 시민군')가 바로 광주 시민군이었다. 5·18과 비교할 때, 4·19는 방대한 희생자 규모에도 불구하고 구체제와의 적대 강도는 상대적으로 낮았다. 만약 그렇지 않았더라면, (이승만 체제와 별다를 바 없는) 허정 과도정부의 등장, '선先개헌 후後선거'의 역사 경로,[10] 구체제 야당 정치인들에 의한 정치권력 독점 등도 결코 쉽지 않았을 것이며, 구체제 청산도 더욱 강력하게 진행되었을 가능성이 높았다. 구체제와의 '단절' 정도로 보나 '적대' 정도로 보나 5·18은 4·19를 능가했다. 1980년대 초부터 대학가를 중심으로 혁명 담론과 급진적 이념이 빠르게 확산되었던 것도 광주 항쟁에 내포된, 기존 체제와의 높은 단절 및 적대 수준에 따른 결과라고 볼 수 있을 것이다.

다섯째, 구체제에 대한 적대 정도와도 직접 관련된 또 하나의 비교 쟁점이 남아 있는데, '폭력-반폭력의 조합' 방식이 그것이다. 다양한 형태의 폭력은 물론이고, 위협적인 갈등 상황에서 비폭력 대응을 선택하는 것 역시 사람들을 리미널한 시공간으로 이끌어가는 경향을 보인다. 4·19와 5·18의 리미널리티는 모두 학살에 가까운 초강도의 지배 측 폭력에 의해, 그리고 그에 저항하는 과정에서 생성되었다. 4·19와 5·18 당시 저항세력의 대응은 반폭력의 두 가지 하위 유형인 대항폭력과 비폭력 모두를 포함했다. 4·19와 5·18 때 시위 군중은 파출소를 포함한 지배체제의 상징물들을 다수 파괴하는 대항폭력을 행사했다. 이런 자발적인 파괴 행동은 파출소과 차량은 물론이고 자유당 사무실, 서울신문사 본사와 지국, 반공회관, 정권 핵심 권력자와 정치깡패 두목의 주택 등이 두루 대상이 되었던 4·19 당시에 훨씬 광범위하게 발생했다. 앞서 언급했듯이, 4·19 혁명 직후에는 독재자 상징물들에 대한 '조상 파괴'의 쓰나미가 밀어닥쳤다.[11] 정권 측의 폭력이 절정에 이르렀던 '피의 화요일', 즉 1960년 4월 19일 오후부터 이튿날 새벽까지는 무장한 시위대가 경찰 및 계엄군과 총격전을 벌이는 일도 서울 일부 지역에서 벌어졌다.[12] 한편 시민군의 등장에도 불구하고 5·18 당시 저항세력의 행동은 대항폭력뿐 아니라 비폭력 대응 형태들도 포함하고 있었다. 4·19 당시 저항세력은 다양한 형태의 대항폭력을 행사했지만, 그럼에도 국가폭력에 대한 그들의 대응은 전반적인 비폭력 기조를 유지했다고 말해야 옳을 것이다. 이에 비해 광주항쟁에서는 시민군으로 대표되는 대항폭력과 다양한 비폭력 대응이 비교적 균형 있게 조합되었다고 말할 수 있다.

여섯째, 국가폭력에 대한 성찰성 문제이다. 이 문제가 네 번째, 다섯 번째 주제영역과도 긴밀히 연관됨은 물론이다. 고삐 풀린 국가폭력이 난무하는 상황에서 리미널리티의 성찰성은 국가의 본질과 존재이유, 군대의 본질과 목적, 국가가 독점한 폭력 사용의 정당성·합법성·한계 등을 되묻는 보다 근본적인 질문들을 이끌어낸다. 4·19와 5·18 모두에서 정치적 정당성이 결여되고 과도할 뿐 아니라 합법성조차 의심스러운 국가폭력 행사가 국민들에게 엄청난 충격을 줌과 동시에, 더 큰 반발과 저항을 초래했다. 5·18은 물론이고 4·19에서도 최루탄이 눈에 박힌 김주열의 시신 발견, 4월 18일 정치깡패들의 고려대생 습격 사건이 더욱 확장되고 가열된 항쟁의 기폭제 구실을 했다. 군사쿠데타의 일부이기도 했던 5·18의 경우 군대가 처음부터 공적 정치 영역의 전면에 나섰기에 국가폭력의 수준이 훨씬 높을 수밖에 없었다. 항쟁 기간을 관통하여 계엄군에 의한 불법·과잉 폭력에 대한 사과, 처벌, 보상 문제가 핵심 이슈였던 것도 바로 이 때문이었다. 그러나 4·19에서는 혁명 이후에야 발포 책임자 색출 및 처벌 문제가 비로소 제기되었다. 또 혁명 이후 한국전쟁 전후 민간인학살과 김구 등 정치인 암살과 같은 또 다른 국가폭력 쟁점들이 공론화되었지만 별다른 가시적 성과를 낳지 못한 채 용두사미 격으로 끝나고 말았다. 4·19의 경우 시민 학살이라는 국가폭력이 불과 1년 후 군사쿠데타라는 새로운 국가폭력으로 대체되었을 때에도 대중적 저항은 거의 나타나지 않았다.

마지막으로, 반공주의와 친미주의에 기초한 냉전분단체제에 대한 성찰성 문제이다. 리미널리티가 제공하는 구체제에 대한 성찰성은 한반도를 둘러싼 냉전분단체제에 대한 비판적 성찰을 포함할 수도 있다. 이 지점에서도 4·19와 5·18의 중요한 차이가 나타났다. 필자는 한국전쟁 이후 한국 시민종교 신념체계에서 일어난 변화를 "반공주의와 친미주의가 전면으로 부상한 형태의 반공-자유민주주의 시민종교의 등장"으로 정리한 바 있다. 보다 구체적으로, "반공주의와 친미주의의 중심화", 그리고 이와 대조되는 "민주주의와 민족주의 탈중심화" 과정이 한국전쟁을 고비로 동시 전개되었다.[13] 한국전쟁을 계기로 봉인되고 고착화된 냉전분단체제의 중핵 역시 반공주의와 친미주의였다. 4·19 항쟁 당시 반공주의와 친미주의는 대체로 도전받지 않았다. 뿐만 아니라 4·19는 기존의 친미주의가 더욱 강화되는 역사적 계기였다. 항쟁 과정에서 "민주주의의 상징이자 수호자로서의 미국 이미지가 적극적으로 재발견"되었다. 특히 "이승만 대통령이 하야를 발표한 1960년 4월 26일 오전 주한 미국대사인 매카나기가 경무대로 향할 때 청년세대가 주축인 시위 군중은 박수를 치며 그를 열렬히 환영했고, 그가 이승만으로부터 하야 약속을 받아낸 후 경무대에서 나오자 군중이 '미국 만세', '매카나기 만세'를 외치며 매카나기의 승용차를 따라 미국대사관까지 함께 행진한 장면은 그런 면에서 대단히 함축적이다."[14] 혁명 성공 이후 불평등한 한미경제협정에 대한 비판이 학생들과 미군종업원노조 등에 의해 제기되고, 제도정치권 일부에서 한미행정협정을 체결하라는 요구가 제기되기도 했지만, 둘 모두 대중적 운동으로 발전하지는 못했다.[15] 반면에, 앞서 보았듯이 신진욱은 광주항쟁에서 반공주의의 심각한 균열 현상을 발견한다. 광주항쟁을 계기로 진행된 더욱 중요한 변화는 한반도 냉전분단체제를 형성하고 유지해온 장본인인 미국에 대한 인식의 극적인 전환이었다. 한국의 민주화를 미국이 도와주리라는 기대가 4·19 당시에는 충족되었지만, 5·18 때는 철저히 배반당했다. 반미주의라는 오랜 금기禁忌가 여지없이 깨져나가면서 냉전분단체제의 일각이 허물어졌다. 그리하여 1980년대라는 이데올로기적 격동의 시대가 도래했다.

2. 커뮤니타스

4·19와 5·18의 리미널리티는 저마다 독특한 커뮤니타스들을 탄생시켰다. 광주항쟁의 커뮤니타스에 대해서는 충분히 살펴본 셈이지만, 필자가 보기엔 4·19 당시에도 다양한 수준에서 '항쟁의 커뮤니타스' 혹은 '항쟁과 재난의 커뮤니타스'가 형성되었음은 명백하다. 민주화운동기념사업회 부설 연구소가 발간한 『한국민주화운동사 (1)』의 몇몇 구절들을 다음에 소개하지만, 이를 통해서도 연령·성·신분·직업을 가리지 않는 광범위한 항쟁 참여, 이타적 헌신과 나

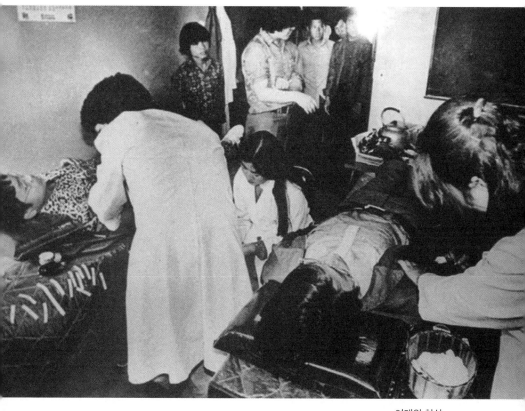

연대와 헌신

눔, 진한 연대의식, 낯모를 시민 동료에 대한 신뢰, 정당하고 정의로운 항쟁에 참여한다는 자각에서 우러나는 기쁨과 용기 그리고 자부심과 당당함, 항쟁 승리와 독재자 퇴진에 따른 군중의 집합적인 감격과 열광 같은 현상들을 관찰할 수 있다. 심지어 유혈 갈등의 긴장된 현장을 순식간에 화합의 장場으로 바꿔내면서 시위 진압군과 시위대가 하나로 어우러지는 모습도 확인할 수 있는데, 5·18 당시에는 상상조차 할 수 없었던 특이한 경관이었다. 다음 인용문들은 서울에 해당하는 사례지만, 다른 지역들에서도 유사한 커뮤니타스 현상이 나타났을 가능성은 충분하다.

(4월 19일 오후) 시위대 주력은 세종로 일대에 집결해 있었다. 이미 데모대와 시민들은 완전히 하나가 되어 있었다. 길가에서 박수를 보내는 정도로 소극적이었던 시민들은 희생자들을 보자 흥분하여 데모에 뛰어들었다. 어떤 여학생들은 물을 퍼 날라 데모대원들의 목을 축이게 했고, 부녀자들은 치마폭에 돌을 주워 담아 데모대에 갖다 주었다. 곳곳에서 총성이 요란한 가운데 20만 명으로 불어난 데모대는 도심 거리에 넘실거렸다.……각 병원에서는 수혈할 피가 모자라 피를 구한다는 벽보를 병원 입구에 내걸었다. 병원 앞은 헌혈을 하려는 사람들로 장사진을 이루었다.(130-131쪽)

(4월 25일 저녁) 교수단의 데모는 끝났다. 그러나 군중들은 통금 직전인데도 흩어지려 하지 않았다. 이때 중앙청 쪽에서 탱크 2대가 군중을 해산시키고자 다가왔다. 군인들이 착검을 하고 강제해산의 태세를 취하자 군중들은 오히려 칼끝 앞으로 바싹 다가갔다.

한 학생이 혈서로 쓴 플래카드를 펼쳐 보이며 앞으로 나섰다. 군중 속에서 "국군 만세"라는 외침이 들렸다. 군인들이 주춤하고 있는 동안 화신 쪽과 시청 쪽에서 또 다른 데모대가 몰려왔다. 데모대의 숫자가 불어나자 계엄군은 8시경부터 최루탄을 쏘기 시작했다. 그러나 군중들은 물러서려 하지 않고 눈물을 흘리면서 〈애국가〉 등을 불렀다. 방독마스크를 쓰고 있는 사병들 일부가 끝내 함께 울어버렸다. 어느 틈에 소년들이 탱크 위로 올라가 "국군 만세"를 외쳤다. 자연스럽게 데모대와 계엄군이 하나가 되었다.(139쪽)

(4월 26일 오전, 대통령 하야 성명 직전) 26일 동틀 무렵이자 통금 해제 시간인 오전 5시부터 데모대가 형성되기 시작했다. 서울은 모든 차량의 통행이 금지되었고, 계엄군은 중앙청, 시청, 남대문 일대에 바리케이드를 치고 삼엄한 경계를 폈지만, 누가 모이라고 하지 않았는데도 학생들과 시민들이 세종로와 국회 쪽으로 모여들고 있었다.……오전 8시경에는 종로 입구에서 동대문 일대에 군중들이 가득 차 있었다.……9시경 세종로 일대에 들어찬 군중은 3만 명을 넘었는데도 군중은 계속 몰려들고 있었다. 비상계엄에도 아랑곳하지 않는 태도였다. 몇 대의 트럭에 분승한 소년 시위대가 세종로로 질주해왔다. 소년들은 "국군은 우리 편이다"라고 소리를 지르며 탱크 위로 올라가기 시작했다. 세종로에 배치된 3대의 탱크는 소년들로 뒤덮여 있었다. 군인들은 몸이 굳어져 있었고 어쩔 줄 몰라 했다.(141-142쪽)

(4월 26일 오전, 대통령 하야 성명 직후) 이승만의 하야 성명에 세종로

인파는 말할 것도 없고, 이날 도심에 모여든 군중들은 너나 할 것 없이 뛸 듯이 기뻐했고, 환호성을 올렸다. 국회의사당 앞에서는 군중대회가 열렸고, 시위대가 탄 차량들은 연도의 시민들로부터 박수갈채를 받았다. 10대 소년들은 탑골공원으로 달려가 이승만의 동상을 무너뜨려 새끼줄에 묶어 길거리로 끌고 다녔다. 중앙청 앞 광화문 일대에 10여만 명이 가득 차 있던 11시 45분경, 군중들 함성으로 온 거리가 들끓고 있는데, 4월 19일 총탄에 급우를 잃은 수송국교 어린이 100여 명이 "국군 아저씨들, 부모형제한테 총부리를 대지 마세요!"라는 플래카드를 앞세우고 시위를 하는 것이 유난히 시선을 끌었다.(144-145쪽)

조지 카치아피카스는 이승만 하야 성명 직후 전국 방방곡곡으로 퍼져나간 열광적인 기쁨의 경관을 다음과 같이 기술한 바 있다.

그 즉시 기쁨의 집회들이 모든 곳에서 벌어졌다. 체포된 학생들 수천 명이 석방됐고 경찰은 더 이상 사람들 눈에 띄지 않았다. 이제 학생들이 도시의 거리에서 교통 안내를 했고 많은 경찰서를 접수했다. 또 전국적으로 힘들게 얻은 승리 뒤로 남겨진 쓰레기 더미를 깨끗이 청소했다. 청년들은 대중의 뜨거운 환호를 받았고 자랑스럽게 입성했다. 군대가 거리에 있었지만 소란한 축하 행사가 벌어졌고, 이는 민주주의의 미래에 대한 희망의 자발적이고 기쁨에 찬 표현이었다.[16]

초기 단계에서 학생들이 불을 붙인 항쟁에 시민들이 가세하면서 커뮤니타스가 본격적으로 형성되었던 것도 4·19와 5·18의 공통점이었다. 4·19와 5·18 모두에서 시민들이 학생 시위에 대한 응원자 혹은 지지자 역할에서 적극 참여자 역할로 전환하는 것이 커뮤니타스 형성에서 매우 중요한 요인이었던 것으로 보인다. 시민들이 갈등의 한복판으로 앞다퉈 뛰어들면서 항쟁 규모가 빠르게 증가했고, 저항의 열기가 급격히 고조되었다. 시위대를 겨냥한 발포 등 과도한 국가폭력의 분출이 역설적으로 시민들의 참여를 자극하면서 커뮤니타스 형성에 기여했던 것도 4·19와 5·18의 유사점이었다.

한편 4·19의 커뮤니타스와 5·18의 커뮤니타스는 몇 가지 다른 성격을 내보이기도 했다.

첫 번째 차이는 커뮤니타스의 규모 및 범위와 관련된다. 이는 리미널리티의 공간 차원에서 발견되는 차이와 직결되는 문제이다. 5·18의 경우 광주 일원에 한정된 '국지적 커뮤니타스'만 나타났지만, 4·19의 경우 '국지적 커뮤니타스'와 '전국적 커뮤니타스'가 모두 등장했다. 더 정확히 말하자면 일부 지역들에서 형성된 국지적 커뮤니타스들이 합쳐지면서 4월 18일 이후 거대한 전국적 커뮤니타스로 진전했다. 4·19 항쟁에서 '커뮤니타스의 전국화'에 성공했던 셈인데, 그 성공의 위력은 군대를 무력화하고 정권을 붕괴시킬 정도로 대단했다.

두 번째는 커뮤니타스의 단일성-다양성 문제이다. 앞서 보았듯이 4·19의 경우 '항쟁·재난의 커뮤니타스'가 주로 나타났다. 따라서 항쟁 과정에서 등장했던 4·19의 커뮤니타스는 단일하고 동질적이었다. 반면에 5·18의 경우 항쟁-재난의 커뮤니타스를 포함하여, 자치의 커뮤니타스, 의례-연극의 커뮤니타스, 비폭력 저항의 커뮤니타스 등 다양하고도 이질적인 유형의 커뮤니타스들이 연이어 혹은 중첩적으로 나타났다.

세 번째 쟁점은 (논란의 여지가 많긴 하지만) 항쟁 커뮤니타스의 온전함 또는 완성도 문제이다. 커뮤니타스의 완성도를 측정한다는 것은 사실상 불가능하지만, 그렇다 하더라도 우리는 4·19와 관련하여 다음과 같은 질문들을 던져볼 수 있을 것이다. 1960년 4월의 투쟁 현장들은 모든 사회적 균열과 차별들이 녹아내리는 용광로로 작용했을까? 항쟁에 참여한 이질적이고 다양한 사람들은 그 현장에서 단순한 물리적 공존을 넘어서는 화학적 결합을 강렬하게 체험했을까? 같은 편에서 경찰·군대와 맞서 싸운다는 연대의식과 상호 신뢰의식이 존재했음은 분명했을지라도, 신분·계층·연령을 초월하는 평등의식까지 거기서 함께 작동하고 있었던 것일까? 필자로선 이런 질문들에 자신 있게 긍정적으로 대답하기가 어렵다. 특히 시위 핵심세력이었던 '학생들'과 나머지 '시민들' 사이의 융합 내지 하나 됨이 다소 부족하지 않았는지, 그 때문에 커뮤니타스의 완성도에서도 일정한 흠결이 생기지 않았는지를 되묻게 된다. 항쟁 주체를 '시민/민중'과 '학생'으로 대별할 경우, 5·18의 경우 항쟁의 주도권이 비교적 초기부터 시민/민중에게 넘어갔던 데 비해 4·19의 경우 학생층의 항쟁 주도권이 마지막까지 유지되었다. 사망자, 구속자, 입건자의 신분별·직업별 분포를 보더라도 이런 차이가 비교적 선명하게 드러난다.[17] 이런 차이가 4·19 커뮤니타스를 얼마간의 미완성 상태에 머물게 하지 않았느냐는 것이다.

그렇다면 이승만 대통령이 퇴진한 1960년 4월 26일 이후에는 일종의 '혁명 커뮤니타스'가 출현했을까? 위의 마지막 두 인용문들이 보여주듯이, 4월 26일과 그 직후 며칠 동안 혁명의 커뮤니타스와 유사한 무엇이 등장했음은 분명했던 것 같다. 그러나 며칠간의 집합적 열광마저 곧 사그라든 후 다시는 되살아나지 못했던 것으로 보인다. 필자가 보기에 혁명 커뮤니타스 유지를 위한 가장 중요한 계기는 '민주혁명 희생자 합동위령제'와 '민주혁명 1주년 기념축전'이었다. 새로운 내각제 헌법에 의한 양원 국회의원선거, 특별법에 기초한 과거청산 작업 등도 혁명 커뮤니타스 생성 및 지속의 잠재력을 어느 정도 갖고 있었을 것이다. 그러나 실제로는 이 중 어느 것도 커뮤니타스라고 부를 수 있을 만큼의 강렬한 초월적·재생적 체험을 대중에게 제공하지는 못했던 것으로 보인다. 특히 혁명 커뮤니타스의 지속 여부에 결정적인 영향을 미칠 혁명적 축제였던 희생자 합동위령제는 정부(허정 과도정부) 주최 행사와 학생 주도 행사로 분열된 채 치러짐으로써 도리어 기존의 혁명 커뮤니타스 해체를 가속화하고 말았다.[18] 민주혁명 1주년 기념축전은 시민사회가 아니라 정부(장면 정부) 주도로 기획·진행되었는데, 당시는 이미 진보적 시민사회와 보수적 국가/정치사회 간의 괴리·반목이 매우 심각한 상황이었다.

네 번째 차이는 커뮤니타스의 계승 과제와 관련된다. 이는 '혁명 성공(4·19)'과 '항쟁 패배(5·18)'의 대비에서 비롯된 차이였다. 4월혁명의 성공으로 인해 1960년 4월 말부터 커뮤니타스 계승 및 재현 문제가 당면한 실천과제로 제기되었다. 터너의 표현을 따르자면, 이것은 4·19 커뮤니타스라는 '자발적·실존적 커뮤니타스'를 영속화하고 제도화하는 '이데올로기적 커뮤니타스'와 '규범적 커뮤니타스'를 창출하는 과제였다. '4·19정신' 혹은 '4·19이념'을 도출하고 다듬는 것이 '이데올로기적 커뮤니타스'의 핵심 현안이었다면, 정립된 4·19 정신과 이념에 부합하는 새로운 정치사회질서(신체제)를 건설하는 것이 '규범적 커뮤니타스'의 핵심 현안이었다. 반면에 5·18의 경우 커뮤니타스의 계승 차원에서 이른바 '광주정신'에 대한 논의가 본격화된 것은 항쟁으로부터 거의 10년 세월이 흐른 후의 일이었다.

커뮤니타스의 계승, 특히 '이데올로기적 커뮤니타스'의 계승 문제와 관련하여, 5·18에 비해 4·19 쪽이 훨씬 복잡한 상황에 직면하게 되었다는 점도 지적해야 한다. 1980년대 중반 이후 이른바 '광주정신'을 정의하는 과제를 두고 다양한 견해가 제시되었을지언정, 그에 관해 일정한 사회적 합의와 공감대를 이뤄나가는 데 큰 갈등이나 어려움이 수반되지는 않았다. 반면에 혁명 성공 이후 불거진 극심한 정치적 분열들, 즉 시민사회-정치사회의 분열과 정치사회 내부의 분열로 인해 4·19의 정신과 이념에 대해서는 그야말로 중구난방인 상황이 전개되었다. 5·16쿠데타 이후에는 군부독재 세력마저 4·19정신 계승을 표방하고 나섬에 따라 혼란은 가중되었다. 집권세력과 여당(민주당) 정치인들, 여당의 신파 그룹과 구파 그룹, 학생 투사들, (국회와 지방의회에 잔존한) 구 자유당 세력, 그리고 군부쿠데타 세력의 4·19에 대한 기억, 항쟁의 명명命名, 항쟁 이념·정신의 요체에 대한 규정과 이해 방식 등이 제각기 갈라지기 쉬웠고 실제로도 그러했다. 한마디로 4·19의 정체성, 4·19가 무엇이냐를 둘러싼 기억투쟁이 치열할 수밖에 없었던 것이다.

3. 사회극

사회극의 시각에서 4·19와 5·18에 접근할 경우, 우리는 사회극의 네 단계 중 1단계(위반)와 2단계(위기)가 매우 유사하다는 점을 발견하게 된다. 그러나 사회극의 3단계(교정)와 4단계(재통합 혹은 분열)에서는 양자 간의 유사점과 차이점이 모두 발견된다.

우선, 기존 정치사회체제를 결정적으로 동요시킴으로써 거대한 사회극이 개막되도록 만드는 '위반' 사건은 지배층에 의해 발생했다. '아래로부터의 위반'에 의해 시작되는 통상적 사회극들과 달리, 4·19와 5·18 모두에서 사회극은 '위로부터의 위반' 곧 지배층의 일탈적 행동에 의해 태동했다. 위반의 주 내용은 집권 연장을 위한 선거부정(4·19), 쿠데타의 일환인 계엄령 전국 확대 조치(5·18)였다. 물론 자유민주주의 내에서의 게임 룰 위반 내지 반칙이었던 전자에 비해 헌정 자체를 중단시키려 했던 후자는 훨씬 심각한 위반 사건이었지만, 둘은 자유민주주의 파괴라는 공통점을 갖고 있었다.

필자는 자유민주주의가 민족주의, 반공주의, 발전주의, 친미주의와 함께 '대한민국 시민종교(반공-자유민주주의 시민종교)'의 5대 핵심 교리 중 하나였다고 본다.[19] 지배층의 일탈은 그만큼 심각한 '위반'에 해당했고, 그에 반발하는 아래로부터의 저항도 드셌다. 4·19와 5·18 모두 자유민주주의가 훼손당하는 사태에 대한 저항이었으므로, 저항의 성격은 민주화운동 혹은 민주혁명이 될 수밖에 없었다. 지배층의 일탈적 위반에 의해 사회극이 개시된 후, 이에 대한 피지배층의 강력하고도 지속적인 저항으로 사회극이 '위기' 단계로 진입했다는 점도 4·19와 5·18의 유사점이었다. 이 역시 통상적인 사회극 전개과정과는 다른 점이었다.

위반 사건이 지배층에 의해 발생됨으로써 사회극의 세 번째 단계(교정)에서 '교정 주체의 이원화'와 그에 따른 '교정 조치들의 충돌' 현상이 나타났던 점도 4·19와 5·18 사회극의 또 다른 공통점이었고, 역시 통상적 사회극 전개와는 다른 양상이었다. 위반의 장본인인 지배층과 이에 저항하는 피지배층 모두가 교정 조치의 주체로 등장했다. 시위대에 대한 강경진압과 집단발포, 좌파 낙인과 색깔론 공격, 간첩 개입설, 정보 왜곡 등은 4·19와 5·18 사회극에서 공통적으로 나타났던 지배층의 교정 조치들이었다. 지배 측의 교정 조치에서 저항세력과의 대화나 타협은 처음부터 배제되었다. 4·19에서 피지배층의 교정 조치는 부정선거 책임자들에 대한 응징, 이승만 대통령의 축출 등으로 나타났다. 5·18 당시 시민들의 교정 조치는 무장투쟁과 협상 등을 포함했다. 어느 한쪽이 양보하거나 굴복하지 않은 채 지배층과 피지배층의 교정 조치들이 격렬하게 충돌할 경우, 상황은 폭력적·유혈적 사태로 발전하기 쉬워진다. 4·19와 5·18 사회극의 세 번째 단계에서 실제로 이런 일들이 벌어졌다.

지배층의 위반으로 시작되어 폭력적·혁명적 사태로 발전한 사회극은 지배층의 또 다른 일탈 행동으로 이어지는 경향이 있다. 실제로 지배층은 시위 진압을 위한 정치깡패 투입(4·19)이나 특수부대의 무차별 폭력, 시신 암매장과 즉결처형(5·18)과 같은 '불법적·초법적 교정 수단'을 동원했고, 따라서 그 자체가 사태 해결보다는 '또 다른 위반' 행동이 되고 말았다. 그 결과 사회극이 종결 쪽으로 전진하지 못한 채 '교정 → 위반 → 위기'의 궤도를 반복적으로 맴돌게 되는 퇴행적 악순환에 빠졌던 사실도 4·19 사회극과 5·18 사회극의 유사점이었다. 계엄군의 진압 성공(5·18)과 혁명 성공(4·19)으로 진로가 엇갈렸음에도 불구하고, 항쟁의 종결 이후에도 사회극이 계속 펼쳐졌다는 점 역시 4·19와 5·18 사회극의 유사점이었다고 말할 수 있다.

4·19와 5·18 사회극의 중요한 상이점들도 발견된다. 사회극의 교정 단계에서 이런 차이가 현저했는데, 여기서도 성공한 혁명과 패배한 항쟁의 엇갈림이 주로 작용했다. 5·18의 경우 교정 조치의 일환으로 무력에 의한 전남도청 탈환 작전에 성공한 계엄군과 신군부

는 또 다른 추가적 교정 조치로써 항쟁 참여자·생존자들을 상대로 가혹한 보복을 가했다. 이는 투옥과 고문, 성폭행, 빨갱이 낙인, 직장에서의 해고를 포함하는 것이었다. 항쟁 이후에도 지배층에 의해 사회극의 교정 단계가 계속되었던 것인데, 여기서 저항세력은 '교정 주체'로서의 지위를 졸지에 잃고 지배층에 의한 일방적인 '교정 대상'이 되어버렸다. 한편 4·19의 경우 시민 저항에 의한 정권 축출이라는 피지배 측 교정 조치가 성공을 거둠에 따라 한편으로는 '교정 기간의 연장 및 장기화'라는 현상이, 다른 한편으로는 '주도적 교정 주체의 역전'이라는 현상이 나타났다. 포스트-혁명 시기까지 연장된 교정의 내용은 구체제 청산(과거청산)에 일차적인 초점이 맞춰지게 된다. 혁명 성공 이후 4·19 사회극에서 구체제 청산 과제는 '반反민주행위자' 처벌, 정경유착의 주범인 '부정축재자' 처벌, 한국전쟁 전후 민간인학살 및 정치인 암살 책임자 색출·처벌과 희생자·유가족 해원解冤 등 다차원적으로 제기되었다. 이와 동시에 항쟁 과정에서는 지배층과 피지배층 모두가 교정 주체로 등장한 가운데 '상호적 교정'의 과정에서 보다 우월한 지위를 점한 지배층이 교정 과정의 주도권을 행사했지만, 포스트-혁명 단계에서는 형세가 완전히 역전되어 교정 주도권이 피지배층 쪽으로 넘어오게 된다. 지배층의 입장에서 보면 단순히 교정 주도권 상실에 그치지 않고, 종전의 '교정 주체' 지위를 잃고 '교정 대상'으로 전락한 꼴이었다.

사회극이 3단계에서 4단계로 '이행'되는 과정에서도 4·19와 5·18은 대조적인 모습을 보였다. 사회극이 재통합 방식으로 순조롭게 종결되기 위해서는 (공포에 질린 순응만으로는 부족하고) 기념, 영웅화, 신체제 건설 같은 보다 긍정적이고 생산적인 요소들이 반드시 필요하다. 그러나 5·18 사회극에서는 이런 요소들이 전반적으로 결여되어 있었다. 따라서 광주 사회극이 (구체제의 부분적 변형에 가까웠던) 제5공화국 체제로의 통합으로 무난히 마무리되기는 어려운 사정이었다. 항쟁과 희생자들에 대한 기억이 철저히 억압되었던 5·18과는 대조적으로, 혁명에 성공한 4·19에서 항쟁 기억은 찬양과 기념의 대상이었다. 17개의 항쟁 기념조형물이 건립된 것을 비롯해서, 4·19를 기리는 여러 곡의 노래와 음반, 영화, 기념우표와 기념통신일부인, 다양한 혁명 1주년 행사들이 연이어 등장했다. 얼마 지나지 않아 항쟁 희생자들을 위한 전용묘지도 국가에 의해 조성되었다.[20] 새로운 헌법, 새로운 국회, 새로운 정부를 비롯하여 신체제 건설을 위한 다양한 변화들도 병행되었다. 이런 선명한 대조가 4·19와 5·18 사회극 3~4단계 이행기의 중요한 차이였다.

만약 항쟁의 기념, 항쟁 주역 및 희생자들의 영웅화, 새로운 정치·사회·도덕 체제의 건설 과정이 강력한 국민적 지지와 참여 속에 착실히 진행되었더라면, 4·19의 사회극은 혁명 축제의 분위기 속에서 '변혁성이 구현된 신체제로의 통합'으로 마무리되었을 것이다. 그러나 우리가 잘 알고 있듯이, 4·19 사회극은 정반대의 방향으로 흘러갔다. 혁명의 사회극을 이끌어가야 할 여러 세력들은 힘을 합치기는커녕 분열되고 반목했다. 국가권력을 장악한 정치인들의 상당수는 혁명 이념을 추구하기엔 너무나 보수적이기도 했다. 시간이 지날수록 '혁명 사회극에 걸맞은 통합'에 이르는 길은 점점 멀어졌다. 급기야 이런 상황에서 구체제 세력의 일부를 이뤘던 일군의 정치군인들이 군사력을 동원하여 민주혁명의 진전을 전면 중단시키는 새로운 '반동적 교정 조치'를 전격적으로 단행했다. 민주혁명 성공을 계기로 '주도적 교정 주체의 역전' 현상이 발생했던 데 이어, 군사쿠데타를 계기로 '주도적 교정 주체의 재再역전' 현상이 일어났다. 국가폭력 문제 공론화에 앞장섰던 한국전쟁 전후 민간인 피학살자 유족들, 중립화통일론이나 남북협상론을 추구했던 급진적 통일운동가 등은 쿠데타 세력이 휘두른 보복적 교정 조치의 일차적 희생양이 되었다. 그럼에도 이에 대항하는 '제2의 4·19 항쟁' 같은 시민적 저항은 일어나지 않았다. 혁명이 '의거'로 격하되고 반혁명이 '혁명'으로 격상되는 일종의 '혁명 도둑질' 사태가 발생했는데도, '4·19 미스터리'라고 말할 수 있을 정도로 대중은 물론이고 4월혁명의 대다수 주역들조차 이상하리만큼 5·16 군사쿠데타에 순응적이고 수용적인 태도를 보였다. 이와는 대조적으로, 항쟁 패배 후 한동안 깊은 침묵과 집단적 우울 속으로 빠져드는 것처럼 보였던 5·18 사회극은 시간이 지날수록 신新군부독재체제로의 '통합'이 아닌, 두 체제로의 '분열' 쪽으로 흘러갔다. 그리하여 나중에 '5월운동'으로 명명된, 강한 저항성과 변혁성을 내포한 체제저항운동이 1980년대를 관통하게 되었다. 항쟁 승리에도 불구하고 쿠데타를 계기로 급속히 구체제로의 '재통합' 쪽으로 나아갔던 4·19와는 대조적으로, 5·18은 항쟁의 패배에도 불구하고 점점 '분열' 쪽으로 나아갔던 것이다.

필자는 바로 이 점, 즉 광주 사회극이 ('교정'되기 어려운) 장기화된 '위기'로의 경향, 또 사회의 ('재통합'이 아닌) '분열'로 종결되려는 경향을 강하게 드러냈던 사실이 4·19 사회극과 5·18 사회극 사이의 진정한, 또 가장 중요한 차이라고 생각한다. 4·19혁명은 정권 축출과 교체에 성공했음에도 불구하고 박정희 등 구舊군부에 의한 쿠데타 이후 급격히 구체제로의 '재통합' 쪽으로 휩쓸려갔다. 그러나 "1980년 5월 27일의 무력진압과 엄청난 유혈사태, 뒤이은 대대적인 관련자 검거·처벌 선풍과 공포정치에도 불구하고, 1961년 5·16쿠데타

때처럼 혁명적 열기와 민주화 열망이 급속히 증발해버리는 일은 일어나지 않았다."[21] 4·19의 '계승'을 공식 표방함으로써, 다시 말해 '독재정권이 민주혁명의 계승자임을 자임하는' 자기모순과 희화화를 통해, 5·16의 구군부 세력은 '4·19정신'을 가장 효과적으로 조롱하고 형해화하는 데 성공했다. 반면에 1980년의 신新군부는 5·18과 관련된 모든 것을 왜곡했을 아니라, 항쟁의 역사적 사실 자체를 은폐하면서 항쟁에 관한 논의 자체를 봉쇄하고 금기시하는 데 주력했다.[22] 그러나 민주혁명(4·19) 속으로 파고들어가 그것의 생명력을 빼앗고 빈껍데기로 만들어버리는 게 아니라 민주혁명(5·18) 자체를 금단禁斷의 영역에 가둠으로써, 5·18은 오히려 강인한 생명력을 오랫동안 보존할 수 있었다. 억압되고 금지되었기 때문에 일상화·제도화될 수 없었고, 억압되고 금지되었기 때문에 항쟁의 순간들이 동결된 채 더욱 생생하게 추체험될 수 있었고, 억압되고 금지되었기 때문에 항쟁의 변혁적 에너지와 항쟁 기억의 전복성이 고스란히 유지되는, '억압과 금지의 역설'이 작동했다.

필자는 앞에서 사회극의 4단계인 재통합과 분열의 경계가 때때로 선명하게 구분되지 않는 경우를 인정해야 하며, 따라서 '재통합-분열의 경직된 이분법'을 넘어 '분열 측면이 내포된 재통합'이나 '재통합 측면이 내포된 분열'과 같은 사회극 유형을 인정해야 한다고 주장했다. 역시 언급했듯이, 필자는 쿠데타로 이어진 4·19 사회극이 표면상 재통합으로 종결되는 것처럼 보이지만, 실제로는 '분열의 불씨를 품은 재통합'에 가까운 것이었다고 생각한다. 4·19의 저항 에너지가 새로운 군사독재체제로 전부 흡수된 것은 아니었다. 특히 1970년대에는, 그리고 어느 정도까지는 1980년대에도, 4·19혁명의 기억이 학생운동 등 반체제운동에 저항 에너지를 제공하는 주요 원천 중 하나였다. 5·18 사회극 역시 적어도 1980년대 초의 몇 년 동안에는 (분열의 측면이 지배적이긴 했어도) 재통합의 측면들도 어느 정도 나타났다고 봐야 할 것 같다. 임종명이 주장한 대로, "광주항쟁은 5공화국의 '민주적·민족적 정통성' 위기의 근원으로 작동하면서 제5공화국의 붕괴를 촉진했지만, 다른 한편으로는 신군부의 5공화국 축성 '명분'으로 전용轉用되면서 축성의 건설재로 활용"되기도 했던 것이다.[23]

맺음말

필자는 이 책에서 광주항쟁 당시 리미널리티와 커뮤니타스 현상이 뚜렷하게 출현했음을 입증하려 노력해왔다. 분리—전이—통합으로 구성되는 통과의례의 3단계 도식에서 분리 단계, 즉 구체제로부터의 이격離隔 및 일상생활 초월은 리미널리티(전이) 단계로 진입하기 위한 필수적인 조건이다. 1980년 5월 광주에서는 자발적인 '의례적 분리'가 아닌, 외부 강압에 의한 '군사-정치적 분리'가 이루어졌다. 광주항쟁 초기에 등장한 리미널리티 상황 속에서 독특한 성격의 '광주 커뮤니타스'가 탄생했다. 광주 커뮤니타스는 '해방의 커뮤니타스' 성격이 강했지만, 항쟁의 진행 과정에서 해방 커뮤니타스의 다양한 하위 유형들이 번갈아 혹은 중첩적으로 나타났다.

항쟁 과정에서 형성된 리미널리티는 순응적 주체들을 주조함으로써 기존 질서를 강화하는 '질서의 리미널리티'가 아니라, 기존 체제에 대한 저항을 촉진하고 새로운 유토피아적 비전을 만들어내는 '변혁의 리미널리티'였다. 광주 리미널리티의 변혁성은 항쟁이 지향했던 목적과 가치를 통해 잘 드러났다. 항쟁은 계엄령 해제, 나아가 유신체제 종식과 민주정부 수립, 그리고 진실을 왜곡하는 거대한 힘에 맞서 항쟁의 진실을 정립하는 것, 요약하자면 '민주화'와 '항쟁 정당화'를 양대 최소 목표로 추구했다. 항쟁은 자유롭고 평화로우며 평등하고 인간애가 넘치는 유토피아적 질서를 최대 목표로 추구했다. 보다 구체적으로 필자는 이 책에서 반구조의 제도화 차원, 유토피아적 차원, 폭력에 대한 성찰 차원, 급진적 행동 차원, 지배 담론·상징 뒤집기 차원, 결과적 차원 등 여섯 차원에서 광주항쟁의 변혁적 잠재력을 분석했다. 광주 리미널리티의 변혁성은 항쟁이 종결되는 독특한 방식을 통해서도 생생하게 표출되었다. 광주항쟁의 종결 방식은 '집단적 순교'에 가까웠다. 그것은 무죄, 불굴, 죽음의 예견, 자발성, 대의, 증언과 같은 순교의 조건들을 두루 갖췄다. 항쟁의 비극적이고 비타협적인 종결은 저항을 촉진하는 전복적 기억의 원천으로 작용하기 쉽다. 결국 광주 리미널리티의 변혁성은 최소 목표와 최대 목표, 항쟁 종결 방식이라는 세 영역에서 뚜렷하게 확인되는 셈이다.

광주의 커뮤니타스는 무엇보다 '해방의 커뮤니타스'였다. 좀 더 구체적으로 보면, 광주 커뮤니타스는 1980년 5월 18일부터 21일까지는 항쟁의 커뮤니타스와 재난의 커뮤니타스 측면이 지배적이었고, 양자는 서로 침투하여 '항쟁-재난의 커뮤니타스'를 이뤘다. 5월 22일부터 27일까지는 항쟁-재난의 커뮤니타스가 유지되는 가운데 '자치의 커뮤니타스'와 '의례-연극의 커뮤니타스'가 전면으로 부상했다.

특히 자치 커뮤니타스에서 광주 커뮤니타스의 해방적 성격이 가장 선명하게 드러났다. 항쟁의 최후 단계에서는 결전과 임박한 죽음을 예견하는 '항쟁-재난의 커뮤니타스'가 재차 등장했고, '죽음의 행진'으로 대표되는 '비폭력 저항의 커뮤니타스'도 잠시 출현했다.

필자는 사회극의 관점에서도 광주항쟁을 조망해보았다. 광주 사회극은 몇몇 측면에서 독특한 모습을 드러냈다. 첫째, 최초의 '위반'이 (아래로부터가 아니라) 위로부터 왔다. 둘째, 사회극의 두 번째 단계인 '위기'로의 이행은 지배층의 위반 행동에 대한 아래로부터의 저항이 확산되고 지속됨으로써 가능했다. 셋째, 대립하는 양측(시민 측과 신군부 측) 모두가 항쟁의 특정 시점에서 번갈아가며 적어도 세 차례씩 '교정의 주체'로 등장했다. 넷째, 신군부 측과 저항세력 측에서 시도한 교정 조치들은 실패를 거듭했고, 그런 와중에 '교정에서 위기로의 회귀' 양상이 여러 차례 반복되었다. 다섯째, 최초의 위반이 지배층에 의해 발생함으로써, 지배층의 후속 교정 조치들 역시 위법적이거나 초법적인 요소들을 다수 포함했다. 여섯째, 항쟁 이후 시기에도 사회극의 교정 단계가 신군부 측의 일방적인 '보복적 교정 조치들'이라는 형태로 지속되었다. 항쟁 이후의 교정 단계는 시민 측이 교정 주체 지위를 상실한 가운데 신군부 측의 일방적인 주도권으로 특징지어진다. 일곱째, 사회극의 마지막 단계는 구체제로의 '재통합'에 실패함으로써 구체제 자체의 '분열'로 귀착되는 상황에 가까웠다. 광주 사회극은 1980년 5월을 넘어 무려 20년 이상 장기 지속되었다. 한국사회에서 민주주의 체제가 점차 공고화되는 가운데, 폭도로 몰렸던 항쟁 주역들이 민주화 영웅으로 부활하고 항쟁의 기억이 민주화된 신新체제의 든든한 버팀목 중 하나로 자리 잡으면서, 광주 사회극은 2000년대 초를 전후해 비로소 분열이 아닌 재통합의 방향으로 종결되어갔다.

　광주항쟁과 관련하여 이런저런 실천적 난제들이 여전히 숙제로
남아 있음은 분명한 사실이다. 그럼에도 '사회극 이후의 광주항쟁'
은 의미 있는 역사적 기능을 계속하고 있다. 이를 국내적 차원과 국
제적 차원으로 구분해볼 수 있을 것 같다. 우선, 광주항쟁은 국내적
으로 두 가지의 중요한 역사적 역할을 떠맡고 있다. 이를 '쐐기 기
능'과 '추동 기능'으로 부를 수 있다. 쐐기 기능과 추동 기능은 서로
반대 방향으로, 즉 하나는 과거 쪽으로, 다른 하나는 미래 쪽으로 작
용한다. 쐐기 기능이 역사의 '역진을 방지하는' 역할을 담당한다면,
추동 기능은 역사의 '전진을 촉진하는' 역할을 담당한다.

　첫째로, 광주항쟁은 오늘날의 한국사회에서 가장 강력한 '역사
적 쐐기historical wedge' 중 하나이다. "민주화나 근대화가 구불구불
하거나 심지어 뒤로 돌아 우회하는 여러 길들을 거쳐 가는 것이 엄
연한 사실이라 할지라도, 민주화나 과거사청산 작업은 일종의 '역
사적 역진방지장치historical ratchet'로 기능할 잠재력을 갖는 것들을
다수 산출해내기 마련이다.……민주화의 결실로 혹은 과거사청산
의 부산물로 창출되고 공인公認의 과정까지 거친 수많은 성스러운
시간(기념일), 신성한 장소, 신성한 인물·사물 중 일부도 역사적 쐐기
로 작용할 잠재력을 지닌다. 일단 사회적 인정을 받을 경우, 역사적
쐐기는 혁명적 사태나 쿠데타적 사태가 아니고서는 혹은 헌정 중단
의 비상사태를 선포할 권능을 지닌 절대주권자의 등장이 아니고서
는 그 존재를 부인하거나 효능을 무력화시키거나 효력정지를 명할
수 없는 특징을 지니게 된다. 아마도 가장 강력한 역사적 쐐기는 '국
립'의 위상을 확보한 집단묘지라는 특정한 공간, 그리고 역사적 사

건과 관련된 날들 가운데 '국가기념일'의 지위에 오른 특정한 시간일 것이다.……어떤 기념일이나 무덤은 한번 성립되면 마치 철옹성처럼 깨뜨리기 힘들게 된다."[1] 필자는 5·18민주화운동 기념일(국가기념일)이라는 성스러운 시간, 그리고 국립5·18민주묘지라는 성스러운 공간이야말로 한국사회 안에서 작동하는 역사적 쐐기의 가장 전형적인 사례들이라고 생각한다.

두 번째로, 광주항쟁은 한국 역사의 전진과 진보를 위한 강력한 추동력으로도 기능하고 있다. 제주4·3, 여순사건, 그리고 한국전쟁을 전후한 민간인학살 사건들과 관련된 수많은 유가족·피해자들은 광주 사회극에서 얻은 희망을 동력 삼아 각기 지난한 '역사투쟁'에 매진하고 있는 중이다. 또 광주항쟁은 한국 현대사의 특정한 역사적 국면들, 특히 진보와 변혁을 위한 분투의 현장들에서 불쑥불쑥 모습을 드러내곤 했다. 그러므로 신진욱이 2008년 촛불시위에서 "5월 광주의 놀라운 부활"을 발견하는 것 역시 이상한 일이 아니다. 그에 따르면, 광주항쟁은 "21세기의 오늘에 이르기까지 이후 세대들이 또 다른 현재의 시간 속에서 현실을 해석하고 미래를 기획할 수 있게끔 하는 의미의 지평과 정치적 어휘를 제공"했고, "오늘을 살고 있는 우리들에게 '아직 의식되지 못한' 낮꿈을 의식하고 공동의 언어로 표현할 수 있게 하는 문화적 자원을 한국사회에 심어놓았다."[2]

다른 한편으로, 광주항쟁은 국제적 차원의 역할을 점차 확대해나가고 있다. 광주항쟁이 수행하는 국제적 기능의 핵심은 '모델 제시' 그리고 '지원과 고무鼓舞'로 요약할 수 있다. 광주항쟁의 추동 기능은 한국을 넘어 다른 사회들에서까지 민주화운동과 인권운동을 지지·지원·격려·촉진하는 역할로 나아가고 있다. 카치아피카스는 『한국의 민중봉기』 한국어판 서문에서 이렇게 기술하고 있다.

1986~1992년 아시아의 물결은 6년이라는 짧은 기간에 9개국 가운데 8개국에서 독재의 종식을 가져왔음에도 대개 잘 알려지지 않은 상태다.……비록 1986년을 시점으로 잡지만 아시아 물결의 진정한 출발점은 1980년 광주민중봉기이며, 광주는 현대 남한 민주주의의 발생점으로 오래도록 이해되고 있다. 나는 이 책을 통해 20세기 말 아시아의 엄청난 정치 변화의 중심에 광주가 있다는 것을 보여주고자 했다. 필리핀, 남한, 타이완, 방글라데시, 네팔, 타이, 인도네시아에서 수천 명의 인명 희생에도 불구하고 풀뿌리운동들이 독재를 '민주적' 체제로 변혁할 때에, 광주의 자랑스런 피플파워의 모범은 활동가들에게 영감을 줬다.……1989년 톈안먼광장에서 활동가들 주위에 집결한 중국 시민들은 광주와 마닐라에서 벌어진 대대적인 민중의 저항을 잘 알고 있었고, 이 저항은 그들이 계엄령 실행을 저지할 때 모델이 됐다. 광주는 20세기의 파리코뮌이며, 민중의 저항과 자치 역량에서 세계사적 정점이다.[3]

광주 커뮤니타스의 이상과 광주 리미널리티의 변혁성을 계속 생동하게 만드는 것은 우리 공동의 과업이다. 특히 광주항쟁의 추동 기능과 관련하여, 우리는 광주항쟁이 '최소 목표들'보다 더욱 위대하고 원대한 그 무엇을 처음부터 배태하고 있었음을 상기할 필요가 있다. 광주는 "하나의 이름이라기보다 혁명과 운동, 새로운 삶의 꿈을 지칭하는 상징"이기도 했다.[4] 광주 리미널리티의 '최대 목표들'을 현실화하는 일, 그리고 광주 커뮤니타스를 '규범적 커뮤니타스'와 '이데올로기적 커뮤니타스'로 구체화하고 계승하는 일은 여전히 숙제로 남아 있다.

광주항쟁의 자발적-실존적 커뮤니타스를 이데올로기적 커뮤니타스로 구현하는 문제는 '광주정신' 혹은 '5월정신'의 창조적 재해석과 구현, 다시 말해 광주정신을 다듬고 체계화하며 새로운 상황에 맞게 재해석해가는 것이다. 광주항쟁과 관련된 규범적 커뮤니타스 실현 문제는 보다 평등하고 인간다운 사회, 인간 존엄성을 최대한 끌어올리는 사회를 건설하는 과업으로 압축된다. 국립5·18민주묘지 참배광장의 '대동세상 군상群像' 조형물에 광주항쟁의 규범적 커뮤니타스가 형상화되어 있다. 그것은 영원히 지향해야 할, 그러나 영원히 달성될 수 없는 유토피아적 이상이다. 그러나 동시에 광주 커뮤니타스는 '이미 실현된 미래'이기도 하다.

광주항쟁은 오늘날 한국인들에게 자치공동체, 대동세상에 대한 희망과 영감의 가장 큰 발원지 중 하나이다. 광주항쟁은 그 목적지를 향한 발걸음을 결코 멈추지 말라는, 부담스런 예언자적 외침이기도 하다. 광주항쟁은 보다 인간적이고, 보다 평등하고, 보다 민주적인 세상을 만들라고 지금도 우리 등을 떠밀고 있다.

5·18 타임 라인

5·18 타임라인[*]

항쟁 이전	1979.10.16~20 부마항쟁
	1979.10.26 중앙정보부장 김재규가 박정희 대통령을 살해
	1979.12.12 신군부의 12·12쿠데타
	1980.4.21~24 사북항쟁
	1980.5.14~15 전국적인 대학생 가두시위와 15일 밤의 '서울역 회군'
	1980.5.14~16 광주 대학생·교수와 시민들이 전남도청 일원에서 '민족 민주화성회'를 개최
	1980.5.17 밤 12시를 기해 비상계엄을 전국으로 확대 시행(5·17쿠데타)

항쟁 기간	● **1980년 5월 18일, 일요일, 맑음**
	09:40 전남대 정문에서 대학생들이 계엄군과 첫 충돌
	11:00 금남로 가톨릭센터 앞으로 이동한 대학생 5백여 명이 연좌시위
	15:40~19:00 공수부대가 유동삼거리, 충장로, 금남로 등에서 공포의 진압작전을 펼침
	21:00 계엄사령부가 광주 지역의 통행금지 시간을 밤 9시로 앞당김
	● **1980년 5월 19일, 월요일, 오후부터 비**
	03:00 최초의 사망자 발생(전날 계엄군에게 구타당했던 청각장애인 김경철)
	10:00 시민들이 금남로로 집결하여 공수부대원들과 충돌. 대동고등 몇 몇 고등학교에서 교내 시위 발생. 광주 시내 초등학교 수업 중단
	14:00 불어난 시민들과 공수부대의 충돌 격화, 공수부대원들의 잔인 한 진압행위가 계속됨
	16:50 최초의 발포(고교생 김영찬이 총상을 입음). 계림동에서 시위 대가 계엄군 장갑차를 공격
	22:00 시민들이 북구청과 양동·임동·역전 파출소를 습격하고, KBS 방송국을 점거

---

* 광주광역시 사료편찬위원회가 편찬하고 5·18민주화운동기록관이 2017년에 간행한 『5·18 민주화운동』의 '부록'(129-165쪽)을 기본 텍스트로, 황석영·이재의·전용호가 지은 『죽음을 넘어 시대의 어둠을 넘어: 광주 5월 민중항쟁의 기록』(창비, 2017) 494-502쪽의 '일지'를 보조 텍스트로 활용하여 작성했다. 이밖에 5·18기념재단과 국립5·18민주묘지 홈페이지 자료 등을 활용했다.

● 1980년 5월 20일, 화요일, 오전에 약간의 비

08:00 광주 시내 고등학교 휴교

10:20 가톨릭센터 앞에서 계엄군이 옷을 벗긴 채 남녀 30여 명에게
　　　 기합과 구타를 가함

15:00 금남로 사거리에서 시민 5천여 명이 연좌농성

18:00 택시 2백여 대가 무등경기장에서 금남로를 향해 이동하면서
　　　 차량시위를 벌이고 시민들이 뒤를 따름

19:30 시민 1만여 명이 공용터미널 쪽에서 이동하여 금남로 시위대
　　　 와 합류

20:10 시민들이 금남로, 충장로, 노동청 방면에서 공수부대 및 경찰
　　　 과 대치. 시민들이 양동·역전·학동 파출소를 파괴하고 광주시
　　　 청을 점거

21:50 시민들이 MBC방송국에 방화

23:00 공수부대가 광주역 앞에서 집단발포

● 1980년 5월 21일, 피의 수요일, 맑음

00:35 노동청 인근에서 시민 2만여 명, 조선대 정문에서 3천여 명이
　　　 계엄군과 공방전 전개

02:20 광주 지역 시외전화 두절

04:00 시민들이 광주역 광장에서 발견된 사체 2구를 리어카에 싣고
　　　 금남로로 이동

04:30 시민들이 KBS방송국에 방화

09:50 시민 대표들이 장형태 도지사와 협상, 공수부대 철수 등을 요구

10:20 광주세무서 건물이 시민 방화로 전소됨

10:30 이희성 계엄사령관이 담화문을 발표

13:00 도청에서 애국가가 방송되면서 집단발포가 시작되어 4시간가
　　　 량 지속됨

13:20 시민들의 무장 개시(나주 다시지서에서 총기를 처음 획득)

16:00 광주에서 시가전이 전개됨

17:30 공수부대가 조선대와 광주교도소로 철수

19:00 계엄군의 광주 외곽 봉쇄 완료

20:00 시민군이 도청 장악

22:10 효천역 부근에서 시민군과 계엄군이 새벽까지 교전, 다수의 사
　　　 상자 발생

● **1980년 5월 22일, 목요일, 맑음: 해방광주 1일**

04:40 광주교도소 부근에서 시민군-계엄군 총격전

08:00 정시채 전남부지사 등 도청 간부들이 수습대책위원회 구성을 논의

09:00 시민들이 도청 광장과 금남로로 집결, 자연발생적인 시민집회가 열림

11:25 적십자병원 헌혈차량과 시위대의 지프가 시내를 돌며 시민들에게 헌혈을 호소

12:00 도청 옥상의 태극기가 검은 리본과 함께 반기(半旗)로 게양됨

13:30 수습대책위 대표 8명이 상무대 계엄분소를 방문하여 7개 항의 수습안 전달

17:00 도청 앞 광장에서 시민궐기대회가 개최됨, 수습대책위가 상무대 방문 결과를 보고

18:00 학생수습대책위원회 구성

21:30 박충훈 신임 국무총리가 "광주는 치안 부재상태"라고 방송

● **1980년 5월 23일, 금요일, 맑고 한때 흐림: 해방광주 2일**

08:00 학생과 시민들이 자발적인 시내 청소에 나섬

10:00 도청 광장에 시민 5만여 명이 집결, 자연발생적 집회가 열림

11:45 도청과 광장 주변에 사망자의 명단과 인상착의를 담은 벽보가 게시됨

13:00 공수부대가 지원동 주남마을 앞에서 소형버스에 총격을 가해 승객 18명 중 15명을 학살하고, 부상자 2명은 뒷산으로 끌고 가 살해한 후 암매장함.

15:00 도청 광장에서 '제1차 민주수호 범시민궐기대회'가 개최됨

● **1980년 5월 24일, 토요일, 오후에 비: 해방광주 3일**

13:20 공수부대의 무차별 사격으로 원제마을에서 중학생 방광범이, 그 직후 이웃한 진제마을에서 초등학생 전재수가 살해당함

14:20 효촌역 인근에서 계엄군 간의 오인 총격전으로 공수부대원 나수 사망, 이에 대한 보복으로 송암동 주민들을 학살(4명 사망, 5명 중상)

14:50 도청 광장에서 제2차 민주수호 범시민궐기대회가 개최됨

● **1980년 5월 25일, 일요일, 비: 해방광주 4일**

08:00 도청에서 '독침사건' 발생

11:00 김수환 추기경의 메시지와 광주항쟁 구호대책비 1천만 원이
전달됨

15:00 도청 광장에서 제3차 민주수호 범시민궐기대회가 개최됨

18:10 최규하 대통령이 상무대를 방문한 후 특별담화를 발표

22:00 항쟁지도부인 민주시민투쟁위원회가 결성됨

● **1980년 5월 26일, 월요일, 아침 한때 비: 해방광주 5일**

05:20 계엄군이 화정동 농촌진흥원 앞까지 진출

08:00 시민수습대책위원 17명과 시민들이 계엄군의 시내 진입을 막
으러 '죽음의 행진'을 감행

10:00 도청 광장에서 제4차 민주수호 범시민궐기대회가 개최됨

14:00 시민군 기동타격대가 조직됨

15:00 도청 광장에서 제5차 민주수호 범시민궐기대회가 개최됨(대
회 후 청년학생 시민군 경비대 모집)

17:00 민주시민투쟁위원회 대변인 윤상원이 외신 기자회견을 가짐

18:00 항쟁지도부가 도청에서 마지막 합동회의를 가짐

19:10 계엄군의 당일 침공 가능성이 높다고 발표한 항쟁지도부가 학
생과 여성들을 귀가시킴

24:00 광주 시내전화 일제히 단절

● **1980년 5월 27일, 화요일, 맑음**

01:30 공수부대가 도청, 전일빌딩, YWCA, 광주공원 방면으로 일제히
이동

03:00 도청 스피커와 방송차량을 이용하여 시민들의 도움을 호소하
는 방송을 거듭함

04:00 공수부대가 도청 주변을 완전히 포위, 금남로에서 시가전이 벌
어짐

05:10 공수부대의 도청 진압작전이 종료됨

08:50 광주 시내전화 통화 재개

항쟁
이후

1980.5.29 항쟁 희생자 126명을 망월동 묘역에 매장

1980.5.31 5·18광주의거유족회 결성. 신군부 주도의 국가보위비상
대책위원회(국보위) 설치

1980.9.1 신군부 핵심 인물인 전두환이 11대 대통령으로 취임

1980.9.20 광주사태구속자가족회 결성

1980.10.27 헌법 개정(제5공화국 헌법)

1982.8.1 5·18부상자동지회 결성

1984.3.21 광주사태진상규명위원회 발족

1985.2.12 제12대 총선거에서 '광주사태 진상규명'을 공약한 신한민
주당이 제1야당이 됨

1985.5.10 '광주 5·18민중혁명 희생자 위령탑 건립 및 기념사업 범국
민운동추진위원회' 결성

1985.5.20 『죽음을 넘어 시대의 어둠을 넘어』 출간

1986.5.27 최초의 광주항쟁 희생자 추모비가 한신대에 건립됨

1988.4.1 노태우 대통령이 '광주사태 치유 대책'을 발표하고, 항쟁의
성격을 '광주 학생과 시민의 민주화를 위한 노력의 일환'이라고
규정

1988.6.27 국회 '5·18광주민주화운동 진상조사특별위원회' 구성 결의,
그해 11월 18일부터 1989년 2월 24일까지 청문회 개최

1988.11.26 노태우 대통령이 특별담화를 통해 '광주민주화운동'이
라는 명칭을 공식화

1989.2.3 MBC 다큐멘터리 〈어머니의 노래〉 방영

1989.3.8 KBS 다큐멘터리 〈광주는 말한다〉 방영

1990.8.6 '광주민주화운동 관련자 보상 등에 관한 법률' 제정, 제1차
보상 개시

1993.3 진상규명, 책임자 처벌, 집단배상 등 '5·18문제 해결 5대 원칙'
확정

1994.8.30 5·18기념재단 창립

1995.12.21 '5·18민주화운동 등에 관한 특별법' 제정

1997.4.17 전두환 무기징역, 노태우 17년형 등 광주학살 핵심 관련자
형벌 확정

1997.5.9 5·18민주화운동이 국가기념일로 제정됨

	1997.5.16 5·18신묘역 준공
	1997.12.18 김대중 후보가 15대 대통령으로 당선됨
	1998~1999 5·18사적지 보존 사업(광주시 26개소, 전라남도 80개소)
	1999.5 상무대 터에 5·18자유공원 조성
	2000.5.18 제1회 광주인권상 시상(5·18기념재단)
	2001.4.1 5·18기념문화관 건립(5·18기념공원)
	2002.1.26 '광주민주유공자 예우에 관한 법률' 제정
	2002.7.27 5·18신묘역이 국립묘지로 승격됨
	2005.5.18 전남대 5·18기념관 개관
	2006.5.8 오월어머니집 개소
	2007.5.8 제1회 오월어머니상 시상(오월어머니집)
	2007.7.25 영화 〈화려한 휴가〉 개봉
	2008.12 5·18 인정교과서 발간(초등, 중등)
항쟁 이후	2011.7.27 5·18민주화운동 기록물이 유네스코 세계기록유산으로 등재됨
	2012.11 5·18민주화운동과 세계기록유산 등재 사실이 중학교 역사교과서에 수록됨
	2013.7.23 '5·18 역사왜곡 저지 국민행동' 발족
	2015.1.27 5·18시계탑 제막식
	2015.5.13 5·18민주화운동기록관 개관
	2015.5.14 '5·18정신 계승 민족민주열사 유영봉안소' 개소(망월동묘역)
	2015.11.25 국립아시아문화전당(민주평화교류원) 개관
	2016.12.20 전남대 정문 일대가 5·18민주공원으로 조성됨
	2017.5.9 헌법 전문에 5·18정신을 삽입하겠다고 공약한 문재인 후보(더불어민주당)가 19대 대통령으로 당선됨
	2017.8.2 영화 〈택시운전사〉 개봉
	2017.9.11 국방부 5·18진상규명특별조사위원회 출범
	2018.3.13 '5·18민주화운동 진상규명을 위한 특별법' 제정
	2019.12.27 5·18민주화운동진상규명조사위원회 출범

주

참고문헌

찾아보기

수록 도판 크레디트

주

1장. 서론: 광주항쟁에 어떻게 접근할 것인가

1 조정관·최영태, "서문", 5·18기념재단 편, 『5·18민중항쟁과 정치·역사·사회 (1): 5·18민중항쟁의 의의』, 5·18기념재단, 2007, 6쪽. 각각 2001년과 2004년에 안종철과 정일준은 광주항쟁에 관한 기존 연구와 자료들을 소개하고 분석하는 작업을 진행하기도 했다(안종철, "5·18 자료 및 연구 현황", 광주광역시 5·18사료편찬위원회 편, 『5·18민중항쟁사』, 광주광역시 5·18사료편찬위원회, 2001, 988-1016쪽; 정일준, "5·18 담론의 변화와 권력-지식관계: 역사공동체 형성을 위하여", 5·18기념재단 편, 『5·18민중항쟁과 정치·역사·사회(5): 5·18과 민주화, 5·18민중항쟁의 기억과 과거청산』, 5·18기념재단, 2007, 311-315쪽). 정일준의 이 논문은 2004년 『민주주의와 인권』(4권 2호)에 먼저 실렸다.

2 독일에서 태어나 네덜란드 식 이름을 갖고 대부분 프랑스에서 살았던 학자 Arnold van Gennep을 두고 한국 학계에선 방주네프, 판 헤넵, 반 게넵 등 다양한 표기 방식이 사용되고 있다. 이 글에서는 그중 가장 널리 쓰이는 '방주네프'를 사용할 것이다. 장석만, "추천사", 빅터 터너, 『인간 사회와 상징 행위: 사회적 드라마, 구조, 커뮤니타스』, 강대훈 역, 황소걸음, 2018, 5쪽 참조.

3 Arnold van Gennep, *The Rites of Passage*, tr. by Monika B. Vizedom and Gabrielle L. Caffee, Chicago: University of Chicago Press, 1960; Victor W. Turner, *The Ritual Process: Structure and Anti-Structure*, London: Routledge & Kegan Paul, 1969; Victor W. Turner, *Dramas, Fields, and Metaphors: Symbolic Action in Human Society*, Ithaca: Cornell University Press, 1974; Victor W. Turner, *From Ritual to Theatre: The Human Seriousness of Play*, New York: PAJ Publications, 1982; Victor W. Turner, *The Anthropology of Performance*, New

York: PAJ Publications, 1987; Edith Turner, *Communitas: The Anthropology of Collective Joy*, New York: Palgrave MacMillan, 2012. 번역본으로는, 아놀드 반 겐넵, 『통과의례: 태어나면서부터 죽은 후까지』, 전경수 역, 을유문화사, 1985; 빅터 터너, 『제의에서 연극으로: 놀이의 인간적 진지성』, 김익두·이기우 역, 민속원, 2014; 빅토 터너, 『의례의 과정』, 박근원 역, 한국심리치료연구소, 2005; 빅터 터너, 『인간 사회와 상징 행위: 사회적 드라마, 구조, 커뮤니타스』, 강대훈 역, 황소걸음, 2018.

4 최정운, 『오월의 사회과학: 사회과학자의 시선으로 새롭게 재구성한 5월 광주의 삶과 진실』, 오월의봄, 2012, 322쪽.

5 정근식, "항쟁기억의 의례적 재현: '5월행사'와 전야제를 중심으로", 『민주주의와 인권』 5(1), 2005, 7, 30쪽.

6 김성국, "아나키스트적 시각에서 본 5·18", 조희연·정호기 편, 『5·18민중항쟁에 대한 새로운 성찰적 시선』, 한울, 2009, 306쪽.

7 신진욱, "광주항쟁과 애국적 민주공화주의의 탄생: 저항적 시민사회의 형성과 정체성 구성에 대한 구조해석학적 분석", 『한국사회학』 45(2), 2011, 65쪽; 정근식, "5·18의 경험과 코뮌적 상상력", 김진균 편저, 『저항, 연대, 기억의 정치(1): 한국사회운동의 흐름과 지형』, 문화과학사, 2003, 286-297쪽.

8 김영택, 『5월 18일, 광주: 광주민중항쟁, 그 원인과 전개과정』, 역사공간, 2010, 400쪽.

9 나의갑, "5·18의 전개과정", 광주광역시 5·18사료편찬위원회 편, 『5·18민중항쟁사』, 광주광역시 5·18사료편찬위원회, 2001, 243-246쪽.

10 조지 카치아피카스, "역사 속의 광주항쟁", 조희연·정호기 편, 『5·18민중항쟁에 대한 새로운 성찰적 시선』, 한울, 2009; 이진경·조원광, "단절의 혁명, 무명의 혁명: 코뮌주의의 관점에서", 같은 책.

11 조지 카치아피카스, 『한국의 민중봉기: 민중을 주인공으로 다시 쓴 남한의 사회운동사 1894 농민전쟁~2008 촛불시위』, 원영수 역, 오월의봄, 2015, 271쪽.

12 정근식, "5·18의 경험과 코뮌적 상상력"; 정일준, "5·18 담론의 변화와 권력-지식관계."

13 김희송, "1980년 5월 광주공동체의 의미와 현재화에 대한 고찰", 『신학전망』 190, 2015.

14 김대현, "사회극(Social Drama)의 관점에서 본 〈쉬리〉", 서강대학교 석사학위
논문, 1999; 류유희·이승진, "사회극 이론의 구조를 가진 애니메이션의 리얼리
즘에 관한 연구: 애니메이션 〈돼지의 왕〉을 중심으로", 『애니메이션 연구』 10
(1), 2014; 김광억, "정치적 담론기제로서의 민중문화운동: 사회극으로서의 마
당극", 『한국문화인류학』 21, 1989; 김월덕, "마당극의 공연학적 특성과 문화
적 의미", 『한국극예술연구』 11, 2000; 김성례, "무교 신화와 의례의 신성성과
연행성", 『종교·신학 연구』 10, 1997; 김익두, "'원초연극(ur-theatre)'으로서의
제주 민속극 '심방굿놀이'", 『공연문화연구』 21, 2010; 김익두, "무당굿의 공연
학적 특성: 서울 진오기굿의 경우", 『공연문화연구』 22, 2011; 이윤선, "진도씻
김굿 '이슬털이'를 통해서 본 경계 넘기와 재생의례", 『남도민속연구』 33, 2016.

15 최길성, "한(恨)의 상징적 의미: 최영 장군의 죽음을 중심으로", 『비교민속학』
4, 1989.

16 마나베 유코, 『열사의 탄생: 한국 민중운동에서의 한의 역학』, 김경남 역, 민속
원, 2015, 특히 26-31쪽.

17 김명희, "국가에 대항하는 가족: 세월호 연대의 감정동학과 루트 패러다임",
『탐라문화』 56, 2017, 222쪽.

18 이기중·김명준, "빅터 터너의 '사회적 드라마' 이론으로 본 '신정아-변양균 사
건'", 『사회과학연구』 16(1), 2008.

19 조일동, "사회극으로서의 촛불: 경계의 역동성", 『한국문화인류학』 42(1),
2009.

20 Jeff Goodwin, James M. Jasper and Francesca Polletta eds., *Passionate Pol-
itics: Emotions and Social Movements*, Chicago: University of Chicago Press,
2001(이 책에 대한 번역본은, 제프 굿윈 외 편, 『열정적 정치: 감정과 사회운
동』, 박형신·이진희 역, 한울, 2012); 정철희 외, 『상징에서 동원으로: 1980년
대 민주화운동의 문화적 동학』, 이학사, 2007 등 참조.

21 Francesca Polletta and Edwin Amenta, "Conclusion: Second That Emotion?
Lessons from Once-Novel Concepts in Social Movement Research," Jeff
Goodwin et al. eds., *Passionate Politics*, Chicago: University of Chicago
Press, 2001, pp. 304-305.

22 ibid., p. 309.

23 김홍길, "5월 광주의 기억정치적 재구성과 시민공동체의 변화", 『한국시민윤리학회보』 20(1), 2007, 10, 17쪽.

24 강인철, 『저항과 투항: 군사정권들과 종교』, 한신대학교출판부, 2013, 236쪽.

25 정해구 외, 『광주민중항쟁 연구』, 사계절, 1990, 12-16쪽.

26 사실 국제학계에서는 '광주항쟁'으로 직역할 수 있는 'Gwangju uprising'이나, '5·18항쟁'을 뜻하는 'May 18th uprising'이라는 표현이 가장 자주 쓰이고 있기도 하다. 5·18기념재단은 광주항쟁의 영문 명칭으로써 'May 18 democratic uprising'을 주로, 그리고 'Gwangju democratic uprising', 'May 18 democratization movement', 'May 18 uprising' 등을 보조적으로 쓰고 있다(2019년 8월 말 현재 재단 홈페이지의 영어판 참조). 민주화운동기념사업회가 2003년에 발간한 영문 책자(Memories of May 1980: A Documentary History of the Kwangju Uprising in Korea)에서도 'Kwangju uprising'이라는 명칭을 사용했고, 5·18민주화운동기록관이 2017년에 발간한 영문 책자의 제목 역시 The May 18 Gwangju Democratic Uprising이었다.

2장. 리미널리티, 커뮤니타스, 사회극

1 Van Gennep, The Rites of Passage, pp. 10-11, 21.

2 V. Turner, Dramas, Fields, and Metaphors, pp. 47, 53.

3 V. Turner, The Ritual Process, pp. 166-167.

4 V. Turner, Dramas, Fields, and Metaphors, p. 232.

5 ibid., p. 53.

6 빅터 터너, "틀·흐름·반성: 공동체의 리미널리티로서의 제의와 연극", 『제의에서 연극으로: 놀이의 인간적 진지성』, 김익두·이기우 역, 민속원, 2014, 207쪽.

7 위의 글, 207-208쪽.

8 위의 글, 206-207쪽.

9 위의 글, 230쪽.

10 V. Turner, The Ritual Process, pp. 95-97.

11 Van Gennep, The Rites of Passage, p. 114.

12 Mary Douglas, *Purity and Danger: An Analysis of the Concepts of Pollution and Taboo*, London: Routledge, 2000, pp. 96, 98.

13 V. Turner, *From Ritual to Theatre*, p. 24.

14 '호모 사케르' 개념에 대해서는, 조르조 아감벤, 『호모 사케르』, 박진우 역, 새 물결, 2008 참조. 우익 '토벌대'와 좌익 '무장대' 사이의 리미널한 공간에서 살 아가야 했던 1940~1950년대 제주도 주민들이 좋은 예일 것이다. 한국전쟁 초 기 예비검속에 걸린 보도연맹원들은 유치장·형무소뿐 아니라, 학교, 읍·면사 무소, 극장, 소방서, 방앗간, 곡식창고, 공장·전매소·금융조합 창고 등에 임시 로 갇혔다(한성훈, 『가면권력: 한국전쟁과 학살』, 후마니타스, 2014, 53-85쪽). 매일 무심히 접하던 일상의 공간들이 죽임을 당하기 전 이승에서 잠시 머물 마 지막 수용소, 초일상적인 리미널 공간이 되었다.

15 V. Turner, *The Ritual Process*, p. 201.

16 *ibid.*, p. 167.

17 빅터 터너, "틀·흐름·반성", 215쪽.

18 위의 글, 206-207, 212, 225쪽.

19 Craig Calhoun, "Putting Emotions in Their Place," Jeff Goodwin et al. eds., *Passionate Politics*, Chicago: University of Chicago Press, 2001, p. 55.

20 빅터 터너, "틀·흐름·반성", 206, 212-213, 219쪽.

21 V. Turner, *The Ritual Process*, pp. 110-111.

22 빅터 터너, "틀·흐름·반성", 213, 217쪽.

23 V. Turner, *The Ritual Process*, pp. 108-109.

24 *ibid.*, pp. 145-147 참조.

25 V. Turner, *From Ritual to Theatre*, p. 44.

26 Randall Collins, "Social Movements and the Focus of Emotional Attention," Jeff Goodwin et al. eds., *Passionate Politics*, Chicago: University of Chicago Press, 2001, pp. 32, 42.

27 Van Gennep, *The Rites of Passage*, p. 182.

28 V. Turner, *From Ritual to Theatre*, p. 45.

29 리미널이 전근대 및 종교의례와 친화적이고 리미노이드가 근대 및 연극을 비 롯한 세속적 예술·스포츠 장르들과 친화적이라고 본다는 점에서, 터너는 종

교의 쇠퇴나 영향력 약화를 주장하는 세속화 이론을 대체로 수용하는 듯하다. 물론 터너는 현대사회에서도 (경향적으로는 쇠퇴할지라도) 부차적이고 잔여적인 범주로서 '리미널' 현상들이 잔존해 있을 뿐 아니라 일시적으로나마 더욱 강화될 수도 있다고 본다. 터너는 현대사회 안에서 리미널한 현상들이 일시적으로 강화되는 현상을 (칼 융의 재부족화[retribalization] 개념과 유사한 의미로) '재리미널화(reliminalization)'라고 명명했다. 빅터 터너, "틀·흐름·반성", 233-234쪽.

30 리미널리티의 반구조는 열린 가능성의 세계이다. 그것은 무엇이든 될 수 있다. 그러나 필자는 '반구조'의 내용··성격이 그와 대립 쌍을 이루는 '구조'의 내용과 성격에 의존할 수밖에 없음을 강조할 필요가 있다고 생각한다. 예컨대 구조가 '독재체제'의 특징을 보인다면, 그에 대한 반구조의 최우선적 성격은 '민주주의체제'를 지향하는 것이 되기 쉽다는 것이다.

31 V. Turner, *The Ritual Process*, p. 96.

32 V. Turner, *Dramas, Fields, and Metaphors*, pp. 47, 53, 232.

33 빅터 터너, "틀·흐름·반성", 210쪽.

34 V. Turner, *Dramas, Fields, and Metaphors*, p. 238.

35 *ibid.*, pp. 166, 231.

36 *ibid.*, p. 52.

37 알랭 바디우, 『존재와 사건: 사랑과 예술과 과학과 정치 속에서』, 조형준 역, 새물결, 2013, 13쪽.

38 V. Turner, *Dramas, Fields, and Metaphors*, p. 47에 나오는 표현이다.

39 V. Turner, *The Ritual Process*, p. 96.

40 '사이비 혹은 가짜 커뮤니타스'는 에디스 터너가 사용하는 용어이다.

41 V. Turner, *The Ritual Process*, p. 95.

42 V. Turner, *Dramas, Fields, and Metaphors*, p. 53.

43 E. Turner, *Communitas*, p. xi.

44 V. Turner, *The Ritual Process*, pp. 96-97.

45 *ibid.*, p. 128.

46 빅터 터너, "틀·흐름·반성", 210쪽.

47 V. Turner, *The Ritual Process*, pp. 131-132.

48 V. Turner, *Dramas, Fields, and Metaphors*, pp. 46-47, 53.

49 *ibid.*, p. 238.

50 E. Turner, *Communitas*, p. 3.

51 *ibid.*, p. 8.

52 Collins, "Social Movements and the Focus of Emotional Attention," pp. 27-29.

53 *ibid.*, p. 28.

54 V. Turner, *The Ritual Process*, p. 185.

55 ibid., p. 128.

56 E. Turner, *Communitas*, pp. xii., 1.

57 V. Turner, *The Ritual Process*, p. 188; V. Turner, *Dramas, Fields, and Metaphors*, p. 238.

58 V. Turner, *Dramas, Fields, and Metaphors*, p. 49.

59 V. Turner, *The Ritual Process*, p. 128.

60 E. Turner, *Communitas*, p. 1.

61 *ibid.*, p. 86.

62 빅터 터너, "틀·흐름·반성", 229쪽. 터너는 몰입/흐름의 특징을 다음 여섯 가지로 제시한다. (1) 행동과 지각이 하나로 체험된다. (2) 한정된 자극 영역에 주의가 집중된다. (3) 에고(ego)의 상실, 즉 어떤 사람의 행동과 다른 사람의 행동을 결부시키는 '자아(self)'가 무관계한 것이 되어버린다. (4) 몰입/흐름에 처한 당사자는 그의 행동과 환경을 조절하고 있다. (5) 일반적으로 몰입/흐름은 시종일관 모순이 없는 행동을 요구하며, 명확한 피드백의 틀을 인간의 행동에 제공해준다. 몰입/흐름은 일시적으로나마 '불신의 자발적 중단'을 요구하며 일종의 신자가 될 것을 요구한다. (6) 몰입/흐름은 '자기 목적적(autotelic)'이어서 그것 자체 외에는 아무런 결말도 보답도 필요치 않으며, '흐르는 것(to flow)'만이 그 보답이 된다(같은 글, 229-231쪽). 터너는 이런 특징들이 커뮤니타스에서도 대부분 나타난다고 주장하는 것이다.

63 E. Turner, *Communitas*, p. 3.

64 *ibid.*, pp. 73-84.

65 V. Turner, *The Ritual Process*, p. 129.

66 V. Turner, *Dramas, Fields, and Metaphors*, pp. 237-238.

67 *ibid.*, p. 245.

68 V. Turner, *The Ritual Process*, p. 128; V. Turner, *Dramas, Fields, and Metaphors*, pp. 231-235.

69 에밀 뒤르케임, 『종교생활의 원초적 형태』, 노치준·민혜숙 역, 민영사, 1992, 587쪽.

70 V. Turner, *From Ritual to Theatre*, pp. 47-50; V. Turner, *The Ritual Process*, p. 132; V. Turner, *Dramas, Fields, and Metaphors*, pp. 169, 232.

71 V. Turner, *From Ritual to Theatre*, p. 9.

72 V. Turner, *The Anthropology of Performance*, p. 33.

73 V. Turner, *Dramas, Fields, and Metaphors*, p. 37.

74 *ibid.*, pp. 33, 98-155; V. Turner, *From Ritual to Theatre*, pp. 10-11, 71.

75 V. Turner, *Dramas, Fields, and Metaphors*, pp. 38-42; V. Turner, *From Ritual to Theatre*, pp. 9-10, 68-71, 92.

76 김익두, "'원초연극(ur-theatre)'으로서의 제주 민속극 '심방굿놀이'", 143-144쪽.

77 V. Turner, *Dramas, Fields, and Metaphors*, p. 41; V. Turner, *From Ritual to Theatre*, pp. 71, 92.

78 V. Turner, *From Ritual to Theatre*, p. 71.

3장. 구조로부터의 분리와 리미널리티 진입

1 조희연, "'급진민주주의'의 관점에서 본 광주 5·18", 조희연·정호기 편, 『5·18 민중항쟁에 대한 새로운 성찰적 시선』, 한울, 2009, 204쪽.

2 나간채, 『광주항쟁 부활의 역사 만들기』, 한울, 2013, 32쪽. 한편, 장을병과 김창진은 시민들의 무장투쟁에 초점을 맞춘 시기 구분을 제시한 바 있다. 우선 장을병은 광주항쟁을 "제1기 비무장 민중항쟁 시기"(5월 18~20일)와 "제2기 무장투쟁으로서의 민중항쟁"(5월 21~27일)으로 양분했다. 그리고 제1기를 ① 5월 18일 "민중항쟁의 발단이 된 학생시위", ② 5월 19일 "민중항쟁의 발전", ③ 5월 20일 "전면적 민중항쟁으로의 발전"으로 세분했다. 그는 제2기도 ① 5월 21일 "자발적 무장투쟁 시기", ② 5월 22~25일 "수습대책위원회의 지도 시기",

③ 5월 26~27일 "항쟁지도부의 지도 시기"로 다시 나눴다(장을병, "광주5월민중항쟁에서의 무장투쟁", 5·18기념재단 편, 『5·18민중항쟁과 정치·역사·사회(3): 5·18민중항쟁의 전개과정』, 5·18기념재단, 2007, 372쪽). 김창진은 항쟁을 "제1국면 무장투쟁 이전의 정세 발전"(5월 18~20일 오전), "제2국면 전면적인 민중봉기=무장투쟁으로서의 발전과 해방의 쟁취"(5월 20일 오후~21일), "제3국면 민중의 자치와 무장 세력의 동요"(5월 22~25일), "제4국면 민중적 봉기 지도부의 구축과 결사항전"(5월 25~27일)으로 구분했다. 나아가 제3국면을 다시 "시민군의 조직 강화와 수습위원회의 협상, 그리고 미국의 진압 동의"로 특징지어지는 5월 22일, 그리고 "투항파의 무장해제와 계엄군의 공작, 그리고 궐기대회의 조직"으로 특징지어지는 5월 23~24일로 나눴다(김창진, "광주민중항쟁의 발전구조: '무장투쟁'과 '민중권력'", 정해구 외, 『광주민중항쟁 연구』, 사계절, 1990, 특히 184쪽).

3 김희송, "1980년 5월 광주공동체의 의미와 현재화에 대한 고찰", 69쪽.

4 황석영 외, 『죽음을 넘어 시대의 어둠을 넘어: 광주 5월 민중항쟁의 기록』, 창비, 2017, 100-101쪽.

5 조지 카치아피카스, 『한국의 민중봉기』, 283쪽.

6 황석영 외, 『죽음을 넘어 시대의 어둠을 넘어』, 185쪽.

7 위의 책, 163쪽.

8 위의 책, 185쪽.

9 위의 책, 181, 185쪽.

10 김상윤 외, 『녹두서점의 오월: 80년 광주, 항쟁의 기억』, 한겨레출판, 2019, 168-169쪽.

11 조지 카치아피카스, 『한국의 민중봉기』, 281쪽.

12 황석영 외, 『죽음을 넘어 시대의 어둠을 넘어』, 185쪽.

13 최정운, 『오월의 사회과학』, 28-29, 128, 139, 144, 162, 164, 177, 195, 261쪽.

14 정상용 외, 『광주민중항쟁: 다큐멘터리 1980』, 돌베개, 1990, 250쪽.

15 최영태, "극우 반공주의와 5·18광주항쟁", 5·18기념재단 편, 『5·18민중항쟁과 정치·역사·사회(2): 5·18민중항쟁의 원인과 배경』, 5·18기념재단, 2007, 70-73쪽.

16 유민지, "언론, 5·18 훼손의 시작과 끝", 『가톨릭평론』 21, 2019, 110-111쪽.

17 오연호, "'광주간첩' 이창용은 실존인가, 조작인가", 『월간다리』, 1990년 5월
호, 특히 218, 225쪽.

18 정근식, "5·18의 경험과 코뮌적 상상력", 296쪽.

19 김진경, "광주", 5월문학총서간행위원회 편, 『시: 5월문학총서1』, 5·18기념재
단, 2012, 75쪽.

20 김준태, "시인 김준태의 '광주항쟁' 현장 일기", 『월간중앙』, 1988년 5월호,
508-509쪽.

21 위의 글, 526쪽.

22 조정환, "광주민중항쟁과 제헌권력: 자율주의의 관점에서", 조희연·정호기
편, 『5·18민중항쟁에 대한 새로운 성찰적 시선』, 한울, 2009, 192쪽.

23 정현상, "전옥주·차명숙: 광주민주화운동 가두방송 두 여인", 『신동아』, 1998
년 5월호, 234쪽.

24 이준수, "노동자는 항쟁에 어떻게 참여했나", 『월간 노동자』, 1989년 5월호,
179-181쪽; 고정희, "광주 여성들, 이렇게 싸웠다: 광주민중항쟁과 여성의 역
할", 『월간중앙』, 1988년 5월호, 165쪽.

25 김양래, "5·18의 진실을 알리려 한 천주교: 1980년 그날 이후의 기록", 『가톨
릭평론』 21, 2019, 131-132쪽.

26 강인철, 『저항과 투항』, 237쪽.

27 유민지, "언론, 5·18 훼손의 시작과 끝", 110쪽.

28 황석영 외, 『죽음을 넘어 시대의 어둠을 넘어』, 350쪽.

29 광주광역시 5·18사료편찬위원회 편, 『5·18 광주민주화운동 자료총서(11)』, 광
주광역시 5·18사료 편찬위원회, 1998, 196쪽.

30 5·18기념재단 편, 『구술생애사를 통해 본 5·18의 기억과 역사(1): 교육가 편』,
5·18기념재단, 2006, 230-231쪽.

31 김영택, 『5월 18일, 광주』, 282쪽.

32 최정운, 『오월의 사회과학』, 219-232쪽 참조.

33 최정운, "폭력과 언어의 정치: 5·18 담론의 정치사회학", 5·18기념재단 편,
『5·18민중항쟁과 정치·역사·사회(1)』, 5·18기념재단, 2007, 431-435쪽.

34 최영태, "극우 반공주의와 5·18광주항쟁", 74-75쪽.

35 위의 글, 59-60, 80-81쪽.

36 정현상, "전옥주·차명숙", 117쪽.

37 황석영 외, 『죽음을 넘어 시대의 어둠을 넘어』, 317쪽.

38 위의 책, 391쪽.

39 신진욱, "광주항쟁과 애국적 민주공화주의의 탄생", 80쪽.

40 최정운, 『오월의 사회과학』, 162, 170, 245쪽; 황석영 외, 『죽음을 넘어 시대의
   어둠을 넘어』, 380, 382쪽.

41 황석영 외, 『죽음을 넘어 시대의 어둠을 넘어』, 381쪽; 최영태, "극우 반공주의
   와 5·18광주항쟁", 79쪽; 강인철, 『저항과 투항』, 236쪽.

42 정근식, "광주민중항쟁에서의 저항의 상징 다시 읽기: 시민적 공화주의를 중
   심으로", 『기억과 전망』 16, 2007, 165쪽.

43 Michael P. Young, "A Revolution of the Soul: Transformative Experience
   and Immediate Abolition," Jeff Goodwin et al. eds., *Passionate Politics*, Chicago:
   University of Chicago Press, 2001, pp. 103, 113.

44 조지 카치아피카스, 『한국의 민중봉기』, 339쪽.

45 최정운, 『오월의 사회과학』, 173, 196, 339쪽.

46 미셸 푸코, 『광기의 역사』, 이규현 역, 나남, 2003 참조.

4장. 변혁의 리미널리티

1 정호기, "광주민중항쟁의 '트라우마티즘'과 기념공간: '5월운동'과 국립5·18
   묘지를 중심으로", 『경제와 사회』 58, 2003, 137쪽.

2 정근식, "항쟁기억의 의례적 재현", 17쪽.

3 김홍길, "5월 광주의 기억정치적 재구성과 시민공동체의 변화", 28-29쪽.

4 정근식, "사회운동과 5월 의례, 그리고 5월 축제", 정근식 외, 『지역 민주주의
   와 축제의 관계』, 중원문화, 2010, 99쪽.

5 정근식, "광주민중항쟁에서의 저항의 상징 다시 읽기", 특히 145-146쪽.

6 정근식, "5·18의 경험과 코뮌적 상상력", 300쪽.

7 위의 글, 307쪽.

8 조정환, "광주민중항쟁과 제헌권력", 176-180쪽.

9 최정운, 『오월의 사회과학』, 139쪽.

10 정근식, "5·18의 경험과 코뮌적 상상력", 303쪽.

11 민주화운동기념사업회 한국민주주의연구소 편, 『한국민주화운동사(3): 서울의 봄부터 문민정부 수립까지』, 돌베개, 2010, 92-114쪽; 황석영 외, 『죽음을 넘어 시대의 어둠을 넘어』, 181-194, 274, 313-314, 381-382쪽; 정근식, "5·18의 경험과 코뮌적 상상력", 300-305쪽 등 참조.

12 황석영 외, 『죽음을 넘어 시대의 어둠을 넘어』, 381쪽.

13 조정환, "광주민중항쟁과 제헌권력", 182쪽.

14 김창진, "광주민중항쟁의 발전구조", 217쪽.

15 신진욱, "광주항쟁과 애국적 민주공화주의의 탄생", 75-77쪽.

16 위의 글, 76-77쪽.

17 김인국, "하느님 나라와 오월의 절대공동체", 『신학전망』 190, 2015, 5쪽.

18 강형철, 『시인의 길 사람의 길』, 예하, 1994, 401쪽.

19 최정운, 『오월의 사회과학』, 197쪽.

20 위의 책, 199, 201-202쪽.

21 김동춘, "분단이 낳은 한국의 국가폭력: 일상화된 내전 상태에서의 '타자'에 대한 폭력행사", 『민주사회와 정책연구』 23, 2013, 115쪽.

22 조희연, "'급진민주주의'의 관점에서 본 광주 5·18", 223쪽.

23 김홍길, "5월 광주의 기억정치적 재구성과 시민공동체의 변화", 12쪽.

24 조지 카치아피카스, 『한국의 민중봉기』, 281쪽; 민주화운동기념사업회 한국민주주의연구소, 『한국민주화운동사(3)』, 105쪽.

25 신진욱, "광주항쟁과 애국적 민주공화주의의 탄생", 71쪽.

26 필자는 이런 면에서 평화운동의 하나인 '양심적 병역거부운동'의 가장 급진적인 부분이 바로 '양심적 납세거부운동'이라고 본다.

27 김동춘, "분단이 낳은 한국의 국가폭력", 122-135쪽.

28 한상진, "광주민주화운동에서 본 국민주권과 승인투쟁", 5·18기념재단 편, 『5·18민중항쟁과 정치·역사·사회(1)』, 5·18기념재단, 2007, 293쪽.

29 5·18기념재단, 『구술생애사를 통해 본 5·18의 기억과 역사(1)』, 32쪽.

30 홍남순 외, "내가 겪은 80년 5월의 광주: '광주' 주역 36인의 증언", 『월간조선』, 1988년 3월호, 435쪽. 인용자가 문단을 일부 조정했음.

31 박노해, "'광주 무장봉기의 지도자' 윤상원 평전", 『노동해방문학』, 1989년 5월호, 110쪽. 인용자가 문단을 일부 조정했음.

32 황석영 외, 『죽음을 넘어 시대의 어둠을 넘어』, 342쪽.

33 박남선, "광주 시민은 왜 총을 들었나", 『신동아』, 1988년 5월호, 362-363쪽.

34 신진욱, "광주항쟁과 애국적 민주공화주의의 탄생", 68쪽. 항쟁 기간 중 유인물에서 광주 시민들이 계엄군에게 보낸, "부모형제를 향하여 겨누고 있는 총부리를 당장 거두고 반공·국토방위 임무에만 전념해주기 바란다"는 메시지도 주목할 만하다(최영태, "극우 반공주의와 5·18광주항쟁", 79쪽).

35 신진욱, "광주항쟁과 애국적 민주공화주의의 탄생", 71쪽.

36 위의 글, 84쪽.

37 위의 글, 75-76쪽.

38 정근식, "광주민중항쟁에서의 저항의 상징 다시 읽기", 161-162쪽.

39 위의 글, 164쪽.

40 위의 글, 165쪽.

41 위의 글, 179쪽.

42 조지 카치아피카스, 『한국의 민중봉기』, 356, 367, 388-391쪽.

43 필자는 '집단적 순교' 개념을 토마스 로빈스와 존 홀에게서 빌려왔다. Thomas Robbins, "Religious Mass Suicide Before Johnstown: The Russian Old Believers," *Sociological Analysis* 47, 1986; John R. Hall, "Religion and Violence: Social Processes in Comparative Perspective," Michele Dillon ed., *Handbook of the Sociology of Religion*, Cambridge: Cambridge University Press, 2003, pp. 378-379.

44 김성국, "아나키스트적 시각에서 본 5·18", 300, 302쪽.

45 최정운, 『오월의 사회과학』, 269-270, 290-291쪽.

46 임철우, 『봄날(1)』, 문학과지성사, 1997, 10-11쪽.

5장. 항쟁-재난의 커뮤니타스

1 최정운, 『오월의 사회과학』, 322쪽.

2 위의 책, 235쪽.

3 위의 책, 213쪽.

4 김희송, "1980년 5월 광주공동체의 의미와 현재화에 대한 고찰", 특히 81-82쪽.

5 권헌익, 『학살, 그 이후: 1968년 베트남전 희생자들에 대한 추모의 인류학』, 유 강은 역, 아카이브, 2006, 44, 284쪽.

6 조지 카치아피카스, 『한국의 민중봉기』, 321쪽.

7 최정운, 『오월의 사회과학』, 185-186쪽.

8 위의 책, 199쪽.

9 위의 책, 200-201쪽.

10 김두식, "5·18에 관한 의미 구성의 변화 과정과 지역사회의 변화", 5·18기념재 단 편, 『5·18민중항쟁과 정치·역사·사회(1)』, 5·18기념재단, 2007, 501-502쪽.

11 위의 글, 502쪽.

12 박래풍, "구두닦이에서 광주 투사로: 한 밑바닥 인생이 겪은 5·18과 고문", 광 주광역시 5·18사료편찬위원회 편, 『5·18 광주민주화운동 자료총서(11)』, 광주 광역시 5·18사료 편찬위원회, 1998, 154쪽.

13 황석영 외, 『죽음을 넘어 시대의 어둠을 넘어』, 101쪽.

14 Jeff Goodwin and Steven Pfaff, "Emotion Work in High-Risk Social Movements: Managing Fear in the U.S. and East German Civil Rights Movements," Jeff Goodwin et al. eds., *Passionate Politics*, Chicago: University of Chicago Press, 2001, pp. 284-285. 굿윈과 파프는 "의도적이든 아니든 공포가 관리되 거나 완화되는, 그리고 용기 또는 위험을 감수하는 행동을 발생시키는 다양한 기제들"(*ibid.*, p. 285)을 '고무 기제(encouragement mechanism)'로 지칭하 면서, 다음 여덟 가지를 제시했다: ① 친밀한 사회적 네트워크, ② 대중집회, ③ 운동과의 동일시, ④ 수치스럽게 만들기(shaming), ⑤ 시민불복종 테크닉의 훈 련, ⑥ 운동 활동과 저항사건에 대한 대중매체의 보도, ⑦ 총기 소유, ⑧ (신의 보호와 같은) 신성한 방어에 대한 믿음(*ibid.*, pp. 286-300).

15 Elisabeth J. Wood, "The Emotional Benefits of Insurgency in El Salvador," Jeff Goodwin et al. eds., *Passionate Politics*, Chicago: University of Chicago Press, 2001, p. 277.

16 Collins, "Social Movements and the Focus of Emotional Attention," p. 41.

17 황석영 외, 『죽음을 넘어 시대의 어둠을 넘어』, 101-102쪽.

18 김두식, "광주항쟁, 5월운동, 다중적 집단정체성", 『민주주의와 인권』 3(1), 2003, 111쪽.

19 김영택, 『5월 18일, 광주』, 298쪽.

20 황석영 외, 『죽음을 넘어 시대의 어둠을 넘어』, 145쪽.

21 김영택, 『5월 18일, 광주』, 330쪽.

22 Calhoun, "Putting Emotions in Their Place," p. 49.

23 Wood, "The Emotional Benefits of Insurgency in El Salvador," pp. 268, 272-273, 279-280.

24 광주광역시 5·18사료편찬위원회 편, 『5·18 광주민주화운동 자료총서(12)』, 광주광역시 5·18사료 편찬위원회, 1998, 234쪽; 편집부, "5월의 아픔을 부모는 잊을 수 없다: 5·18유족회 전 회장 전계량과 그의 아내 김순희", 『가톨릭평론』 21, 2019, 152-154쪽.

25 황석영 외, 『죽음을 넘어 시대의 어둠을 넘어』, 154쪽.

26 광주광역시 5·18사료편찬위원회, 『5·18 광주민주화운동 자료총서(12)』, 249-250쪽.

27 홍남순 외, "내가 겪은 80년 5월의 광주", 434-435쪽. 인용자가 문단을 일부 조정했음.

28 최정운, 『오월의 사회과학』, 185쪽.

29 위의 책, 154-155, 160, 162, 165쪽.

30 임철우, 『봄날(2)』, 문학과지성사, 1997, 178쪽.

31 최정운, 『오월의 사회과학』, 174쪽. 부상자들을 위한 헌혈도 '간접적인' 방식의 신체 접촉으로 볼 수 있을 것이다.

32 황석영 외, 『죽음을 넘어 시대의 어둠을 넘어』, 105쪽.

33 정현상, "전옥주·차명숙", 117쪽.

34 김희경, "간첩조작 성고문도 버텨냈다: 광주항쟁 가두방송의 여인, 전옥주의 충격 고백 수기", 『신동아』, 1996년 9월호, 328쪽.

35 계엄군의 시위진압 전술은, 황석영 외, 『죽음을 넘어 시대의 어둠을 넘어』, 106-107쪽 참조.

36 위의 책, 141-142쪽.

37 최정운, 『오월의 사회과학』, 167-169쪽.

38 위의 책, 201쪽.

39 위의 책, 196쪽.

40 임철우, 『봄날(3)』, 문학과지성사, 1997, 135쪽.

41 이진경·조원광, "단절의 혁명, 무명의 혁명", 134쪽.

42 최정운, 『오월의 사회과학』, 175쪽.

43 위의 책, 316-317쪽.

44 임철우, 『봄날(3)』, 185쪽.

45 황석영 외, 『죽음을 넘어 시대의 어둠을 넘어』, 143-145쪽.

46 임철우, 『봄날(3)』, 197-198쪽.

47 민주화운동기념사업회 한국민주주의연구소, 『한국민주화운동사(3)』, 103쪽.

48 위의 책, 105쪽.

49 조지 카치아피카스, 『한국의 민중봉기』, 279쪽.

50 한겨레, 2016.1.4, 19면의 "80년 5월 20일 고립무원 '광주'는 밤새 공수부대와
   싸웠다"(이희호 평전, 제4부 4회).

51 김영택, 『5월 18일, 광주』, 336쪽.

52 최정운, 『오월의 사회과학』, 316쪽.

53 홍희담, "깃발", 5월문학총서간행위원회 편, 『소설: 5월문학총서2』, 5·18기념
   재단, 2012, 163쪽.

54 이영진, "백 년이 단 며칠 사이에 흘러가는 것을 보았다", 5월문학총서간행위
   원회 편, 『시: 5월문학총서1』, 5·18기념재단, 2012, 51-52, 특히 52쪽.

55 최정운, 『오월의 사회과학』, 325쪽.

56 위의 책, 176, 190, 197쪽.

57 이진경·조원광, "단절의 혁명, 무명의 혁명", 133쪽.

58 최정운, 『오월의 사회과학』, 173, 200쪽.

59 조정환, "광주민중항쟁과 제헌권력", 193쪽.

60 최정운, 『오월의 사회과학』, 316쪽, 아울러 198-199쪽을 볼 것.

61 김희수, "오늘은 꽃잎으로 누울지라도", 5월문학총서간행위원회 편, 『시: 5월
   문학총서1』, 5·18기념재단, 2012, 217쪽.

62 조대엽, "광주항쟁과 80년대의 사회운동문화", 5·18기념재단 편, 『5·18민중항

쟁과 정치·역사·사회(5)』, 5·18기념재단, 2007, 171쪽.

63 나간채, 『광주항쟁 부활의 역사 만들기』, 61쪽.

64 임철우, 『봄날(4)』, 문학과지성사, 1998, 37쪽.

65 최정운, 『오월의 사회과학』, 182쪽.

66 한겨레, 2016.1.11, 17면의 "항쟁 내내 광주 시민들은 '김대중 석방하라' 외쳤다"(이희호 평전, 제4부 7회).

67 황석영 외, 『죽음을 넘어 시대의 어둠을 넘어』, 186, 193-194쪽.

68 조지 카치아피카스, 『한국의 민중봉기』, 284-285쪽.

69 송영도, "이불홑청으로 만든 플래카드: 중학생 외아들 잃은 홀어머니의 8년 투쟁기", 『말』, 1988년 12월호, 49쪽.

70 민주화운동기념사업회 한국민주주의연구소, 『한국민주화운동사(3)』, 113쪽.

71 조지 카치아피카스, 『한국의 민중봉기』, 287쪽.

72 이광영, "금남로 10일, 스님이 겪은 연옥", 『월간경향』, 1988년 3월호, 137-138쪽.

73 광주광역시 5·18사료편찬위원회, 『5·18 광주민주화운동 자료총서(11)』, 112-113쪽. 인용자가 문단을 일부 조정했음.

74 이정우 편, 『광주, 여성: 그녀들의 가슴에 묻어둔 5·18 이야기』, 후마니타스, 2012, 185-186쪽. 인용자가 문단을 일부 조정했음.

75 김성봉, "의사가 겪은 5·18 참상: 헌혈 하고 간 여고생 시체로 다시 왔다", 『월간예향』, 1996년 2월호, 61쪽. 인용자가 문단을 일부 조정했음.

76 5·18기념재단, 『구술생애사를 통해 본 5·18의 기억과 역사(1)』, 31쪽.

77 조지 카치아피카스, 『한국의 민중봉기』, 289쪽.

78 나종영, "5월, 광주여, 영원한 깃발이여!", 5월문학총서간행위원회 편, 『시: 5월문학총서1』, 5·18기념재단, 2012, 49쪽.

79 김희수, "오늘은 꽃잎으로 누울지라도", 216쪽.

80 황석영 외, 『죽음을 넘어 시대의 어둠을 넘어』, 272쪽.

81 작자 미상, "민주의 나라", 5월문학총서간행위원회 편, 『시: 5월문학총서1』, 5·18기념재단, 2012, 182-183쪽.

82 최정운, 『오월의 사회과학』, 140-141, 167, 181-182쪽 참조.

83 위의 책, 190, 243쪽.

84 조대엽, "광주항쟁과 80년대의 사회운동문화", 175쪽.

85 최정운, 『오월의 사회과학』, 287-288쪽, 이 밖에도 247-248, 266, 268-269, 270-272쪽을 볼 것.

86 이진경·조원광, "단절의 혁명, 무명의 혁명", 148쪽.

87 민주화운동기념사업회 한국민주주의연구소, 『한국민주화운동사(3)』, 101, 105-106, 122, 139쪽.

88 김영택, 『5월 18일, 광주』, 318-319쪽.

89 이진경·조원광, "단절의 혁명, 무명의 혁명", 133쪽.

90 최정운, 『오월의 사회과학』, 317, 320쪽.

91 김두식, "5·18에 관한 의미 구성의 변화 과정과 지역사회의 변화", 503-504쪽.

92 최정운, 『오월의 사회과학』, 174쪽.

93 윤공희 외, 『저항과 명상: 윤공희 대주교와 사제들의 오월항쟁 체험담』, 5·18 기념재단, 2017, 55-57쪽.

94 안종철, "광주민중항쟁의 전개과정 연구: 시민군의 형성과 활동을 중심으로", 5·18기념재단 편, 『5·18민중항쟁과 정치·역사·사회(3)』, 5·18기념재단, 2007, 360쪽; 김세균·김홍명, "광주5월민중항쟁의 전개과정과 성격", 같은 책, 412-413쪽 참조.

95 최영진, "정체성의 정치학: 5·18과 호남지역주의", 5·18기념재단 편, 『5·18민중항쟁과 정치·역사·사회(5)』, 5·18기념재단, 2007, 362쪽.

96 장하진, "5·18과 여성", 광주광역시 5·18사료편찬위원회 편, 『5·18민중항쟁사』, 광주광역시 5·18사료편찬위원회, 2001, 456쪽.

97 위의 글, 457쪽.

98 황석영 외, 『죽음을 넘어 시대의 어둠을 넘어』, 92, 142, 145, 148, 181, 184, 193쪽.

99 임철우, 『봄날(3)』, 190-191쪽.

100 홍희담, "깃발", 129쪽.

101 황석영 외, 『죽음을 넘어 시대의 어둠을 넘어』, 201-204쪽; 임철우, 『봄날(4)』, 68-71쪽; 최정운, 『오월의 사회과학』, 184쪽.

102 황석영 외, 『죽음을 넘어 시대의 어둠을 넘어』, 215-216쪽.

103 조희연, "'급진민주주의'의 관점에서 본 광주 5·18", 224쪽.

104 이진경·조원광, "단절의 혁명, 무명의 혁명", 133-135쪽.

6장. 해방광주(1): 자기통치의 커뮤니타스

1 5·18기념재단 편, 『구술생애사를 통해 본 5·18의 기억과 역사(4): 공직자 편』, 5·18기념재단, 2010, 24, 27-28, 31쪽.

2 오연호, "'광주간첩' 이창용은 실존인가, 조작인가", 219쪽.

3 김희송, "1980년 5월 광주공동체의 의미와 현재화에 대한 고찰", 80쪽.

4 김준태, "시인 김준태의 '광주항쟁' 현장 일기", 525-526쪽.

5 한상진, "광주민주화운동에서 본 국민주권과 승인투쟁", 300쪽.

6 조희연, "'급진민주주의'의 관점에서 본 광주 5·18", 224쪽.

7 위의 글, 275쪽.

8 한상진, "유교와 참여민주주의: 광주민중항쟁과 인권의 공동체주의적 고찰", 5·18기념재단 편, 『5·18민중항쟁과 정치·역사·사회(1)』, 5·18기념재단, 2007, 470쪽.

9 황석영 외, 『죽음을 넘어 시대의 어둠을 넘어』, 305-306쪽.

10 위의 책, 357-358쪽.

11 정근식, "5·18의 경험과 코뮌적 상상력", 302쪽.

12 조대엽, "광주항쟁과 80년대의 사회운동문화", 172쪽.

13 김희송, "1980년 5월 광주공동체의 의미와 현재화에 대한 고찰", 77-79쪽.

14 광주광역시 5·18사료편찬위원회 편, 『5·18 광주민주화운동 자료총서(22)』, 광주광역시 5·18사료 편찬위원회, 2000, 71쪽.

15 황석영 외, 『죽음을 넘어 시대의 어둠을 넘어』, 383쪽.

16 한상진, "광주민주화운동에서 본 국민주권과 승인투쟁", 305쪽.

17 위의 글, 305-306쪽.

18 이정우, 『광주, 여성』, 96-97쪽. 인용자가 문단을 일부 조정했음.

19 한상진, "광주민주화운동에서 본 국민주권과 승인투쟁", 307쪽.

20 박몽구, "도둑 없는 거리", 5월문학총서간행위원회 편, 『시: 5월문학총서1』, 5·18기념재단, 2012, 143쪽.

21 박몽구, "우리는 그대 위에 서 있다: 광주민중항쟁의 햇불 윤상원 열사에게 드리는 글", 『사회와 사상』, 1989년 5월호, 129-130쪽.

22 김희송, "1980년 5월 광주공동체의 의미와 현재화에 대한 고찰", 81쪽.

23 조지 카치아피카스, 『한국의 민중봉기』, 285, 292-294, 331쪽을 볼 것.

24 한상진, "광주민주화운동에서 본 국민주권과 승인투쟁", 304-305쪽.

25 한상진, "유교와 참여민주주의", 473-474쪽.

26 조지 카치아피카스, "역사 속의 광주항쟁", 336쪽.

27 Wood, "The Emotional Benefits of Insurgency in El Salvador," 특히 p. 273.

28 조지 카치아피카스, "역사 속의 광주항쟁", 319쪽.

29 신진욱, "광주항쟁과 애국적 민주공화주의의 탄생", 77쪽.

30 조지 카치아피카스, "역사 속의 광주항쟁", 325쪽.

31 위의 글, 319쪽.

32 조지 카치아피카스, 『한국의 민중봉기』, 272쪽.

33 한상진, "유교와 참여민주주의", 475-476쪽.

34 조지 카치아피카스, 『한국의 민중봉기』, 291-292, 297-298쪽.

35 김성국, "국가에 대항하는 시민사회: 5·18의 자유해방주의적 해석", 5·18기념재단 편, 『5·18민중항쟁과 정치·역사·사회(1)』, 5·18기념재단, 2007, 257쪽.

36 정범종, "5·18은 살자고 한 일이었다: 소설가의 눈에 비친 5·18", 『가톨릭평론』 21, 2019, 124-125쪽. 인용자가 문단을 일부 조정했음.

37 황석영 외, 『죽음을 넘어 시대의 어둠을 넘어』, 280-281, 369쪽.

38 김준태, "시인 김준태의 '광주항쟁' 현장 일기", 527쪽.

39 정범종, "5·18은 살자고 한 일이었다", 126-127쪽.

40 황석영 외, 『죽음을 넘어 시대의 어둠을 넘어』, 286쪽.

41 정근식, "5·18의 경험과 코뮌적 상상력", 303쪽.

42 Polletta and Amenta, "Conclusion," p. 306.

43 정상용 외, 『광주민중항쟁』, 242-243쪽. 인용자가 문단을 일부 조정했음.

44 조지 카치아피카스, 『한국의 민중봉기』, 297쪽.

45 5·18기념재단, 『구술생애사를 통해 본 5·18의 기억과 역사(1)』, 116쪽.

46 5·18기념재단, 『구술생애사를 통해 본 5·18의 기억과 역사(4)』, 32-33쪽.

47 정근식, "5·18의 경험과 코뮌적 상상력", 307쪽.

48 5·18기념재단, 『구술생애사를 통해 본 5·18의 기억과 역사(4)』, 34-35쪽.

49 김두식, "5·18에 관한 의미 구성의 변화 과정과 지역사회의 변화", 507쪽; 손호철, "'5·18광주민중항쟁'의 재조명", 『이론』 11, 1995, 97-98쪽.

50 김두식, "5·18에 관한 의미 구성의 변화 과정과 지역사회의 변화", 507쪽.

51 정근식, "5·18의 경험과 코뮌적 상상력", 302쪽.

52 윤공희 외, 『저항과 명상』, 63쪽.

53 박노해, "'광주 무장봉기의 지도자' 윤상원 평전", 120쪽.

54 정근식, "5·18의 경험과 코뮌적 상상력", 302쪽.

55 위의 글, 290쪽에서 재인용.

56 문병란, "절규와 격정…객관적 관조가: '5월문학'의 생성과 흐름", 『월간 예향』, 1988년 5월호, 67쪽.

57 강인철, 『저항과 투항』, 221-229쪽.

58 위의 책, 228-233쪽.

59 5·18기념재단 편, 『구술생애사를 통해 본 5·18의 기억과 역사(6): 사회활동가2 편』, 5·18기념재단, 2014, 255-256쪽.

60 김상윤 외, 『녹두서점의 오월』, 79쪽.

61 최정운, 『오월의 사회과학』, 217쪽.

62 김두식, "광주항쟁, 5월운동, 다중적 집단정체성", 113쪽.

63 5·18기념재단, 『구술생애사를 통해 본 5·18의 기억과 역사(1)』, 116쪽.

64 5·18기념재단 편, 『구술생애사를 통해 본 5·18의 기억과 역사(2): 사회활동가 편』, 5·18기념재단, 2006, 123쪽.

65 김두식, "광주항쟁, 5월운동, 다중적 집단정체성", 110-112쪽.

66 Theodore Kemper, "A Structural Approach to Social Movement Emotions," Jeff Goodwin et al. eds., *Passionate Politics*, Chicago: University of Chicago Press, 2001, p. 72.

67 조지 카치아피카스, 『한국의 민중봉기』, 324-325쪽 참조.

68 황석영 외, 『죽음을 넘어 시대의 어둠을 넘어』, 335-337, 363-364쪽 참조.

69 위의 책, 311, 323쪽.

70 위의 책, 343-344쪽 참조.

71 위의 책, 327-328, 337쪽.

72 안쏘니 기든스, 『민족국가와 폭력』, 진덕규 역, 삼지원, 1991, 267-270, 274쪽.

73 신병식, "박정희시대의 일상생활과 군사주의: 징병제와 '신성한 국방의 의무' 담론을 중심으로", 『경제와 사회』 72, 2006, 151쪽.

74 조지 모스, 『전사자 숭배: 국가라는 종교의 희생제물』, 오윤성 역, 문학동네,
   2015, 16쪽.

75 박남선, "광주 시민은 왜 총을 들었나", 350쪽.

76 위의 글, 350-351쪽.

77 위의 글, 353쪽.

78 위의 글, 353-354쪽.

79 위의 글, 355쪽.

80 황석영 외, 『죽음을 넘어 시대의 어둠을 넘어』, 278-279쪽. 아울러, 같은 책,
   215-216쪽(특공대 조직), 297-298쪽(지역방위대)을 볼 것.

81 위의 책, 278쪽.

82 박남선, "광주 시민은 왜 총을 들었나", 352쪽.

83 황석영 외, 『죽음을 넘어 시대의 어둠을 넘어』, 276쪽.

84 김준태, "시인 김준태의 '광주항쟁' 현장 일기", 526쪽.

85 황석영 외, 『죽음을 넘어 시대의 어둠을 넘어』, 281, 387-388쪽; 박남선, "광주
   시민은 왜 총을 들었나", 356-357, 366-369쪽.

86 김희송, "1980년 5월 광주공동체의 의미와 현재화에 대한 고찰", 81쪽.

87 황석영 외, 『죽음을 넘어 시대의 어둠을 넘어』, 357쪽.

88 위의 책, 275-276, 277, 281, 286, 368, 386쪽; 조지 카치아피카스, 『한국의 민중
   봉기』, 285-287, 332쪽; 한겨레, 2020.3.18,14면.

89 정상용 외, 『광주민중항쟁』, 241-242쪽.

90 김준태, "시인 김준태의 '광주항쟁' 현장 일기", 526쪽.

91 황석영 외, 『죽음을 넘어 시대의 어둠을 넘어』, 275쪽.

92 박노해, "'광주 무장봉기의 지도자' 윤상원 평전", 118쪽. 인용자가 문단을 일
   부 조정했음.

93 황석영 외, 『죽음을 넘어 시대의 어둠을 넘어』, 326-329쪽.

7장. 해방광주(2): 재난의 커뮤니타스, 의례-연극의 커뮤니타스

1 Van Gennep, *The Rites of Passage*, p. 147; 아놀드 반 겐넵, 『통과의례』, 212쪽.

2 Collins, "Social Movements and the Focus of Emotional Attention," pp. 32-33.

3 나간채, 『광주항쟁 부활의 역사 만들기』, 30, 36, 43쪽; 최정운, 『오월의 사회과학』, 205-206쪽.

4 황석영 외, 『죽음을 넘어 시대의 어둠을 넘어』, 317쪽.

5 조정환, "광주민중항쟁과 제헌권력", 189쪽.

6 임철우, 『봄날(4)』, 315쪽.

7 김상윤 외, 『녹두서점의 오월』, 100-101쪽.

8 임철우, 『봄날(4)』, 278, 333-339쪽; 광주광역시 5·18사료편찬위원회 편, 『5·18 광주민중항쟁』, 광주광역시 5·18사료편찬위원회, 1999, 45쪽의 사진 참조.

9 최정운, 『오월의 사회과학』, 30, 221, 236, 281-282쪽; 나간채, 『광주항쟁 부활의 역사 만들기』, 47-49쪽; 조정환, "광주민중항쟁과 제헌권력", 185쪽; 임철우, 『봄날(5)』, 문학과지성사, 1998, 126쪽.

10 한상진, "광주민주화운동에서 본 국민주권과 승인투쟁", 307쪽.

11 정근식, "광주민중항쟁에서의 저항의 상징 다시 읽기", 163쪽.

12 황석영 외, 『죽음을 넘어 시대의 어둠을 넘어』, 339쪽.

13 위의 책, 288, 319쪽.

14 조지 카치아피카스, 『한국의 민중봉기』, 322쪽.

15 광주광역시 5·18사료편찬위원회, 『5·18 광주민중항쟁』, 128-129쪽; 황석영 외, 『죽음을 넘어 시대의 어둠을 넘어』, 336쪽.

16 조지 카치아피카스, 『한국의 민중봉기』, 327쪽; 황석영 외, 『죽음을 넘어 시대의 어둠을 넘어』, 370-371, 382-383쪽.

17 송영도, "이불홑청으로 만든 플래카드", 51쪽. 인용자가 문단을 일부 조정했음.

18 한상진, "광주민주화운동에서 본 국민주권과 승인투쟁", 306쪽.

19 황석영 외, 『죽음을 넘어 시대의 어둠을 넘어』, 397쪽.

20 이정우, 『광주, 여성』, 198쪽. 인용자가 문단을 일부 조정했음.

21 위의 책, 115쪽.

22 황석영 외, 『죽음을 넘어 시대의 어둠을 넘어』, 358쪽.

23 위의 책, 307-308쪽.

24 나간채, 『광주항쟁 부활의 역사 만들기』, 59쪽.

25 민주화운동기념사업회 한국민주주의연구소, 『한국민주화운동사(3)』, 136쪽.

26 5·18기념재단, 『구술생애사를 통해 본 5·18의 기억과 역사(2)』, 118-119쪽.

27 뉴스타파(온라인판), 2019년 10월 7일자의 "전두환프로젝트(8): '헌혈 막아라'…광주학살 직후 외무부 문서" 기사(한상진 기자) 참조.

28 황석영 외, 『죽음을 넘어 시대의 어둠을 넘어』, 316쪽.

29 임철우, 『봄날(4)』, 215, 337-338쪽; 임철우, 『봄날(5)』, 228, 239쪽 등을 볼 것.

30 정근식, "5·18의 경험과 코뮌적 상상력", 300쪽.

31 최정운, 『오월의 사회과학』, 277쪽.

32 김성국, "국가에 대항하는 시민사회", 270쪽.

33 광주광역시 5·18사료편찬위원회, 『5·18 광주민주화운동 자료총서(22)』, 70쪽.

34 황석영 외, 『죽음을 넘어 시대의 어둠을 넘어』, 339, 341쪽.

35 위의 책, 339-340쪽.

36 에밀 뒤르케임, 『종교생활의 원초적 형태』, 309쪽.

37 Rhys H. Williams, "Religious Social Movement in the Public Sphere: Organization, Ideology, and Activism," Michele Dillon ed., *Handbook of the Sociology of Religion*, Cambridge: Cambridge University Press, 2003, p. 318.

38 캐서린 벨, 『의례의 이해: 의례를 보는 관점들과 의례의 차원들』, 류성민 역, 한신대학교출판부, 2007, 268, 317, 435, 439쪽.

39 Mabel Berezin, "Emotions and Political Identity: Mobilizing Affection for the Polity," Jeff Goodwin et al. eds., *Passionate Politics*, Chicago: University of Chicago Press, 2001, p. 93.

40 Calhoun, "Putting Emotions in Their Place," pp. 55-56.

41 Collins, "Social Movements and the Focus of Emotional Attention," p. 29.

42 Berezin, "Emotions and Political Identity," p. 93.

43 정근식, "항쟁기억의 의례적 재현", 9쪽.

44 Colin Barker, "Fear, Laughter, and Collective Power: The Making of Solidarity at the Lenin Shipyard in Gdansk, Poland, August 1980," Jeff Goodwin et al. eds., *Passionate Politics*, Chicago: University of Chicago Press, 2001, p. 189.

45 정유하, "5·18 의례음악의 특성과 변화의 양상", 『지역사회연구』 12(1), 2004, 25쪽.

46 Goodwin and Pfaff, "Emotion Work in High-Risk Social Movements," pp. 288-290.

47 *ibid.*, p. 293.

48 김희송, "1980년 5월 광주공동체의 의미와 현재화에 대한 고찰", 81쪽.

49 정근식, "5·18의 경험과 코뮌적 상상력", 303-304쪽.

50 최정운, 『오월의 사회과학』, 278쪽.

51 한상진, "광주민주화운동에서 본 국민주권과 승인투쟁", 303쪽.

52 조지 카치아피카스, 『한국의 민중봉기』, 324쪽.

53 김영택, 『5월 18일, 광주』, 503-504쪽.

54 천유철, 『오월의 문화정치: 1980년 광주민중항쟁 '현장'의 문화투쟁』, 오월의 봄, 2016, 76-78쪽.

55 위의 책, 81쪽.

56 위의 책, 81-82쪽.

57 황석영 외, 『죽음을 넘어 시대의 어둠을 넘어』, 380쪽.

58 위의 책, 381-382쪽.

59 천유철, 『오월의 문화정치』, 415-416쪽. 필자가 일부 내용을 추가 혹은 수정했음.

60 조지 카치아피카스, 『한국의 민중봉기』, 304쪽. 필자가 집회 시간을 일부 수정했음.

61 황석영 외, 『죽음을 넘어 시대의 어둠을 넘어』, 313-314쪽.

62 정근식, "광주민중항쟁에서의 저항의 상징 다시 읽기", 특히 152-165쪽. 아울러, 천유철, 『오월의 문화정치』, 140-143쪽; 최정운, 『오월의 사회과학』, 136, 173-178, 184쪽도 참조.

63 황석영 외, 『죽음을 넘어 시대의 어둠을 넘어』, 384쪽.

64 Goodwin and Pfaff, "Emotion Work in High-Risk Social Movements," p. 291.

65 천유철, 『오월의 문화정치』, 133, 134-135, 147쪽.

66 위의 책, 132쪽.

67 위의 책, 153쪽. 인용자가 〈정의파〉와 〈홀라송〉의 위치를 맞바꾸었다. 다시 말해 〈홀라송〉이 원곡이고 〈정의파〉가 개사곡 제목이라는 것이다.

68 한상진, "광주민주화운동에서 본 국민주권과 승인투쟁", 302쪽.

69 위의 글, 303-304쪽.

8장. 해방광주(3): 비폭력 저항의 커뮤니타스, 항쟁-재난의 커뮤니타스

1 광주광역시 5·18사료편찬위원회, 『5·18 광주민중항쟁』, 126-131쪽; 최정운, 『오월의 사회과학』, 261-268쪽 참조.

2 황석영 외, 『죽음을 넘어 시대의 어둠을 넘어』, 190-193, 370-371쪽; 민주화운 동기념사업회 한국민주주의연구소, 『한국민주화운동사(3)』, 106-107쪽; 조지 카치아피카스, 『한국의 민중봉기』, 283쪽.

3 5·18기념재단, 『구술생애사를 통해 본 5·18의 기억과 역사(1)』, 32-33쪽.

4 황석영 외, 『죽음을 넘어 시대의 어둠을 넘어』, 322-323쪽.

5 조지 카치아피카스, 『한국의 민중봉기』, 327쪽; 황석영 외, 『죽음을 넘어 시대 의 어둠을 넘어』, 370-371, 382-383쪽; 정근식, "5·18의 경험과 코뮌적 상상력", 305쪽.

6 황석영 외, 『죽음을 넘어 시대의 어둠을 넘어』, 311쪽.

7 위의 책, 287-293, 308-309. 319-321, 336, 358-363, 381, 547쪽; 김성국, "국가에 대항하는 시민사회", 261-264쪽; 정근식, "5·18의 경험과 코뮌적 상상력", 300- 303쪽; 광주광역시 5·18사료편찬위원회, 『5·18 광주민중항쟁』, 128-129쪽; 민 주화운동기념사업회 한국민주주의연구소, 『한국민주화운동사(3)』, 131쪽; 윤 공희 외, 『저항과 명상』, 72-73쪽을 참조하여 필자가 작성했음.

8 정근식, "5·18의 경험과 코뮌적 상상력", 301-303쪽.

9 유사한 취지에서 이광일은 당시 "'협상론(타협론)'과 '투쟁론'이 결코 선택지 가 아니었으며 동일한 위상을 지니는 문제도 아니었다"고 주장한 바 있다. 이 광일, "5·18민중항쟁, '과거청산'과 재구성의 정치", 5·18기념재단 편, 『5·18 민중항쟁과 정치·역사·사회(5)』, 5·18기념재단, 2007, 529-530쪽.

10 다음 인용문에서 확인되듯이, 항쟁 당시 도청에는 '중앙청 상황실 직통전화'가 설치되어 있었고, 이를 통해 중앙정부와 소통할 수도 있을 것이다. "(5월 27일 새벽—인용자) 3시 5분쯤 비상을 걸었다.……김종배 위원장은 서울의 중앙청 상황실 직통으로 연결된 전화를 들고 소리쳤다. '지금 계엄군이 오는데 광주 시민 몰살하겠는가?'"(홍남순 외, "내가 겪은 80년 5월의 광주", 446쪽). 이 전 화는 부지사실에 있었던 것으로 보인다. "시외전화가 끊기는데 부지사실 일반 전화 하나만 살아있어.……중앙에서 연락 오는 것도 전부. 그니까 명실공히 대

한민국 정부가 부지사실이여. 거기서 모든 것이 다 이뤄지는 거야"(5·18기념재단, 『구술생애사를 통해 본 5·18의 기억과 역사(4)』, 28쪽).

11 강인철, 『저항과 투항』, 242-243쪽 참조.

12 황석영 외, 『죽음을 넘어 시대의 어둠을 넘어』, 341, 360쪽.

13 박몽구, "우리는 그대 위에 서 있다", 128쪽.

14 박남선, "광주 시민은 왜 총을 들었나", 355, 369쪽.

15 황석영 외, 『죽음을 넘어 시대의 어둠을 넘어』, 328쪽.

16 위의 책, 364쪽; 박남선, "광주 시민은 왜 총을 들었나", 356쪽.

17 황석영 외, 『죽음을 넘어 시대의 어둠을 넘어』, 345쪽.

18 5·18기념재단, 『구술생애사를 통해 본 5·18의 기억과 역사(4)』, 29쪽.

19 5·18기념재단, 『구술생애사를 통해 본 5·18의 기억과 역사(6)』, 247쪽.

20 광주광역시 5·18사료편찬위원회, 『5·18 광주민중항쟁』, 131쪽.

21 황석영 외, 『죽음을 넘어 시대의 어둠을 넘어』, 371쪽.

22 위의 책, 382-383쪽.

23 정근식의 표현에 의하면, "신군부는 시민 지도부를 전혀 인정하지 않았다. 그들은 단지 진압을 위한 작전 수행 중이었을 뿐이다." 정근식, "5·18의 경험과 코뮌적 상상력", 303쪽.

24 황석영 외, 『죽음을 넘어 시대의 어둠을 넘어』, 328쪽.

25 박노해, "'광주 무장봉기의 지도자' 윤상원 평전", 124쪽.

26 5·18기념재단, 『구술생애사를 통해 본 5·18의 기억과 역사(2)』, 234쪽.

27 윤공희 외, 『저항과 명상』, 69-70쪽. 인용자가 문단을 일부 조정했음.

28 임철우, 『봄날(5)』, 323쪽.

29 황석영 외, 『죽음을 넘어 시대의 어둠을 넘어』, 375쪽.

30 윤공희 외, 『저항과 명상』, 70-71쪽.

31 황석영 외, 『죽음을 넘어 시대의 어둠을 넘어』, 376-377쪽.

32 조지 카치아피카스, 『한국의 민중봉기』, 342-344쪽.

33 윤공희 외, 『저항과 명상』, 16, 147-148쪽.

34 황석영 외, 『죽음을 넘어 시대의 어둠을 넘어』, 378-379쪽.

35 박노해, "'광주 무장봉기의 지도자' 윤상원 평전", 127-128쪽.

36 윤공희 외, 『저항과 명상』, 116-117쪽. 우리는 26일 새벽 김성용 신부의 제안으

로 모두가 결의한 '전 시민의 무장화'와 '게릴라전 불사' 합의도 기억해야 할 것이다

37 황석영 외, 『죽음을 넘어 시대의 어둠을 넘어』, 395쪽.

38 위의 책, 404쪽.

39 박남선, "광주 시민은 왜 총을 들었나", 376쪽.

40 5·18기념재단, 『구술생애사를 통해 본 5·18의 기억과 역사(6)』, 249쪽.

41 홍남순 외, "내가 겪은 80년 5월의 광주", 446쪽.

42 최정운, 『오월의 사회과학』, 267쪽.

43 황석영 외, 『죽음을 넘어 시대의 어둠을 넘어』, 337쪽. 아울러 같은 책, 323-324, 327-328쪽도 볼 것.

44 박남선, "광주 시민은 왜 총을 들었나", 375쪽.

45 홍남순 외, "내가 겪은 80년 5월의 광주", 447쪽.

46 Rodney Stark, *The Rise of Christianity: A Sociologist Reconsiders History*, Princeton: Princeton University Press, 1996, 8장을 볼 것.

47 황석영 외, 『죽음을 넘어 시대의 어둠을 넘어』, 407-408쪽.

48 김영택, 『5월 18일, 광주』, 534쪽.

49 김성국, "국가에 대항하는 시민사회", 266, 269쪽; 황석영 외, 『죽음을 넘어 시대의 어둠을 넘어』, 402-403쪽.

50 황석영 외, 『죽음을 넘어 시대의 어둠을 넘어』, 405-406쪽.

51 위의 책, 391쪽.

52 박노해, "'광주 무장봉기의 지도자' 윤상원 평전", 126쪽.

53 임낙평, "윤상원 열사의 삶과 투쟁", 『말』, 1989년 5월호, 97쪽.

54 최정운, 『오월의 사회과학』, 391쪽. 당시 그 현장에 있었던 정상용은 윤상원의 발언을 이렇게 전하고 있다. "물론 우리는 패배할 것입니다. 죽을지도 모릅니다. 그러나 그냥 이대로 전부가 총을 버리고 아무 저항 없이 계엄군을 맞아들이기에는 지난 며칠 동안의 항쟁이 너무도 장렬했습니다. 앞으로 우리 시민들의 저항을 완성시키기 위해서도 누군가 여기에 남아 도청을 사수하다 죽어야 합니다"(정상용 외, 『광주민중항쟁』, 304-305쪽).

55 박몽구, "우리는 그대 위에 서 있다", 129쪽.

56 박남선, "광주 시민은 왜 총을 들었나", 375쪽.

57 광주광역시 5·18사료편찬위원회,『5·18 광주민주화운동 자료총서(11)』, 432쪽.

58 광주광역시 5·18사료편찬위원회의 저자들은 "광주 시민들이 체험한" 그리고 광주 시민들이 왜곡 선전과 부당한 낙인에 맞서 지키고자 했던 "광주의 진실" 을 세 가지로 요약했다. 첫째, "거의 모든 시민들이 자발적으로 공수부대의 야 만적인 폭력에 굴하지 않고 하나가 되어 싸웠다는 점", 둘째, "항쟁의 전 기간 동안 광주시는 하나의 공동체를 형성하며, 위기를 가장 인간다운 삶의 협동으 로 대처했다는 점", 셋째, "광주시에서 계엄군이 퇴각하고 시민군이 시내를 장 악한 이후 다시 계엄군이 진주할 때까지 6일 동안 광주의 시민들은, 특히 이 지 역의 민중들은 그들이 갖고 있던 도덕성을 유감없이 발휘했다는 점"이 그것이 다. 광주광역시 5·18사료편찬위원회 편,『5·18 광주민중항쟁』, 광주광역시 5·18사료편찬위원회, 1999, 145-147쪽.

59 정근식, "5·18의 경험과 코뮌적 상상력", 307쪽.

60 위의 글, 308쪽.

61 박노해, "'광주 무장봉기의 지도자' 윤상원 평전", 131쪽; 박남선, "광주 시민은 왜 총을 들었나", 380쪽; 박몽구, "우리는 그대 위에 서 있다", 130쪽. 2019년 11 월 26일 대안신당의 박지원·최경환 의원은 광주항쟁 당시 국군보안사령부가 채증하거나 압수한 사진 자료 1,769장을 공개했다. 두 의원이 국가기록원을 통 해 입수한 이 자료 중에는 계엄군에 체포되어 무릎을 꿇은 채 소총을 들고 있 는 여성 4명의 모습이 담긴 이채로운 사진 한 장이 포함되어 있었다. 도청 진 압작전 직후 촬영된 것으로 추정되는데, 이 추정이 사실에 부합한다면 최후항 전에 참여한 '여성 시민군'의 숫자는 기존에 알려진 것보다 더 늘어나는 셈이 다(한겨레, 2019.11.27, 2면의 "'총 든 여성들'…진압군 기록 사진 속에 담긴 5·18의 진실" 기사).

62 황석영 외,『죽음을 넘어 시대의 어둠을 넘어』, 403-404쪽.

63 위의 책, 406쪽.

64 김상윤 외,『녹두서점의 오월』, 136-138쪽.

65 조지 카치아피카스,『한국의 민중봉기』, 334쪽.

66 5·18기념재단,『구술생애사를 통해 본 5·18의 기억과 역사(6)』, 125쪽.

67 위의 책, 129쪽.

68 김영택,『5월 18일, 광주』, 534쪽.

69 위와 같음.

70 황석영 외, 『죽음을 넘어 시대의 어둠을 넘어』, 405쪽.

71 5·18기념재단, 『구술생애사를 통해 본 5·18의 기억과 역사(6)』, 128-129쪽.

72 박노해, "'광주 무장봉기의 지도자' 윤상원 평전", 129-130쪽.

73 위의 글, 128쪽. 인용자가 문단을 일부 조정했음.

74 박남선, "광주 시민은 왜 총을 들었나", 373쪽. 인용자가 문단을 일부 조정했음.

75 황석영 외, 『죽음을 넘어 시대의 어둠을 넘어』, 418쪽. 인용자가 문단을 일부 조정했음.

76 위의 책, 433-434쪽. 인용자가 문단을 일부 조정했음.

77 임낙평, "윤상원 열사의 삶과 투쟁", 97쪽. 인용자가 문단을 일부 조정했음.

78 정상용 외, 『광주민중항쟁』, 309쪽.

79 황석영 외, 『죽음을 넘어 시대의 어둠을 넘어』, 407쪽. 임낙평은 당시 윤상원의 발언을 이렇게 전한다. "고교생, 너희들은 나가라. 우리가 싸울 테니 너희들은 집으로 돌아가라. 그래서 역사의 증인이 되어라"(임낙평, "윤상원 열사의 삶과 투쟁", 97쪽).

80 조지 카치아피카스, 『한국의 민중봉기』, 344쪽.

81 박노해, "'광주 무장봉기의 지도자' 윤상원 평전", 128쪽. 인용자가 문단을 일부 조정했음.

82 5·18기념재단, 『구술생애사를 통해 본 5·18의 기억과 역사(1)』, 74쪽.

83 5·18기념재단, 『구술생애사를 통해 본 5·18의 기억과 역사(6)』, 128쪽.

84 이정우, 『광주, 여성』, 116쪽. 인용자가 문단을 일부 조정했음.

85 5·18기념재단, 『구술생애사를 통해 본 5·18의 기억과 역사(6)』, 250쪽.

86 황석영 외, 『죽음을 넘어 시대의 어둠을 넘어』, 406쪽.

87 이들과는 달리 김창길 등 투항파를 따라 스스로 도청에서 빠져나간 이들도 일부 있었는데, 그 숫자는 20여 명 이내였다고 한다. 황석영 외, 『죽음을 넘어 시대의 어둠을 넘어』, 402쪽.

9장. 광주 사회극

1 민주화운동기념사업회 한국민주주의연구소, 『한국민주화운동사(3)』, 151-152쪽.

2 조정환, "광주민중항쟁과 제헌권력", 176-177쪽.

3 김영택, "5·18 광주민중항쟁 연구", 국민대학교 박사학위논문, 2004, 67-73쪽;
   정대화, "광주항쟁과 1980년대 민주화운동", 5·18기념재단 편, 『5·18민중항쟁
   과 정치·역사·사회(5)』, 5·18기념재단, 2007, 26쪽.

4 김홍길, "5월 광주의 기억정치적 재구성과 시민공동체의 변화", 9쪽.

5 최정운, "폭력과 사랑의 변증법: 5·18 민중항쟁과 절대공동체의 등장", 5·18기
   념재단 편, 『5·18민중항쟁과 정치·역사·사회(3)』, 5·18기념재단, 2007, 237쪽.

6 김성국, "국가에 대항하는 시민사회", 222-223쪽.

7 한상진, "유교와 참여민주주의", 470-471쪽.

8 정근식, "5·18의 경험과 코뮌적 상상력", 303쪽. 이 점은 최근 법원의 여러 판
   결에 의해서도 보다 명백해지고 있다. 예컨대 군법회의에서 유죄판결을 받은
   광주항쟁 참여자들에 대한 재심(再審)에서 광주고등법원은 2019년 7월 21일
   신군부의 5·17쿠데타와 학살극을 "헌정질서 파괴 범행"으로, 시민들의 항거
   를 "헌법의 존립과 헌정질서를 수호하기 위한 정당행위"로 규정했다(한겨레,
   2019.7.22, 12면). 같은 해 11월 5일 수원지방법원 성남지원은 1980년 5월 17일
   신군부가 발령한 '계엄포고 10호'가 "위헌이고 위법해 무효"라고 판결했다(한
   겨레, 2019.11.6, 8면).

9 황석영 외, 『죽음을 넘어 시대의 어둠을 넘어』, 465쪽.

10 위의 책, 465-467쪽.

11 최영태, "극우 반공주의와 5·18광주항쟁", 75-78쪽.

12 이성우, "국가폭력에 대한 기억투쟁: 5·18과 4·3 비교연구", 『OUGHTOPIA:
   The Journal of Social Paradigm Studies』 26(1), 2011, 77쪽.

13 임종명, "표상(表象)과 권력: 5월광주항쟁의 전용(轉用)", 『역사학연구』 29,
   2007, 282, 313쪽.

14 강인철, 『전쟁과 희생: 한국의 전사자 숭배』, 역사비평사, 2019, 29-38쪽.

15 나간채, "5·18 기념사업과 5월운동", 『민주주의와 인권』 11(2), 2011, 9쪽.

16 황석영 외, 『죽음을 넘어 시대의 어둠을 넘어』, 460-461쪽.

17 나간채, "5·18 기념사업과 5월운동", 15쪽.

18 지병문·김철홍, "지방사회운동으로서의 광주 5월운동", 5·18기념재단 편, 『5·18민중항쟁과 정치·역사·사회(4): 5월운동의 전개』, 5·18기념재단, 2007, 78-79쪽.

19 1989년 11월 16일 현재 광주항쟁 당시 특전사령관이던 정호용, 20사단장이던 박준병, 제3특전여단장이던 최세창에게 '충무무공훈장'이 각각 제공되었다. 이 밖에 화랑무공훈장 13명, 인헌무공훈장 20명, 무공포장 17명, 보국훈장 삼일장 1명, 보국훈장 광복장 4명, 보국포장 11명 등 모두 79명에게 훈장과 포장이 수여되었다. 조호연, "'광주학살' 훈장과 공적서", 『월간경향』, 1989년 1월호, 449쪽.

20 강인철, 『경합하는 시민종교들: 대한민국의 종교학』, 성균관대학교출판부, 2019, 590-591쪽.

10장. 항쟁 이후의 광주 사회극(1): 5월공동체의 형성

1 조지 카치아피카스, 『한국의 민중봉기』, 386쪽.

2 마나베 유코, 『열사의 탄생』, 23쪽.

3 위의 책, 22쪽.

4 최정운, 『오월의 사회과학』, 279쪽.

5 박노해, "'광주 무장봉기의 지도자' 윤상원 평전", 62쪽.

6 황석영 외, 『죽음을 넘어 시대의 어둠을 넘어』, 418-419쪽.

7 임낙평, 『광주의 넋 박관현: 그의 삶과 죽음』, 사계절, 1987, 135, 151쪽.

8 임철우, 『봄날(1)』, 9쪽.

9 위의 책, 11쪽.

10 이경호, 『문학과 현실의 원근법: 문학평론집』, 민음사, 1992, 85쪽; 강형철, 『시인의 길 사람의 길』, 94쪽에서 재인용.

11 민주화운동기념사업회 한국민주주의연구소, 『한국민주화운동사(3)』, 642쪽.

12 정근식, "임을 위한 행진곡: 1980년대 비판적 감성의 대전환", 『역사비평』 112, 2015, 256쪽.

13 정근식, "5·18의 경험과 코뮌적 상상력", 285쪽.

14 김동춘, "1980년대 민주변혁운동의 성장과 그 성격", 학술단체협의회 편, 『6월민주항쟁과 한국사회 10년(1): 6월민주항쟁 10주년 기념 학술대토론회 자료집』, 당대, 1997, 99쪽.

15 정해구 외, 『광주민중항쟁 연구』, 11쪽.

16 조대엽, "광주항쟁과 80년대의 사회운동문화", 167쪽.

17 정대화, "광주항쟁과 1980년대 민주화운동", 32-33쪽.

18 나간채, 『광주항쟁 부활의 역사 만들기』, 12-13쪽.

19 나간채, "5·18 기념사업과 5월운동", 3-4쪽.

20 나간채, "5월운동에 있어서 운동주체의 형성과 발전과정 분석", 『민주주의와 인권』 8(2), 2008, 11쪽.

21 위의 글, 12쪽.

22 Kemper, "A Structural Approach to Social Movement Emotions," p. 68.

23 김홍길, "5월 광주의 기억정치적 재구성과 시민공동체의 변화", 7쪽; 정호기, "'5월운동'과 5·18 기념사업 그리고 기념공동체", 『기억과 전망』 1, 2002, 186-187쪽.

24 김홍길, "5월 광주의 기억정치적 재구성과 시민공동체의 변화", 13쪽.

25 김두식, "5·18에 관한 의미 구성의 변화 과정과 지역사회의 변화", 514-515쪽; 김두식, "광주항쟁, 5월운동, 다중적 집단정체성", 113-114쪽 참조.

26 편집부, "5월의 아픔을 부모는 잊을 수 없다", 156-158쪽.

27 정유하, "5·18 의례음악의 특성과 변화의 양상", 26쪽.

28 5·18 유가족, 부상자, 구속자의 단체 결성 과정과 초기 활동에 대해서는, 나간채, "5월단체의 형성과 활동", 광주광역시 5·18사료편찬위원회 편, 『5·18민중항쟁사』, 광주광역시 5·18사료편찬위원회, 2001, 683-701쪽; 나간채, "5월운동에 있어서 운동주체의 형성과 발전과정 분석", 18-23쪽; 황석영 외, 『죽음을 넘어 시대의 어둠을 넘어』, 475-478쪽; 지병문·김철홍, "지방사회운동으로서의 광주 5월운동", 77-81쪽 등을 참조.

29 지병문·김철홍, "지방사회운동으로서의 광주 5월운동", 78쪽.

30 광주광역시 5·18사료편찬위원회, 『5·18 광주민주화운동 자료총서(12)』, 61쪽.

31 위의 책, 254-255쪽.

32 위의 책, 62쪽.

33 이광영, "금남로 10일, 스님이 겪은 연옥", 143쪽.

34 지병문·김철홍, "지방사회운동으로서의 광주 5월운동", 78-79쪽.

35 위의 글, 78쪽.

36 황석영 외, 『죽음을 넘어 시대의 어둠을 넘어』, 467쪽.

37 정호기, "광주민중항쟁의 '트라우마티즘'과 기념공간", 126-128쪽.

38 오수성, "5·18 관련자의 심리적 고통", 광주광역시5.18사료편찬위원회 편, 『5·18민중항쟁사』, 광주광역시 5.18사료편찬위원회, 2001, 754-756쪽.

39 위의 글, 756쪽.

40 김동춘, 『전쟁정치: 한국정치의 메커니즘과 국가폭력』, 도서출판 길, 2013, 73-105쪽.

41 정호기, "광주민중항쟁의 '트라우마티즘'과 기념공간", 129쪽.

42 이성우, "국가폭력에 대한 기억투쟁", 77쪽.

43 김홍길, "5월 광주의 기억정치적 재구성과 시민공동체의 변화", 17쪽.

44 나간채, "5·18 기념사업과 5월운동", 15-18쪽.

45 정호기, "광주민중항쟁의 '트라우마티즘'과 기념공간", 129쪽.

46 정근식, "청산과 복원으로서의 5월운동", 5·18기념재단 편, 『5·18민중항쟁과 정치·역사·사회(4)』, 5·18기념재단, 2007, 154쪽.

47 지병문·김철홍, "지방사회운동으로서의 광주 5월운동", 80-81쪽.

48 Sharon E. Nepstad and Christian Smith, "The Social Structure of Moral Outrage in Recruitment to the U.S. Central America Peace Movement," Jeff Goodwin et al. eds., *Passionate Politics*, Chicago: University of Chicago Press, 2001, p. 159.

49 조지 카치아피카스, 『한국의 민중봉기』, 314-315쪽 참조.

50 강인철, 『경합하는 시민종교들』, 592쪽.

51 조대엽, "광주항쟁과 80년대의 사회운동문화", 159쪽.

52 광주광역시 5·18사료편찬위원회, 『5·18 광주민주화운동 자료총서(12)』, 110-111쪽.

53 1988년 이후 매년 5월 27일에 거행되는 '도청 앞 노제'가 '5월 행사(5월 항쟁 축제)'의 마지막 행사로써 배치되곤 했다. 정근식, "사회운동과 5월 의례, 그리고 5월 축제", 95쪽.

54 위의 글, 86-91쪽.

55 임미리, 『열사, 분노와 슬픔의 정치학: 한국저항운동과 열사 호명구조』, 오월의봄, 2017. 아울러, 마나베 유코, 『열사의 탄생』, 36쪽 참조.

56 정근식, "청산과 복원으로서의 5월운동", 165-171쪽. 아울러 문병란, "5·18 문학과 연극", 광주광역시 5·18사료편찬위원회 편, 『5·18민중항쟁사』, 광주광역시 5·18사료편찬위원회, 2001; 노동은, "5·18과 음악운동", 같은 책; 이태호, "5·18의 미술적 형상화 20년", 같은 책 등을 볼 것. 광주항쟁은 대학가의 '축제문화'에도 일정한 영향력을 발휘한 것으로 보인다. 1980년대 중반에 이르러 각 대학들에서는 의례·놀이·정치집회를 아우르는 '대동제(大同祭)'가 착근하게 되는데, 이는 상상의 대안공동체인 '대동세상'을 꿈꾸는 시공간이었다(주창윤, "1980년대 대학 연행예술운동의 창의적 변용 과정", 『한국언론학보』 59(1), 2015). 1980년대 한국 대학에서 확산된 대동제와 대동세상 이념은 광주항쟁에서 구현된 '해방 커뮤니타스'의 재현, 혹은 계승 노력이라는 측면을 일부 포함하고 있지 않았을까.

57 배종민, "5월미술과 광주전남 미술인 공동체", 『민주주의와 인권』 5(2), 2005.

58 정근식, "임을 위한 행진곡", 253-254, 266-267쪽.

59 정유하, "5·18 의례음악의 특성과 변화의 양상", 23쪽.

60 천유철, 『오월의 문화정치』, 150-152쪽.

61 정유하, "5·18 의례음악의 특성과 변화의 양상", 28쪽.

62 위의 글, 23쪽.

63 조지 카치아피카스, 『한국의 민중봉기』, 386쪽.

64 김동춘, "1980년대 민주변혁운동의 성장과 그 성격", 99쪽.

65 전재호, "5·18의 정치: 정치변동과 담론의 변화", 5·18기념재단 편, 『5·18민중항쟁과 정치·역사·사회(5)』, 5·18기념재단, 2007, 297쪽. 5월운동의 보다 상세한 전개과정에 대해서는, 정호기, "'5월운동'과 5·18 기념사업 그리고 기념공동체", 186-188쪽; 정근식, "사회운동과 5월 의례, 그리고 5월 축제", 87-89쪽; 전재호, "5·18의 정치", 277-297쪽; 조현연, "5·18 진상규명 투쟁과 광주청문회", 5·18기념재단 편, 『5·18민중항쟁과 정치·역사·사회(5)』, 5·18기념재단, 2007, 451-464쪽 등을 참조.

66 이성우, "국가폭력에 대한 기억투쟁", 78-79쪽.

67 김홍길, "5월 광주의 기억정치적 재구성과 시민공동체의 변화", 19쪽.

68 함세웅, "말에 대한 책임", 『경향잡지』, 1985년 5월호, 33쪽.

69 김홍길, "5월 광주의 기억정치적 재구성과 시민공동체의 변화", 19-20쪽.

70 정호기, "'5월운동'과 5·18 기념사업 그리고 기념공동체", 187쪽.

71 강인철, 『저항과 투항』, 240, 250-251쪽. 이듬해인 1986년 서울대학교 철학과에 입학한 최영재는 이렇게 말했다. "80년대의 서울대를 규정하고 특징지우는 사건은 85년 미문화원 점거농성과 86년 이재호, 김세진의 분신이다. 이들 사건이 던져놓은 '광주사태 진상공개 및 책임자 처벌, 그리고 반미·반전·반핵'이라는 화두는 80년 이래 침체되어 있던 서울대를 깨어나게 했다"(최영재, "혼돈과 방황 속의 희망: 80년대―광주사태 진상 요구·반미(反美)의 시대", 『월간조선』, 1996년 8월호, 636쪽).

72 황석영 외, 『죽음을 넘어 시대의 어둠을 넘어』, 390-392쪽.

73 뉴스타파(온라인판), 2019년 9월 30일자 "전두환 프로젝트(7): '광주학살 전파막아라' 80년 외무부 문서"(강민수 기자), 같은 해 10월 7일자 "전두환 프로젝트(8): '헌혈 막아라'…광주학살 직후 외무부 문서"(한상진 기자) 기사 참조.

74 조지 카치아피카스, 『한국의 민중봉기』, 391-392쪽. 이 밖에 Jim Stentzel ed., *More Than Witnesses: How a Small Group of Missionaries Aided Korea's Democratic Revolution*, Seoul: The Korea Democracy Foundation, 2006, 특히 15장(pp. 486-510); 윤한봉, "미국에서의 5월운동", 5·18기념재단 편, 『5·18민중항쟁과 정치·역사·사회(4)』, 5·18기념재단, 2007; 장태한, "재미 한인 사회의 정치구조 변화와 5·18", 같은 책; 롤란드 바인, "광주 5·18 이후 독일에서의 한국 연대사업: 민주주의와 인권을 위한 독일인과 한국인의 공동작업", 같은 책; 무토 이치요, "광주항쟁은 일본 사회에 어떤 영향을 미쳤는가", 같은 책 등도 참조. 최근 최용주는 광주항쟁에 대한 이런 '국제적 지원구조' 혹은 '국제적 5월 공동체'를 "초국적 후원네트워크(transnational advocacy network)"로 명명했다[최용주, "광주항쟁과 초국적 후원 네트워크", 『한국학』 43(1), 2020].

75 김양래, "5·18의 진실을 알리려 한 천주교", 144쪽.

76 손호철, "'5·18광주민중항쟁'의 재조명", 79쪽.

77 최장집, 『민중에서 시민으로: 한국 민주주의를 이해하는 하나의 방법』, 돌베개, 2009, 253쪽.

78 이수훈, "5월운동과 국가의 변화", 5·18기념재단 편, 『5·18민중항쟁과 정치·역사·사회(5)』, 5·18기념재단, 2007, 239쪽.

79 정대화, "광주항쟁과 1980년대 민주화운동", 35쪽.

80 김용철, "광주항쟁과 한국정치의 민주화: 탈군부정치의 역사결정적 국면의 원천으로서 광주항쟁", 5·18기념재단 편, 『5·18민중항쟁과 정치·역사·사회(5)』, 5·18기념재단, 2007, 61, 99쪽.

81 최장집, 『한국 현대정치의 구조와 변화』, 까치, 1989, 202-203쪽.

82 최장집, "광주민중항쟁과 2단계 민주화", 5·18기념재단 편, 『5·18민중항쟁과 정치·역사·사회(5)』, 5·18기념재단, 2007, 20-21쪽.

83 김동춘, "5·18, 6월항쟁 그리고 정치적 민주화", 5·18기념재단 편, 『5·18민중항쟁과 정치·역사·사회(5)』, 5·18기념재단, 2007, 212, 216쪽.

84 박현채, "80년대 민족민중운동에서 5·18민중항쟁의 의의와 역할", 5·18기념재단 편, 『5·18민중항쟁과 정치·역사·사회(1)』, 5·18기념재단, 2007, 55쪽.

85 정대화, "광주항쟁과 1980년대 민주화운동", 31쪽.

86 최장집, "광주민중항쟁과 2단계 민주화", 16-17쪽.

87 김준태, "시인 김준태의 '광주항쟁' 현장 일기", 510쪽.

88 박몽구, "우리는 그대 위에 서 있다", 133쪽.

11장. 항쟁 이후의 광주 사회극(2): 반전과 종막(終幕)

1 조지 카치아피카스, 『한국의 민중봉기』, 271쪽.

2 광주광역시 5·18사료편찬위원회 편, 『5·18 민주화운동』, 5·18기념문화센터, 2012, 145, 147쪽.

3 정문영, "5·18민주화운동, 열흘간의 드라마", 김정인 외, 『너와 나의 5·18: 다시 읽는 5·18 교과서』, 오월의봄, 2019, 132-143쪽.

4 유민지, "언론, 5·18 훼손의 시작과 끝", 113쪽.

5 광주광역시 5·18사료편찬위원회, 『5·18 민주화운동』, 151쪽.

6 정호기, "광주민중항쟁의 '트라우마티즘'과 기념공간", 122쪽.

7 지병문·김철홍, "지방사회운동으로서의 광주 5월운동", 81쪽.

8 정유하, "5·18 의례음악의 특성과 변화의 양상", 26쪽.

9 정근식, "사회운동과 5월 의례, 그리고 5월 축제", 89쪽.

10 정근식, "5월운동과 혁명적 축제", 김진균 편저, 『저항, 연대, 기억의 정치(2): 한국사회운동의 흐름과 지형』, 문화과학사, 2003, 434쪽.

11 정근식, "사회운동과 5월 의례, 그리고 5월 축제", 90쪽.

12 김홍길, "5월 광주의 기억정치적 재구성과 시민공동체의 변화", 24쪽.

13 광주광역시 5·18사료편찬위원회, 『5·18 민주화운동』, 150-158쪽 참조. 사상자들에 대한 보상의 과정은 2000년의 4차 보상, 2004년의 5차 보상, 2006년의 6차 보상, 2015년의 7차 보상 등으로 이어졌다. 5·18기념재단 홈페이지(http://www.518.org)의 '5·18민주화운동' 중 '관련 통계' 참조(2019년 10월 21일 검색).

14 나간채, "5·18 기념사업과 5월운동", 9쪽.

15 정근식, "사회운동과 5월 의례, 그리고 5월 축제", 89쪽.

16 마나베 유코, 『열사의 탄생』, 22쪽.

17 정근식, "사회운동과 5월 의례, 그리고 5월 축제", 92-94쪽.

18 위의 글, 80쪽.

19 위의 글, 91쪽.

20 위의 글, 83쪽.

21 위의 글, 91쪽.

22 민주화운동기념사업회 한국민주주의연구소, 『한국민주화운동사(3)』, 147쪽.

23 국립5·18민주묘지 홈페이지(http://518.mpva.go.kr/)의 '연혁' 참조(2019년 9월 6일 검색).

24 정호기, "광주민중항쟁의 '트라우마티즘'과 기념공간", 139쪽.

25 재단이 공개한 2019년 예산안에 의하면 연간 예산 40억 8,964만 원 중 정부보조금 비율이 67.0%(27억 4,000만 원)에 이르렀다. 5·18기념재단 홈페이지(www.518.org)의 '재단 소개' 중 '연혁/설립배경'과 '수입/지출 현황' 참조(2019년 9월 7일 검색).

26 민형배, "5·18 기념공간의 형성과 지역정체성: 1990년대 이후 쟁점과 과제", 5·18기념재단 편, 『5·18민중항쟁과 정치·역사·사회(5)』, 5·18기념재단, 2007, 636쪽. 필자의 견해로는 표에서 1998년 이후의 주요 기념행위 주체는 '시민사회'에서 '국가, 시민사회'로 수정되어야 할 것 같다.

27 광주광역시 5·18사료편찬위원회, 『5·18 민주화운동』, 160쪽; 5·18기념재단 홈페이지(www.518.org)의 '재단 소개' 중 '연혁/설립배경' 참조(2019년 9월 7일 검색).

28 유민지, "언론, 5·18 훼손의 시작과 끝", 113쪽.

29 윤정모의 『누나의 오월』(2005), 박신식의 『아버지의 눈물』(2001), 김옥의 『손바닥에 쓴 글씨』(2002), 김남중의 『기찻길 옆 동네(2)』(2004)와 『얼마 안 남았다』(2007), 『멈춰버린 시계』(2009), 『연이동 원령전』(2012), 한정기의 『큰아버지의 봄』(2006), 박상률의 『나를 위한 연구』(2006), 『너는 스무 살, 아니 만 열아홉 살』(2006), 『아빠의 봄날』(2011), 공선옥의 『라일락 피면』(2007), 김현태의 『오월에도 눈이 올까요?』(2010), 박운규의 『방울새는 울지 않는다』(2011), 임다솔의 『외할머니의 분홍 원피스』(2011), 이경혜의 『명령』(2012)이 그 사례들이다. 김화선, "5·18 광주민중항쟁의 문학적 형상화: 아동청소년문학 작품을 중심으로", 『비평문학』 47, 2013, 68-69쪽.

30 2019년 11월 현재 5·18사적지는 광주 시내 30곳, 전라남도 12개 시·군 87곳 등 모두 117곳으로 늘어난 상태이다. 사적지에 대한 보다 체계적인 보존과 관리를 위해, 광주광역시는 2005년 6월에 '5·18사적지 보존·관리 및 복원 관리에 관한 조례'를, 전라남도는 2017년 8월에 '5·18사적지 관리에 관한 조례'를 각각 제정했다(한겨레, 2019.11.18, 10면). 5·18기념재단이 펴낸 『그때 그 자리 그 사람들: 5·18민중항쟁 사적지 답사기』(여유당, 2007)에는 광주 시내의 5·18 사적지 24곳에 관한 상세하고도 유용한 답사기들이 수록되어 있다.

31 이런 국가신화들이 모여 '국가정신(국가이념)'을 이루게 되는데, 한국의 경우 헌법 전문(前文)에 그 내용이 집약되어 있다. 그런 점에서 헌법 전문에 5·18정신을 명문화하겠다는 문재인 대통령의 공약은 광주항쟁에 헌정될 수 있는 최고의 영예이자 선물이었다.

32 지병문·김철홍, "지방사회운동으로서의 광주 5월운동", 89-93쪽; 정근식, "5월운동과 혁명적 축제", 454쪽.

33 민형배, "5·18 기념공간의 형성과 지역정체성", 647쪽의 표 참조.

34 위와 같음.

35 5·18기념재단 홈페이지(www.518.org)의 '주요 사업' 중 '광주인권상' 참조(2019년 9월 7일 검색).

36 강인철, 『경합하는 시민종교들』, 662쪽.

37 한겨레, 2019.11.1, 12면; 한겨레(온라인판), 2019.11.21, 2019.11.22의 관련 기사 참조.

38 나간채, "5·18 기념사업과 5월운동", 2쪽.

39 이성우, "국가폭력에 대한 기억투쟁", 81쪽.

40 정호기, "광주민중항쟁의 '트라우마티즘'과 기념공간", 123쪽.

41 서승, "세계인권운동사에서 본 5·18: 중대한 인권침해 회복운동의 측면에서", 5·18기념재단 편, 『5·18민중항쟁과 정치·역사·사회(1)』, 5·18기념재단, 2007, 76-78쪽.

42 정호기, "광주민중항쟁의 '트라우마티즘'과 기념공간", 139쪽.

43 위와 같음.

44 김동춘, "과거청산 작업과 한국 민주주의", 5·18기념재단 편, 『5·18민중항쟁과 정치·역사·사회(5)』, 5·18기념재단, 2007, 557-558쪽 참조.

45 뉴시스, 2018.2.7, 2019.12.25; 한겨레, 2018.10.31, 2019.12.23, 2019.12.28의 관련 기사 참조.

46 김정인, "상처 입은 자, 그들의 부서진 삶", 김정인 외, 『너와 나의 5·18: 다시 읽는 5·18 교과서』, 오월의봄, 2019.

47 한순미, "인간의 존엄성과 공동체: 인간이 무엇이지 않기 위해 우리는 무엇을 해야 하는가", 김정인 외, 『너와 나의 5·18: 다시 읽는 5·18 교과서』, 오월의봄, 2019, 467쪽.

48 광주트라우마센터 홈페이지(http://tnt.gwangju.go.kr)의 '센터 소개' 중 '광주트라우마센터는' 참조(2019년 9월 7일 검색).

49 강인철, 『경합하는 시민종교들』, 655쪽.

50 은우근, "5·18, 진실과 거짓말: 그들은 왜 5·18을 왜곡·조작하는가?", 김정인 외, 『너와 나의 5·18: 다시 읽는 5·18 교과서』, 오월의봄, 2019, 222-229쪽.

51 유민지, "언론, 5·18 훼손의 시작과 끝", 117쪽.

12장. 5·18과 4·19: 비교연구

1 4·19혁명의 역사적 사실들에 관해서는 민주화운동기념사업회 연구소가 편찬한 『한국민주화운동사(1): 제1공화국부터 제3공화국까지』(돌베개, 2008)를 기본 텍스트로 활용했다. 이 밖에 정근식·이호룡 편, 『4월혁명과 한국 민주주의』, 선인, 2010; 정근식·권형택 편, 『지역에서의 4월혁명』, 선인, 2010; 이종오 외, 『1950년대 한국사회와 4·19혁명』, 태암, 1991; 학민사 편집부 편, 『혁명재판: 4월혁명 자료집』, 학민사, 1985 등을 함께 참조했다.

2 최영태, "극우 반공주의와 5·18광주항쟁", 79쪽.

3 강인철, 『저항과 투항』, 236쪽.

4 광주광역시 5·18사료편찬위원회, 『5·18 민주화운동』, 135쪽.

5 김홍길, "5월 광주의 기억정치적 재구성과 시민공동체의 변화", 17쪽.

6 1960년 2월부터 4월 중순까지 여러 지방에서 국지적으로 나타났던 리미널리티들을 '유사(類似)리미널리티' 혹은 '준(準)리미널리티'로 부를 수도 있을 것이다.

7 더구나 '4·19정국'에서 국가와 정치사회를 지배했던 민주당 세력도 '신파'와 '구파'로 심각하게 분열되어 있었다.

8 장면 정부가 제정하려 했던 법률 가운데, '반공임시특별법' 그리고 당시 '데모규제법'으로 불렸던 '집회 및 시위에 관한 법률'을 가리킨다,

9 강인철, 『경합하는 시민종교들』, 592쪽.

10 자유당이 지배하던 국회에서 먼저 개헌을 한 후 새로운 정부와 국회 구성을 위한 총선거를 나중에 치르는 경로인데, 이는 국회 해산을 전제로 '선(先)선거 후(後)개헌'을 요구하는 아래로부터의 시민적 요구와 동떨어진 것이었다. 그러나 실제로는 '선개헌 후선거' 경로가 선택됨으로써, 개헌 작업 자체가 자유당 세력의 영향력 아래서 진행되었을 뿐 아니라, (특별검찰·특별재판부 설치를 가능케 할 특별법 제정도 어렵게 됨으로써) 과거청산 작업도 구체제 사법부·검찰에 맡길 수밖에 없게 되었다.

11 반면에 5·18의 경우 광주항쟁 진압 기념물들에 대한 파괴 행동은 훨씬 나중에야 비로소 시작되었고, 그나마도 매우 느리게 진행되었다.

12 민주화운동기념사업회 연구소 편, 『한국민주화운동사(1): 제1공화국부터 제3

공화국까지』, 돌베개, 2008, 130-132쪽.

13 강인철, 『경합하는 시민종교들』, 241-283쪽.

14 위의 책, 274-275쪽.

15 민주화운동기념사업회 연구소, 『한국민주화운동사(1)』, 206-207, 233, 249-251쪽.

16 조지 카치아피카스, 『한국의 민중봉기』, 229쪽.

17 4·19의 경우, 항쟁 사망자 186명 중 직업이 밝혀지지 않은 5명을 제외한 181명 가운데 학생이 77명으로 전체의 42.5%에 달했다(민주화운동기념사업회 연구소, 『한국민주화운동사(1)』, 146쪽). 반면에 광주지방검찰청이 검시한 광주항쟁 사망자 165명 중 학생은 30명으로 전체의 18.2%에 지나지 않았다(안종철, "광주민중항쟁의 전개과정 연구", 360쪽). 또 학생은 광주항쟁으로 구속된 기동타격대원 중 10.0%, 부상자의 30.5%, 구속자의 33.1%를 차지했다(김세균·김홍명, "광주5월민중항쟁의 전개과정과 성격", 412-413쪽).

18 학생들은 허정 과도정부 주도로 1960년 4월 24일에 거행된 '4·19 희생 학생 합동위령제'를 거부하고, 같은 해 5월 19일 '순국 학도 합동위령제'를 별도로 개최했다. 강인철, 『경합하는 시민종교들』, 381쪽.

19 강인철, 『시민종교의 탄생: 식민성과 전쟁의 상흔』, 성균관대학교출판부, 2019, 371쪽.

20 강인철, 『경합하는 시민종교들』, 377-387쪽.

21 위의 책, 593쪽.

22 이용기, "5·18에 대한 역사 서술의 변천", 학술단체협의회 편, 『5·18은 끝났는가』, 푸른숲, 1999, 396-398쪽.

23 임종명, "표상(表象)과 권력: 5월광주항쟁의 전용(轉用)", 279쪽.

맺음말

1 강인철, 『경합하는 시민종교들』, 660-661쪽.

2 신진욱, "광주항쟁과 애국적 민주공화주의의 탄생", 84쪽.

3 조지 카치아피카스, 『한국의 민중봉기』, 7-8쪽.

4 이진경·조원광, "단절의 혁명, 무명의 혁명", 131쪽.

참고문헌

강인철, 『시민종교의 탄생: 식민성과 전쟁의 상흔』, 성균관대학교출판부, 2019.

_____, 『경합하는 시민종교들: 대한민국의 종교학』, 성균관대학교출판부, 2019.

_____, 『전쟁과 희생: 한국의 전사자 숭배』, 역사비평사, 2019.

_____, 『저항과 투항: 군사정권들과 종교』, 한신대학교출판부, 2013.

강형철, 『시인의 길 사람의 길』, 예하, 1994.

고정희, "광주 여성들, 이렇게 싸웠다: 광주민중항쟁과 여성의 역할", 『월간중앙』, 1988년 5월호.

광주광역시 5·18사료편찬위원회 편, 『5·18 광주민주화운동 자료총서』, 광주광역시 5·18사료편찬위원회, 1997~2000.

_____ 편, 『5·18 광주민중항쟁』, 광주광역시 5·18사료편찬위원회, 1999.

_____ 편, 『5·18 민주화운동』, 5·18기념문화센터, 2012.

_____ 편, 『5·18민중항쟁사』, 광주광역시 5·18사료편찬위원회, 2001.

권헌익, 『학살, 그 이후: 1968년 베트남전 희생자들에 대한 추모의 인류학』, 유강은 역, 아카이브, 2006.

김광억, "정치적 담론기제로서의 민중문화운동: 사회극으로서의 마당극", 『한국문화인류학』 21, 1989.

김대현, "사회극(Social Drama)의 관점에서 본 〈쉬리〉", 서강대학교 석사학위논문, 1999.

김동춘, "1980년대 민주변혁운동의 성장과 그 성격", 학술단체협의회 편, 『6월민주항쟁과 한국사회 10년(1): 6월민주항쟁 10주년 기념 학술대토론회 자료집』, 당대, 1997.

_____, "5·18, 6월항쟁 그리고 정치적 민주화", 5·18기념재단 편, 『5·18민중항쟁과 정치·역사·사회(5)』, 5·18기념재단, 2007.

_____, "과거청산 작업과 한국 민주주의", 5·18기념재단 편, 『5·18민중항쟁과 정치·역사·사회(5)』, 5·18기념재단, 2007.

_____, "분단이 낳은 한국의 국가폭력: 일상화된 내전 상태에서의 '타자'에 대한 폭력행사", 『민주사회와 정책연구』 23, 2013.

_____, 『전쟁정치: 한국정치의 메커니즘과 국가폭력』, 도서출판 길, 2013.

김두식, "광주항쟁, 5월운동, 다중적 집단정체성", 『민주주의와 인권』 3(1), 2003.

_____, "5·18에 관한 의미 구성의 변화 과정과 지역사회의 변화", 5·18기념재단 편, 『5·18민중항쟁과 정치·역사·사회(1)』, 5·18기념재단, 2007.

김명희, "국가에 대항하는 가족: 세월호 연대의 감정동학과 루트 패러다임", 『탐라문화』 56, 2017.

김상윤·정현애·김상집, 『녹두서점의 오월: 80년 광주, 항쟁의 기억』, 한겨레출판, 2019.

김성국, "국가에 대항하는 시민사회: 5·18의 자유해방주의적 해석", 5·18기념재단 편, 『5·18민중항쟁과 정치·역사·사회(1)』, 5·18기념재단, 2007.

_____, "아나키스트적 시각에서 본 5·18", 조희연·정호기 편, 『5·18민중항쟁에 대한 새로운 성찰적 시선』, 한울, 2009.

김성례, "무교 신화와 의례의 신성성과 연행성", 『종교·신학 연구』 10, 1997.

김성봉, "의사가 겪은 5·18 참상: 헌혈 하고 간 여고생 시체로 다시 왔다", 『월간예향』, 1996년 2월호.

김세균·김홍명, "광주5월민중항쟁의 전개과정과 성격", 5·18기념재단 편, 『5·18민중항쟁과 정치·역사·사회(3)』, 5·18기념재단, 2007.

김양래, "5·18의 진실을 알리려 한 천주교: 1980년 그날 이후의 기록", 『가톨릭평론』 21, 2019.

김영택, "5·18 광주민중항쟁 연구", 국민대학교 박사학위논문, 2004.

_____, 『5월 18일, 광주: 광주민중항쟁, 그 원인과 전개과정』, 역사공간, 2010.

김용철, "광주항쟁과 한국정치의 민주화: 탈군부정치의 역사결정적 국면의 원천으로서 광주항쟁", 5·18기념재단 편, 『5·18민중항쟁과 정치·역사·사회(5)』, 5·18기념재단, 2007.

김월덕, "마당극의 공연학적 특성과 문화적 의미", 『한국극예술연구』 11, 2000.

김익두, "'원초연극(ur-theatre)'으로서의 제주 민속극 '심방굿놀이'", 『공연문화연구』 21, 2010.

_____, "무당굿의 공연학적 특성: 서울 진오기굿의 경우", 『공연문화연구』 22, 2011.

김인국, "하느님 나라와 오월의 절대공동체", 『신학전망』 190, 2015.

김정인, "상처 입은 자, 그들의 부서진 삶", 김정인 외, 『너와 나의 5·18: 다시 읽는 5·18 교과서』, 오월의봄, 2019.

_____ 외, 『너와 나의 5·18: 다시 읽는 5·18 교과서』, 오월의봄, 2019.

김준태, "시인 김준태의 '광주항쟁' 현장 일기", 『월간중앙』, 1988년 5월호.

김창진, "광주민중항쟁의 발전구조: '무장투쟁'과 '민중권력'", 정해구 외, 『광주민중항쟁 연구』, 사계절, 1990.

김홍길, "5월 광주의 기억정치적 재구성과 시민공동체의 변화", 『한국시민윤리학회보』 20(1), 2007.

김화선, "5·18 광주민중항쟁의 문학적 형상화: 아동청소년문학 작품을 중심으로", 『비평문학』 47, 2013.

김희경, "간첩조작 성고문도 버텨냈다: 광주항쟁 가두방송의 여인, 전옥주의 충격 고백 수기", 『신동아』, 1996년 9월호.

김희송, "1980년 5월 광주공동체의 의미와 현재화에 대한 고찰", 『신학전망』 190, 2015.

나간채, "5월단체의 형성과 활동", 광주광역시 5·18사료편찬위원회 편, 『5·18민중항쟁사』, 광주광역시 5·18사료편찬위원회, 2001.

_____, "5월운동에 있어서 운동주체의 형성과 발전과정 분석", 『민주주의와 인권』 8(2), 2008.

_____, "5·18 기념사업과 5월운동", 『민주주의와 인권』 11(2), 2011.

_____, 『광주항쟁 부활의 역사 만들기』, 한울, 2013.

나의갑, "5·18의 전개과정", 광주광역시 5·18사료편찬위원회 편, 『5·18민중항쟁사』, 광주광역시 5·18사료편찬위원회, 2001.

노동은, "5·18과 음악운동", 광주광역시 5·18사료편찬위원회 편, 『5·18민중항쟁사』, 광주광역시 5·18사료편찬위원회, 2001.

롤란드 바인, "광주 5·18 이후 독일에서의 한국 연대사업: 민주주의와 인권을 위한 독일인과 한국인의 공동작업", 5·18기념재단 편, 『5·18민중항쟁과 정치

·역사·사회(4)』, 5·18기념재단, 2007.

류유희·이승진, "사회극 이론의 구조를 가진 애니메이션의 리얼리즘에 관한 연구: 애니메이션 〈돼지의 왕〉을 중심으로", 『애니메이션 연구』 10(1), 2014.

마나베 유코, 『열사의 탄생: 한국 민중운동에서의 한의 역학』, 김경남 역, 민속원, 2015.

메리 더글라스, 『순수와 위험』, 유제분·이훈상 역, 현대미학사, 1997.

무토 이치요, "광주항쟁은 일본 사회에 어떤 영향을 미쳤는가", 5·18기념재단 편, 『5·18민중항쟁과 정치·역사·사회(4)』, 5·18기념재단, 2007.

문병란, "절규와 격정…객관적 관조가: '5월문학'의 생성과 흐름", 『월간 예향』, 1988년 5월호.

_____, "5·18 문학과 연극", 광주광역시 5·18사료편찬위원회 편, 『5·18민중항쟁사』, 광주광역시 5·18사료편찬위원회, 2001.

미셸 푸코, 『광기의 역사』, 이규현 역, 나남, 2003.

민주화운동기념사업회 연구소 편, 『한국민주화운동사(1): 제1공화국부터 제3공화국까지』, 돌베개, 2008.

_____ 편, 『한국민주화운동사(2): 유신체제기』, 돌베개, 2009.

민주화운동기념사업회 한국민주주의연구소 편, 『한국민주화운동사(3): 서울의 봄부터 문민정부 수립까지』, 돌베개, 2010.

민형배, "5·18 기념공간의 형성과 지역정체성: 1990년대 이후 쟁점과 과제", 5·18 기념재단 편, 『5·18민중항쟁과 정치·역사·사회(5)』, 5·18기념재단, 2007.

박남선, "광주 시민은 왜 총을 들었나", 『신동아』, 1988년 5월호.

박노해, "'광주 무장봉기의 지도자' 윤상원 평전", 『노동해방문학』, 1989년 5월호.

박래풍, "구두닦이에서 광주 투사로: 한 밑바닥 인생이 겪은 5·18과 고문", 광주광역시 5·18사료편찬위원회 편, 『5·18 광주민주화운동 자료총서(11)』, 광주광역시 5·18사료 편찬위원회, 1998.

박몽구, "우리는 그대 위에 서 있다: 광주민중항쟁의 햇불 윤상원 열사에게 드리는 글", 『사회와 사상』, 1989년 5월호.

박현채, "80년대 민족민중운동에서 5·18민중항쟁의 의의와 역할", 5·18기념재단 편, 『5·18민중항쟁과 정치·역사·사회(1)』, 5·18기념재단, 2007.

배종민, "5월미술과 광주전남 미술인 공동체", 『민주주의와 인권』 5(2), 2005.

빅터 터너, 『제의에서 연극으로: 놀이의 인간적 진지성』, 김익두·이기우 역, 민속원, 2014.

＿＿＿, "틀·흐름·반성: 공동체의 리미널리티로서의 제의와 연극", 『제의에서 연극으로』, 김익두·이기우 역, 민속원, 2014.

＿＿＿, 『인간 사회와 상징 행위: 사회적 드라마, 구조, 커뮤니타스』, 강대훈 역, 황소걸음, 2018.

빅토 터너, 『의례의 과정』, 박근원 역, 한국심리치료연구소, 2005.

서승, "세계인권운동사에서 본 5·18: 중대한 인권침해 회복운동의 측면에서", 5·18기념재단 편, 『5·18민중항쟁과 정치·역사·사회(1)』, 5·18기념재단, 2007.

서중석, "광주학살·광주항쟁은 민족사의 분수령이었다", 『역사비평』 7, 1989.

＿＿＿, "광주항쟁과 천주교회의 진실 알리기", 『신학전망』 178, 2012.

손호철, "'5·18광주민중항쟁'의 재조명", 『이론』 11, 1995.

송영도, "이불홑청으로 만든 플래카드: 중학생 외아들 잃은 홀어머니의 8년 투쟁기", 『말』, 1988년 12월호.

신병식, "박정희시대의 일상생활과 군사주의: 징병제와 '신성한 국방의 의무' 담론을 중심으로", 『경제와 사회』 72호, 2006.

신진욱, "사회운동의 연대 형성과 프레이밍 과정에서 도덕 감정의 역할: 5·18 광주항쟁 팸플릿에 대한 내용 분석", 정철희 외, 『상징에서 동원으로: 1980년대 민주화운동의 문화적 동학』, 이학사, 2007.

＿＿＿, "광주항쟁과 애국적 민주공화주의의 탄생: 저항적 시민사회의 형성과 정체성 구성에 대한 구조해석학적 분석", 『한국사회학』 45(2), 2011.

아놀드 반 겐넵, 『통과의례: 태어나면서부터 죽은 후까지』, 전경수 역, 을유문화사, 1985.

안쏘니 기든스, 『민족국가와 폭력』, 진덕규 역, 삼지원, 1991.

안종철, "5·18 자료 및 연구 현황", 광주광역시 5·18사료편찬위원회 편, 『5·18민중항쟁사』, 광주광역시 5·18사료편찬위원회, 2001.

＿＿＿, "광주민중항쟁의 전개과정 연구: 시민군의 형성과 활동을 중심으로", 5·18기념재단 편, 『5·18민중항쟁과 정치·역사·사회(3)』, 5·18기념재단, 2007.

알랭 바디우, 『존재와 사건: 사랑과 예술과 과학과 정치 속에서』, 조형준 역, 새물결, 2013.

에밀 뒤르케임, 『종교생활의 원초적 형태』, 노치준·민혜숙 역, 민영사, 1992.

오수성, "5·18 관련자의 심리적 고통", 광주광역시 5·18사료편찬위원회 편, 『5·18 민중항쟁사』, 광주광역시 5·18사료편찬위원회, 2001.

오연호, "'광주간첩' 이창용은 실존인가, 조작인가", 『월간다리』, 1990년 5월호.

5월문학총서간행위원회 편, 『시: 5월문학총서1』, 5·18기념재단, 2012.

_____ 편, 『소설: 5월문학총서2』, 5·18기념재단, 2012.

5·18기념재단 편, 『구술생애사를 통해 본 5·18의 기억과 역사(1): 교육가 편』, 5·18 기념재단, 2006.

_____ 편, 『구술생애사를 통해 본 5·18의 기억과 역사(2): 사회활동가 편』, 5·18 기념재단, 2006.

_____ 편, 『구술생애사를 통해 본 5·18의 기억과 역사(3): 농민운동가 편』, 5·18 기념재단, 2009.

_____ 편, 『구술생애사를 통해 본 5·18의 기억과 역사(4): 공직자 편』, 5·18기념 재단, 2010.

_____ 편, 『구술생애사를 통해 본 5·18의 기억과 역사(5): 천주교 편』, 5·18기념 재단, 2013.

_____ 편, 『구술생애사를 통해 본 5·18의 기억과 역사(6): 사회활동가2 편』, 5·18 기념재단, 2014.

_____ 편, 『구술생애사를 통해 본 5·18의 기억과 역사(7): 개신교 편』, 5·18기념 재단, 2015.

_____ 편, 『구술생애사를 통해 본 5·18의 기억과 역사(8): 불교·원불교 편』, 5·18 기념재단, 2017.

_____ 편, 『그때 그 자리 그 사람들: 5·18민중항쟁 사적지 답사기』, 여유당, 2007.

_____ 편, 『5·18민중항쟁과 정치·역사·사회(1): 5·18민중항쟁의 의의』, 5·18기념 재단, 2007.

_____ 편, 『5·18민중항쟁과 정치·역사·사회(2): 5·18민중항쟁의 원인과 배경』, 5·18기념재단, 2007.

_____ 편, 『5·18민중항쟁과 정치·역사·사회(3): 5·18민중항쟁의 전개과정』, 5·18 기념재단, 2007.

_____ 편, 『5·18민중항쟁과 정치·역사·사회(4): 5월운동의 전개』, 5·18기념재단,

2007.

_____ 편, 『5·18민중항쟁과 정치·역사·사회(5): 5·18과 민주화, 5·18민중항쟁의 기억과 과거청산』, 5·18기념재단, 2007.

유민지, "언론, 5·18 훼손의 시작과 끝", 『가톨릭평론』 21, 2019.

윤공희 외, 『저항과 명상: 윤공희 대주교와 사제들의 오월항쟁 체험담』, 5·18기념재단, 2017.

윤한봉, "미국에서의 5월운동", 5·18기념재단 편, 『5·18민중항쟁과 정치·역사·사회(4)』, 5·18기념재단, 2007.

은우근, "5·18, 진실과 거짓말: 그들은 왜 5·18을 왜곡·조작하는가?", 김정인 외, 『너와 나의 5·18: 다시 읽는 5·18 교과서』, 오월의봄, 2019.

이광영, "금남로 10일, 스님이 겪은 연옥", 『월간경향』, 1988년 3월호.

이광일, "5·18민중항쟁, '과거청산'과 재구성의 정치", 5·18기념재단 편, 『5·18민중항쟁과 정치·역사·사회(5)』, 5·18기념재단, 2007.

이기중·김명준, "빅터 터너의 '사회적 드라마' 이론으로 본 '신정아-변양균 사건'", 『사회과학연구』 16(1), 2008.

이성우, "국가폭력에 대한 기억투쟁: 5·18과 4·3 비교연구", 『OUGHTOPIA: The Journal of Social Paradigm Studies』 26(1), 2011.

이수훈, "5월운동과 국가의 변화", 5·18기념재단 편, 『5·18민중항쟁과 정치·역사·사회(5)』, 5·18기념재단, 2007.

이용기, "5·18에 대한 역사 서술의 변천", 학술단체협의회 편, 『5·18은 끝났는가』, 푸른숲, 1999.

이윤선, "진도씻김굿 '이슬털이'를 통해서 본 경계 넘기와 재생의례", 『남도민속연구』 33, 2016.

이정우 편, 『광주, 여성: 그녀들의 가슴에 묻어둔 5·18 이야기』, 후마니타스, 2012.

이종오 외, 『1950년대 한국사회와 4·19혁명』, 태암, 1991.

이준수, "노동자는 항쟁에 어떻게 참여했나", 『월간 노동자』, 1989년 5월호.

이진경·조원광, "단절의 혁명, 무명의 혁명: 코뮌주의의 관점에서", 조희연·정호기 편, 『5·18민중항쟁에 대한 새로운 성찰적 시선』, 한울, 2009.

이태호, "5·18의 미술적 형상화 20년", 광주광역시 5·18사료편찬위원회 편, 『5·18민중항쟁사』, 광주광역시 5·18사료편찬위원회, 2001.

임낙평, 『광주의 넋 박관현: 그의 삶과 죽음』, 사계절, 1987.

_____, "윤상원 열사의 삶과 투쟁", 『말』, 1989년 5월호.

임미리, 『열사, 분노와 슬픔의 정치학: 한국저항운동과 열사 호명구조』, 오월의 봄, 2017.

임종명, "표상(表象)과 권력: 5월광주항쟁의 전용(轉用)", 『역사학연구』 29, 2007.

임철우, 『봄날(1~3)』, 문학과지성사, 1997.

_____, 『봄날(4~5)』, 문학과지성사, 1998.

장을병, "광주5월민중항쟁에서의 무장투쟁", 5·18기념재단 편, 『5·18민중항쟁과 정치·역사·사회(3)』, 5·18기념재단, 2007.

장태한, "재미 한인 사회의 정치구조 변화와 5·18", 5·18기념재단 편, 『5·18민중항쟁과 정치·역사·사회(4)』, 5·18기념재단, 2007.

장하진, "5·18과 여성", 광주광역시 5·18사료편찬위원회 편, 『5·18민중항쟁사』, 광주광역시 5·18사료편찬위원회, 2001.

전재호, "5·18의 정치: 정치변동과 담론의 변화", 5·18기념재단 편, 『5·18민중항쟁과 정치·역사·사회(5)』, 5·18기념재단, 2007.

정근식, "5·18의 경험과 코뮌적 상상력", 김진균 편저, 『저항, 연대, 기억의 정치(1): 한국사회운동의 흐름과 지형』, 문화과학사, 2003.

_____, "5월운동과 혁명적 축제", 김진균 편저, 『저항, 연대, 기억의 정치(2): 한국사회운동의 흐름과 지형』, 문화과학사, 2003.

_____, "항쟁기억의 의례적 재현: '5월행사'와 전야제를 중심으로", 『민주주의와 인권』 5(1), 2005.

_____, "청산과 복원으로서의 5월운동", 5·18기념재단 편, 『5·18민중항쟁과 정치·역사·사회(4)』, 5·18기념재단, 2007.

_____, "광주민중항쟁에서의 저항의 상징 다시 읽기: 시민적 공화주의를 중심으로", 『기억과 전망』 16, 2007.

_____, "사회운동과 5월 의례, 그리고 5월 축제", 정근식 외, 『지역 민주주의와 축제의 관계』, 중원문화, 2010.

_____, "임을 위한 행진곡: 1980년대 비판적 감성의 대전환", 『역사비평』 112, 2015.

정근식·권형택 편, 『지역에서의 4월혁명』, 선인, 2010.

정근식 외, 『항쟁의 기억과 문화적 체험』, 선인, 2006.

정근식·이호룡 편, 『4월혁명과 한국 민주주의』, 선인, 2010.

정대화, "광주항쟁과 1980년대 민주화운동", 5·18기념재단 편, 『5·18민중항쟁과 정치·역사·사회(5)』, 5·18기념재단, 2007.

정문영, "5·18민주화운동, 열흘간의 드라마", 김정인 외, 『너와 나의 5·18: 다시 읽는 5·18 교과서』, 오월의봄, 2019.

정범종, "5·18은 살자고 한 일이었다: 소설가의 눈에 비친 5·18", 『가톨릭평론』 21, 2019.

정상용 외, 『광주민중항쟁: 다큐멘터리 1980』, 돌베개, 1990.

정유하, "5·18 의례음악의 특성과 변화의 양상", 『지역사회연구』 12(1), 2004.

정일준, "5·18 담론의 변화와 권력-지식관계: 역사공동체 형성을 위하여", 5·18기념재단 편, 『5·18민중항쟁과 정치·역사·사회(5)』, 5·18기념재단, 2007.

정철희 외, 『상징에서 동원으로: 1980년대 민주화운동의 문화적 동학』, 이학사, 2007.

정해구 외, 『광주민중항쟁 연구』, 사계절, 1990.

정현상, "전옥주·차명숙: 광주민주화운동 가두방송 두 여인", 『신동아』, 1998년 5월호.

정호기, "'5월운동'과 5·18 기념사업 그리고 기념공동체", 『기억과 전망』 1, 2002.

_____, "광주민중항쟁의 '트라우마티즘'과 기념공간: '5월운동'과 국립5·18묘지를 중심으로", 『경제와 사회』 58, 2003.

제프 굿윈 외 편, 『열정적 정치: 감정과 사회운동』, 박형신·이진희 역, 한울, 2012.

조대엽, "광주항쟁과 80년대의 사회운동문화", 5·18기념재단 편, 『5·18민중항쟁과 정치·역사·사회(5)』, 5·18기념재단, 2007.

조르조 아감벤, 『호모 사케르』, 박진우 역, 새물결, 2008.

조일동, "사회극으로서의 촛불: 경계의 역동성", 『한국문화인류학』 42(1), 2009.

조정환, "광주민중항쟁과 제헌권력: 자율주의의 관점에서", 조희연·정호기 편, 『5·18민중항쟁에 대한 새로운 성찰적 시선』, 한울, 2009.

조지 모스, 『전사자 숭배: 국가라는 종교의 희생제물』, 오윤성 역, 문학동네, 2015.

조지 카치아피카스, "역사 속의 광주항쟁", 조희연·정호기 편, 『5·18민중항쟁에 대한 새로운 성찰적 시선』, 한울, 2009.

_____, 『한국의 민중봉기: 민중을 주인공으로 다시 쓴 남한의 사회운동사 1894

농민전쟁~2008 촛불시위』, 원영수 역, 오월의봄, 2015.

조현연, "5·18 진상규명 투쟁과 광주청문회", 5·18기념재단 편, 『5·18민중항쟁과
　　정치·역사·사회(5)』, 5·18기념재단, 2007.

조호연, "'광주학살' 훈장과 공적서", 『월간경향』, 1989년 1월호.

조희연, "'급진민주의'의 관점에서 본 광주 5·18", 조희연·정호기 편, 『5·18민중
　　항쟁에 대한 새로운 성찰적 시선』, 한울, 2009.

주창윤, "1980년대 대학 연행예술운동의 창의적 변용 과정", 『한국언론학보』
　　59(1), 2015.

지병문·김철홍, "지방사회운동으로서의 광주 5월운동", 5·18기념재단 편, 『5·18
　　민중항쟁과 정치·역사·사회(4)』, 5·18기념재단, 2007.

천유철, 『오월의 문화정치: 1980년 광주민중항쟁 '현장'의 문화투쟁』, 오월의봄,
　　2016.

최길성, "한(恨)의 상징적 의미: 최영 장군의 죽음을 중심으로", 『비교민속학』 4,
　　1989.

최영재, "혼돈과 방황 속의 희망: 80년대-광주사태 진상 요구·반미(反美)의 시대",
　　『월간조선』, 1996년 8월호.

최영진, "정체성의 정치학: 5·18과 호남지역주의", 5·18기념재단 편, 『5·18민중항
　　쟁과 정치·역사·사회(5)』, 5·18기념재단, 2007.

최영태, "극우 반공주의와 5·18광주항쟁", 5·18기념재단 편, 『5·18민중항쟁과 정
　　치·역사·사회(2)』, 5·18기념재단, 2007.

최용주, "광주항쟁과 초국적 후원 네트워크", 『한국학』 43(1), 2020.

최장집, 『한국 현대정치의 구조와 변화』, 까치, 1989.

＿＿＿, "광주민중항쟁과 2단계 민주화", 5·18기념재단 편, 『5·18민중항쟁과 정
　　치·역사·사회(5)』, 5·18기념재단, 2007.

＿＿＿, 『민중에서 시민으로: 한국 민주주의를 이해하는 하나의 방법』, 돌베개,
　　2009.

최정기, "5월운동과 지역권력구조의 변화", 『지역사회연구』 12(2), 2004.

최정운, "절대공동체의 형성과 해체", 광주광역시 5·18사료편찬위원회 편, 『5·18
　　민중항쟁사』, 광주광역시 5·18사료편찬위원회, 2001.

＿＿＿, "폭력과 언어의 정치: 5·18 담론의 정치사회학", 5·18기념재단 편, 『5·18

민중항쟁과 정치·역사·사회(1)』, 5·18기념재단, 2007.

_____, "폭력과 사랑의 변증법: 5·18 민중항쟁과 절대공동체의 등장", 5·18기념
　　재단 편, 『5·18민중항쟁과 정치·역사·사회(3)』, 5·18기념재단, 2007.

_____, 『오월의 사회과학: 사회과학자의 시선으로 새롭게 재구성한 5월 광주의
　　삶과 진실』, 오월의봄, 2012.

캐서린 벨, 『의례의 이해: 의례를 보는 관점들과 의례의 차원들』, 류성민 역, 한신
　　대학교출판부, 2007.

편집부, "5월의 아픔을 부모는 잊을 수 없다: 5·18유족회 전 회장 전계량과 그의
　　아내 김순희", 『가톨릭평론』 21, 2019.

학민사 편집부 편, 『혁명재판: 4월혁명 자료집』, 학민사, 1985.

한상진, "광주민주화운동에서 본 국민주권과 승인투쟁", 5·18기념재단 편, 『5·18
　　민중항쟁과 정치·역사·사회(1)』, 5·18기념재단, 2007.

_____, "유교와 참여민주주의: 광주민중항쟁과 인권의 공동체주의적 고찰", 5·18
　　기념재단 편, 『5·18민중항쟁과 정치·역사·사회(1)』, 5·18기념재단, 2007.

한성훈, 『가면권력: 한국전쟁과 학살』, 후마니타스, 2014.

한순미, "인간의 존엄성과 공동체: 인간이 무엇이지 않기 위해 우리는 무엇을 해야
　　하는가", 김정인 외, 『너와 나의 5·18: 다시 읽는 5·18 교과서』, 오월의봄,
　　2019.

함세웅, "말에 대한 책임", 『경향잡지』, 1985년 5월호.

홍남순 외, "내가 겪은 80년 5월의 광주: '광주' 주역 36인의 증언", 『월간조선』,
　　1988년 3월호.

홍희담, "깃발", 5월문학총서간행위원회 편, 『소설: 5월문학총서2』, 5·18기념재
　　단, 2012.

황석영·이재의·전용호, 『죽음을 넘어 시대의 어둠을 넘어: 광주 5월 민중항쟁의
　　기록』, 창비, 2017.

Barker, Colin, "Fear, Laughter, and Collective Power: The Making of Solidarity
　　at the Lenin Shipyard in Gdansk, Poland, August 1980," Jeff Goodwin,
　　James M. Jasper and Francesca Polletta eds., *Passionate Politics: Emotions and
　　Social Movements*, Chicago: University of Chicago Press, 2001.

Berezin, Mabel, "Emotions and Political Identity: Mobilizing Affection for the Polity," Jeff Goodwin et al. eds., *Passionate Politics*, Chicago: University of Chicago Press, 2001.

Calhoun, Craig, "Putting Emotions in Their Place," Jeff Goodwin et al. eds., *Passionate Politics*, Chicago: University of Chicago Press, 2001.

Chung, Sangyong et al., *Memories of May 1980: A Documentary History of the Kwangju Uprising in Korea*, Park Hye-Jin tr., Seoul: Korea Democracy Foundation, 2003.

Collins, Randall, "Social Movements and the Focus of Emotional Attention," Jeff Goodwin et al. eds., *Passionate Politics*, Chicago: University of Chicago Press, 2001.

Douglas, Mary, *Purity and Danger: An Analysis of the Concepts of Pollution and Taboo*, London: Routledge, 2000.

Goodwin, Jeff, and James M. Jasper and Francesca Polletta eds., *Passionate Politics: Emotions and Social Movements*, Chicago: University of Chicago Press, 2001.

Goodwin, Jeff, and Steven Pfaff, "Emotion Work in High-Risk Social Movements: Managing Fear in the U.S. and East German Civil Rights Movements," Jeff Goodwin et al. eds., *Passionate Politics*, Chicago: University of Chicago Press, 2001.

Gwangju Metropolitan City Historiography Commission ed., *The May 18 Gwangju Democratic Uprising*, Gwangju: Gwangju 5·18 Archives, 2017.

Hall, John R., "Religion and Violence: Social Processes in Comparative Perspective," Michele Dillon ed., *Handbook of the Sociology of Religion*, Cambridge: Cambridge University Press, 2003.

Kemper, Theodore, "A Structural Approach to Social Movement Emotions," Jeff Goodwin et al. eds., *Passionate Politics*, Chicago: University of Chicago Press, 2001.

Nepstad, Sharon E., and Christian Smith, "The Social Structure of Moral Outrage in Recruitment to the U.S. Central America Peace Movement," Jeff Goodwin et al. eds., *Passionate Politics*, Chicago: University of Chicago Press, 2001.

Polletta, Francesca, and Edwin Amenta, "Conclusion: Second That Emotion? Lessons from Once-Novel Concepts in Social Movement Research," Jeff Goodwin et al. eds., *Passionate Politics*, Chicago: University of Chicago Press, 2001.

Robbins, Thomas, "Religious Mass Suicide Before Johnstown: The Russian Old Believers," *Sociological Analysis* 47, 1986.

Stark, Rodney, *The Rise of Christianity: A Sociologist Reconsiders History*, Princeton: Princeton University Press, 1996.

Stentzel, Jim ed., *More Than Witnesses: How a Small Group of Missionaries Aided Korea's Democratic Revolution*, Seoul: The Korea Democracy Foundation, 2006.

Turner, Edith, *Communitas: The Anthropology of Collective Joy*, New York: Palgrave MacMillan, 2012.

Turner, Victor W., *The Ritual Process: Structure and Anti-Structure*, London: Routledge & Kegan Paul, 1969.

_____, *Dramas, Fields, and Metaphors: Symbolic Action in Human Society*, Ithaca: Cornell University Press, 1974.

_____, *From Ritual to Theatre: The Human Seriousness of Play*, New York: PAJ Publications, 1982.

_____, *The Anthropology of Performance*, New York: PAJ Publications, 1987.

Van Gennep, Arnold, *The Rites of Passage*, Monika B. Vizedom and Gabrielle L. Caffee tr., Chicago: University of Chicago Press, 1960.

Williams, Rhys H., "Religious Social Movement in the Public Sphere: Organization, Ideology, and Activism," Michele Dillon ed., *Handbook of the Sociology of Religion*, Cambridge: Cambridge University Press, 2003.

Wood, Elisabeth J., "The Emotional Benefits of Insurgency in El Salvador," Jeff Goodwin et al. eds., *Passionate Politics*, Chicago: University of Chicago Press, 2001.

Young, Michael P., "A Revolution of the Soul: Transformative Experience and Immediate Abolition," Jeff Goodwin et al. eds., *Passionate Politics*, Chicago: University of Chicago Press, 2001.

찾아보기

수록 도판 크레디트

인간과시각
04

5·18 광주 커뮤니타스
항쟁, 공동체 그리고 사회드라마

1판 1쇄 발행 2020년 5월 18일
1판 2쇄 발행 2021년 10월 30일

지 은 이　강인철
펴 낸 이　신동렬
책임편집　현상철
편　 집　신철호·구남회
마 케 팅　박정수·김지현

펴 낸 곳　사람의무늬·성균관대학교 출판부
등　 록　1975년 5월 21일 제1975-9호
주　 소　03063 서울특별시 종로구 성균관로 25-2
전　 화　02) 760-1253~4
팩　 스　02) 762-7452
홈페이지　http://press.skku.edu

ISBN 979-11-5550 410-9 93300
값 25,000원